东亚文明

EAST ASIAN CIVILIZATION

南京师范大学文物与博物馆学系

主 编

燕山大学出版社
YANSHAN UNIVERSITY PRESS

社会科学文献出版社
SOCIAL SCIENCES ACADEMIC PRESS (CHINA)

目　　录
CONTENTS

【先秦考古】

【历史时期文物研究】

【区域历史文化】

【域外遗珍】

【博物馆与文化遗产保护】

【田野考古报道】

Contents

【Pre – Qin Archaeology】

【Studies of Cultural Relicsfrom Historical Periods】

【Regional Historical Culture】

【Extraterritorial Treasures】

【Museums and Cultural Heritage Protection】

【Field Archaeological Reports】

先秦考古

以血缘社会为基础的文明起源

裴安平

（南京师范大学文博系）

［**摘要**］考古证明，中国的文明起源与国家起源是各自独立的，国家是文明的结果。距今7500年以前，中国文明就起源了；距今6500～5000年，中国就迎来了以血缘为基础的社会文明化的高潮，迎来了社会组织、生产方式、生活方式、人本身的解放等方面的八大变化，深刻地改变了人类的生存状态与生存质量。

［**关键词**］文明起源；个体劳动；个体家庭；一体化

人类的历史经历了前、后两个生存状态存在重大区别的阶段。第一阶段，自然社会，从旧石器时代一直到新石器时代中期。这一阶段，人类社会的发展由于受到自然条件的限制而显示出许多自然的特征，自然的食物、自然的氏族与血缘社会、自然的婚姻与成年男女关系、自然的经济与生产资料集体所有、自然的集体劳动与集体消费。这一阶段，人类生存状态的改善不仅缓慢，而且变化的幅度不大。第二阶段，文明社会，从新石器时代中晚期之交一直到今天。由于全新世以来气温的不断上升，各种食物的产量与日俱增，也同步引起人口与聚落数量急剧增长，人均土地面积大幅减少，从而又给人类社会带来了史无前例的生存与社会危机。于是，文明起源了，人类的发展也由此进入了以主动追求、主动改善生存状态与生存质量为特点的第二阶段，即文明社会阶段。文明不是具体的技术、文化与思想的进步，而是人类高品质的生存与生活状态，是人类社会发展的高级阶段，也是人类社会组织方式、生产方式、生活方式、人本身的解放不断地进步与变革的阶段。文明的起源是独立的，不因国家而起，也不因国家而终。中国的文明起源发轫于距今7500年前，不仅独具特色，而且在不同的历史时段和不同的背景下，特点不尽相同。其中，距今6500～5000年前，就是在血缘社会的基础上文明起源与社会文明化最早的高潮时期。

一　中国文明起源最早的时间与标志

已有的考古发现表明，中国文明起源的最早时间不晚于距今 7500 年前。其中，浙江嵊州小黄山与河南新郑唐户遗址的发现就是这方面最突出的代表和标志①。

浙江嵊州小黄山遗址，年代距今 7500 年以前，面积约 5 万平方米，是整个浙江地区同一时期最大的聚落遗址，文化属性为上山文化与跨湖桥文化之间的过渡形态。遗址最重要的发现在于确认了它是一处由两个聚落构成的聚落群共同居住的遗址。其中，核心聚落就位于俗名“小黄山”的地点，外围还环绕有一定防御功能的晚期围沟；而遗址上的另一个聚落则位于围沟之外，显示其等级与地位都低于“小黄山”。

河南新郑唐户遗址（图一），属裴李岗文化，是我国目前发现的面积最大的距今 7500 年以前以聚落群为组织单位的多聚落遗址，这些相聚在一起的聚落之间拥有明显的主从关系。其中，核心聚落的外围还环绕有防御功能明显的中国古代最早的壕沟。

值得注意的是，浙江嵊州小黄山遗址与河南新郑唐户遗址的发现不仅表明当时聚落的群聚与组织形态都发生了重大变化，更表明文明已经起源。

以前，由于学术界总是将文明起源与国家起源捆绑在一起，还由于 20 世纪 90 年代以后学术界追随国外的“区域聚落形态”研究，根本不研究人类史前基于血缘的社会组织与组织形态，所以对于这两处遗址所体现的重大历史意义没有任何有价值的认识。实际上，这两处遗址正是社会发生了巨变、文明已经起源的象征与标志。

因为自人类起源以来，人类的生存与社会就一直处于一种自然状态，自然的食物、自然的氏族与血缘社会、自然的婚姻与成年男女关系、自然的经济与生产资料集体所有、自然的集体劳动与集体消费。所以，人与人、遗址与遗址、聚落与聚落之间的关系总体上都是自然的平等关系。

然而，小黄山遗址与唐户遗址的发现则清楚地表明当时的社会环境已经发生了重大变化，人类社会的组织方式也已从以往组织成员之间基本平等变成了不平等，并出现了“核心”与“从属”的区别，而这种社会组织成员之间的区别与不平等关系正是人类文明社会初始阶段最基本的特点。

---

① 王海明：《专家论证嵊州小黄山遗址》，《中国文物报》2006 年 1 月 11 日；王海明：《嵊州小黄山遗址发掘取得重大收获》，浙江文化信息网，2005 年 8 月 5 日，http：//wht. zj. gov. cn/dtxx/whrd/2007 – 08 – 05/46129. htm；张恒等：《“小黄山”万年古文明的见证》，嵊州新闻网，2011 年 4 月 25 日，http：//sznews. zjol. com. cn/sznews/system/2011/04/25/013654019. shtml；郑州市文物考古研究院等：《河南新郑市唐户遗址裴李岗文化遗存 2007 年发掘简报》，《考古》2010 年第 5 期。

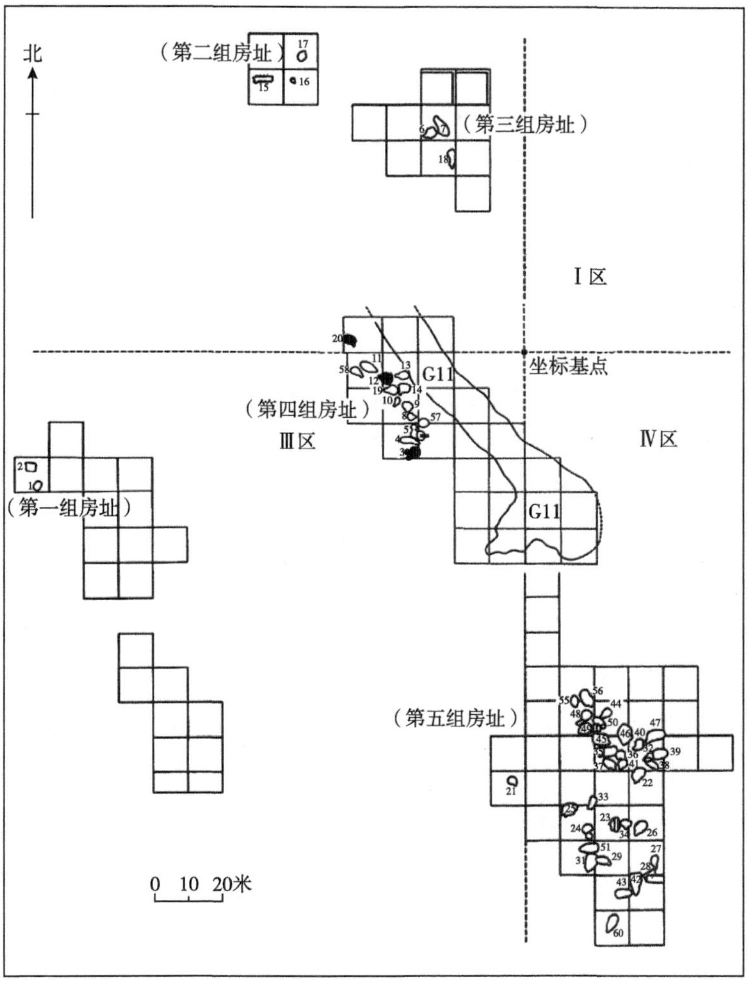

图一 河南新郑唐户遗址聚落分布

二 早期文明起源及给社会带来的变化

一般而言，距今6500～5000年就是中国早期社会文明化的高潮时期，人类社会发生了8个方面的巨大变化。

（一）自然的广谱经济转变为人为生产性的农业经济

各地的考古发掘，如长江中游湘西北距今约8000年的彭头山文化八十垱遗址①、长江下游浙江宁绍平原距今约7000年的河姆渡文化河姆渡遗址②、山东济南距今约8000年的

① 裴安平：《彭头山文化的稻作遗存与中国史前稻作农业》，《农业考古》1989年第2期。

② 中国社会科学院考古研究所编著《中国考古学·新石器时代卷》，中国社会科学出版社，2010，第455页。

后李文化张马屯遗址[①]、北方内蒙古东南距今约8000年的兴隆洼文化兴隆沟遗址[②]都发现了大量的超过了农业产品的可食用野生动植物遗存，充分证明新石器时代中期农业虽然在不断进步，但广谱经济依然是人类食物的主要来源。

距今6500年前后，广谱经济开始向农业经济转变。

有两个方面的重要证据。

第一，发现了中国史前最早适合个体劳动的稻田。

湖南澧县城头山遗址所发现的距今约6500年的古稻田就是这方面的代表[③]。

尽管目前发现的城头山遗址稻田数量还不多，但是它的意义却十分重要。因为它具有人工开掘、单块面积较大、长期用田埂分割以利分田到户的个体劳动等特点，所以它既不是地势低洼的野生水稻的自然生长区[④]，也不是刀耕火耨、广种薄收的粗犷耕作地，而是史前人类由自然的广谱经济转向生产性经济的产物。

第二，农业养活的人口大幅度超越了以往广谱经济养活的人口。

距今6500年以后，全国各地的史前聚落遗址都出现了大幅增加的趋势，这表明农业不仅已经成为人类食物的主要来源，而且在相似的地域面积范围内养活的人口也已大幅度超越了广谱经济。如湖南的澧阳平原，距今6000年以后大溪文化时期的人口至少是距今8000年以前彭头山文化时期的8倍，是距今7000年以前皂市下层文化时期的3倍。

这是一个历史性的变化。以往的历史可以说都是以自然生长的食物为主的广谱经济时代，而距今6500年以后则开始转变为以人工栽培和种植为主的生产性农业经济时代。

（二）集体劳动转变为早期个体劳动

从集体劳动转变为早期的个体劳动是人类社会生产方式的根本变化，也是文明起源和社会文明化最重要的变革与特征之一，因为它为人类社会的全面发展和人的解放即独立与自由都奠定了社会的经济的基础。

对此，考古学上有两个方面的证据。

第一，出现了只适合个体劳动的稻田。

湖南澧县城头山距今约6500年汤家岗文化时期的稻田就是一例。

值得注意的是，那里的稻田虽然都位于同一水平面上，但田块之间却有田埂将它们区分得一清二楚（图二）。一般而言，田埂在有高差的地区，是合理利用地形以利排灌的设施；而在同一水平面上虽然也有合理利用水资源的含义，但更与不同劳动者耕作区域的分界有关。因此，城头山的稻田应该就是独立的个体劳动出现的重要标志与直接证据。

---

① 吴文婉等：《海岱地区后李文化的植物利用和栽培：来自济南张马屯遗址的证据》，《中国农史》2015年第2期。

② 中国社会科学院考古研究所内蒙古第一工作队：《内蒙古赤峰市兴隆沟遗址2002—2003年的发掘》，《考古》2004年第7期。

③ 湖南省文物考古研究所等：《澧县城头山古城址1997—1998年度发掘简报》，《文物》1999年第6期。

④ 北京大学中国考古研究中心等编《田螺山遗址自然遗存的综合研究》，文物出版社，2011。

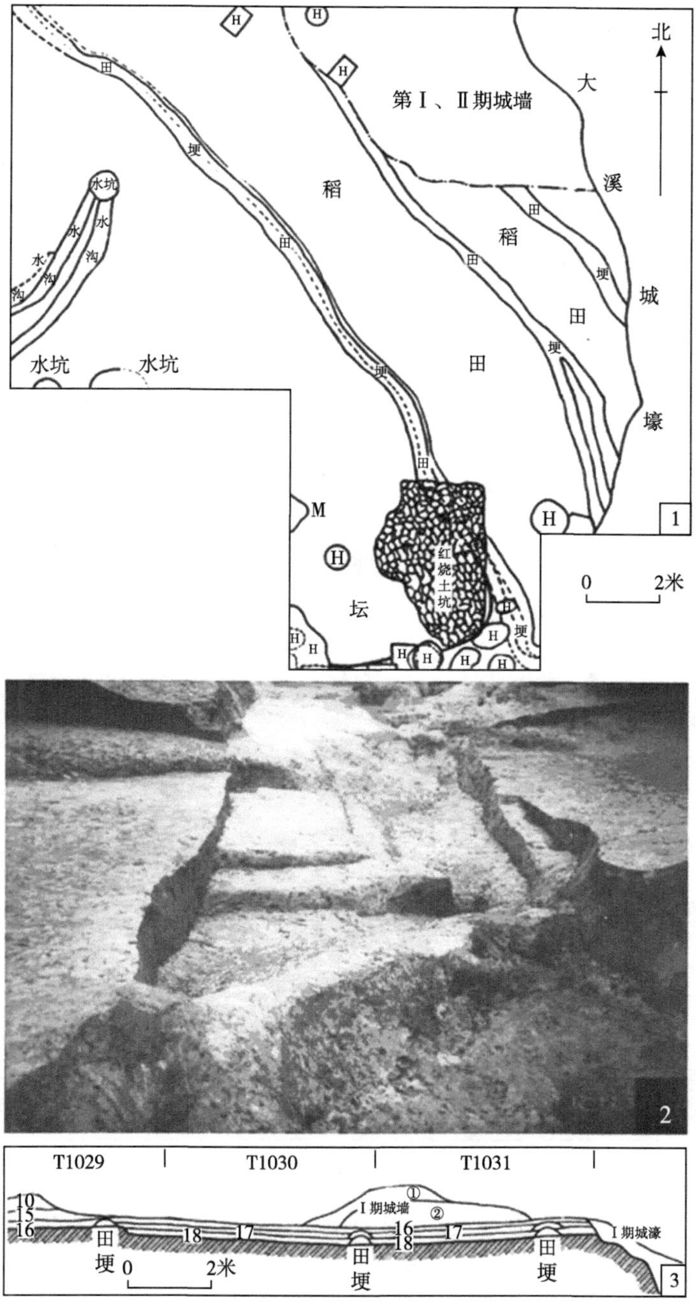

图二　湖南澧县城头山汤家岗文化时期稻田遗址

1、3：平剖面图；2：现场发掘照片

第二，早期个体劳动和个体经济初现端倪。

史前晚期农业的发展并不取决于农业本身。因为狭义的农业只是一种作物的栽培模式与技术；而要多产高产，要成为一种与社会发展相匹配的规模化经济，就不是狭义的农业本身的问题，而是广义的农业中社会生产方式与生产关系的问题，也是劳动与收获的关系问题。与此同时，个体劳动要成为一种普遍的生产方式，仅靠分田到人也是远远不够的，因为它与集体劳动模式下平均分解劳动任务并没有本质的区别，所以还必须允许多劳多得，让个体劳动与经济收益建立联系。只有这样，才能激发劳动者的生产积极性，农业才会真正成为人类食物的主要来源和社会发展的经济基础。

实际上，距今6000～5000年前各地所见只适合个体家庭居住的“套房”，如河南邓州八里岗仰韶文化中期遗址中所见“排房”中的“套房”（图三：3）就间接地证明，以往从未出现过的以一家一户为单位的早期个体劳动和早期个体经济已初现端倪，并开始成为当时血缘社会主流的生产方式。

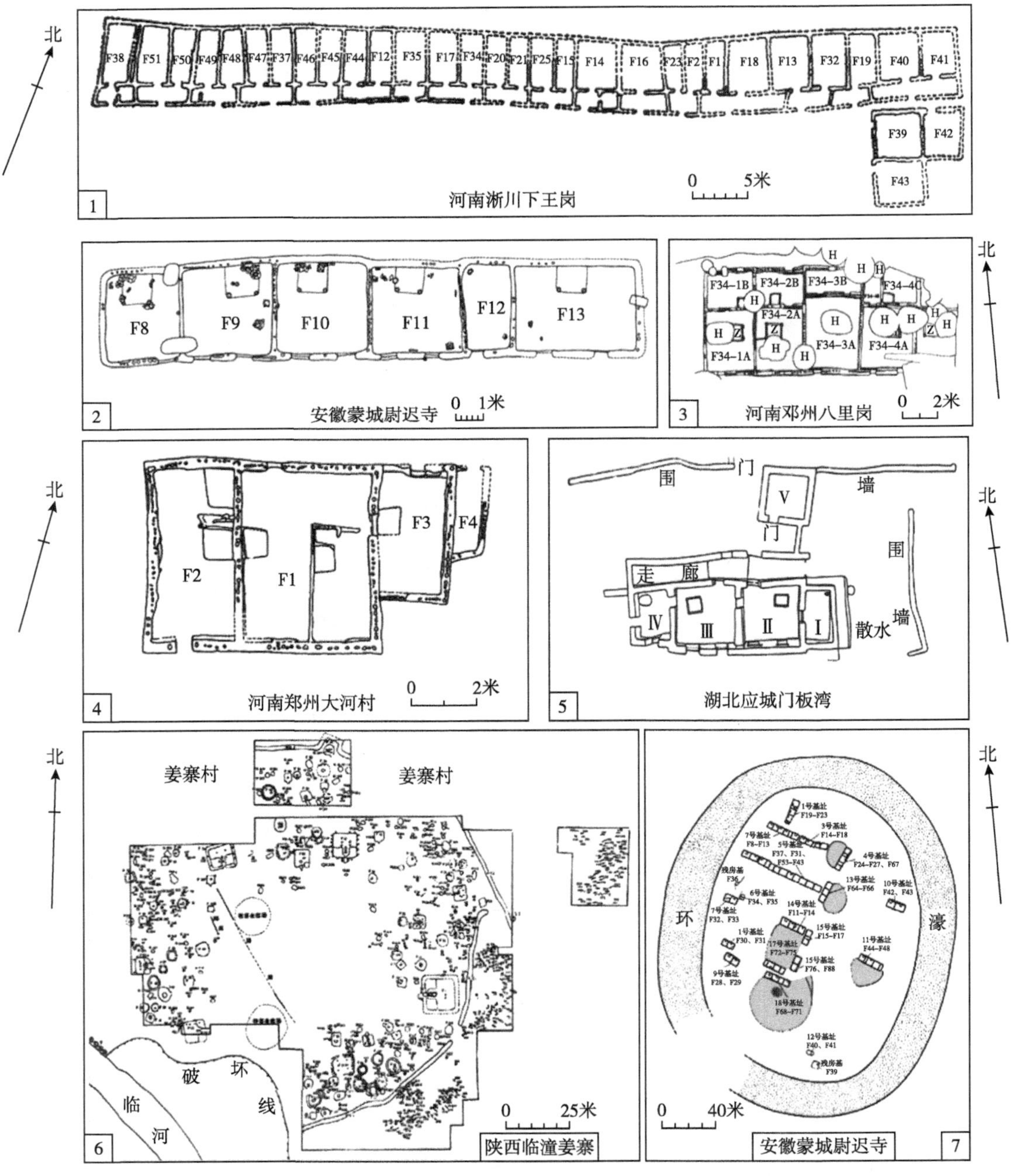

图三　各地距今6000～5000年居住建筑与聚落布局平面示意图

（三）一夫一妻制婚姻与家庭开始普及

虽然以成年一男一女为组合特征的家庭早在新石器时代中期就已经出现，但当时完全是以自然性爱为基础，与个体劳动、个体经济没有任何联系，所以并不普及。

新石器时代晚期，随着集体劳动、集体消费模式的瓦解，自由对偶就失去了存在的经济基础，而早期个体劳动带来的早期个体经济不仅提升了男性的社会地位，还强力地推动了一夫一妻制婚姻与家庭的普及。距今6000～5000年各地所见只适合个体家庭居住的“套房”，如河南邓州八里岗仰韶文化中期遗址中所见“排房”中的“套房”，以及辽宁凌源田家沟红山文化遗址中多座成年男女异穴合葬墓（图四），它们都直接地证明了一夫一妻制婚姻与家庭当时已经普及，并成为社会的主流。

图四　辽宁凌源田家沟红山文化遗址男女异穴合葬墓

（四）个体家庭成为血缘社会独立的最小组织与经济单位

考古表明，最早的一夫一妻制家庭实际在新石器时代中期即已出现。但是，由于当时还是广谱经济、集体劳动集体消费和对偶婚流行的时代，所以，当时的一夫一妻制家庭还不是社会普遍可见的婚姻家庭形式，更不是血缘社会独立的组织与经济单位。

但是，从新石器时代中晚之交开始，人类生存危机的出现以及应对危机的一系列重大社会变革的出现，尤其是分田到人与个体劳动的出现，不仅促使早期个体经济的出现，还促使一夫一妻制家庭的普及与流行，促使一夫一妻制家庭开始具有明显的独立性，并成为血缘社会的最小组织与经济单位。

最迟于仰韶文化中期，即距今6000～5500年，一夫一妻制个体家庭的独立与其社会地位的提高就开始带来人们居住方式的变革。仰韶文化早期陕西临潼姜寨遗址（图三：6）与仰韶文化中期河南邓州八里岗、大汶口文化晚期安徽蒙城尉迟寺遗址（图三：7）的聚落布局与住房模式之所以会出现重大区别，即由独门独栋的大、中、小三类房址形成的多重向心结构变成了“套房”与“排房”构成的无中心结构，就是因为当时社会的最小组织与经济单位已由母系家族变为了父系一夫一妻制家庭。

“套房”与“排房”改变的不仅仅是人类居住建筑的模式，更重要的是，它们还是一夫一妻制个体家庭已成为人类血缘社会独立的最小组织与经济单位的直接证据。

（五）财富私有制进入新的历史转折时期

虽然在新石器时代中期，中国就出现了以奢侈品为财富标志的财富私有制，但是，当时私有制的基础还只是广谱经济，有地位有奢侈品的人也参加集体劳动，个人的劳动与财富没有明显的直接联系。因此，那时候的财富私有制就是一种比较自然单纯的社会宏观管理与分配制度，经济的内涵既不突出也不明显。

但是，距今6000～5000年期间，在并未触动生产资料集体所有制的前提下，经过分配与管理制度的改革，早期的个体劳动开始具有了一定的经济意义，“奢侈品”也开始具有了比较明显而广泛的经济与财富内涵。由此，中国的财富私有制开始进入一个新的历史转折时期，并出现了五个方面的重要变化。

第一，个体劳动，多劳多得。

第二，个体家庭开始具有一定的经济独立性。

第三，男性的价值与社会地位不断提高。

第四，贫富与等级分化在新的基础上更为明显、更为深入，并波及每一个聚落成员，如湖南澧县城头山大溪文化时期墓葬所见。

第五，出现了“贵族”，安徽含山凌家滩M4、M15墓主，辽宁建平、凌源牛河梁第二地点一号冢M21墓主即是。

不过，由于距今5000年以前，社会的主流组织模式与生产生活实体还是以自然组织聚落群即部落为主，所以，距今6000～5000年之间财富私有制的整体仍然是一种小型血缘组织内部独立自主的自然的管理与分配制度，还不是一种大型聚落组织社会的政治制度。

（六）母系社会转变为父系社会

母系转变为父系，最直接最明确的考古学证据就是男性社会地位的不断提高。

史前晚期，早期个体劳动的出现与普及、一夫一妻制婚姻与家庭的普及、早期个体家庭经济与社会独立性的获得，尤其是辽宁凌源田家沟红山文化遗址中Ⅰ、Ⅲ号两个墓区都发现了男左女右的夫妻异穴合葬墓（图四）以及Ⅳ号墓区男左女右的同穴合葬墓①，都毫无疑问地表明男性社会地位提高了，社会属性已由母系转变为父系。

不过，父系社会的到来并不意味着阶级压迫就已经到来，因为血缘组织内部所有的人都是亲戚，或近亲或远亲，其中只有等级没有阶级。既如此，在这种社会与组织中，就像母系社会的女性地位虽高却没有压迫男性一样，新时期男性的社会地位再高，也不可能去压迫女性，同部落的亲朋戚友也不会答应。

（七）人开始成为集体中的独立个人

由于早期生产力低下，生产资料集体所有，任何个人都没有能力离开集体而独立生存，所以，自有人类以来，每一个个人就都是集体的一份子，没有任何属于个人的独立与自由。但是，文明的起源和社会生产方式的变革直接推动了早期个体劳动与早期个体经济的出现，并为集体中个人独立的获得奠定了经济与社会基础。

实际上，一夫一妻制婚姻与家庭的普及、新型的只适合个体家庭居住的“套房”的出现以及新型的夫妻异穴合葬墓的出现，都是个人获得独立的直接证据。

（八）社会开始由分散走向整合与统一

历史的发展表明，由分散走向统一是人类社会文明起源与文明化的重要标志。

从旧石器时代一直到新石器时代中期，当时的社会组织就一直是小型、独立、分散的，即使同部落成员之间的关系也普遍是平等且松散的，并还有如下三个特点。

第一，聚落群即部落是最主要的社会组织。

从旧石器时代到新石器时代中期，虽然人类社会一直都存在聚落、聚落群与聚落群团三级社会组织，但是，其中最主要的还是聚落群，即部落。

至于比部落更高一级的社会组织，也有，但都是临时的，即亲属部落间的联盟，常因暂时的紧急需要而结成，随着这一需要的消失即告解散。

为什么“部落”即聚落群会一直是当时最主要的社会组织呢？

原因有三。

其一，氏族与部落的血缘关系最密切，都是“母氏族”与“女儿氏族”的关系，都是直系血缘关系。

其二，地广人稀，各部落之间的关系比较独立平等，即使与其他血缘部落有矛盾与冲突，其激烈程度也比较有限，因而也不需要固定的常态化的大型组织。

其三，部落是当时人们日常生活的实体。在美洲印第安人那里，部落“自有其所占据所保卫的领土”②，“他们的领土包括他们实际居住的地域，还包括他们在渔猎时足迹所到

---

① 王振宏等：《红山墓群发掘男女并穴合葬墓》，《解放日报》2012年3月23日。

② 摩尔根：《古代社会》，商务印书馆，1989，第101页。

的周围地区那么大的范围，同时也得是他们有能力防御其他部落侵入的范围”①。此外，部落与部落之间还有宽阔的避免冲突的中立地带。

第二，只有长辈聚落，没有“核心聚落”。

由于地广人稀，各部落之间矛盾冲突的频率与激烈程度都十分有限，所以新石器时代中晚期之交以前，人类的聚落组织都很少经历大规模长期战争的洗礼，因而内部的组织状态也比较松散。此外，组织内部成员的地位都比较独立平等，除了基于自然血缘辈分的“母氏族”以外，就没有出现以实力和主从关系为基础的聚落群内的“核心聚落”。

第三，聚落之间没有主从关系。

这与“核心聚落”是同一个问题的两个方面。“核心聚落”代表的是同一个聚落群内部成员之间出现了等级分化，有实力的聚落既可能是原来的长辈聚落，也可能是其他的“新秀”，是聚落群内的新式“领导”。至于主从关系，表达的则是聚落组织成员之间等级关系的特点与属性。其中，“主”就是“核心”，是“领导”；“从”就是“从属”“随从”，是其他聚落成员相对于“核心”的地位。一般而言，新石器时代中晚期之交以前从未出现过这种聚落之间的关系。

但是，从新石器时代中晚期之交开始，伴随着人类社会生存危机的不断加剧，在实力的基础上将原来状态松散的组织整合为一体化的组织逐渐成为聚落社会的发展趋势，并给当时的聚落社会带来了四个方面的深刻变化。

其一，出现了“核心聚落”。

其二，聚落之间出现了主从关系。

其三，出现了具有集中领导统一管理特征的一体化的聚落群。

其四，所有的组织成员都超近距离地聚居在一起。

对此，距今约7500年的河南新郑唐户裴李岗文化晚期遗址、浙江嵊州小黄山遗址就都是上述变化的突出代表，表明当时的长江黄河流域大体同时出现了史无前例的基于主从关系的一体化聚落群，标志着人类社会从分散走向整合与统一的历史大幕已经由此正式开启。

三 中国早期文明起源的特点与意义

事实表明，距今6500～5000年前中国早期文明起源和社会的文明化就出现了第一个历史性的高潮。它不仅给人类社会的发展带来了8个方面的巨大变化，而且还表现出了多方面的特点与意义。

---

① 摩尔根：《古代社会》，商务印书馆，1989，第109页。

（一）中国早期文明起源的特点

综合各地已有的发现，中国早期文明起源有三个非常显著而重要的特点。

第一，起源的初始原因主要是自然的而非人为的。

已有的研究表明①，距今10000~6000年前全新世的气候在不断变暖，从而促使人类社会的发展出现了一个人口与聚落数量大幅增长的高潮时期，无论长江流域，还是黄河流域，都同步出现了类似现象。与此同时，人口与聚落数量的大幅增长又导致人与自然之间的矛盾日趋紧张，并同步促使人类社会组织之间的矛盾与冲突不断激化。于是，为了应对人与自然、人与人之间的危机，文明就起源了，自然原因就成了文明起源的初始原因。

第二，变革只发生在聚落群组织内部。

就变革涉及的社会范围而言，由于聚落群团还不是一种生产生活的永久性实体组织，所以当时的文明起源与社会的文明化全部都是以聚落群为单位发生的，都只发生在各个聚落群的内部，各个不同的聚落群自己主导自己的变革。既没有产生一个跨血缘跨地域的聚落组织，也没有一个聚落组织获得了跨血缘跨地域的权力。因此，在各个地区所见到的变革都不是一种跨血缘跨地域的联合行动与举措。

第三，和平变革。

就变革的方式而言，农业、早期个体劳动和个体经济、一夫一妻制婚姻和个体家庭的流行以及个人社会独立性的获得、贫富与等级分化升级、母系变为父系、实力成为聚落之间新型组织纽带的普及，在全国各地不仅都大致同时发生，而且都是聚落群组织内部自发的静悄悄的和平变革，基本不见暴力。

虽然距今6000~5000年期间中国就出现了最早的城，并表明聚落组织之间的矛盾与冲突已经升级。但这些城址，一是数量极少，目前全国仅见四处，即湖南澧县城头山、湖北石首走马岭—屯子山、天门龙嘴、河南郑州西山；二是等级较低，皆属于聚落群一级；三是至今也没有发现这四个城址周边有其他聚落或聚落群被武力剿灭了的迹象。这说明当时的暴力即使有也不普遍、不激烈，城出现的主要目的是防御而不是进攻，更不是为了推广变革，不劳而获。

显然，以上三个方面的特点表明，人类文明的起源与社会的文明化是人类社会一种内在的力量与变革，其目的就是通过自身努力与变革改变人类的生存状态与生存品质，而不是暴力征服他人，更不是靠剥削和压迫别人而活着。

（二）中国早期文明起源的意义

早期文明起源与社会早期的文明化，实际就是人类历史上最早的伟大变革。虽然是静悄悄的，但它却以和平的方式根本性地改变了人类的生产与生活方式，改变了人类社会的

---

① 施雅风总主编《中国历史气候变化》，山东科学技术出版社，1996，第119页。

组织模式，也同步揭开了人的解放的序幕，并开启了人类社会由原始的自然生存状态进入更高级的文明发展状态的大门。

1. **改变了人类的生产方式**

一般而言，人类有两种不同类型的生产方式，一种是技术性的，一种是社会性的。技术性的就是具体物品的生产方法与技术，社会性的就是人与生产资料的结合方式。

考古发现，最迟在距今15000年以前①，作物的栽培技术就已经出现了，并伴随人类在山前与平原地区的定居而规模不断扩大。但是，它并没有根本性地改变人类以自然食物为主的生存方式，也没有替代广谱经济成为人类食物的主要来源。距今7500年以后，文明起源了，农业迅速地成为人类食物的主要来源。

为什么农业就不能自主成为人类食物的主要来源呢？为什么一定要与文明起源联结才能成为人类食物的主要来源呢？

这说明农业成为人类食物的主要来源与具体的栽培技术和方法关系不大，而取决于另外两个社会方面的因素。一是要有相应的社会需求，二是要有相应的社会生产方式。假如自然食物充足，那社会的需求就弱，农业永远也不会成为人类食物的主要来源；又假如没有个体劳动，也没有与劳动和收获有一定程度联系的个体经济，那劳动者一点“剩余劳动”的生产积极性都没有，农业虽然有可能在一定程度上成为人类食物的主要来源，但永远也不能成为社会发展的经济基础。值得注意的是，人类社会的发展之所以会与文明起源同步进入快车道，这本身就说明史前晚期人类所需要的农业已经不仅要能延续生命，还要能够用“剩余劳动”支持社会整体的发展。

因此，史前晚期农业发展的主要原因并不只是具体食物生产技术与方式的变换，更重要的是社会生产方式的变革。

文明起源对于农业的意义，关键并不在于它选择了农业和以农业作为人类食物的主要来源，而在于它彻底改变了自有人类以来延续了数百万年的集体劳动集体消费的生产方式，个体经济的萌芽与出现第一次使个体劳动具有了经济价值的含义，并在充分提升个体劳动独立性与价值的前提下，达到了充分调动劳动者生产积极性的目的，使农业、生产性经济迅速成为人类食物的主要来源，使人类第一次具备了通过自己的努力根本改善生存状态与质量的能力，从而也为以后人类社会各方面的发展奠定了必要的物质基础。

2. **改变了人类的生活方式**

从旧石器时代一直到新石器时代中期，人类的生活方式就一直是一种自然的方式。食物的来源是自然的，只需要采集与捕获；生产方式是自然的，集体劳动集体消费；社会组织方式是自然的，一切都以血缘为基础；人类的婚姻是自然的，只要是互有血缘关系的成年男女即可无辈分或有辈分区别地自由通婚；人与人的关系也是自然的，都是母系集体的一员，都是亲朋戚友，都只有辈分的高低……

---

① 吴小红等：《湖南道县玉蟾岩遗址早期陶器及其地层堆积的碳十四年代研究》，《南方文物》2012年第3期。

然而，新石器时代晚期以后，人类的生活方式发生了根本性的变化，变成了新的早期文明的生活方式。

这种变化不是局部的，而是全方位的。

食物的来源以人工栽培和耕作的农业为主，生产方式以个体劳动为主，社会的组织方式以实力为主，婚姻形态以一夫一妻制为主，家庭也已成为社会的最小组织与经济单位，社会形态也由母系变成了父系，人与人之间的贫富和等级差距扩大。

此外，如河南邓州八里岗遗址那样的人们居住的房屋形态，如河南新郑唐户和浙江嵊州小黄山那样的多聚落遗址的整体布局结构，如辽宁凌源墓地中一夫一妻的合葬形式，也都意味着从社会的各种制度到相关的物质形态都发生了完全不同以往的变化。

显然，文明的阳光洒满了社会的每一个角落，影响了每一个人的生活方式与历史命运。

3. 改变了人类社会的组织方式

史前晚期以前，人类社会与组织之间的关系都是自然天成的，都是母系血缘集体中的一员，近距离相聚的所有社会单位都是近亲的血缘组织，都是同一个部落内部关系相互独立平等的成员。

然而，文明起源以后，人类社会的组织方式发生了四个方面的根本性变化。

第一，个体家庭成为社会最小的基本组织与经济单位。河南邓州八里岗等遗址由“套房”构成的“排房”就是这方面的最好证据。

第二，血缘社会的基本组织纽带由母系转变为父系。辽宁凌源田家沟红山文化遗址所见一夫一妻异穴合葬的埋葬方式就是这方面的最好证明。

第三，实力成为高于血缘上的社会组织的新型纽带。湖南澧县城头山距今 6000 年的中国最早的城址就表明，仅有血缘而没有实力不仅没有一体化的聚落组织，而且永远也不可能出现城。

第四，出现了基于血缘与实力并包含了核心聚落与从属关系的一体化聚落群。河南新郑唐户与浙江嵊州小黄山等多聚落遗址及其聚落组织结构就是这方面的典型代表。

4. 揭开了“人的解放”的历史序幕

文明不仅仅外在地改变了人们的生产方式与生活方式，也不仅仅改变了人类社会的组织方式，更深刻的是还内在地揭开了“人的解放”的历史序幕。

一般而言，“人的解放”的核心就是要实现人的全面与自由的发展。

中国考古表明，由于早期社会生产力的局限，自有人以来，每一个人就一直是集体中的一员，任何个人都只是自然的个人，没有任何社会的独立性。但是，史前晚期，随着生产力与经济的发展，社会的进步尤其是文明的起源，早期个体劳动、早期个体经济、一夫一妻制的普及，个体家庭成为社会独立的最小组织与经济单位等方面的变革，人的社会独立性得到了普遍的承认与彰显，人也从以往集体中的个人变成了具有一定独立意志的个人。

值得注意的是，人的独立性的获得还表明，没有人的经济独立就没有人的社会独立。

早期个体劳动个体经济的出现实际就是个人最早能够独立的经济基础。虽然，当时的人还没有也不可能最终摆脱血缘社会的束缚成为地缘化社会中独立的个人、自由的个人，但是，独立是自由的基础，只有先独立了，才有以后逐步的自由。

5. 早期文明起源与国家起源毫无关系

中国的考古表明，文明与国家的起源既有联系又有区别。其中，区别是主要的，联系是次要的。

之所以如此，皆因为文明的起源完全是独立的，而且最早的文明起源与国家的起源没有任何关系，也没有哪一项社会的文明化变革是国家起源的必要条件，是为了迎接国家的起源而事先准备的。

其中，早期个体劳动与个体经济的出现、一夫一妻制婚姻和家庭的流行、贫富与等级分化的升级、母系变为父系等方面的变革，它们更明显与国家的起源没有任何关系，也没有一项是国家起源的必要条件。

当然，从历史的发展来看，文明起源与国家起源也有一定的联系。

其中，农业的发展最容易使人们联想到文明起源与国家起源的关系，因为农业为国家的起源奠定了物质基础。不过，这种关系并不是直接的。因为，当时农业发展最直接也是最主要的原因就是为了应对自然食物资源的严重不足。后来，农业发展到一定程度才为国家的起源夯实了物质基础。但是，那只是农业发展的一种泛泛的结果，并没有明确的指向性与针对性。农业发达的地方，可能出现国家，也可能不出现国家；可能早出现国家，也可能晚出现国家；而且没有农业的地方也会出现国家。国家的起源需要一定的经济基础，但并不是只有农业才能提供经济基础；也不是有了农业，国家就会起源。

与农业一样，聚落组织的一体化也很容易使人们联想到文明起源与国家起源的关系，因为聚落组织的一体化为国家的起源奠定了组织基础。然而，聚落组织一体化的出现也完全是为了应对生存危机引发的社会危机的举措；至于这种举措后来逐渐导致了国家的出现，那也不是它的初衷，也不是它的唯一结果。史前末期，继一体化的聚落群之后，又相继崛起了不同类型的一体化的聚落群团、聚落集团、早期国家等多种社会组织，充分地证明了最早的聚落组织的一体化与国家起源之间并没有直接的因果关系。当然，追溯国家的起源可以从聚落组织最早的一体化开始，但一定要充分认识到国家只是聚落组织一体化过程中的一种产物与结果，而且不同的地方、不同的背景还会有不同的结果。

因此，早期文明的起源是一种独立的起源，与国家起源之间并没有必然的联系，不能将这种起源与国家的起源不加区别地捆绑在一起。

（编辑：王志高）

中国早期读写文化的发展

——兼论社会背景中铜器铭文的性质和用途等*

李　峰

（美国哥伦比亚大学东亚系）

高凌艳　周靖芬　徐峰　翻译

（南京师范大学文博系）

［摘要］ 为了解早期中国日常生活中读写文化（Literacy）的重要性，本文将帝国之前读写文化的发展分为三个阶段：第一个阶段，从新石器时代南方良渚文化晚期和北方龙山文化书写（与阅读）迹象初现，到商代中期真正书写产生的条件臻于成熟（约前 3000 ~ 前 1250）；第二个阶段，商代晚期（约前 1250 ~ 前 1046），这个阶段以为了占卜而在兽骨或龟壳上进行契刻的成熟书写体系为标志，但这种能力仅限于职业书手群体和一些占卜者；第三个阶段，西周时期（前 1045 ~ 前 771），读写文化突破了职业书手的范畴而进入了更大的社会圈，书面文字的阅读和鉴赏也在周代社会精英中广为流传。本文尤其关注铜器铭文的性质，并且提供具体的证据来证明铜器铭文不仅在家内和法律经济背景下使用，即用于文书记录，而且超越了狭隘的宗教界限。由于铭文的文本内容往往与青铜器本身的功能无关，青铜器实际上是书面文字广泛流传于社会背景中的载体。换句话说，铸铭的青铜器不仅与西周精英的日常生活息息相关，还是他们为提炼、颂扬和诠释个人生活经历，乃至为影响自己的未来所做出的努力的一部分。

［关键词］ 读写文化；甲骨文；铭文性质

欲了解古人的读写状况及其在日常生活中的重要性，中国或许是可以用来做比较的一

---

* 本文译自李峰先生“The Development of Literacy in Early China：With the Nature and Uses of Bronze Inscriptions in Context，and More”一文，原文载于 Anne Kolb 主编的 *Literacy In Ancient Everyday Life*，De Gruyter，2018。得作者同意，翻译发表于本刊，因篇幅所限和体例安排，我们删去了原文附录铭文翻译部分和配图来源的说明，敬请读者谅解。

个理想对象。这一选择之所以必要，不仅在于中国是世界上少数几个发明并延续使用由特殊图形组成的独立书写体系的地区之一，还在于考古发掘或是民间偶然发现了大量早期书写作品。不过，无论是在中国本土的史学传统中，还是在西方的汉学中，以往均缺少可供我们对读写文化进行合理比较研究的任何基础。事实上，直到最近才有学者开始对这个陌生的领域进行规模性的探索；在此之前，学界几乎从未将中国早期帝国时期的读写文化当作一个研究课题。[①] 即便在研究从公元6世纪到1911年中国的中古和晚期帝国时，读写文化的问题通常也只有在科举考试制度或古代教育的研究中被论及[②]，也许只有一篇例外[③]。由于先前的著作对于中国早期读写文化的研究几近空白，因而致力于解决这个问题的历史学者在进行该课题的研究时，除了面对浩如烟海的传世典籍外，还必须分析考古发现的第一手书写材料，包括甲骨文、金文及简牍文书。

在我们比较分析地中海世界和中国的读写水平的共同研究中，威廉·哈里斯（William Harris）认为，前现代农业社会的成人识字率不太可能高于总人口的10%；笔者认为中国的秦汉时期也是如此[④]。以这个数字作假定的最高值，并假定中国早期的读写文化发展与其他地方一样是一个渐进的过程，我们就可以将中国早期文字发展分为若干阶段：①第一阶段，从出现书写（以及相应的阅读）迹象的新石器时代晚期直到商代中期（约前3000~前1250）出现真正书写的条件得以成熟；②第二个阶段，商代晚期（约前1250~前1046），这个阶段以为了占卜而在兽骨或龟甲上进行契刻的成熟书写体系为标志；③第三阶段，西周时期（前1045~前771），书写突破了专职书手的范畴而进入更大的社会圈，并且阅读活动在西周贵族阶层中变得普及。虽然读写文化的扩张和书写体系的成熟是两个不同的问题，但根据现有材料，我们可以看出它们是平行发展的。没有书面文字作为基础，谈何读写文化？读写文化本质上是一种“文本导向事件”（text - oriented events）[⑤]。

---

① Li Feng（李峰）/David Prager Branner（林德威）（ed.），*Writing and Literacy in Early China: Studies from the Columbia Early China Seminar*，Seattle，2011。

② 关于中国科举考试制度的文献很多，这里仅举几例：Edward A. Kracke（柯睿格），*Civil Service in Early Sung China*，Cambridge MA，1953；MiyazakiIchisada（宫崎市定），*China's Examination Hell: The Civil Service Examinations of Imperial China*，translated by Conrad Schirokauer，New Haven，1981；Thomas H. C Lee（李弘祺），*Government Education and Examinations in Sung China*，Hong Kong，1985；Benjamin A. Elman，*A Cultural History of Civil Examinations in Late Imperial China*，Berkeley，2000。

③ Evelyn SakakidaRawski（罗友枝），*Education and Popular Literacy in Ch'ing China*，Ann Arbor，1979。关于传统中国读写文化教育的一般性讨论，见 Thomas H. C. Lee，*Education in Traditional China*，Leiden，2000，p431 - 544。

④ William V. Harris（哈里斯）/Li Feng，*Ancient Literacy: Parallels and Divergences between the Mediterranean World and China.* Manuscript，February 2015，p14，30。早些时候，哈里斯估计希腊和罗马共和国到公元前100年的识字率不可能超过10%；至于罗马帝国时期，由于意大利、希腊的城市以及边远省份之间存在巨大差距，总体估计是不切实际的，所以他对这一问题搁置未论。见 William V. Harris，*Ancient Literacy*，Cambridge MA，1989，p114，173，328 - 330。

⑤ 参见 William A. Johnson，Holt N. Parker（ed.），*Ancient Literacies: The Culture of Reading in Greece and Rome*，Oxford 2009，p3。关于这一点，亦可参见 Li Feng/David Prager Branner，*Writing and Literacy in Early China: Studies from the Columbia Early China Seminar*，P6。

另外，书写体系的发展可以被看作这个体系的实用价值不断随着文字库的扩充而增加的过程，并且在这个过程中书写体系本身的结构变得更加复杂，其功能也变得更加灵活。除一些极特殊情况外，这个过程必然会促进读写文化（书写与阅读的统一）的扩张。因此，我们有必要首先对中国书写体系起源的现有材料进行简单回顾。

一 中国文字的起源问题

学界普遍认为，中国最早的“成熟”文字形式始于商代（前1554～前1046）的甲骨文。笔者所谓“成熟”，指这套符号体系与口语的语法惯例相关联并且能够以书面形式表达一个人或一个族群的“大多数”生活经历。甲骨文无疑是这种成熟文字体系的代表①。但是在中国，是什么导致了商代甲骨文这种成熟文字体系的产生和发展？关于这个问题有两种观点：第一种笔者称之为“渐进发展派”（Gradual Developmental School）。这一派认为，由于甲骨文是一种功能完备的文字体系，因而它从原始阶段发展到当时的成熟水平一定经历了数百年时间。这一观点也得到中国、日本以及西方许多学者的赞同。一些支持这种观点的学者在之前的新石器时代材料中搜寻处于发育状态的早期文字证据，如仰韶－大汶口文化（约前5000～前3000）陶片上的刻画符号（图一）②。其他学者对此则持谨慎态度。③ 这个论点的不足之处也是很明显的，因为这些符号发现于广阔的地理空间范围内，基本上都是作为单一个体被孤立地刻在一件陶器或是一块陶片上，我们没有办法确认这种符号在一个或多个社会集团中的接受度，以及这种符号是否具有固定的含义。此外，没有任何证据表明这些刻画符号是某种口语的文字形式，如果这二者之间有关联，则它们应该被赋予了一定的读音。

第二种观点笔者称之为“速成派”（Overnight School），这种观点认为甲骨文与所有文字体系一样，受某些构造规则支配。人们一旦找到这些规则便能掌握书写原理，整个体系可以在相对较短的时间内形成，可能只需经历几代人。换言之，甲骨文代表了一种与其起源时间相距很近的文字体系。这种观点尽管应是少数意见，但在西方得到了一些学者的大力支持，如鲍则岳（William Boltz）认为中国文字体系的发明时间实际上是商代中期。④ 他认为可以在甲骨文中找到佐证这一观点的证据，即在一种“多音”（Polyphony）语词的构

---

① 关于甲骨文的一般介绍，见 David N. Keightley（吉德炜），*Sources of Shang History: The Oracle－Bone Inscriptions of Bronze Age China*，Berkeley，1978。

② 唐兰：《从大汶口文化的陶器文字看我国最早文化的年代》，《光明日报》1977年7月14日。于省吾：《关于古文字研究的若干问题》，《文物》1973年第2期。

③ 高明：《中国古文字学通论》，北京大学出版社，1996，第29～31页。裘锡圭：《文字学概要》，商务印书馆，1988。该书英文版为 QiuXigui，*Chinese Writing*，translated by Gilbert L. Mattos and Jerry Norman，Berkeley，2000，p31。

④ 这意味着公元前14世纪的某个时候；William G. Boltz（鲍则岳），*The Origin and Early Development of the Chinese Writing System*，New Haven，1994，p13。

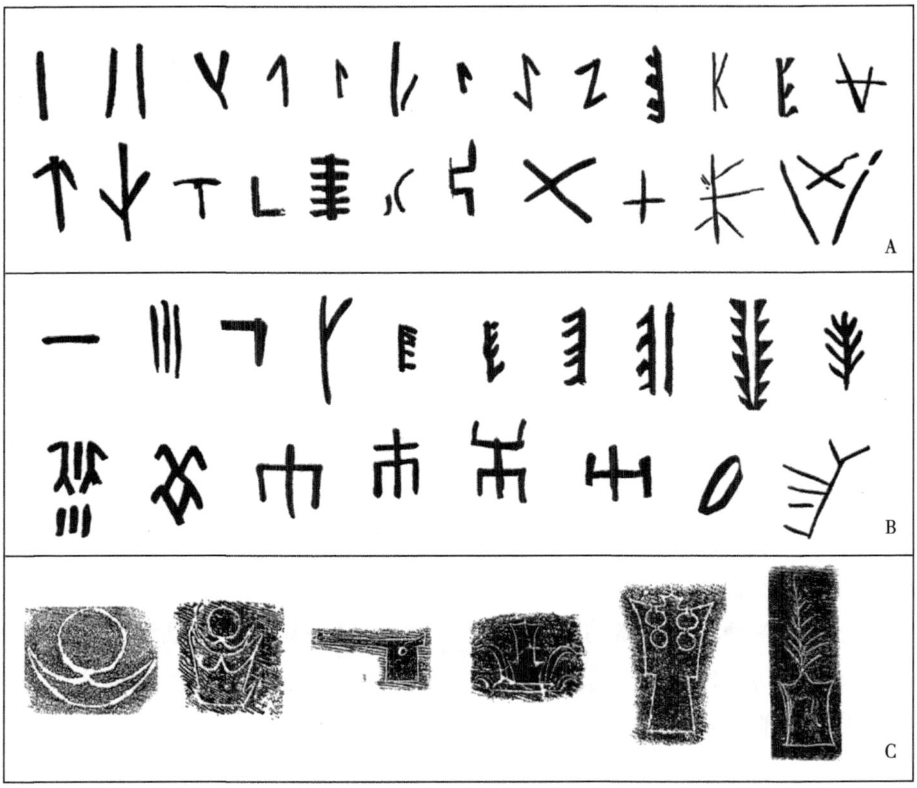

图一　新石器时代的陶器刻画符号

A. 仰韶文化半坡遗址；B. 仰韶文化姜寨遗址；C. 大汶口文化

造中，一个字符形可以代表两个不同的字，而这两个字经由一种固定语义相关联。甲骨文中有一些例子，如“月”“禾”“卜”，他认为是文字体系形成阶段的特征。①

中国文字体系起源的确切时间和地点，我们一时还难下结论。但是近年来的考古发掘使我们更加相信，在安阳之前，中国的文字就有漫长的历史，并且也许还有多种起源。例如，根据山东省丁公遗址和江苏省龙虬庄遗址出土的具有连续刻画符号的陶器残片，一些学者认为早于商代的几千年前就出现了文字系统。② 最近，在中国南方良渚文化（前 3200 ~ 前 2200）的遗址中，考古工作者发现了大量见于陶器和石器上的有语境结构的刻画符号，③ 它们与我们先前知道的新石器时代陶器上的零散刻画有着质的不同。它们为我们重

① William G. Boltz, Literacy and the Emergence of Writing in China, in: Li Feng/David Prager Branner (ed.), *Writing and Literacy in Early China: Studies from the Columbia Early China Seminar*, Seattle, 2011, p82 - 83。鲍则岳解释说，图形月同时代表了“月”字和“朔”字，意思分别为“月亮”和“新月的第一天”；图形禾同时代表了“禾”字和“年”字，意思分别为“谷物，小米”和“收获”；图形卜同时代表了“卜”字与“外”字，意思分别为“裂纹占卜”和“外面”。

② 裘锡圭：《究竟是不是文字——谈谈我国新石器时代使用的符号》，《文物天地》1993 年第 2 期；MatsumaruMichio（松丸道雄）. Kanjikigenmondai no shin tenkai 汉字起源问题の新展开（*New developments in the study of the origin of the Chinese characters*），shūdubijutsushinbun 书道美术新闻，June 11 - August 1，1997。

③ 张炳火：《良渚文化刻画符号》，上海人民出版社，2015，第 592 ~ 613，664 ~ 683 页。

新评估以往关于中国文字起源的过程和机制的假设提供了有意义的新依据。

实际上，我们可以将良渚文化陶器和石器上发现的“图形叙事”（the Graphic Narratives）分成两类：①一系列直接反映现实生活现象的图像（图二）；②抽象线性图形序列（有些与更真实的图像混合）置于特定的相互关联的空间关系中（图三：下）。这些符号并不是孤立存在的，而是通过一种潜在的逻辑或体系相互连接的意思，用于表达复杂且具有社会意义的情况，并能够被刻画和阅读的人所理解。在这里，用布恩（Boone）的话说：“句法在根本上是空间样态，其间，意义是受结构以及顺序、距离、包容和排除的原则来创建和指导的。”① 尽管要发现这种潜在的体系是很难的，但是，我们不能轻易排除这样的可能，特别是在第二种情况下，即一种或不止一种语言起着赋予这些图形以读音的作用，从而它们可以作为连续的语句来阅读。这类新证据的数量较多，考古工作者在 30 多处考古遗址中发现了大约 600 例在陶器或石器上刻有单个或两三个组合而成的图符，其中大部分属于良渚文化晚期（约前 2800～前 2200）（图三：上）。②

图二　南湖遗址出土陶罐上的图形叙事（良渚文化）

① 这是她对阿兹特克文本的描述。见 E. Hill Boone（布恩），*Beyond Writing*，in：Stephen. D. Houston（ed.），*The First Writing*，Cambridge，2004，p315。

② 张炳火：《良渚文化刻画符号》，第 4 页。事实上，其中一些组合符号的复杂程度不亚于被视为埃及最早文字的 U－J 标签上的图像。见 John Baines，The Earliest Egyptian Writing：Development，Context，and Purpose，in：Stephen. D. Houston（ed.），*The First Writing*，Cambridge，2004，p155－156。

即使就单个图符而言，良渚材料依旧在两个方面表现出它高度的重要性：①根据某些似乎稳定的构造规则，大量的符号可以由索引找到；②相距 100 公里的遗址内往往会发现多个相同的符号，表明这些符号在良渚社会集团中是远距离共享的。[①] 考古背景表明，这些符号是一个社会文化系统的产物，在这个系统中，有很多为良渚社会广泛理解和接受的文化编码。

学者们注意到，在埃及和美索不达米亚，一个标记系统（notationsystem）先于真正的文字而出现；当构成这一标记系统的符号一旦获得语音价值，前者向后者的过渡便会实现。[②] 虽然我们还不能完全理解上述新证据的性质和意义，但是良渚文化晚期确实很可能具备了某种产生真正文字的社会文化背景条件，尽管它可能并不是文字在中国唯一的起源地。事实上，北方也有类似的材料，例如山东龙山文化（约前 2600 ~ 前 2000）丁公遗址出土刻有十一个字的陶片，说明中国其他地区也可能具备类似产生文字的社会发展条件。如果这是真的，我们就能够讨论关于中国文字体系的“新石器时代起源”问题。

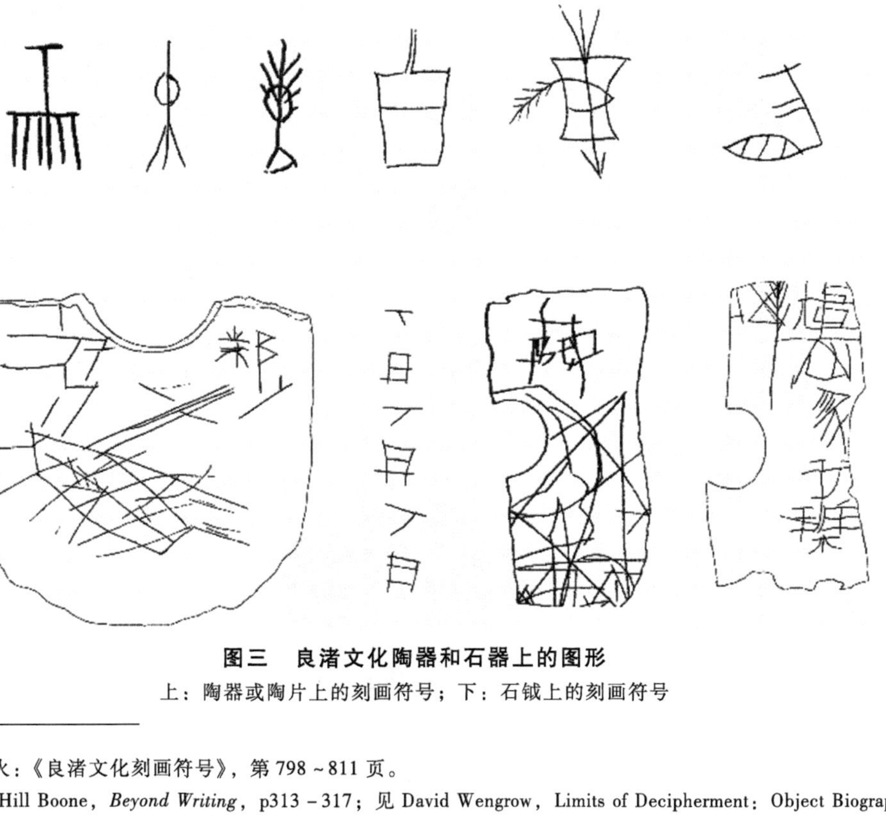

图三　良渚文化陶器和石器上的图形

上：陶器或陶片上的刻画符号；下：石钺上的刻画符号

① 张炳火：《良渚文化刻画符号》，第 798 ~ 811 页。

② 见 E. Hill Boone, *Beyond Writing*, p313 – 317；见 David Wengrow, Limits of Decipherment: Object Biographies and the Invention of Writing, in: Beatrix Midant – Reynes (ed.), *Egypt at Its Origins 2: Proceedings of the International Conference "Origin of the State, Predynastic and Early Dynastic Egypt*, Toulouse (France), 5th – 8th September 2005, Paris, 2008, p864, 1133；见 John Baines, *The Earliest Egyptian Writing: Development, Context, and Purpose*, p130 – 189；见 William G. Boltz, *Literacy and the Emergence of Writing in China*, p51 – 52, 72 – 72；见 David W. Pankenier（班大为）, Getting "Right" with Heaven and the Origins of Writing in China, in: Li Feng/David Prager Branner (ed.), *Writing and Literacy in Early China: Studies from the Columbia Early China Seminar*, Seattle, 2011, p21 – 28。

二 甲骨文的性质及对商代读写的意义

甲骨文是商代（前1554~前1046）刻在龟甲或牛肩胛骨上的占卜记录。截至1989年，大约有13万片或完整或部分的刻辞甲骨被发现，其中一些属于发掘出土，数量较大①，支持将卜辞刻在甲、骨上的中国书写体系不能被认为仅局限在占卜的背景中。实际上，最近有学者认为书写“可能已经”应用到一系列社会背景中，但我们还没有证据来证明他的结论。② 不过，已有材料表明，刻在甲骨或其他媒介上作为标记或标签，具有自我指涉性的铭文书写已经出现。③ 到商代晚期，有不少青铜容器和动物形器上也开始铸造相对长的铭文。然而，甲骨文仍是迄今为止商代遗留下来的最重要的文字作品。因此，摆在我们面前的首要问题是：关于商代读写文化的发展，这些兽骨或龟甲能够告诉我们什么？甲骨上的文字究竟由谁刻下并供谁阅读？

图四 1991年安阳市花园庄东地出土商代甲骨

---

① 孙亚冰：《百年来甲骨文资料统计》，《故宫博物院院刊》2006年第1期，第24~47页。最近有学者将632件兽骨和龟甲上的铭文翻译成了英文，见 Ken - ichi Takashima（高岛谦一），*Studies of Fascicle Three of Inscriptions from the Yin Ruins*, Volume 1：General Notes，Text and Translations（up to plastron #259 translated by Paul L - M. Serruys）；Volume 2：New Palaeographical and Philological Commentaries，Taipei，2010。有关甲骨文铭文的一般介绍，参阅 David N. Keightley，*Sources of Shang History*：*The Oracle - Bone Inscriptions of Bronze Age China*，Berkeley，1978。

② 应用背景包括农事管理、集合军队、铸铜作坊的运营、土地调查、合同、贸易和其他商业、记录王的言行、涉及政体及聚落耗费的交流，等等。见 R. Bagley，Anyang Writing and the Origin of the Chinese Writing System，in：Stephen. D. Houston（ed.），*The First Writing*，Cambridge，2004，p190 - 261，尤其是 p223 - 224。

③ 见 David N. Keightley，Marks and Labels：Early Writing in Neolithic and Shang China，in：Miriam T. Stark（ed.），*Archaeology of Asian*，Malden，2006，p184 - 185。

首先我们可以说，所有的占卜都是一种关于神秘的艺术。占卜的力量尤其源于一个封闭的过程，这个过程通过一系列指定的行为或语言来限制人们接触有关超自然神灵世界的知识。商代占卜的性质曾因1991年安阳花园庄东地的一次重要发现而被重新思考，当时发掘出土了1583片甲骨（其中有刻辞的689片），这批材料直到2003年才发表（图四）。[①] 我们以前所知的大多数甲骨文记录的都是王室占卜的内容，即商王占卜之遗物（特别是商王武丁，他是授意制作卜辞的首位商王）。但是花园庄东地的甲骨文则是为了，抑或由某位王子（“子”）所作的占卜记录，其真实身份仍然存在争议。这批甲骨发现于商王宫殿区外300米处，而甲骨所在地可能就是主持占卜的王子的住所，从这里可以俯瞰到护卫安阳核心居住区的护城河。虽然花园庄东地卜辞中贞问的祖先对象与王室卜辞中的一样，但不论在刻写位置、行款还是辞例上都和王室卜辞不同，显示出一种独特的占卜传统（图五）。毕竟，它们是由14位完全独立于王室贞人集团的贞人制作的，而王室贞人集团大约有120人。[②] 在花园庄东地卜辞中，王子有时扮演贞人的角色，但在王室卜辞中，商王从未这样做过。

花园庄东地甲骨文给我们两点提示：①占卜（以及由此产生的文字记录）并未被宫中的商王所垄断，其他地方的一些商代精英也会进行占卜，这些人或是居住在安阳，抑或住在离商王宫更偏远的地区。[③] ②占卜始终是一件神秘的行为。很可能花园庄东地的占卜者从未接触过商代王室占卜系统所使用的文本和词汇标准，即使他们就在离王室占卜作坊300米开外，正使用着相同的书写系统在进行契刻。由于我们现在所知道的安阳甲骨文大部分都是占卜过程的产物，这些占卜过程都带有各自作坊传统的清晰烙印，所以，花园庄东地卜辞的鲜明特征无疑对我们理解安阳书写使用的传播及相应的限制具有重要意义。

在这方面，亚当·史密斯（Adam Smith）对习字甲骨的研究也可以帮助我们了解安阳读写文化的性质和情况。安阳甲骨文中包括了大量尚未契刻完成的文字，它们是由占卜机构中的受训者制作的，这些受训者会集中地、反复地练习“甲子表”（图六），直到熟练为止。然而，目前还不清楚这些习字甲骨究竟是学习书写的证据，还是练习契刻的证据。主要由于这些甲骨文存在许多错误和稚嫩的字形，而且练习通常是以文本单元（textual units）的形式进行的，很少练习单个字，所以史密斯认为至少有一部分习字甲骨是由那些初学者契刻的。[④] 这似乎表明，安阳读写文化的传播是在特定的占卜作坊“内部”进行

---

① 中国社会科学院考古研究所：《殷墟花园庄东地甲骨》，云南人民出版社，2003。

② David N. Keightley, *Sources of Shang History: The Oracle – Bone Inscriptions of Bronze Age China*, Berkeley, 1978, p31. 注13。

③ 有关安阳以外甲骨文制作的证据，尽管数量非常有限，参见Ken – ichi Takashima, Literacy to the South and the East of Anyang in Shang China: Zhengzhou and Daxinzhuang, in: Li Feng/David Prager Branner (ed.), *Writing and Literacy in Early China: Studies from the Columbia Early China Seminar*, Seattle, 2011, p141 – 172。

④ Adam Smith（亚当·史密斯）, The Evidence for Scribal Training at Anyang, in: Li Feng/David Prager Branner (ed.), *Writing and Literacy in Early China: Studies from the Columbia Early China Seminar*, Seattle, 2011, p203 – 204。

图五　商代的甲骨文

左图：小屯王室卜辞；右图：花园庄东地"非王卜辞"

的。先前其他学者的研究也表明，安阳的书手（从甲骨文书体特征可以区别）和占卜者之间存在一种特殊的合作关系。前者是占卜文书记录的实际契刻者，而后者则是监督占卜过程的指导者，并且是这些甲骨上记录的进行贞问的人。①

根据对商代读写文化状况的简要评估，我们大致可以认为，尽管书写可能已经在当时社会生活的其他领域得到应用，从而为商王朝服务，但一个首要的合理假设是：卜辞的宗教用途是学习和传播读写文化的最重要方式。亚当·史密斯所分析的关于习字甲骨的证据是重要的，加上我们从王室卜辞和花园庄东地"非王卜辞"对比中掌握的信息，这些证据有力地表明占卜作坊在商代读写文化形成过程中所起到的既重要却又有限制性的作用。这不仅因为我们缺少其他非占卜活动中书写的证据，还因为在商代政治宗教结构中，占卜活动发挥了核心作用。很可能书写是存在于专业书手群体中的一种特殊技能，这些书手与占卜者在安阳王室和非王室的各种占卜作坊中一起工作。商王也可以调动这些专业的书手，在需要的时候执行某些非占卜的任务，而并不是依赖于商代精英的书写知识；后者即使有书写知识，那也绝不可能是普遍的。笔者认为商代读写文化的这种状况与威廉·哈里斯曾经描述过的"书手读写"（scribal literacy）高度吻合，即"读写能力在很大程度上或完全局限于某个特殊的专业集团，是专门为统治者或寺庙服务的一种社会条件"。②

① K. Mihara（三原研田）. Kokotsumoji no shufnnitsuite 甲骨文字の书风について，Shiga daigakukyoikubukiyo 滋贺大学教育学部纪要 17，1967，第 34～52 页；（续编）18，1968，第 102～115 页；贾双喜：《甲骨文中贞人不是卜辞契刻人——以契刻贞人字体不同为例》，《图书馆工作与研究》2009 年第 2 期，第 79～81 页。

② William V. Harris/Li Feng, *Ancient Literacy: Parallels and Divergences between the Mediterranean World and China*, p7。更早的研究，见 William V. Harris, *Ancient Literacy*, p7.

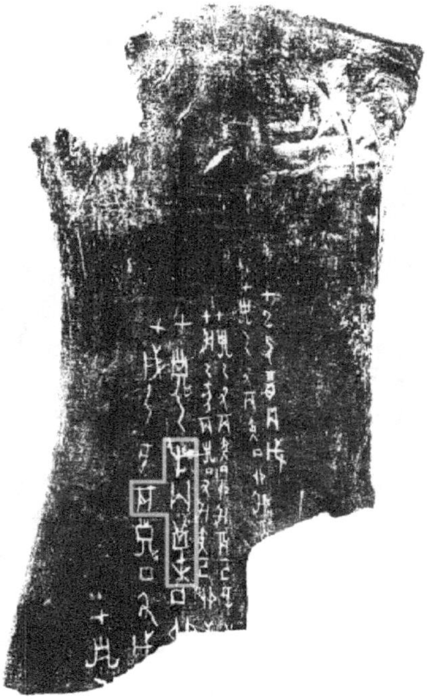

图六　安阳习刻甲骨

三　西周时期书写的多重社会用途

这种与商代甲骨文有关的神秘性，也为一些学者提供了一个窥视西周（前 1045 ~ 前 771）青铜铭文的有色镜子。在各种出版物中，至今总共收录了 21014 件铸刻于青铜容器或武器上的铭文。① 以罗泰（Lothar von Falkenhausen）为代表的某些学者认为，青铜器是贵族家族置放于宗庙供奉祖先的宗教物品。铸铭的主要目的是向先祖传递信息，而不是，至少主要不是为了给后代留下信息。因此，青铜器铭文就是这样的宗教性文书，而在天上的祖先则是它们预设的读者。② 这一观点的表达非常强烈，主要基于推理，但若全面思考青铜器的使用及铭文产生的社会背景，这个观点则是有严重缺陷的。但是，我们这里的重点不在于铭文的历史价值或者青铜器的功能，而是这种观点可能会怎样引导（或

① 吴镇烽：《商周青铜器铭文暨图像集成》，上海古籍出版社，2012，2016 年续编。第一次收录了 19505 件铭文，四年后新收 1509 件铭文。最近共有 98 件铭文被翻译成英文，除了以前发表的翻译外，请参阅 Constance A. Cook（柯鹤立）/P. R. Goldin（高丁）（ed.），*A Source Book of Ancient Chinese Bronze Inscriptions*，Berkeley，2016。有关青铜器铭文研究的一般介绍，请参阅 Edward L. Shaughness（夏含夷），*Sources of Western Zhou History：Inscribed Bronze Vessels*，Berkeley/Los Angeles，1991。

② Lothar von Falkenhausen（罗泰），"Issues in Western Zhou Studies：A Review Article，" *Early China* 18，1993，p146 - 147，167；中文版见罗泰《西周铜器铭文的性质》，载北京大学考古文博学院编《考古学研究（六）》，科学出版社，2006，第 343 ~ 374 页。

者误导）我们对于西周读写文化状况的思考。青铜器铭文是迄今为止我们可以利用的、最为广泛的西周时期的书写材料，因此，这无疑是研究古代读写文化中一个重要问题。

至少，以罗泰为主的观点明确地将拥有铸铭青铜器的周代社会贵族从铭文的读者群中排除了出去。那么就只需要一小群职业的书手专门通过铸造青铜器铭文来和祖先进行交流，这样就绕开了日常接触铭文的周代社会贵族。顺着这种逻辑，无论数量多少，青铜器铭文在西周社会简直就无法被视为读写文化的证据，因为它们并不期望被在场的任何人阅读或理解。如此，它们便与对西周读写文化的评价无关。但是，这些都是非常错误的观点，对西周读写文化的评估必须依赖于对青铜器铭文性质的清晰而且坚定的认识，它们是西周社会最重要和广泛的文字证据。

多年来，笔者一直持有一个立场，即在更广泛或多重社会背景下看待青铜器铭文的性质。① 我并不否认青铜器在西周宗教，或者在西周国家的政治－宗教建设中的重要作用，但我主张青铜器在西周社会中扮演着更重要的社会角色，涵盖了宗教的和非宗教的。另外，青铜器铭文不仅与西周贵族的日常生活息息相关，还是他们为提炼、颂扬和诠释个人生活经历，乃至为影响他们的将来而做出的努力的一部分。换言之，那些曾经拥有、使用和目睹这些青铜器的周代贵族十分在乎青铜器上的铭文，他们期望这些铭文在它们所服务且能完全体现自身价值的多重社会背景中被阅读、理解和欣赏。这种对青铜器铭文性质（也许是多重性质）与社会角色的理解引导出在西周读写文化问题上的两大观点：①青铜器铭文是西周社会中实际书写与阅读的证据（而不是面向神灵世界揭示的宗教论题），因此它们是西周读写文化的证据；②青铜器铭文显示，西周社会读、写活动所见的读写文化，可能并不局限于职业书手这一小团体（“职业”意味着他们的社会作用完全与文字知识联结在一起），而是包括了西周贵族人口的参与，这是由那些富有权力，并乐于铸造有铭青铜器的贵族家族（在不同程度上）所支持的教育体系的一部分。但是，我们可以说的还远不止于这些。

对铭文和青铜器所反映的广泛的社会和政治用途的充分讨论需要一本书的篇幅。基于本文的写作目的，此处我们只能对有助了解西周社会读写状况的有关铭文内容做一个简要的分类性总结。

a. 铭文内在证据表明青铜器铭文具有“纪实”的目的。“记录”王命或训诰是许多青铜器生产的明确目的和意义所在；这些铭文本质上是供制作者阅读和自省的，正是这些人赋予了铭文生命，并视之为自己生活和事业中的重要向导。例如，这些铭文中最重要的是史䟒簋铭文（《集成》：4031），它描述的是作器者将王命铸刻在青铜器上，以达到他“朝

---

① Li Feng, *Landscape and Power in Early China: The Crisis and Fall of the Western Zhou*, 1045－771 *B. C.*, Cambridge, 2006, p8－10; Li Feng, *Bureaucracy and the State in Early China: Governing the Western Zhou*, Cambridge, 2008, p11－20; Li Feng/David Prager Branner (ed.), *Writing and Literacy in Early China: Studies from the Columbia Early China Seminar*, Seattle, 2011, p293－300.

夕监”的目的。[①] 荣簋铭文（《集成》：4241）说的是器主荣，铸造这件青铜器实际上可能是为了“记录”（典）王的口谕（图七）。“典”的动词形态也同样见于倗生簋的铭文（《集成》：4262），但其背景是两个贵族家族之间的一次土地经济交易，铸铭的目的是“记录”（典）这次交易。无论如何，铭文的典藏或指示功能（这必然意味着阅读和理解的行为）都是清楚的。还有一些铜器铭文，例如太保簋铭文（《集成》：4140），表明铸造和展示这件青铜器的主要目的是对周王命令的回应。尽管在这些例子中没有直接提到文本生成的活动，比如阅读，但铭文的具体目的显然就是记录与周王及其臣民，或是与该件青铜器铸造者有关的社会事件。

图七　荣簋及其铭文

b. 贵族聚会（如家内宴飨）是青铜器和铭文所服务的最重要社会活动之一。很多青铜器上都明确记载了青铜器的铸造目的是在贵族宴飨或娱乐中使用，无论是为了庆祝战争的胜利，如多友鼎（《集成》：2835），还是为了巩固同僚或家族亲属之间的友谊，像麦方鼎（《集成》：2706）、命簋（《集成》：4112）和令簋（《集成》：4300）。尤其是麦方鼎的铭文具体说明了该器皿是与朋友宴飨时使用的“簋饲”。命簋的铭文则指明其制作目的是供招待同一政府部门的官员（寮人）而使用。还有一件青铜器，敔簋（《集成》：3827），其铭文直接说明了该青铜器的用途是给家族中的幼辈盛食。这些青铜器是否曾经用于宗教场合是另一个问题（没有理由证明它们不能如此使用），但是，它们和其铭文制作的主要目的，或者说它们被寄予的社会价值是严格地由西周贵族的家内生活背景界定的。还有大量铸铭的媵器是供已婚女性在内室梳洗使用的。青铜器铭文中记载的在家族宴飨或娱乐场景中使用青铜器的情况也被传世的周代文学作品所佐证，譬如《诗经》中的《伐木》即描述了这样的家族宴飨场景，几件青铜器摆放在家族招待的客人面前。[②]

---

① 这里的铭文编号依照了中国社会科学院考古研究所 1984～1994 年的标准记录体系，这个体系也是台北“中央研究院”青铜铭文电子数据库的基础。

② Li Feng/David Prager Branner (ed.), *Writing and Literacy in Early China: Studies from the Columbia Early China Seminar*, Seattle, 2011, p298－299.

c. 大量的饋器是家族中用来盛食的器皿。有超过 50 件青铜器，其铭文清楚地表明它们是饋器，其中还有许多是内容丰富的长篇铭文。据古文字学家分析，“饋”字在本质上与古代汉语中的“饭”字相同。[①] 尽管对带有“饋”字铭文的青铜器作为盛食器皿的性质大家均无异议，但是有一点经常被学者们所忽略：在超过 50 件的饋器中，没有一件声明是奉献给某位祖先的。虽然我们不能排除其中某些青铜器在特殊情况下被用于祭祀祖先的可能性，但这类青铜器的这种用途始终是次要的，且偏离了其作为周代贵族家族生活成员盛食器的主要目的。这类铭文中的典型例子是伯康簋铭文（《集成》：4160），它可能是由西周中期的一位王子所铸，其铭文具体内容为：伯康铸造了这件珍贵的簋，他希望用它来宴请朋友，并为王父和王母盛食（图八）。这一现象也印证了这类青铜器作为盛食器的既定用途。毫无疑问，这些青铜器主要是供周代贵族家内使用的。

图八　伯康簋及其铭文

d. 铭文显示某些青铜器的铸造是为了招待周王。有一组青铜器特别有趣，它们的铸造和铸铭的唯一目的是记录周王来访时的宴请场景，如仲爯簋（《集成》：3747）和伯者父簋（《集成》：3748）。这样的青铜器大约有 10 件，对了解周王的行政活动具有特殊的意义。笔者过去曾提及，与后世的中国君王不同，周王频繁出宫旅行，有时会去访问官员的住所或官署。[②] 这些青铜器的存在似乎很好地应和了周王的这种行为方式，因为在周王出席的场合，这些盛放食物的青铜器以及青铜器上的铭文都会充分取悦来访的周王。

e. 有些铭文保留了在法律或其他背景下使用书写文档的真实特征。一个典型例子是散氏盘（《集成》：10176）（图九）。铭文描述的是（更确切地说是传递了）陕西西部的散氏

① 陈梦家：《西周铜器断代（六）》，《考古学报》1955 年第 4 期；周法高：《金文诂林》，香港中文大学出版社，1975，第 3359 ~ 3364 页。

② Li Feng, “‘Offices’ in Bronze Inscriptions and Western Zhou Government Administration,” *Early China* 26 - 27（2001 - 2002），p45.

宗族与夨国签订的战后条约。但是它对商定的新边界的地形特征的非常详细的记载，很不易理解。与其他长铭在文末以半行字结束的惯例不同，在散氏盘上，最末的半行文字并未顶铭文最上格书写，而是写于最末一行的下半，明显与条约文本正文分离。这半行文字说的是："厥左执缨史正，中农。"它实际上是夨国大臣在条约上的正式签名，从而确认这个条约的内容。这一现象暗示，一方面，原先可能有一份写于简牍或纺织物上的文档（条约），它达成了两国之间的和平协定；另一方面，将文档转铸于青铜器上显然是因为青铜的耐久性，可将这一重要文档保存到未来。从这个意义上说，散氏盘铭文真实地保留了原书写于易腐材质上的原始条约的文本特点，故其典藏或参考价值也是毋庸置疑的。

图九　散氏盘及其铭文

f. 铭文中的证据表明了书写的广泛用途。虽然它们自身并不是它们讲到的这些特定形式的书写作品的承载物，但是青铜器铭文证实了在多重社会背景下书面文档/契约的使用，包括在官方册命仪式上将书于简牍上的王命转交到官员手上。例如，在颂鼎（《集成》：2829）铭文中就有相关记载。有超过 100 件青铜器铭文是将以竹或木制文件形式承载的"王命书"全部或部分地复制到青铜器上，这些文件是铜器的铸造者在周廷收到的。在土地契约方面，例如，吴虎鼎（《新收》：0709）铭文描述了一个僚属把称为"书"的土地文书正式移交给土地领受者。六年琱生簋（《集成》：4293）铭文中记载的是王廷将土地登记簿交给一个贵族望族召氏。倗生簋（《集成》：4262）的铸造是为了保存一次经济交易记录，在它记载的土地换马的交易中也使用了契约。西周铭文中也有关于军事活动中惩罚士兵的书面记载，例如，师旂鼎（《集成》：2809）。以上青铜器为评价西周社会青铜器铭文以外的读写文化提供了重要的基石，笔者以前对此有过详细的讨论。①

以上证据表明，在西周社会中，铸造青铜器和铸铭的目的是没有受到限制的。显然，从青铜器铭文的"宗教性"来解释所有青铜容器和武器的铸造及铭文是行不通的。从根本

① Li Feng/David Prager Branner (ed.), *Writing and Literacy in Early China: Studies from the Columbia Early China Seminar*, Seattle, 2011, p273 - 290.

上说，利用一种特定的社会背景（即有铭青铜器是服务于西周贵族需求的场景）来决定青铜器的所谓“性质”，这从认识论上讲是一个非常错误的冒险。相反，在大多数情况下，铭文的文本内容是完全独立于（当然不是源自）承载这些铭文的容器功用的。在青铜器上铸铭的真正原因特别在于其使用的广阔社会背景（兼含宗教和非宗教的），在这些背景中，周代贵族需要这些宝器为之服务；并且，这也是因为耐久的青铜器能更好地保存和延续铭文文本中所记载的有关家族威望以及体现个人社会价值的重要信息。当然，这些信息也不局限于个体事迹，同时也包括需要长久保存的集体成就，比如散氏盘的铭文。换言之，青铜容器只是将书面文字呈现给广阔的周代贵族社会的一种工具。

还有一个问题是这些青铜器铭文能否体现西周书写文化的全貌。当然不是；相反，铭文仅是因为幸存下来而得以成为西周读写文化最重要的一种证据。事实说明，还存在其他类型的书写作品（上面的 f)，以及实际上几乎所有的青铜器铭文都复制了最初写在易腐材质上的文字，并且在铸造之前被刻于陶范上，[①] 毋庸置疑，西周时期的书写除了以青铜器为载体外，还有相当数量见于其他材质。除青铜器铭文外，我们还多少可在少量传世作品，如《易经》《尚书》和《诗经》中看到这些书写内容。[②] 尽管如此，青铜器铭文仍然向我们传达了西周时期书写活动的一个精练的现实。根据青铜器铭文的表现及其描述的内容，书写至少以 15 种不同的方式满足了西周贵族的需求（表一）。

这样一来，相比于威廉·哈里斯所描述的还处于“书手读写”（scribal literacy）阶段的商代读写文化，西周的读写文化则要广泛得多。对书写作品得以形成或使用的多种多样的社会背景的识别，显示了有相当多的西周贵族一定可以处理相关文书和欣赏对他们生活很重要的书面文字，这也是他们生产青铜器或铸铭的意义所在。总的说来，周王很可能具备读写能力，有些青铜器铭文实际上清楚地表明周王正在阅读书于竹简上的诏令。在中央政府和许多地方机构任职的大部分周代官员都很有可能识字。铭文记载的文书官员数量是西周各类政府官员中人数最多的，他们一定是识字的社会精英成员。青铜器铭文本身就是西周社会读写文化无可争辩的证据。笔者认为，这种读写文化现象最好被定义为“精英读写”（elite literacy），因为用“精英读写”的概念可能比用“书手读写”（scribal literacy）更具有广泛意义。在笔者看来，“精英读写”是读写文化的一种现象，即整体规模与总人口相比仍然很小的大量社会精英具备了熟悉和欣赏读写艺术的能力，并且许多人确实能够在需要时使用这项技能。此外，值得注意的是，商代甲骨文的发现局限于安阳和王都以外两三处遗址，西周铸铭青铜器的发现却遍布中国北方和南方部分地区。因此，西周读写文化不仅在广阔的地理空间范围内传播，且跨越多个社会领域，使得西周成为中国乃至东亚读写文化扩张的关键时期之一。

---

① 关于青铜器铭文的制作方法，参阅 Li Feng, Solving Puzzles about the Method of Casting Inscriptions on Western Zhou Bronzes, *Chinese Archaeology* 15, 2015, p1 – 13。

② 关于这些文本的性质和年代的介绍，参见 Michael Loewe（鲁惟一）(ed.), *Early Chinese Texts: A Bibliographical Guide*, Berkeley, 1993, p216 – 238, 376 – 389, 415 – 423。

四 尾声：读写文化与帝国政府

公元前771年西周国家的崩溃及随之在公元前5～6世纪向领土国家的过渡引发了社会革新，在新的社会背景下，地方政府需要大量的地方官员和文书官员来管理作为未来帝国重要行政单位的县。与此同时，农村土地上出现了大量的自耕农，在国家官僚机构直接管理下的城市不断扩大，出现了大批工匠。竞争中的诸侯国设置了新的官僚机构，配备的官吏都至少具备读写能力，以便能够管理财政收入和调度国家资源来支持战争，以获取新的领土。为全面控制人口而实施的诸如税收、户籍和制定成文法律等新的社会制度也推动了读写文化从社会贵族精英阶层向包括城市工匠、富农以及非贵族女性在内的社会非精英阶层的扩张。在思想领域，官学与学宫的繁荣，以及在一个哲学思辨和创作空前发展的时代背景下私学的兴起，都有助于培养越来越多拥有读写能力的人。

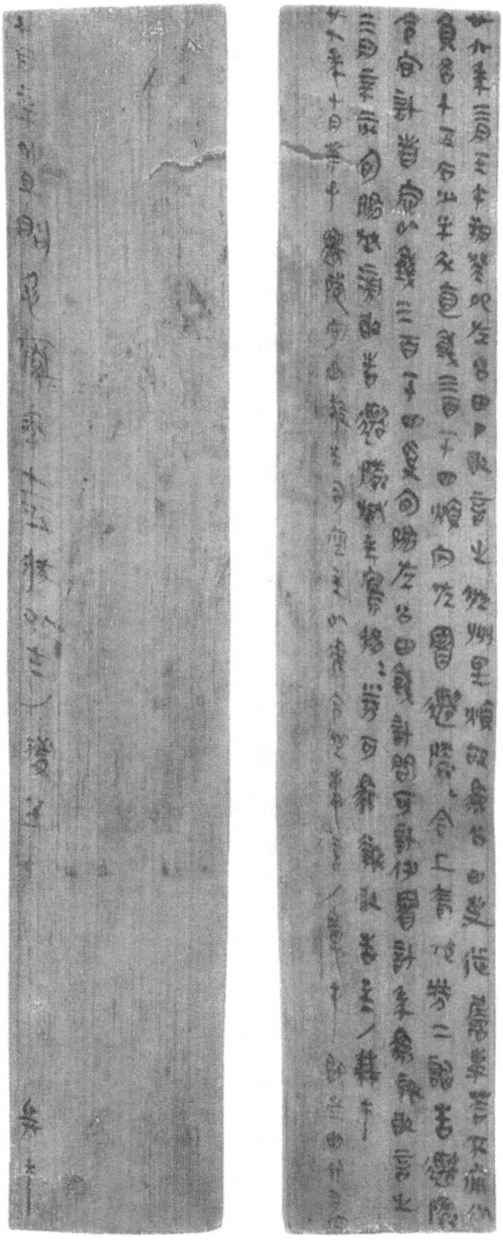

图十 2002年里耶出土的官署简牍

在各国争霸的战争中，渭河流域的秦国脱颖而出，吞灭六国，建立了秦帝国。在此期间，读写文化作为帝国官僚制度的必要措施也被推广到南方那些适合竹简或木牍文献保存的地区。从长江中游的两湖湿地到东部的长江三角洲地区，大量的简牍被挖掘出土，其年代可追溯到战国时期至汉代。其中一些文献，例如最近在湖南省里耶发现的秦简（图十）就提供了关于秦朝地方政府极其详细的信息。为了快速了解读写文化扩张的新情况，笔者将南方地区秦汉（前221～220）墓葬中出土的各式简牍文献做了内容梳理，形成一个分类表（表二）。

大体而言，据汉代官方史料记载，公元前5年汉帝国总人口有59594978名，而绝大部分具备读写能力的官员则有130285名。此外，还有几个其他的社会群体，如职业史官、军官、贵族成员、商人、地主等，他们很有可能都能读写。不妨如此假设，这些群体人数加起来比记录在册的汉代文官的人数多 10 倍，那么汉帝国拥有读写能力的人口总数仍然不到汉代人口的 3%。这个估计可以接受，因为它与哈里斯对古希腊人和古罗马人识字率的假设相符，战国与秦汉时期的人口识字率从未突破过当时人口总数的 10%[①]。尽管这一数字仍然相对较低，但鉴于汉帝国的庞大规模及其控制的庞大人口，秦汉帝国统治下的人口读写能力必定有了极大的提高，这是不必多疑的。

结 论

就中国早期读写文化的整体发展而言，我们可以识别出扩展最显著的两个时期。第一个时期是西周。周代地方诸侯国的建立和王朝官僚机构的兴起，使读写文化横向在广阔的地理空间范围内传播，且纵向跨越多个社会领域。周代地方诸侯国的建立，是一个周代贵族人口（其中大部分必定是有文化的人）席卷中国北方和南方长江中游这样一片广袤的区域并重新落户的过程，在此期间，不少臣服的商代书手或贞人也随同而至。随着周朝的建立，这些新土地在数个世纪中成为新型文化与读写文化发展的中心。西周读写文化的社会扩张得益于周代政府的官僚化，而政府的官僚化本身就是王畿内周代精英家族对更多资源激烈竞争的结果，这个过程一直持续到公元前 771 年西周的灭亡。

读写文化的第二次扩张是与秦汉帝国的建立相伴的。总体说来，帝国的建设是在那些之前并没有汉语书写，甚至不说汉语的地区复制被称作“县”的行政单元的过程，这就必然导致官僚机构的扩张。秦汉帝国正是如此，但这个过程实现的前提是大量文书官员和种类多样的仆从在管理县时可以完成读写事务，一如里耶秦简所反映的那样。与美索不达米亚或地中海地区因为商业扩张而有效促进了读写文化的传播截然不同，早期中国读写文化扩张的浪潮似乎都与政治体制的扩张密切相关，抑或在相当程度上受其驱动。

表一　西周读写文化的功能

序号	读写的功能	传　播
1	记录保存，包括荣誉、礼物清单、历法等	王廷
2	王室言说或纪念高官的稿本	王廷
3	委任官员的王命，有些铸刻在青铜器上	从王廷至个人

---

① William V. Harris/Li Feng, “Ancient Literacy: Parallels and Divergences between the Mediterranean World and China,” *Manuscript*, February 2015, p30.

续表

序号	读写的功能	传　播
4	关于土地赏赐或交易的王令	从王廷至个人
5	官方通信	官员之间
6	土地登记簿，作为行政决定或法律诉讼的结果	王廷至贵族家族
7	军事用途，含奖罚记录	军事指挥部或个人
8	土地统计或财产交易契约	贵族个人之间
9	停战条约	宗族/诸侯之间
10	铸刻在青铜器上献祭祖先的祷文	贵族宗族
11	刻在甲骨上或者其他媒介上的卜辞	王室或贵族宗族
12	为纪念个人功绩（军事或民事的）而铸铭	贵族宗族
13	蔑历	贵族宗族
14	铜器所有权	贵族宗族
15	诗歌等文学作品	贵族个人

表二　出土秦汉简牍

1. 书信	诏书、命书、上奏书、官府往来书、政府政策部署、警檄、司法文书、举书、劾状、公务用传和私事用传等
2. 律令	贼律、盗律、田律、户律、钱律、关市律、行书律、置吏律等 45 个类别 津关令、功令、赏令、戍卒令等 购赏科别、烽火品约等 封诊式、法律答问等
3. 簿籍	集簿、计簿、谷簿、廪食粟出入簿、被兵簿、随葬器物簿等 吏名籍、卒名籍、骑士名籍、廪食名籍、衣物名籍、折伤兵名籍等
4. 录课	录、入官刺、表火出入界刺、邮书刺等
5. 符券	出入符、吏及家属符、警候符等 债券、先令券书等
6. 检楬	文书检、实物检和文书楬、实物楬等

材料来源：李均明《秦汉简牍文书分类辑解》，文物出版社，2009。

（编辑：徐峰）

试论良渚文化的方形玉器及其对商代早期青铜方鼎的影响

陈声波

（南京师范大学文博系）

[摘要] 红山文化与良渚文化的玉器都很发达，但在造型艺术上却有着不同的理念。红山文化以圆形玉器为主，而良渚文化玉器在方圆兼备的同时又以方为主，崇尚方形。商代文明吸收了不少良渚文化因素，其中以青铜鼎为代表的青铜礼器从商代早期就已经流行方形造型，并一直流行到商代晚期，其源头当来自良渚文化。

[关键词] 良渚文化；玉器造型；方形玉器；青铜方鼎

红山文化与良渚文化是中国史前玉器最发达的两个文化，一个位于西辽河流域，一个位于环太湖流域，一北一南，交相辉映。而年代更晚的良渚文化后来居上，达到了史前玉器制作的最高峰。以琮、璧、钺为核心的礼器系统已经成熟，并且对以后的中华文明产生了深远的影响。

红山文化与良渚文化虽然都以玉器发达著称，但就造型艺术而言，二者却大相径庭。具体而言，红山文化玉器的造型艺术尚圆，而到了良渚文化时期，虽然尚圆的传统犹在，但玉器的造型艺术已明显由尚圆变为尚方。方圆之变，反映了红山文化与良渚文化在玉器造型上的不同艺术追求①。

早在红山文化时期，玉器的造型还以圆为主。这种圆首先体现在器形上，最为核心的一批玉器均呈圆形或近乎圆形。此外，红山文化玉器的圆还体现在器表，尤其是在转折处，没有锐利的方形棱角，外表浑圆。到了良渚文化时期，玉器的造型艺术发生了很大的变化。虽然良渚文化的玉器造型是方圆兼备，其中重要的礼器玉璧变得更大更圆，但圆形造型显然已不像红山文化玉器那样成为绝对的主流，而是化圆为方，向方形转变。

---

① 陈声波：《方圆之变——试析红山文化与良渚文化玉器的造型艺术》，《边疆考古研究》第23辑，科学出版社，2018。

良渚文化与红山文化的明显区别在于大量动物造型玉器的衰落，而这些动物造型，正是构成红山文化玉器圆形造型的基础。在良渚文化中，玉龙的形象已经非常罕见，只零星见于带有龙首的玉镯、圆牌饰及玉璜上。即便是在良渚文化发达的玉雕纹饰中，也很难见到龙的踪影，取而代之的是大量兽面纹及完整的神人兽面纹。鸟的形象虽不少，但已程式化。总之，以团龙团凤为代表的红山文化的龙凤呈祥到了良渚文化时期已转变为琮璧争辉，礼器的核心对象发生了变化。

在良渚文化中，玉钺上升为核心礼器，从而形成以琮、璧、钺为核心的礼器系统。良渚文化的玉钺大量出土，形体也远比红山文化大。但在造型上更近乎方形，而象征圆的中间的圆孔有很多已明显变小，且多位于玉钺的上端（图一：8、9）。反山 M12 出土了一套带钺瑁和钺镦的大玉钺，整器呈“风”字形，浅浮雕有完整的神人兽面纹与鸟纹。全器通长 17.9 厘米，而孔径仅有 0.55 厘米①。

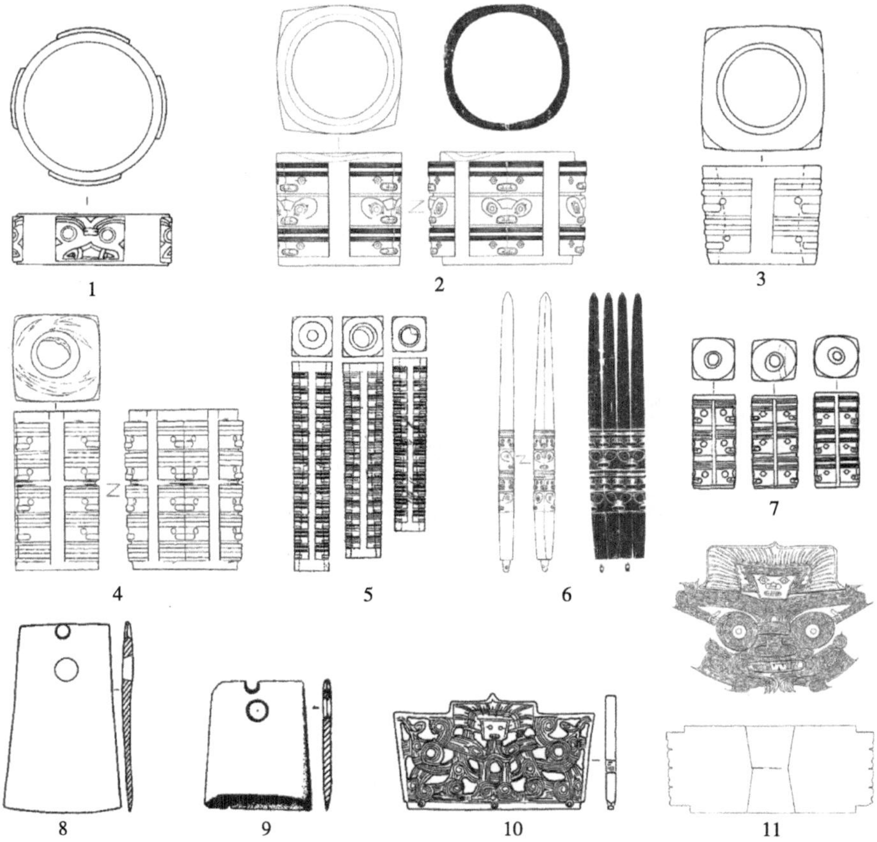

图一　良渚文化方形玉器

1. 玉琮（张陵山 M4）；2. 玉琮（反山 M17）；3. 玉琮（寺墩 M1）；4. 玉琮（反山 M21）；5. 多节玉琮（三个均出土于寺墩 M3）；6. 玉锥形器（反山 M20）；7. 琮形管（反山 M16）；8. 玉钺（福泉山 M144）；9. 玉钺（福泉山 M109）；10. 玉梳背（反山 M16）；11. 玉琮剖视及完整的神人兽面纹（反山 M12）

① 浙江省文物考古研究所：《反山》，文物出版社，2005，第 65 页。

玉锥形器是良渚文化中较常见的一种玉器，往往在墓葬中成组出土，一般截面呈圆形。但值得注意的是，少数体型较大的玉锥形器在造型上截面却是方形的，且多雕琢兽面纹。如反山墓地 M20:73，截面近正方形，雕琢两节神人兽面纹，均以转角为中心展开，长 18.4 厘米、榫长 0.8 厘米①（图一：6）。良渚文化的玉饰品中，常以玉管穿成串饰。普通的玉管都是细长圆形，但琮形管却化圆为方，同样亦雕琢兽面纹。反山 M16:20，以四角展开雕琢三节简化的神人兽面纹。其制作方式应是首先制成方柱体，然后切射口部分，再切磨直槽，最后雕琢纹饰。通高 3.35 厘米，孔内径约 0.4 厘米②（图一：7 左）。玉梳背（又称冠状器）是另一种地位很高的玉礼器，上面也有完整的神人兽面纹。从玉梳背的造型看整体呈长方形，少数饰有镂雕的神人兽面纹（图一：10）。就神人兽面纹而言，方形造型在神人上表现得极为突出。神人的羽冠呈长方形，而神人的面部也被塑造成方形而非圆形。从反山玉琮上的神人看，整个面部略呈倒梯形（图一：11），而从那件镂雕的玉梳背看，神人的面部则是近乎方形。

良渚文化最有特色的玉礼器是琮，从玉琮身上，我们不仅能够充分体会到良渚文化玉器的方形造型，而且还能看出由圆到方的转变轨迹。

关于玉琮的起源，目前学术界有多种说法，但从考古发掘资料来看，其与玉镯有一定的关联。在红山文化中，玉镯是常见玉器，造型皆为圆形，通体光素无纹，琢磨细润。到了良渚文化时期，玉镯的形态发生了变化，大小差别增大。以瑶山墓地出土的 38 件玉镯为例，简报作者认为可能有臂环与腕镯之分，有的内径在 5 厘米左右，不一定作镯用，或可称为镯形器。同时在造型上也有由圆趋方的现象，如 M1:30 镯体作宽扁的环状，内壁平直，外壁浮雕四个龙首，形成圆中带方的龙首镯③。而就良渚文化玉镯而言，其更大的意义在于与玉琮之间的密切关系。早在 20 世纪 50 年代，日本学者梅原末治即提出琮源于镯，其后林巳奈夫进一步阐发其说。林华东认为“这是林巳奈夫教授对良渚文化玉器研究的重大贡献之一”④。中国很多学者也都赞同此说，旁征博引，论述充分。王巍根据考古资料按形制将良渚文化的玉琮分为两类，一类是器宽大于器高的短筒形琮，称 A 型琮；另一类是器高大于器宽的长筒形琮，称 B 型琮。其中 A 型琮在形制上可能与玉镯有着较为密切的渊源关系⑤。就玉琮的分类而言，刘斌、赵晔等学者提出了三分法，而这三分法恰好完整地揭示出玉琮由玉镯源起及其由圆到方的演变轨迹。

刘斌将良渚文化的玉琮分为三式：Ⅰ式，横截面为圆形；Ⅱ式，横截面为弧边方形；Ⅲ式，横截面基本为正方形。依照共存陶器的排比，已证明了这三式之间的发展关系，即

---

① 浙江省文物考古研究所：《反山》，文物出版社，2005，第 227 页。
② 浙江省文物考古研究所：《反山》，文物出版社，2005，第 164 页。
③ 浙江省文物考古研究所：《余杭瑶山良渚文化祭坛遗址发掘简报》，《文物》1988 年第 1 期。
④ 林华东：《论良渚文化玉琮》，《东南文化》1991 年第 6 期。
⑤ 王巍：《良渚文化玉琮刍议》，《考古》1986 年第 11 期。

从Ⅰ到Ⅱ再到Ⅲ式，表明直角逐渐完成这一事实[①]。赵晔以类型学的方法对玉琮进行分类，并通过玉琮在墓葬中的位置加以检验，并对各型玉琮及其相互关系做了详细阐述。A型，外体呈圆筒形，突块平弧，纹饰较复杂。B型，外体呈弧边方柱形，突块呈扁三角形，纹饰较复杂。C型，外体呈直边方柱形，突块呈直角三角形，纹饰极简单[②]。对于这三种类型的玉琮，我们各找一个典型代表来进行分析。A型，以张陵山M4:2为代表，形状近似手镯，孔径大，器表以减地法突出四块对称的弧面，面上阴刻兽面纹图案，形象生动[③]（图一：1）。B型，以反山M17:2为代表，整体呈弧边方柱形，以四角展开雕琢一节半神人兽面纹，即神人加兽面纹加神人，纹饰精美繁缛[④]（图一：2）。这一型的玉琮制作最为精美，纹饰也复杂，反山M12:98上雕琢了最为完整精美的神人兽面纹[⑤]（图一：11）。C型，以寺墩M1:3以及M3出土的多件多节玉琮为代表，从外形看已是内圆外方，转折处呈直角[⑥]（图一：3、5）。值得注意的是，寺墩M3出土的多节长玉琮早在反山墓地已有发现。反山M21:4，高柱体，通高11.3厘米，雕琢四节半神人兽面纹，推测大概原来为五节[⑦]（图一：4）。

从圆形到弧边方形再到规整的方形，恰好也代表了良渚玉琮从早到晚的发展历程。虽然良渚文化的玉琮源于玉镯，但并未取代玉镯，而是逐渐成为良渚文化最具特色的核心礼器，并在造型艺术上完成了由圆到方的华丽转变。由此可以看出，良渚文化一开始继承的依然是尚圆的传统，就像更早的红山文化那样。但在其后的发展历程中却逐渐强化了方的概念，从而方圆兼备，并进一步发展出以方为主的玉器造型。

良渚文化以琮为代表的方形玉器盛行，究其原因大致可以概括为外在因素与内在因素两个方面，这两个方面相辅相成，缺一不可。

就外在因素而言，玉料的来源及琢玉技术是主要原因。

良渚文化玉器的原料是就地取材的。蒋卫东认为，太湖流域史前玉器的原料已可确认产于本地区的天目山脉、宜溧山脉、茅山山脉的个别山体中，当时的玉料产地不会局限于少数一两处矿源[⑧]。与红山文化不同的是，良渚文化多用从原生矿床上开采下来的山料。由于山料有较大的块度，且形状各异，表面粗糙，琢制前必须先在四周进行剖切，故绝大多数玉器形制对称规整，棱角分明，即便细微之处亦度量准确。强调方圆规矩的严谨程序，使得良渚文化的玉器造型方圆兼备，一方面使圆的更大更圆，如玉璧类，而另一方面则变得更大更方，如玉琮。但良渚文化的玉器造型更加尚方，转折处也是棱角分明，不像

---

① 刘斌：《良渚文化玉琮初探》，《文物》1990年第2期。
② 赵晔：《良渚玉琮新探》，载《纪念浙江省文物考古研究所建所二十周年论文集》，西泠印社，1999。
③ 南京博物院：《江苏吴县张陵山遗址发掘简报》，载《文物资料丛刊》第6辑，文物出版社，1982。
④ 浙江省文物考古研究所：《反山》，文物出版社，2005，第189页。
⑤ 浙江省文物考古研究所：《反山》，文物出版社，2005，第54页。
⑥ 南京博物院：《1982年江苏常州武进寺墩遗址的发掘》，《考古》1984年第2期。
⑦ 浙江省文物考古研究所：《反山》，文物出版社，2005，第349页。
⑧ 蒋卫东：《良渚玉器的原料和制琢》，载《良渚文化研究》，科学出版社，1999。

红山文化那样浑圆。

就琢玉技术而言，虽然红山文化已达到相当高的水平，但良渚文化显然更胜一筹。因此在玉料开采、切割成形，以及制成各种大型玉器上显得游刃有余。尤其在花纹装饰上表现得更加突出，各种兽面纹、鸟纹以及完整的神人兽面纹无不精美绝伦。如果说红山文化的圆形玉器代表的是浑然天成，那么良渚文化的方形玉器展示的则是巧夺天工。

外在因素只是一个方面，更重要的是内在因素，而这种内在因素主要来自文化传统与宗教巫术。不同的文化传统决定了不同的艺术理念，红山文化的尚圆与良渚文化的尚方正是两种不同艺术理念的表现。郭大顺认为："红山文化时期玉料加工已普遍使用切割成材技术，经切割后的玉材，棱角锐利，形状趋于规正，但是红山人并不直接利用这一成形的有利条件，而总是要再加工使这些棱边圆润光滑。"① 也就是说，红山文化的玉工充分利用了籽料的圆润外观，将人为的匠作与天然外形融合为一，无意于纹饰的精美繁缛，而追求一种浑然天成的效果。而良渚人在玉料的选择、开采及加工上更追求一种人为的创造，充分展示玉工们的创造才能，以达到巧夺天工的效果。圆是天的象征，而方则是人的创造。这一点颇似世界文化遗产标志的理念，外圆内方，圆形代表大自然，方形代表人类的创造。

尚圆与尚方，实际上就是尚天与尚人，而这两种理念的不同归根到底源于红山文化与良渚文化在史前宗教巫术上的差异。

红山文化的宗教巫术尚处于早期阶段。在这一时期，虽然巫风极盛，但多为自然崇拜，因此红山文化的玉器主要以各种动物造型为主，玉龙、玉龟、玉鸟极为突出，即便是勾云形器，也似乎是鸟兽的一种抽象造型。到了良渚文化时期，宗教巫术已经发展到了一个新的阶段，玉礼器已经彻底摆脱了自然崇拜，不再以鸟兽造型为主，而是形成了以琮、璧、钺为核心的一整套礼器系统。从自然崇拜到祖先神灵崇拜，是由尚天到尚人的重要转变。由于强调人的作用，良渚文化的权力体系也发生了重大变化。在红山文化时期，以巫觋为核心的神权是至高无上的，而到了良渚文化时期，虽然宗教巫术依旧盛行，但神权一统的体系正在发生分化，世俗权力正悄然崛起。在良渚文化的核心礼器中，璧是神权的象征，钺代表的是兵权或王权，亦即世俗权力。至于内圆外方的玉琮，一般认为是巫觋用来沟通天地的法器，是神权的象征。但从其发展演变轨迹看，外形由圆而方，外方而内圆，似乎并非单纯的神权象征，或许反映的是天人之间的一种沟通。而这正是良渚文化宗教巫术的反映，其权力系统已由神权一统发展为巫政合一。正如张忠培在论述良渚文化时所言："中国古代社会的历史，是军权演变为王权，军（王）权愈来愈高于神权，日益凌驾于神权之上。因此，军（王）权与神权并重。"② 当是良渚文化社会的一个基本特征。

良渚文化虽然盛极而衰，在本土难以传承，却对以后的夏商文明产生了深远的影响。

---

① 郭大顺：《红山文化的"唯玉为葬"与辽河文明起源特征再认识》，《文物》1997 年第 8 期。

② 张忠培：《良渚文化的年代和其所处社会阶段》，《文物》1995 年第 5 期。

尤其是商代文明，被深深地烙上了良渚文化的印记，特别是在宗教巫术与礼器传承方面。商代的礼器以青铜器为主，与良渚文化玉器造型的尚方传统一样，商代青铜礼器中也大量盛行方形器。

鼎是商代青铜礼器的核心，形体厚重，气势雄浑。在商代之前，鼎主要是陶制的，是一种主要的炊器，其造型均以圆形三足鼎为主。而到了殷商，青铜鼎成为最主要的礼器，并且大量出现四足方鼎，气势更加恢宏。

早在商代早期，四足方鼎就已经开始流行。商代早期的统治中心主要在今郑州地区，而郑州商代青铜器窖藏出土的青铜礼器以方鼎为核心。郑州南顺城街窖藏 H1 共出土青铜器 12 件，其中方鼎为 4 件，此外还有斝、爵、簋、戈、钺。方鼎均口部朝上，放置在坑的北部偏西侧。其中 1 号方鼎居中，2 号方鼎套放在 1 号鼎腹内，3 号、4 号方鼎则紧贴 1 号鼎两侧。1 号鼎口部呈正方形，鼎腹呈方斗形，四足。纹饰主要为饕餮纹和乳丁纹。通高 83 厘米，重达 52.9 千克（图二：1）。关于 H1 的年代，发掘报告作者认为应晚于二里岗上层二期，即白家庄期①。郑州张寨南街窖藏坑出土两件大鼎均为方鼎，称为杜岭一号与二号铜鼎。两鼎的形制和纹饰基本相同，均为双耳，斗形方腹，四个圆柱形空足，器表饰饕餮纹与乳丁纹。其中杜岭一号鼎通高 100 厘米，重约 86.4 千克（图二：2）。其年代应属商代前期二里岗上层②。郑州向阳回族食品厂窖藏坑共出土 13 件青铜器，其中两件饕餮纹大方鼎与郑州张寨南街窖藏坑出土两件方鼎几乎完全相同，高度均为 81 厘米（图二：3），年代亦当为二里岗上层时期③。

郑州这三大窖藏坑出土的青铜器形体较大、制作精致、种类齐全、纹饰讲究，为商王朝王室重器。而其中的重中之重，当为方鼎，每坑皆有，且成对出现，南顺城街窖藏坑更是多达 4 件，可见方鼎在商代早期青铜礼器中的核心地位。而追根溯源，当源于良渚文化玉器的方形造型，尤其是方琮。正如方形玉琮是良渚文化玉礼器的核心一样，方鼎也是商代青铜礼器的核心，只不过材质由玉转为青铜，器类由琮演变为鼎，但其方形造型却是一脉相承的。从方圆并重到以方为主，这是良渚文化玉礼器的造型理念，所以在琮、璧、钺的系统中，琮的地位越来越高，成为良渚文化最为独特的玉礼器。而就鼎而言，在史前阶段皆为陶制的三足圆鼎。到了夏王朝时期，已进入青铜时代，青铜鼎也开始出现。文献中有禹铸九鼎的记载，而二里头遗址也出土了青铜鼎，其造型皆为圆形三足鼎。商代早期的二里岗文化与二里头文化是前后相沿的，间隔时间不长，但对于青铜鼎而言，却突然转变为以方鼎为主，这种转变显得极其突兀，究其原因，应是受到良渚文化方形玉器造型的强烈影响。

夏商周三代中，受良渚文化影响最大的当数商代。商代文明与良渚文化之间的关系十

---

① 河南省文物考古研究所等：《郑州商代铜器窖藏》，科学出版社，1999，第 72 页。
② 河南省文物考古研究所等：《郑州商代铜器窖藏》，科学出版社，1999，第 80 页。
③ 河南省文物考古研究所等：《郑州商代铜器窖藏》，科学出版社，1999，第 92 页。

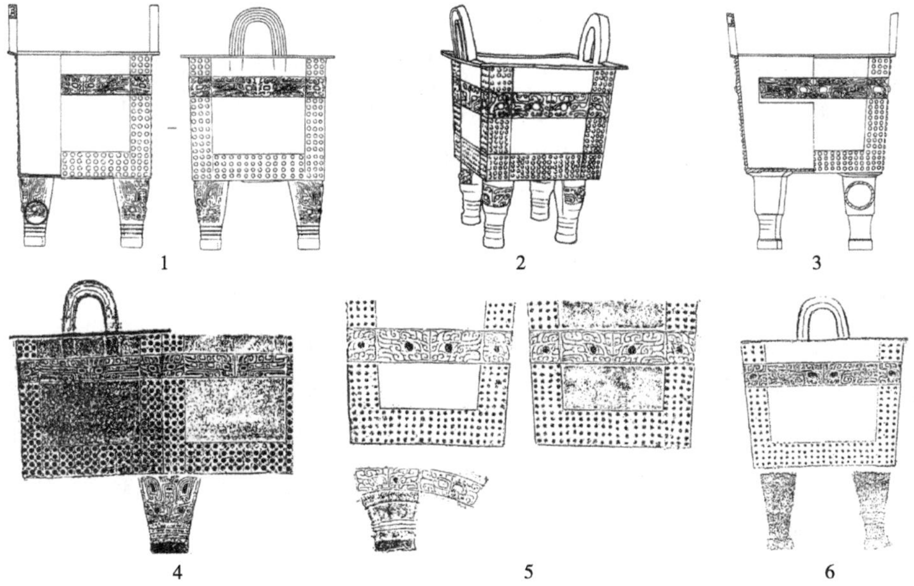

图二　商代早期的青铜方鼎

1. 郑州南顺城街窖藏坑铜方鼎（H1 上：1）；2. 郑州张寨南街杜岭一号铜方鼎；
3. 郑州向阳回族食品厂窖藏坑铜方鼎（H1∶2）；4. 郑州南顺城街窖藏坑铜方鼎纹饰拓片（H1 上：1）；
5. 杜岭一号铜方鼎纹饰拓片；6. 郑州向阳回族食品厂窖藏坑铜方鼎纹饰拓片（H1∶2）

分密切，其中包含了很多良渚文化的因素。毫无疑问，商代文明的崛起并非朝夕之功，在其发展壮大的过程中，广泛吸收了周边文化的养分，而良渚文化正是其中的一个重要来源。良渚文化因素在商代文明体系中占有重要地位，究其要者，主要表现在以下几个方面：1. 巫觋与政治；2. 饕餮纹与礼器；3. 美术中的人兽母题；4. 玉器工艺。

就本文所探讨的良渚文化玉琮与商代早期青铜方鼎之间的关系，除了方形造型外，还有两点也是一脉相承的。

一是兽面纹的传承。良渚文化玉琮上的纹饰以兽面纹为主，复杂一点的如反山墓地出土玉琮上带有的完整的神人兽面纹。而郑州商代早期窖藏出土的青铜方鼎上的纹饰较为简单，就是饕餮纹加乳丁纹，不像殷墟时期青铜器纹饰那么繁缛。饕餮纹其实就是兽面纹。饕餮纹是自古相沿的习惯称法，或许称之为兽面纹更为贴切。将良渚文化玉琮上的兽面纹与商代前期出土的青铜方鼎上的饕餮纹进行对照，就会发现两者之间的密切关系：二者均以眼、口、鼻组成一个神秘的兽面形象，纹饰图案的各个相关部位及其布局格式，均显示出惊人的相似之处。良渚文化玉器上的兽面纹所表现的兽面均无双角，这与商代青铜器上饕餮纹大多有角似乎有些不同。但在商代前期遗址出土的青铜器上的饕餮纹多数并没有角，这一期纹饰的兽头上有的有立羽，有的有 T 形的耳。可见商代前期青铜器与良渚文化纹饰一样，均具有兽面无双角的特征。良渚文化玉琮上兽面，其双眼均呈卵圆形。商代青铜器纹饰的双目虽通行像甲骨文“臣”字形，但商代早期青铜器饕餮纹兽面的双眼，其形状仍有相当一部分是卵圆形的。

二是构图的方式，而这正是方形造型的特点，在折角处，将兽面纹一分为二，分属两个垂直的面，从而形成三维空间构图。如果是圆形造型，由于没有折角，那么兽面永远在一个弧面上。如良渚文化张陵山的圆形玉琮，形状近似手镯，器表以减地法突出四块对称的弧面，面上阴刻兽面纹图案，而这四个兽面纹图案，均处于一个弧面。而后来的方形玉琮则不然，以四角棱线为中心，将兽面一分为二，分属两个垂直的面。同样的构图法在良渚文化方形锥形器以及琮形管上也看得非常清楚（图一：6、7）。这种构图法被商代早期的青铜方鼎所继承。饕餮纹在青铜方鼎上的整体布局，一如良渚文化玉琮的纹饰布列方式。正面中部为一完整的正视的饕餮图像，边上的半个饕餮图像则分别以方鼎的转角为中轴线向鼎身的两侧展开，每一侧面有一个以神兽的一只眼为中心的侧面轮廓，两个侧面连接在一起，构成一个兽面纹的完整形象（图二：4、5、6）。而这一构图之所以能够形成，主要是因为方鼎的造型，正如方琮的造型一样。如果是圆鼎，没有垂直的面，则饕餮纹只能分布在一个弧面上，就像良渚文化的镯式琮。

综上所述，商代早期的青铜方鼎，无论是造型、主题纹饰还是纹饰的布列方式均源于良渚文化的方形玉器，尤其是方型玉琮。玉琮是良渚文化的核心礼器，而青铜方鼎则是商代的核心礼器。受良渚文化的强烈影响，商代早期的铜鼎在造型上化圆为方也就顺理成章了。而其中更深层的原因则在于商代文明对于史前宗教巫术的继承，巫觋成为商代政治不可分割的一部分。但此时的巫政已不再合一，王权已经产生。正如陈梦家先生所言："由巫而史，而为王者的行政官吏；王者自己虽为政治领袖，同时仍为群巫之长。"① 但商代的王权已经凌驾于神权之上，神权最终是为王权服务的。商王既是政治领袖，同时也是群巫之长，在占卜过程中，一切都是商王说了算，处处都要体现商王的权威。一句话，王权已经高于神权，而这正是商代文明与良渚文化的本质区别。

（编辑：徐峰）

① 陈梦家：《商代的神话与巫术》，《燕京学报》1936 年第 20 期。

屈家岭文化瓮棺葬初探

彭小军

（中国社会科学院考古研究所）

［摘要］本文在系统梳理屈家岭文化瓮棺葬的基础上，对该文化瓮棺的结构与类型、葬地与随葬品两方面问题进行了尝试性探索。研究表明，屈家岭文化瓮棺有着相对固定的葬具组合模式及其处理方式，而且由不同器类组合形成的瓮棺结构和类型具有明显的历时性和地域性文化特点；同时，在葬仪观念上，屈家岭文化瓮棺葬是埋葬儿童的一种方式，存在着错综复杂但略带规律的葬地选择和随葬习俗。

［关键词］屈家岭文化；瓮棺葬；葬具；葬俗

瓮棺葬是史前社会一项重要的埋葬方式，以黄河中游和长江中游地区出土最多，且在两个地区先后的史前文化类型中多有发现①。对于上述两大区域尤其仰韶文化、石家河文化瓮棺葬，学术界多有关注，并从不同侧面加以研究，取得了丰富的成果②。能够与这些考古学文化进行比较研究的屈家岭文化瓮棺葬亦引起了不少学者的关注③，但很可能囿于考古发现的不足等，系统分析并不多见。然而，无论是从考古学文化，还是从聚落与社会发展的角度看，屈家岭文化时期都应是长江中游地区葬仪观念发生变革的重要节点之一④。因此，对屈家岭文化的瓮棺葬进行系统研究，不仅有助于为跨文化、跨社会之间的瓮棺葬比较研究奠定基础，深化对中国新石器时代葬俗和葬制的认识，而

---

① 许宏：《略论我国史前时期瓮棺葬》，《考古》1989 年第 4 期。

② 可举几例。李仰松：《谈谈仰韶文化的瓮棺葬》，《考古》1976 年第 6 期；王劲：《肖家屋脊遗址玉器瓮棺葬者探讨》，载《中国史前考古学研究——祝贺石兴邦先生考古半世纪暨八秩华诞文集》，三秦出版社，2003；郭立新：《石家河文化晚期的瓮棺葬研究》，《四川文物》2005 年第 3 期；丁兰兰：《略论郑洛地区仰韶文化成人瓮棺二次葬》，《四川文物》2008 年第 3 期。

③ 周光林：《屈家岭文化墓葬浅析》，《江汉考古》1993 年第 4 期；张绪球：《屈家岭文化》，文物出版社，2004；龚丹：《屈家岭文化中的儿童瓮棺葬》，《上海文博论丛》2006 年第 3 期；龚丹：《屈家岭文化中的儿童埋葬方式探析》，《东南文化》2006 年第 5 期。

④ 张弛：《石家河聚落兴盛时期葬仪中的新观念》，《考古》2014 年第 8 期。

且能够管窥新石器时代晚期新型社会形态下的葬仪观念，故而是一个有重要意义的课题。

屈家岭文化的瓮棺葬，早在20世纪五六十年代就有发现。当时在河南唐河寨茨岗①、淅川黄楝树②、下集③，湖北郧县青龙泉④等遗址均发现屈家岭文化的瓮棺葬，少则数例，多则二十例，并且在黄楝树遗址首次发现了土坑墓与瓮棺分别组成的“合葬墓”。随后，在河南淅川下王岗⑤、沟湾⑥、邓州八里岗⑦，湖北枝江关庙山⑧、钟祥六合⑨、宜城曹家楼⑩、宜城老鸹仓⑪、宜昌杨家湾⑫、天门邓家湾⑬、肖家屋脊⑭、枣阳雕龙碑⑮、十堰观音坪⑯、郧县大寺⑰、随州金鸡岭⑱、西花园⑲、孝感叶家庙⑳、广水四顾台㉑、麻城吊尖㉒，湖南澧县城头山㉓、宋家台㉔、安乡划城岗㉕、怀化高坎垅㉖等遗址的发掘过程中亦出土了多例屈家岭文化瓮棺葬。这些遗址中不乏成片分布的瓮棺葬墓地，为进一步探讨当时的葬仪形式和空间结构提供了难能可贵的资料。迄今为止，见诸报端的屈家岭文化瓮棺葬的发现地点多达20余处，瓮棺葬540例以上。本文将对上述考古发现的屈家岭文化瓮棺葬的葬具结构和类型、葬地和随葬品进行系统的梳理和分析，并就相关问题进行探讨。

---

① 河南省文物局文物工作队：《河南唐河寨茨岗新石器时代遗址》，《考古》1963年第12期。
② 长江流域规划办公室考古队河南分队：《河南淅川黄楝树遗址发掘报告》，《华夏考古》1990年第3期。
③ 长江流域规划办公室考古队河南分队：《淅川下集新石器时代遗址发掘报告》，《中原文物》1989年第1期。
④ 中国社会科学院考古研究所：《青龙泉与大寺》，科学出版社，1991。
⑤ 河南省文物考古研究所等：《淅川下王岗》，文物出版社，1989。
⑥ 即原下集遗址。郑州大学历史学院考古系等：《河南淅川县沟湾遗址仰韶文化遗存发掘简报》，《考古》2010年第6期。
⑦ 北京大学考古文博学院等：《河南邓州八里岗遗址1998年度发掘简报》，《文物》2000年第11期。
⑧ 中国社会科学院考古研究所湖北工作队：《湖北枝江县关庙山新石器时代遗址发掘简报》，《考古》1981年第4期。
⑨ 荆州地区博物馆：《钟祥六合遗址》，《江汉考古》1987年第2期。
⑩ 武汉大学历史系考古教研室等：《湖北宜城曹家楼新石器时代遗址》，《考古学报》1988年第1期。
⑪ 湖北省文物考古研究所等：《湖北宜城老鸹仓遗址试掘报告》，《江汉考古》2003年第1期。
⑫ 湖北省文物考古研究所：《宜昌杨家湾》，科学出版社，2013。
⑬ 石家河考古队：《邓家湾》，文物出版社，2003。
⑭ 石家河考古队：《肖家屋脊》，文物出版社，1999。
⑮ 中国社会科学院考古研究所：《枣阳雕龙碑》，科学出版社，2006。
⑯ 湖北省文物考古研究所等：《2008年湖北省丹江口市观音坪遗址发掘报告》，《江汉考古》2010年第2期。
⑰ 湖北省文物考古研究所等：《湖北郧县大寺遗址2006年发掘简报》，《考古》2008年第4期。
⑱ 湖北省文物考古研究所等：《随州金鸡岭》，科学出版社，2011。
⑲ 武汉大学历史系考古调研室等：《西花园与庙台子》，武汉大学出版社，1993。
⑳ 湖北省文物考古研究所等：《湖北孝感市叶家庙新石器时代城址发掘简报》，《考古》2012年第8期。
㉑ 湖北省文物考古研究所：《湖北广水四顾台遗址发掘简报》，《江汉考古》2012年第3期。
㉒ 湖北省文物考古研究所等：《湖北麻城吊尖遗址发掘简报》，《江汉考古》2008年第1期。
㉓ 湖南省文物考古研究所：《澧县城头山》，文物出版社，2007。
㉔ 湖南省文物考古研究所：《湖南澧县宋家台新石器时代遗址》，《湖南考古辑刊》7（《求索·增刊》1999年第1期）。
㉕ 湖南省博物馆：《安乡划城岗新石器时代遗址》，《考古学报》1983年第4期。
㉖ 湖南省文物考古研究所等：《怀化高坎垅新石器时代遗址》，《考古学报》1992年第3期。

需要说明的是，为了全面理解屈家岭文化的瓮棺葬俗和传统，本文所论的是广义的屈家岭文化，即《京山屈家岭》报告所称的屈家岭文化遗存[①]。近年来，有学者对叶家庙、金鸡岭、雕龙碑等遗址的文化属性进行了重新探索[②]，在结论尚未明晰的情况下，本文暂将上述遗址纳入屈家岭文化。

一　瓮棺的结构与类型

由不同陶容器组成的葬具是瓮棺葬最主要的特征，因此有必要先从瓮棺葬所使用的陶容器本身进行考察，即瓮棺所用陶器和由陶器组合所形成的瓮棺结构和类型。

（一）瓮棺所用陶器

屈家岭文化瓮棺葬具，最为常见的有罐、釜、鼎、盆、碗、豆、钵，其次还有一些盘、缸、瓮、盖等器物（图一）。其中，罐、鼎、缸、瓮等器物可进一步分类。

罐　种类最多。根据口领和整体形态可分为折沿罐、高领罐、矮领罐、大口罐四类。其中，高领罐似乎主要分布于鄂北地区和江汉平原，而矮领罐则多见于澧阳平原。大口罐，数量极少，圜底装施九个小三角形捏足。

鼎　数量仅次于罐、釜。根据鼎身之形态可分为罐形鼎、盆形鼎、壶形鼎三类。其中罐形鼎和盆形鼎为圜底或小平底，前者多为三角足，似乎常常出现于鄂北地区。

缸　夹砂较多，壁厚，器表多施篮纹，体型较大。根据口腹形制可分为敞口缸、折沿缸、直口缸。具体来看，敞口缸为大口，斜腹，有平底或圜底之分。折沿缸，口沿斜折，均见于澧阳平原。根据底部特征又可分圜底和平底两类，前者形态胖矮，大口直腹；后者相对瘦长，颈部微束，下腹稍鼓。直口缸则主要见于叶家庙遗址屈家岭文化早期遗存，根据底部形态可分为圜底和尖底两类。

瓮　分为敞口瓮、圈足瓮、子母口瓮。其中，敞口瓮为大口，弧腹斜收，平底或小矮圈足底。圈足瓮一般器身较大，以底部小矮直圈足为显著特征，篮纹和弦纹组合者居多，多分布于鄂北地区。子母口瓮的胎壁较厚，亦带圈足但外撇，似乎仅见于城头山遗址

此外，盆在江汉平原的一些遗址和澧阳平原较为多见，而盘似乎多见于澧阳平原。同时，豆之完整者少见，柄部多残缺，其中不乏有意为之者。

---

① 向绪城：《屈家岭遗址下层及同类遗存文化性质讨论》，《考古》1985 年第 7 期；孟华平：《长江中游史前文化结构》，长江文艺出版社，1997；郭伟民：《新石器时代澧阳平原与汉东地区的文化与社会》，文物出版社，2010。

② 何强、赵宾福：《雕龙碑遗址第三期遗存的性质、年代与渊源——兼论“雕龙碑三期文化”》，《江汉考古》2014 年第 6 期。

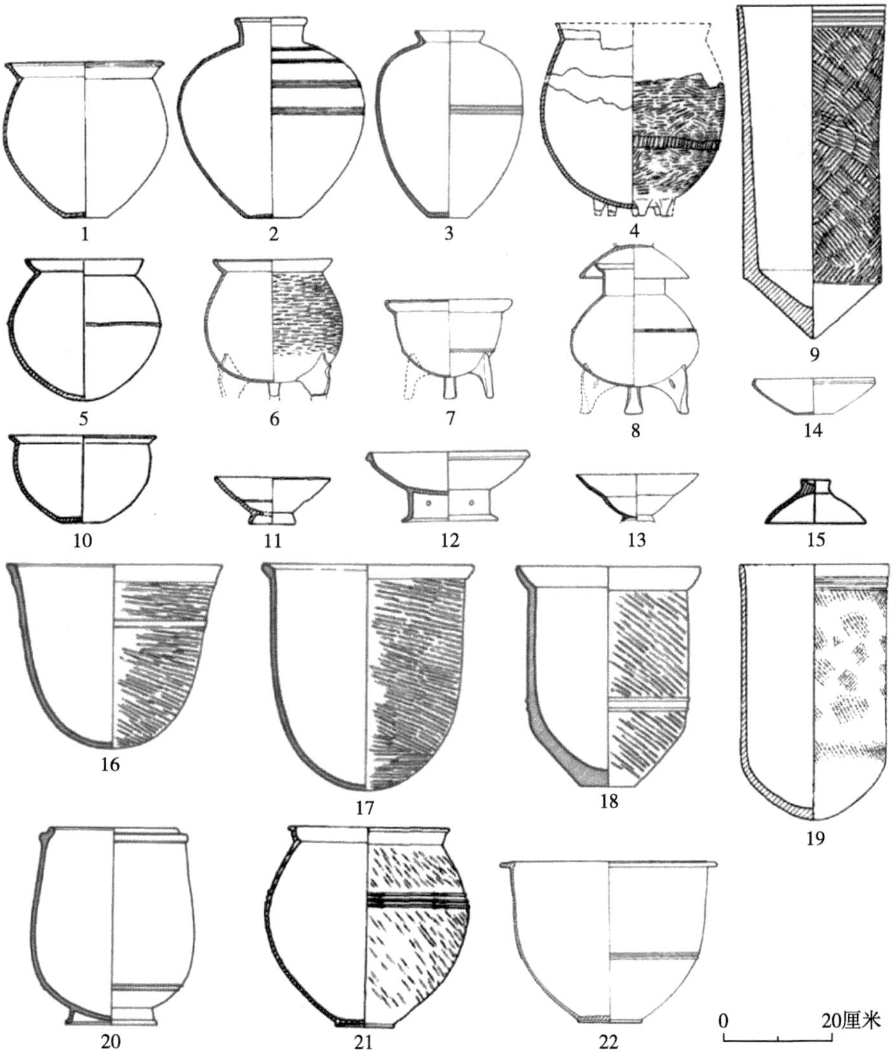

图一 屈家岭文化瓮棺所用陶器示例

1. 折沿罐（叶家庙 W7:2）；2. 高领罐（老鸹仓 W8:2）；3. 矮领罐（城头山 M124:1）；
4. 大口罐（肖家屋脊W1:1）；5. 釜（曹家楼 W9:2）；6. 罐形鼎（金鸡岭 W3:2）；
7. 盆形鼎（金鸡岭W7:4）；8. 壶形鼎（金鸡岭 W10:1）；9. 尖底直口缸（叶家庙 W20:2）；
10. 盆（曹家楼 W3:1）；11. 碗（肖家屋脊 W87:1）；12. 盘（城头山 M531:2）；13. 豆（关庙山 M103:1）；
14. 钵（金鸡岭 W7:6）；15. 盖（曹家楼 W4:1）；16. 敞口缸（城头山M382:2.）；
17. 圜底折沿缸（城头山M249:1）；18. 平底折沿缸（城头山 M506:1）；19. 圜底直口缸（叶家庙 W16:2）；
20. 子母口瓮（城头山 M571:1）；21. 圈足瓮（雕龙碑 W48:2）；22. 敞口瓮（金鸡岭 W5:1）

屈家岭文化瓮棺葬具大多都能在生活用具中找到同类器，有的甚至直接利用残破的生活用具作为葬具。不过，江汉平原出土的一些陶釜葬具胎质很薄，质地疏松，似乎在生活用具中难以寻觅，很可能为葬具所专用。至于雕龙碑遗址瓮棺葬具与房址出土同类器之间的陶色差异，极有可能是由于房址焚毁环境所致，与葬俗本身并无关系。

（二）瓮棺的结构与类型

屈家岭文化瓮棺葬不仅瓮棺所使用的陶器多种多样，而且陶器的组合方式亦呈现出多样化的特征。据对已发表资料的统计，屈家岭文化瓮棺葬具的组合方式多达70余种。一般而言，根据瓮棺葬具的功能和不同器物的形制特征尤其容量大小，这些器物又可划分为装殓用具和覆盖器具。其中，装殓用具主要用来盛装死者尸骨，罐、釜、鼎、缸、瓮等大体积器类都有成为装殓用具的可能；除此之外，有发掘者认为一些个体较大的盆和碗也可能是装殓用具。覆盖器具类似于棺盖，用以隔绝瓮棺内部和外部，器形较小且形制多样，其本身没有装殓尸骨所需的容积。常见的覆盖器具主要有碗、豆、钵、盖、盘等。然而，需要说明的是，此种分类只是我们为了便于分析与研究所进行的概念分类，在真实历史上以及实际操作过程中二者绝非泾渭分明，瓮棺组合中体积相近器物甚至更小型器物都可能具有装殓用具和覆盖器具的双重性质。

基于此，本文拟先从瓮棺葬具的物质性出发，以葬具组合器数量的多寡为标准，将其分为单器瓮棺、两器瓮棺、多器瓮棺，然后再根据出土材料的实际情况，对装殓用具和覆盖器具的组合模式进一步分析。

单器瓮棺，即考古发现仅有一件葬具的瓮棺葬。有发掘者推测这些瓮棺很可能是以竹木、编织物等有机物或石头、陶片等物体作为覆盖器具的，而这些物体往往难以保留抑或容易被人们忽视①。在黄楝树②和大寺③遗址就曾分别发现过用陶片和石头作为覆盖器具的案例。单器瓮棺葬具多为折沿罐和釜，几乎占到此类瓮棺总数的60%④；其次为敞口缸、圜底折沿缸、圈足瓮等器物，各自占到单器瓮棺总数的6%左右。除此之外，大口罐、鼎、平底折沿缸、敞口瓮、矮领罐、高领罐、子母口瓮亦有单独作为瓮棺葬具的现象。此外，值得注意的是，城头山遗址的单器瓮棺葬尤为发达，其所占比例要高出其他遗址数倍之多。

两器瓮棺种类最多，达到屈家岭文化瓮棺葬的75%左右。表一反映的是两器瓮棺葬具的组合情况，可以看出折沿罐、釜分别与碗、豆、盖、钵、盘等较小型器物之间的组合最为频繁，约占到两器瓮棺葬的40%，尤以折沿罐、釜与碗之间的组合方式最多。由于此类组合与前述的单器瓮棺中只有一件器物的容积相对较大，具有装殓尸骨的可能，所以将二者统归为“单敛”葬具模式（图二：1）。在两器瓮棺中，其他大型器物与碗、豆、钵、盖、盘之间的组合都可视为此种模式。

除此之外，尽管圈足瓮以及缸、瓮等大型器物零星存在与碗、钵、盖等小型器物进行组合的现象，但其更多与同类器或鼎进行搭配，此类组合可归纳为“双敛”模式（图二：2）。

---

① 长江流域规划办公室考古队河南分队：《河南淅川黄楝树遗址发掘报告》，《华夏考古》1990年第3期。

② 长江流域规划办公室考古队河南分队：《河南淅川黄楝树遗址发掘报告》，《华夏考古》1990年第3期。

③ 湖北省文物考古研究所等：《湖北郧县大寺遗址2006年发掘简报》，《考古》2008年第4期。

④ 需要说明的是，本文数据均来自简报、报告，未公布量化信息或言语不详的遗址不计入本文的数据统计。

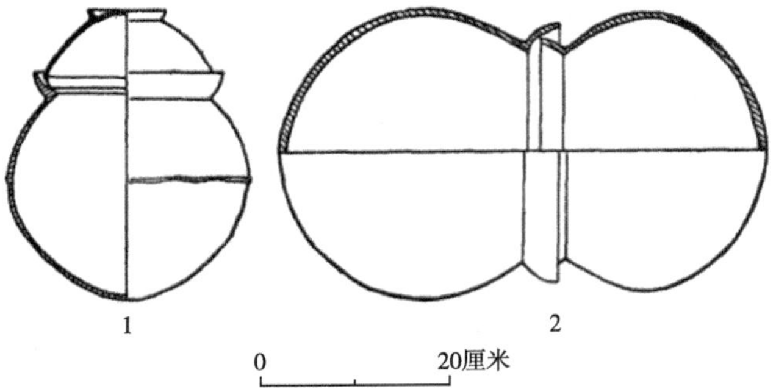

图二　葬具组合示例

1. 单敛竖置（曹家楼 W9）；2. 双敛横置（曹家楼 W8）

表一　两器瓮棺葬具组合方式统计结果

器类一 \ 器类二	折沿罐	圈足瓮	釜	鼎	圜底直口缸	圜底折沿缸	敞口缸	敞口瓮	高领罐	矮领罐	豆	钵	碗	盘	盖	盆
折沿罐	○			○						X	○	□	◇	X	△	○
釜	△		□	X							○	□	◇	△	△	○
鼎				X									△		△	
圈足瓮	X	◇		X								X	△		△	
圜底直口缸				X	△											
尖底直口缸		X		X												
圜底折沿缸						X						X				
敞口缸			X	X			X						△	X		
敞口瓮								X	X							
高领罐											X		△			
矮领罐												X				
盘																X

说明：X 为“1% 以下”；△为“1% ~2%”；○为“2% ~4%”；□为“4% ~8%”；◇为“8% 以上”

多器瓮棺数量非常之少，不足屈家岭文化瓮棺葬的 3%，且此类瓮棺主要以三器为主，零星见到四器、五器组成的瓮棺遗存。通过检索已有资料可知，多器瓮棺仅见于雕龙碑、曹家楼、城头山、宋家台等少数遗址（表二），其中四器、五器组成的瓮棺目前只有城头山遗址出土，说明此类葬具组合方式的形成有着很强的偶然因素。从组合器类来看，曹家楼、城头山、宋家台遗址几乎都以釜、罐、瓮、缸类器与碗、豆、盖等稍小型器物的组合为主，而雕龙碑遗址与前三者有着很大不同，更多采取圈足瓮、折沿罐、鼎等大型器物之间的组合，我们可称其为“多敛”模式。

表二　多器瓮棺葬具组合方式示例

组合	器类			曹家楼	雕龙碑	城头山	宋家台
三器	折沿罐	盆	碗			√	
	釜	豆	豆	√			
	釜	碗	盖			√	
	釜	釜	盆				√
	盆	盆	碗			√	
	圈足瓮	折沿罐	盖		√		
	圈足瓮	圈足瓮	圈足瓮		√		
	圈足瓮	折沿罐	圈足瓮		√		
	圈足瓮	圈足瓮	鼎		√		
	敞口缸	敞口缸	碗			√	
四器	2 件高领罐	釜	盆			√	
五器	矮领罐	3 件碗	釜			√	

由不同器类组合形成的瓮棺结构和类型同样具有明显的历时性和地域性的文化特点。考察已发表资料可知，屈家岭文化早期，雕龙碑、金鸡岭、叶家庙三处遗址所在的随枣及鄂东北地区表现出强烈自身特色的葬具组合模式，圈足瓮、敞口瓮、直口缸等大型器物构成的“双敛”“多敛”模式极为流行；而其他遗址则以釜、折沿罐为主体的“单敛”模式为多，再有少量折沿罐、釜、鼎之间的“双敛”模式（表三）。

表三　屈家岭文化早、晚期瓮棺葬具组合模式的区域分布特征

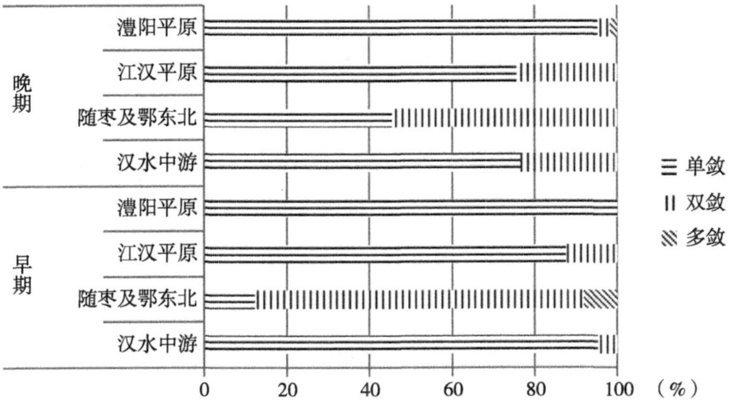

至屈家岭文化晚期，圈足瓮、敞口瓮、直口缸等大型器具基本退出葬具的组合搭配，折沿罐、釜之间或其与小型器物组成的“双敛”“单敛”模式明显成为主流（表三）。对此期主要装殓用具的区域分布特征做更为具体的观照（表四），我们可以发现，在主要装殓用具方面，宜城以北的汉水中游地区以折沿罐类为主；随枣走廊及鄂东北地区的几处遗址在以折沿罐类为主流的基础上，还拥有相当比例的鼎作为装殓用具，这在其他地区较为罕见；而此时的江汉平原地区却十分流行圜底的釜。更为靠南的澧阳平原则与之皆有不

同，罐与釜的比例相当，但并非该地区所有遗址均拥有等量的罐、釜葬具，位于澧县的宋家台遗址出土的数座瓮棺葬就有高比例的釜而仅有少量罐作为装殓用具。

表四　屈家岭文化晚期瓮棺主要装殓用具的区域分布特征

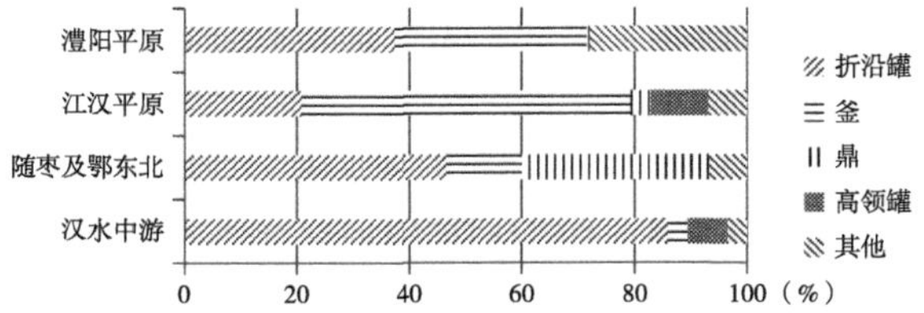

（三）葬具的加工与处理

与其他考古学文化的葬俗相近，屈家岭文化瓮棺葬中也存在一定数量的葬具孔洞现象，实施对象以碗、豆等覆盖器具为常见，在雕龙碑①和大寺遗址还分别发现了罐、高领罐被施加孔洞的现象。就具体位置而言，碗、豆、罐等器物多在底部，而大寺遗址 W4 高领罐则是“腹部有意识地被敲击一个缺口（或利用已破损的罐体）”②。不过，位置不同可能也意味着制孔动因有所区别。前者或是学术界经常提及的“灵魂通道”所致③，后者可能是为“将婴儿尸体从缺口放入”④。从葬具组合模式来看，穿孔的碗、豆均属于前述的“单敛”模式，且案例很多；而雕龙碑遗址相关瓮棺为“多敛”模式，仅有一例孔洞现象见诸报端。此外，穿孔大小不一，例如，同是在老鸹仓遗址，W7 碗底中心钻圆孔，W8 碗底则直接敲掉，形成大口⑤。

除了穿孔现象，屈家岭瓮棺葬具还存在加工陶豆圈足的情况。在曹家楼、老鸹仓遗址出土的瓮棺中，就明确发现有使用陶豆作为覆盖器具时，将圈足刻意敲掉的现象，而且“敲足”与前述的“穿孔”共施于一器⑥。在其他一些遗址出土的瓮棺葬具中，我们也常常能够看到陶豆圈足缺失的案例。

同时，针对葬具的另一现象则是“抹泥”。这种方式曾经在汾阳峪道河⑦、垣曲丰村⑧等遗址发现过，而屈家岭文化瓮棺葬的“抹泥”现象目前仅见于雕龙碑遗址⑨。据报道，雕龙碑遗址“绝大多数葬具的中、下腹部抹一层黄泥，上面还保留有坑洼不平的手指印，

---

① 中国社会科学院考古研究所：《枣阳雕龙碑》，科学出版社，2006。

② 湖北省文物考古研究所等：《湖北郧县大寺遗址 2006 年发掘简报》，《考古》2008 年第 4 期。

③ 许宏：《略论我国史前时期瓮棺葬》，《考古》1989 年第 4 期。

④ 湖北省文物考古研究所等：《湖北郧县大寺遗址 2006 年发掘简报》，《考古》2008 年第 4 期。

⑤ 湖北省文物考古研究所等：《湖北宜城老鸹仓遗址试掘报告》，《江汉考古》2003 年第 1 期。

⑥ 湖北省文物考古研究所等：《湖北宜城老鸹仓遗址试掘报告》，《江汉考古》2003 年第 1 期；武汉大学历史系考古教研室等：《湖北宜城曹家楼新石器时代遗址》，《考古学报》1988 年第 1 期。

⑦ 山西省考古研究所：《山西汾阳县峪道河遗址调查》，《考古》1983 年第 11 期。

⑧ 中国社会科学院考古研究所山西工作队：《山西垣曲丰村新石器时代遗址的发掘》，《考古学集刊》第 5 集，中国社会科学出版社，1987。

⑨ 中国社会科学院考古研究所：《枣阳雕龙碑》，科学出版社，2006。

黄泥未经烧烤，有的容易脱落，应是陶器烧成后再抹上的”，而且发掘者认为这种抹泥现象“似是葬具的特殊标志”。但是，由于此类遗址数量单薄，对于“抹泥”现象的分布特征还需要今后做进一步工作。

尽管存在穿孔、敲足、抹泥等现象，但是这些案例的报道相对于屈家岭文化瓮棺葬总量来说还略显单薄，而且相对较差的保存状况也会制约田野工作对于这些信息的提取和统计，加之在已报道的资料中也有大量的瓮棺葬具并未经过此类加工或处理，所以目前很难评估这些现象的普及程度。此外，陶碗、陶豆的穿孔究竟完成于烧制之前还是烧制之后，这在很大程度上能够反映专门葬具的制作，需要在今后的田野工作中详加考察。

二　葬地和随葬品

（一）墓圹、瓮棺放置方式及被葬者

目前所知，屈家岭文化瓮棺葬坑均为竖穴土圹，似乎都是专门挖造，未见到利用废弃土坑的现象。土圹的平面形制以圆形和椭圆形为主，占到所有瓮棺葬土圹形态总数的93%以上，另外还有极少量的长方形、圆角长方形、近圆角三角形、不规则圆形、不规则方形以及其他不规则形态。从邓家湾、肖家屋脊、城头山遗址的出土资料来看，土圹形制有斜直壁平底、斜直壁圜底、弧壁圜底、弧壁平底等多种类型。不过，也有个别瓮棺葬的土圹较为特殊，例如八里岗遗址 W41 墓坑在东部和南部都留有二层台①，其用意不得而知；而六合遗址 W46 的墓坑则更为特殊，先在地面上面铺一层小卵石，面积约 0.9 平方米，然后将相套的两瓮横放于上②。

已有的出土资料表明，屈家岭文化瓮棺葬的墓坑一般较葬具稍大，其大小与瓮棺葬具组合的大小和摆放方式有着密切联系。葬具的摆放方式主要为横置和竖置两种，也有非常少量的斜置。一般情况下，前述的“单敛”模式常常采用竖置方式，而“双敛”或“多敛”模式则主要以横置为主。不过，在城头山遗址，出土葬具组合无论是“单敛”还是“双敛”，似乎都多为竖置。与前述相类，也有少数遗址的个别瓮棺葬并不遵循这种“规则”。例如，大寺遗址 W4③、肖家屋脊 W87④，葬具组合或为高领罐与封口石，或为一陶釜和双腹碗，属于典型的“单敛”模式，却分别为横置和斜置；同样在肖家屋脊遗址，W86 为两瓮组合，却上下对扣竖置于土坑内。当然，这些案例数量极少，有的很可能是由

① 北京大学考古文博学院等：《河南邓州八里岗遗址 1998 年度发掘简报》，《文物》2000 年第 11 期。

② 荆州博物馆等：《钟祥六合遗址》，《江汉考古》1987 年第 2 期。

③ 湖北省文物考古研究所等：《湖北郧县大寺遗址 2006 年发掘简报》，《考古》2008 年第 4 期。

④ 石家河考古队：《肖家屋脊》，文物出版社，1999。

最终的填埋动作所致①，属于个别特殊现象，并不影响对屈家岭文化瓮棺葬特征的整体把握。

就瓮棺葬具的方向性而言，竖置葬具的方向较为单一，几乎均为口部向上，仅有雕龙碑遗址 W34② 等个别瓮棺葬为倒置。横置瓮棺的墓坑和葬具的方向则相对较为丰富。表五反映的是部分遗址横置瓮棺葬的方向构成，可以看出屈家岭文化横置瓮棺葬方向十分多样，即使在一些遗址内部也较为丰富，似乎并无明显规律可循。不过，有些遗址自身可能存在横置瓮棺葬具的主流方向。譬如，出土资料较为丰富的雕龙碑、叶家庙遗址基本都以横置瓮棺葬为大宗，且前文曾提及它们有着较为相近的葬具组合模式，但是二者的葬具主流方向却明显不同：雕龙碑遗址葬具以西北－东南向为主③，而叶家庙遗址却多为东北－西南向④。

表五　屈家岭文化部分遗址横置瓮棺葬具方向

	四顾台	大寺	青龙泉	金鸡岭	叶家庙	雕龙碑
东－西	√		√	√	√	
东北－西南			√	√	√	√
西北－东南		√			√	√

田野考古显示，屈家岭文化瓮棺葬墓主骨骸大多腐朽，只剩骨渣或骨痕，有的仅见填土，由此导致墓主的年龄、性别等信息严重匮乏。从仅有的几处刊布瓮棺葬人骨信息的遗址来看，其墓主均为婴儿或幼儿（有的报告称为“儿童”），已明确公布的死者年龄信息全部集中于0～3岁，未见到成人瓮棺的报道。尽管我们不排除屈家岭文化存在成人瓮棺葬的可能性，但迄今的考古发现尚无法提供支持此种认识的信息。所以在现有条件下，似乎可认为屈家岭文化瓮棺葬是埋葬婴幼儿的一种葬俗。不过，瓮棺葬并不是婴幼儿的唯一埋葬方式，在下王岗、雕龙碑等遗址就曾发现过同龄幼儿竖穴土坑墓与瓮棺葬共存的现象。

此外，人骨信息的缺乏也影响到我们对于瓮棺内婴幼儿葬式的判断。从仅有的两例公布头骨信息的瓮棺来看⑤，婴幼儿应是头朝葬具器底，无论葬具正放或倒放，均是如此。

（二）葬地

根据目前的出土资料，屈家岭文化瓮棺葬的葬地，主要有四种情形，而且这四种情形

---

① 例如，肖家屋脊遗址 W87，陶釜斜放，器口向西，但与之搭配的陶碗却正放，据此推测这一现象或是在最终填埋的过程中碰触陶釜导致其倾斜所致。

② 中国社会科学院考古研究所：《枣阳雕龙碑》，科学出版社，2006。

③ 中国社会科学院考古研究所：《枣阳雕龙碑》，科学出版社，2006。

④ 湖北省文物考古研究所等：《湖北孝感市叶家庙新石器时代城址发掘简报》，《考古》2012 年第 8 期。

⑤ 雕龙碑 W34、W36。参见中国社会科学院考古研究所《枣阳雕龙碑》，科学出版社，2006。

在一些遗址是同时存在的。

第一种，瓮棺葬散布于居址附近。这种情形最为普遍，黄楝树、下王岗、茅茨岗、下集、四顾台、观音坪、青龙泉、大寺、老鸹台、金鸡岭、雕龙碑、六合、曹家楼、邓家湾、肖家屋脊、划城岗等遗址均有发现，有的甚至紧邻房墙。不过需要注意的是，在几乎上述所有遗址中，分布于居址附近的除了瓮棺葬，还有同时期的竖穴土坑墓，说明居址附近是屈家岭先民实施丧葬活动的常用区域，并非只针对幼婴瓮棺葬。

第二种，瓮棺葬混杂于竖穴土坑墓地之中。这种情形见于杨家湾、宋家台、高坎垅、城头山以及黄楝树、青龙泉、雕龙碑、金鸡岭、邓家湾等遗址，而且瓮棺葬的方向与竖穴土坑墓大致相近，一些瓮棺甚至紧邻竖穴土坑墓，或许存在一定的亲缘关系。此外，目前所知，邓家湾与城头山的瓮棺葬大量分布于竖穴土坑墓地中，与其发生了较为复杂的叠压打破关系；而其他遗址的瓮棺葬都是零星分布于竖穴土坑墓地中。这两类现象可能代表了竖穴土坑墓地中混杂瓮棺葬的两种分布形式。

第三种，单独的瓮棺墓地或墓区，见于关庙山、城头山和叶家庙遗址。其中，关庙山遗址在其东南和西南的边缘出土近百座瓮棺，未见竖穴土坑墓的报道，应是独立的瓮棺葬墓地。而城头山和叶家庙遗址则可能代表了另一种模式：前者将墓地向东北延伸，集中埋葬瓮棺葬；后者的瓮棺葬除个别夹杂于竖穴土坑墓地外，绝大多数都集中分布且大致可分为两个独立的区域，而且边缘与竖穴土坑墓地局部接壤。据此推断，这两个案例当可视为公共墓地的瓮棺葬墓区。

第四种，瓮棺葬置于竖穴土坑墓中。这种现象主要见于黄楝树、青龙泉以及邓家湾遗址，但均属个别特殊现象。邓家湾遗址 M95 为竖穴土坑墓，但在骨架右侧中部置一瓮棺，内有小孩头骨和牙齿，应为成年人与小孩合葬墓①。而位于汉水中游的黄楝树、青龙泉遗址，瓮棺被放于竖穴土坑墓的腰坑中。有研究者指出这类合葬墓应是瓮棺葬与土坑墓的简单结合，是夭折的婴儿与父亲或母亲合葬的一种特定葬俗②，而且葬具与一般瓮棺无异。所以从这个角度讲，上述案例与普通瓮棺具有同等属性，只不过其葬地和动因稍显特殊。

通过对葬地的分析可以看出，即使在一些遗址内部，瓮棺葬的葬地也十分多样，而瓮棺葬散见于居址则是当时社会的普遍现象。瓮棺葬与竖穴土坑墓同葬于墓地的情形，则反映先民将死亡幼童同成人一样葬在家族或其他属性的墓地中。单独的瓮棺墓地和公共墓地中的瓮棺墓区说明当地先民把瓮棺葬作为埋葬死亡儿童的一种常用葬制。同时，在有些瓮棺葬墓区与竖穴土坑墓区共存的墓地中，瓮棺葬的数量明显多于竖穴土坑墓，也就意味着在墓地使用时期，儿童的死亡概率是十分高的，造成这种现象的原因可能是较差的卫生状

① 石家河考古队：《邓家湾》，文物出版社，2003。

② 李英华：《汉水中游地区史前腰坑与瓮棺》，《江汉考古》2010 年第 1 期。

况或者溺婴习俗[①]。

（三）随葬品

屈家岭文化瓮棺葬大多无随葬品，有随葬品的遗址仅占少数。目前明确出土瓮棺葬随葬品的遗址包括黄楝树、金鸡岭、雕龙碑、邓家湾、六合、城头山六处。其中雕龙碑和城头山遗址出土随葬品的瓮棺葬数量最多，分别占本遗址出土瓮棺葬总量的17%和15%。屈家岭文化随葬品的种类大致包括陶器、骨器、动物遗存等，另有一些可能存在的“仪式性”遗存。此外，黄楝树、邓家湾和高坎垅等遗址的三例瓮棺葬中出土了数量不等的石子或卵石，但其是否为随葬品尚不明晰。

陶器有陶器皿、明器或小件制品。陶器皿主要见于金鸡岭和城头山，邓家湾、雕龙碑和六合遗址亦有个别发现，且全部置于葬具以外、墓坑以内。金鸡岭遗址出土的随葬陶器皿涉及鼎、罐、碗、钵、盆、甑、缸、豆等多个器类，墓坑内随葬品的数量也差异较大，最多的达8件，最少的仅有2件；城头山遗址以杯、豆、簋、碗、钵、壶为主，也有少量的盆、盖、罐、盘、缸等器物，80%的瓮棺为单件随葬品，其余为2件或3件随葬品。除上述两遗址之外，邓家湾遗址W38随葬陶鼎一件，紧挨坑壁；在雕龙碑遗址，一座两器瓮棺的两端分别置放故意打碎的属于同一器物（可能为盆）的几块彩陶残片，意义不明。

随葬陶明器或小件制品（陶环、纺轮、弹丸）的瓮棺主要见于雕龙碑遗址，而且在葬具内外都有发现，并分别有“弹丸与猪下颌骨”“陶环与纺轮”共同出土的情形。但是，唯一的一件陶明器（壶形器）则与金鸡岭、城头山遗址关于陶器皿的处理方式一样，被置于葬具以外、墓坑以内。

骨器随葬见于青龙泉遗址，为一件磨光骨管。动物遗存只有鹿角和猪骨，前者仅出土于青龙泉遗址，而后者则见于黄楝树、雕龙碑、六合等遗址，尤其是雕龙碑遗址，不仅墓坑内随葬猪骨，而且墓坑邻近范围内还发现相关的猪骨祭祀遗存。雕龙碑遗址瓮棺坑内随葬的猪骨遗存见于葬具内外，且无一例外地有下颌骨，其中W44为两罐横置瓮棺，幼婴儿置于1号罐内，2号罐内随葬猪下颌骨一块，似有明确的“区域划分”。而位于墓坑外的猪骨祭祀遗存距离瓮棺墓坑较近，仅0.3～1米，内葬整身或无头猪。在黄楝树遗址，随葬猪骨的现象仅见一例，且在腰坑瓮棺合葬墓中，将猪头骨压于瓮棺下面。而六合遗址W46则随葬猪下颌骨，且有碗、盖同葬。这些随葬猪骨的习俗可能与某种宗教信仰[②]或图腾有关。

上述可见，随葬陶器皿的瓮棺相对较为普遍，而陶质小件和陶明器的瓮棺则仅见于雕龙碑遗址。同时，从邓家湾、雕龙碑等遗址的出土资料来看，与埋葬幼儿的土坑墓相比，屈家岭文化瓮棺葬的随葬品并不丰富，甚至可以说十分单薄。这或许是瓮棺葬本身的空间

---

① 张君：《湖北枣阳市雕龙碑新石器时代人骨分析报告》，《考古》1998年第2期。

② 周光林：《屈家岭文化墓葬浅析》，《江汉考古》1993年第4期。

局限所致，也可能意味着在屈家岭时期瓮棺葬是对死亡幼儿的一种简易埋葬。

三　结语

综上所述，屈家岭文化瓮棺葬在葬具组合与处理、葬地选择、随葬祭祀等方面表现出一定的“规则”或局部规律，而且由不同器类组合形成的瓮棺结构和类型同样具有明显的历时性和地域性文化特点。

此外，值得关注的是，部分遗址出土了一些特殊的瓮棺组合，此类组合以壶形鼎、罐形鼎、碗居多，亦有一些筒腹罐、瓶、盘等器物，均为竖置，埋法与一般瓮棺葬相同，且常常与其他瓮棺葬出在一起。根据同质类推的原则，在人骨信息缺失的情况下，它们被命名为瓮棺亦属情理之中。不过，它们体积较小不能容纳幼儿的现实却令人们困惑①；除此之外，这些瓮棺中盛装的物质与坑外填土明显不同，如金鸡岭遗址 W14 为一带盖罐形鼎，其坑内填土为灰黑色黏土，但鼎内为较纯净的红褐色黏土，未见骨骸。在多学科研究尚未介入的情况下，其究竟是作为葬具被单独装入了另外的填土，还是专门设置于坑外的仪式性遗存，我们尚无法做出明确的判断；更进一步追问，假如这些坑外遗存属于仪式性物品，那么它们是用以祭祀瓮棺还是与瓮棺一道针对其他对象？这是我们今后要关注的问题。

（编辑：徐峰）

① 北京大学考古文博学院等：《河南邓州八里岗遗址 1998 年度发掘简报》，《文物》2000 年第 11 期。

二里头绿松石龙虎之辨

王仁湘

（中国社会科学院考古研究所）

［**摘要**］学界对于商周之际器物纹样的解释往往不做区分地将龙虎纹混淆，但纹样原本的形象和意义应当是明确的，本文认为二里头遗址 2002VM3 墓葬出土的绿松石嵌龙形器实际上是虎形器，且是标准的卷尾虎形。在仔细观察绿松石龙的体纹、龙角的有无及与新砦遗址出土陶器纹样的对比中，发现二里头绿松石器是虎形器的可能，并可以在此基础上对商代艺术中虎形或龙形与蛇形横条带组成的图形中的固定格式加以讨论，对商代纹样的流行风尚和二里头文化的属性做出审视。

［**关键词**］二里头；青铜器；玉器；龙纹；虎纹

一

《考古》2005 年第 7 期刊登了著名的二里头遗址的一个重要发现①，一时间震撼了学术界。那首先是一个具有艺术意义的发现，是在一座二里头文化墓葬中随葬的一件用绿松石拼嵌成的艺术品，而且拼嵌出的是一条龙形，这是前所未有的重要发现。

这个发现是 2002 年发掘的成果，出土绿松石龙的墓葬经判断属于二里头文化二期。这座编号为 2002VM3 的墓葬，规模并不大，保存也并不完整。墓主为 30 ~ 35 岁之间的男性，头朝北。随葬品比较丰富，有陶器和漆器，墓主颈部缠绕货贝串饰，最重要的是胸腹部摆放一件绿松石拼嵌龙形器，龙形器中部还放置一件带石铃舌的铜铃（图一）。

这件绿松石龙，是用 2000 余片精细加工的绿松石片在某类有机质物体表面拼嵌而成，龙体长 64.5 厘米，中部宽 4 厘米，方形大头，直体卷尾。这是考古发现的最大一件绿松石组件，它的体量、它的神秘，吸引了众多研究者（图二）。

---

① 许宏：《河南偃师市二里头遗址中心区的考古新发现》，《考古》2005 年第 7 期。

图一　二里头 2002ⅤM3 绿松石器出土实景线描图

图二　二里头 2002ⅤM3 出土绿松石器

当然发掘者最有发言权。

李志鹏在 2017 年 3 月 3 日的《北京晚报》撰文，回味了他作为发现者的难忘经历：“那时我还是一个二十多岁的考古队员，由队长许宏先生安排，负责出土绿松石龙的贵族墓葬所在区域的考古发掘，当时主要是发掘一座二里头文化早期大型宫殿建筑基址的南部院落。”①

就是在这个过程中，在二里头文化早期大型建筑 3 号基址南院的道路位置，发现一座贵族墓葬。“发掘这个墓的时候，满眼都是惊奇：墓主人脖子上挂着一串海贝（有的还组合成花瓣状），头部放三个斗笠形的白陶器，其顶上还各缀着一颗绿松石珠，腰部放置一个铜铃，脚下和身旁有漆皮色彩仍然鲜红的漆器，大量的陶器打碎了放在墓主人身体周围。墓内出土随葬品相当丰富，总数达上百件，包括铜器、玉器、绿松石器、白陶器、漆

① 李志鹏：《我在二里头遗址发掘“中国龙”》，《北京晚报》2017 年 3 月 3 日。

器、陶器和海贝等。”

“我们先是在墓主人腰部的铜铃下发现了一些绿松石片露头，这些绿松片似乎镶嵌组合在一起，应该属于某个大型器物的局部。以往二里头遗址不少墓葬都发现了绿松石片，但都是散乱的。根据我的观察，这次发现的绿松石片平行成排平放嵌合在一起，可能镶在木头或皮上，可是木头或皮框都已经烂了，清理时稍微不小心，绿松石片就会散乱。为了保证绿松石片不散乱，我小心地跪在地上，用细竹签剔掉覆盖在绿松石片上的土，清理时一手轻按，战战兢兢，连气息都不敢大出，快清理到绿松石片露头时，就挤压用于清理照相机镜头的吹筒，轻轻吹掉上面的土。清理时，常常一跪下来就一个小时不挪窝，等自己觉得眼花了腰疼了，准备起来的时候，膝盖一软都快跌倒了，浑身酸疼，可是清理的时候却浑然不觉，兴奋异常。”①

在这些文字里，我们读到了发现者的敬业与喜悦，还有对历史遗物油然而生的敬畏。

时任二里头考古队队长的许宏，对这个发现有过专文记述，在他所著《最早的中国》中有一节名为“碧龙惊现第一都”，又一次回味了这个发现。

> 这是二里头遗址发掘50年来首次在宫殿区内发现的成组贵族墓。最令人瞩目的是，其中的一座墓（编为3号墓）中出土了1件大型绿松石器。3号墓的长、宽分别超过了2米和1米，也就是说面积2平方米多。不要小看了这墓的规模，如果与后世的达官显贵的墓葬相比，它实在是小得可怜，但在二里头时代，它可是属于迄今已发现的最高等级的墓。这座墓又是宫殿院内这些贵族墓中最接近建筑中轴线的一座，它的面积和位置已表明其规格之高。
>
> 墓主人是一名成年男子，年龄在30～35岁之间，墓内出土有丰富的随葬品，……绿松石龙形器放置于墓主人骨架之上，由肩部至胯骨处。全器由2000余片各种形状的绿松石片组合而成，每片绿松石的大小仅有0.2～0.9厘米，厚度仅0.1厘米左右。绿松石原来应是粘嵌在木、革之类有机物上，其所依托的有机物已腐朽无存。这件龙形器应是被斜放于墓主人右臂之上，呈拥揽状，一件铜铃置于龙身之上，原应放在墓主人手边或者系于腕上。②

对这条龙的具体描述是：

> 绿松石龙形体长大，巨头蜷尾，龙身曲伏有致，形象生动，色彩绚丽。龙身长约65厘米。龙头置于由绿松石片粘嵌而成的近梯形托座上。托座表面由绿松石拼合出有层次的图案，多处有由龙头伸出的弧线，似表现龙须或鬓的形象。
>
> 龙头隆起于托座上，略呈浅浮雕状，为扁圆形巨首，吻部略微突出。以三节实心半圆形的青、白玉柱组成额面中脊和鼻梁，绿松石质蒜头状鼻端硕大醒目。两侧弧切

① 李志鹏：《我在二里头遗址发掘“中国龙”》，《北京晚报》2017年3月3日。
② 许宏：《最早的中国》，科学出版社，2009，第149页。

出对称的眼眶轮廓，梭形眼，轮廓线富于动感，以顶面弧凸的圆饼形白玉为睛。

龙身略呈波状曲伏，中部出脊。由绿松石片组成的菱形主纹象征鳞纹，连续分布于全身。龙身近尾部渐变为圆弧隆起，因此更为逼真，尾尖内蜷，若游动状，跃然欲生。

距绿松石龙尾端 3 厘米余，还有一件绿松石条形饰，与龙体近于垂直。二者之间有红色漆痕相连，推测与龙身所依附的有机质物体原应为一体。条形饰由几何形和连续的似勾云纹的图案组合而成。由龙首至条形饰总长超过 70 厘米。[①]

发现过程与时空背景，对绿松石龙的具体描述，这些文字交代得非常仔细了。还有比较重要的一个程序是复原研究，承担这个课题的是李存信，他在《二里头遗址绿松石龙形器的清理与仿制复原》一文中，谈到了研究与复原设想。

他说："绿松石龙形器整体结构基本保存完好，图案较为清晰，仅局部饰片有所松动、移位，甚至散乱。"他观察到"绿松石龙形器的龙头置于由饰片粘贴镶嵌而成的近梯形托座上，……龙头较托座微微隆起，略呈浅浮雕状，为扁圆形巨首，吻部略突出。以三节实心半圆体形的青、白玉柱组成额面和鼻梁，绿松石质蒜头状鼻端硕大醒目。玉柱和鼻端根部均雕有平行凸弦纹和浅槽装饰。两侧弧切出对称的眼眶轮廓，为梭形眼，轮廓和线条富于动感。眼眶内另有镶嵌的绿松石片，以顶面弧凸的圆饼形白玉为睛。……龙身略呈波状曲伏，其中部有稍微隆起的脊线，左右两侧由里到外略微向下倾斜，外缘边线立面粘嵌着一排绿松石片。由绿松石片组成的菱形纹饰象征着龙的鳞，连续分布于全身，由颈部到尾部至少有 12 个单元。……龙身接近其尾部时渐渐变为圆弧隆起，龙之尾尖向内曲蜷"[②]。

当然这样的复原，虽然有很重要的参考价值，但是有关的细节，还有进一步考量的空间。

二

这条绿松石龙突如其来的发现，被考古人烹成一道大餐，大家尽情享用，美美地享用，这是一条可能属于夏代的龙带来的欢乐。当然它带来的更多的是震撼，虽然多年过去，大家还顾不上观察它的细部，很自然地众口一词说见到了高贵的夏龙。当然研究也逐渐有所跟进，一些认识开始公之于世。

自这个发现刚一公布，冯时将这带有铜铃的绿松石龙一起，认作是古旗旜，即龙旗之谓[③]。这个解释给我们不少启发，只是会觉得这样的龙形镶嵌在旗帜上可能影响它迎风招展。或者它只是直挂的幡，用不着飘扬起来。

---

① 许宏：《最早的中国》，科学出版社，2009，第 150 页。

② 李存信：《二里头遗址绿松石龙形器的清理与仿制复原》，《中原文物》2006 年第 4 期。

③ 冯时：《文明以止：上古的天文、思想与制度》，中国社会科学出版社，2018，第 375 页。

日本学者认为绿松石龙形器可能是象征权力的“龙杖”[①]，墓主人不是当时的“王”或王室成员，就是负责主持夏王朝图腾神物祭祀的“御龙氏”。蔡运章说绿松石龙图案颇似蛇，展示的是巨龙升天的图画，应是夏部族图腾崇拜的产物，与夏部族“宗神”禹的名义相合。而墓主则是夏王朝设立的专门主管祭祀龙图腾的职官“御龙氏”[②]。朱乃诚也有类似认识，说墓主可能是拥有养“龙”（鳄鱼）特殊技能的贵族，不属于王族，绿松石龙不会是二里头文化的“王权”或王统的表征[③]。

图腾之说，也许有些笼统，可以是崇拜对象，却未见得一定就是图腾之类。有人会说，三代都崇拜龙，难不成龙会是共有的图腾？

何驽说绿松石龙与夏部族“宗神”禹的名义相合，认为其实绿松石龙本身就同“禹”有着直接的关联[④]。这便明确说明二里头2002VM3出土的绿松石龙形器用手揽在怀中的造型，就是“禹”的象征或形象表征。开创于夏王朝的祭祀大禹的万舞，构成了夏代礼乐文明与制度的核心内涵，其物化的表现就是二里头文化的绿松石龙牌和铜牌。

绿松石龙即大禹这个认知，就更是有具体指征了，虽然论证还有待完善，但这个思路还是很新颖的。不过与图腾说同样不能回避的问题是，商代大量出现的类似的龙形该如何定义？它们不是大禹又该是谁？

后来有人或说绿松石龙为传说中的人面蛇身的烛龙，与神话相对照，是又一种思路。

顾万发则认为二里头的绿松石龙可能象征极星神或北斗神[⑤]，这又是由天文学生发的推论。龙形很多时，大约属性是可以分类的，要区分出极星和北斗神，还得有更确定的标准。

这是一条龙，而且是夏龙，所有的解释，都以此为出发点，没有半点疑问。

我一直也觉得，这是确定的龙，除了用龙来命名它，我们无从考虑，也没有人考虑过它可能还是别的什么。细细观察，现在觉得可以有一些疑问了，它究竟是龙形，还是别的什么呢？

三

商周之际的青铜器和玉器上，常见龙虎之形，有单体的雕塑，更多的是器表的装饰纹样。龙虎之形虽然很常见，但却并不易区分，或者说我们并不去细细辨别。尤其似龙似虎之形，更多的时候是含含糊糊，似乎也不必细分明白。

不做细分的最可能的结果是，相似的形与纹都一概被视为龙，这就致使许多的虎形失

---

① 参见许宏《最早的中国》，科学出版社，2009，第152页。

② 蔡运章：《绿松石龙图案与夏部族的图腾崇拜》，载杜金鹏、许宏编《二里头遗址与二里头文化研究——中国·二里头遗址与二里头文化国际学术研讨会论文集》，科学出版社，2006，第135页。

③ 朱乃诚：《二里头文化“龙”遗存研究》，《中原文化》2006年第4期。

④ 何驽：《二里头绿松石龙牌、铜牌与夏禹、萬舞的关系》，《中原文化研究》2018年第4期。

⑤ 顾万发：《论二里头文化与夏家店下层文化中的龙、蛇》，载杜金鹏，许宏编《二里头遗址与二里头文化研究——中国·二里头遗址与二里头文化国际学术研讨会论文集》，科学出版社，2006，第142页。

却了它本来的面目。二里头遗址出土的这一件绿松石龙，就有可能是还没有明确辨别的似龙非龙之形。

它以龙闻名于世，名声已经非常之大了，最近我这里却有了一点怀疑，于是写出这个短文，想求证于发掘者和有兴趣的研究者。我的初步认知是，它可能并不是龙形，而是虎形，它是绿松石虎。

龙虎之别，在前些时候所写的《方圆阴阳》① 一文中，我已经呈示了一个粗浅的认识，大意如下。

商代青铜器和玉器中可见到单体龙虎形器物，更多的龙虎是作为装饰纹样出现在器具上的。哪些是龙形，哪些是虎形，这是需要分别的。虽然分别龙虎之形并不难，但是也常见龙虎混淆的现象。有时也真是容易混淆，毕竟龙虎两形的纹饰构图太相似了，你认作龙，他认作虎，似乎都无大碍。只是这些纹饰原本的形象与意义应当是明确的，又真的不能混淆它们。

龙虎的构图，原本应当有明确区别，只是我们现在并不容易完全了解，例如首尾、体形、体纹的表现。

商代的铜玉器上的龙虎之形，如果主要以殷墟的发现为对象来观察，大致可划分出蟠体龙虎（图三：1、2）、弧体龙虎（图三：3）和卷尾龙虎（图三：4）三种，少见真正的直体龙虎形。在妇好鸮尊盖上，可以看到一条小卷尾龙，体表的纹饰为典型的方菱纹（图三：5）。

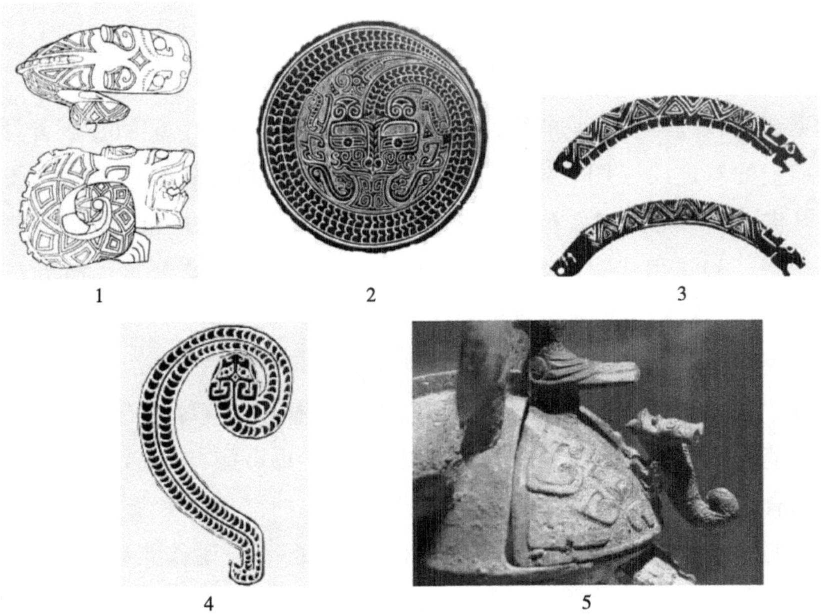

图三　商代铜玉器上的龙虎之形

1. 河南安阳殷墟妇好墓出土蟠体玉龙；2. 河南安阳殷墟妇好墓出土蟠龙纹铜盘；
3. 河南安阳殷墟妇好墓出土弧体玉龙；4. 河南安阳殷墟出土鸮尊及其卷尾虎纹；
5. 河南安阳殷墟妇好墓出土鸮尊盖上的卷尾龙

① 王仁湘：《方圆阴阳——商周龙虎纹另类解读》，《器晤》公众号 2018 年 10 月 14 日。

二里头绿松石虎是标准的卷尾虎，与商代常见的卷尾龙虎形风格一致。

四

商周铜玉器上的龙与虎，有一个重要的区别是：龙顶角，虎张耳，龙有时可以角、耳并见。正视有双角、侧视有单角的是龙（图四：1），正视有双耳、侧视为单耳的是虎（图四：2）。

1

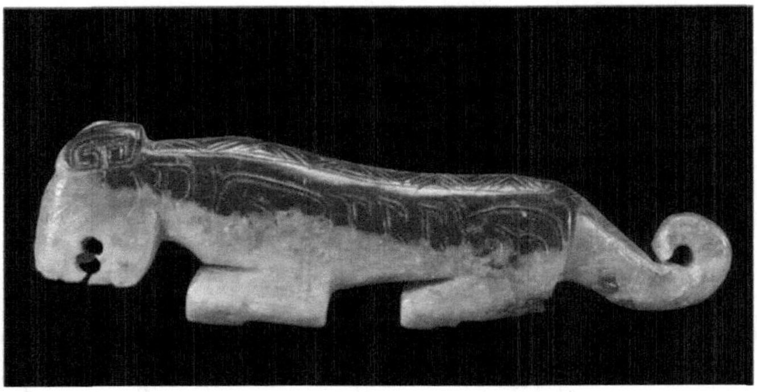

2

图四　商周铜玉器上的龙虎之形

1. 安徽青阳出土商代青铜器盖上的蟠龙；2. 河南洛阳出土西周玉虎

商周所见铜器和玉器上的龙虎纹，由角和耳的观察可以将它们明显区分开来。武官村出土后母戊鼎上的双虎纹（图五：1）、陕西西安张家坡井叔墓牺尊虎纹（图五：2），都是明确的张耳虎纹，虽然后者曾被认作龙纹。妇好墓出土的玉龙和石龙、妇好司母辛觥盖上的龙纹（图五：3）、商代铜盘上的蟠龙纹、陕西西安张家坡玉龙（图五：4），都是顶角的龙纹，有正视的双角，也有侧视的单角。

那么用这个标准来看看二里头的龙形器，又会是怎样的结果呢？

我是最近才注意到这绿松石龙的体纹，它长长的身体上有绿松石专意切割镶嵌的方菱形，这样的方菱形沿体脊顺序排列，报道说是 12 个，也可能有 13 个。这方菱形还专意在中心开了个纵脊，合成一条由颈部贯通到尾部的脊线。

特别要说明的是体纹上的这种方菱形，在商周之际一般用作龙纹的装饰（图六），也有时用作虎纹。龙纹有时也采用圆弧形体表纹，所以不能以体纹作为判断是龙是虎的依据，我已经将这两类体纹定义为阴阳表征，圆阳方阴①，相信以后会为更多的研究者所关注。

方菱形作为神龙神虎的体表装饰，这是一个值得关注的现象。除了二里头遗址的这

① 王仁湘：《方圆阴阳——商周龙虎纹另类解读》，《器晤》微信公众号 2018 年 10 月 14 日。

图五　商周铜玉器上的龙虎之形

1. 河南安阳武官村出土后母戊鼎上的双虎纹；2. 陕西西安张家坡井叔墓牺尊虎纹；
3. 河南安阳殷墟妇好墓出土后母辛觥的盖面龙纹；4. 陕西西安张家坡出土西周玉龙

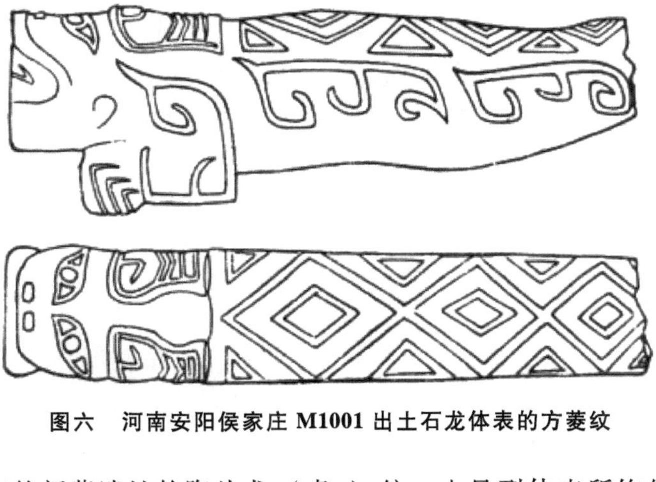

图六　河南安阳侯家庄 M1001 出土石龙体表的方菱纹

个发现，其实新密的新砦遗址的陶片龙（虎?）纹，也见到体表所饰的方菱形纹。就是在二里头遗址，也在至少 2 块陶片上见到的刻画龙蛇之类的纹饰，体表见到的也是方菱纹（图七）。

就体表纹饰看，我们还不能判断绿松石龙究竟是否为龙形。那么对头部的观察，就显得非常重要了。我们注意到，在所有文字资料中，对二里头绿松石龙都没有出现龙角的描述，这条龙没有角？细审照片和线描图，观察复原后的标本，也都没有见到角的形迹。莫非这是一条无角的龙？或者是因埋葬或是清理扰乱了它的原形？

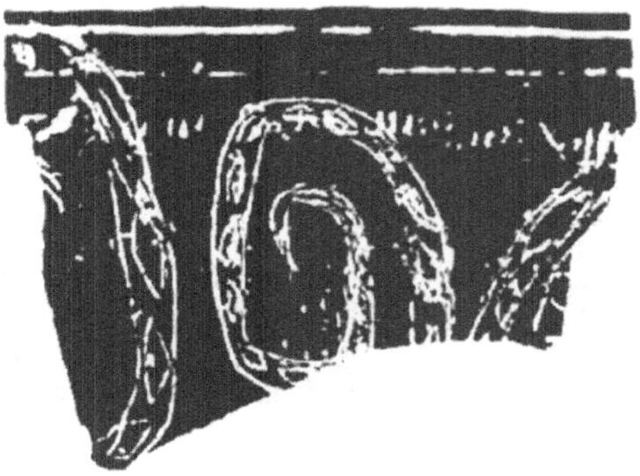

图七　二里头出土二里头四期刻纹陶片纹饰

再仔细察看一遍，会发现本应当出现龙角的位置，见到的却是头和耳的轮廓，在龙面的顶部，用竖立的绿松石勾勒出边缘，界限非常清晰，不应当再有双角的设计了。埋葬和清理过程并没有对它的关键部位有破坏性扰动，不妨碍对整个形体的观察和判断。

若是无角，我们还将它视之为龙，那理由就不坚实了，可能得重新有所考虑了。

五

这让我们想起在1999年新砦遗址的发掘中，在后来确认属于内壕以内的台地上，出土了一块“新砦期”的陶器盖残片（图八）。在打磨光滑的黑色器表上，以阴线刻出兽面纹样。兽面面额近圆角方形，蒜头鼻，两组平行线将长条形鼻梁分刻为三部分，梭形纵目，弯月眉，两腮外似有鬓。刻制技法娴熟，线条流畅。发掘者直称为饕餮纹，认为具有明显的东夷文化色彩，造型含有虎的因素。这个同样被很多人认定为龙的刻画，其实是最接近绿松石龙的一个例子，非常遗憾的是，它的顶部缺失，原本有无角的存在也不能确定。

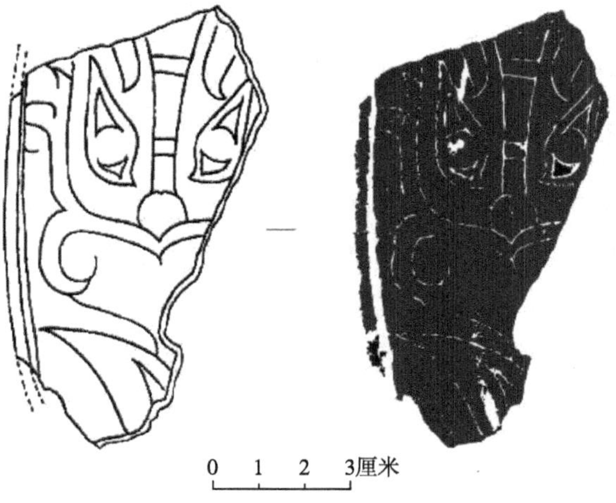

图八　河南新密新砦出土刻纹陶片龙纹

新砦陶片刻纹这样的风格与二里头的绿松石制品大体相同，均定义为虎形，还是可以的。

头大如虎，尾细如蛇，即是虎头蛇尾，形容有始无终的状态。这个成语出自元曲《李逵负棘》“狗行狼心，虎头蛇尾”[①]，原义似乎与今义有些不同。二里头的这件绿松石制品正是虎头蛇尾之形，其实这并不奇怪，也不稀见，商周龙虎之形也多是虎头蛇尾，区别只在龙戴角而已，具体例证可参见前揭《方圆阴阳》一文及附图[②]。

当然也会有人说，有种虬龙即传说中的小龙，它是无角之龙，李善注《甘泉赋》引《说文》“虬，龙无角者”[③]，王逸注《离骚》《天问》皆言“有角曰龙，无角曰虬”[④]。不过二里头所见，似乎不可以是无角的小龙，与虎相提并论的，也不能是虬。

六

这或许真是一条如龙之虎，虎虎生风。其实在三代之时，龙与虎并无高下之分，重新认龙作虎，也不会降低这个发现的意义。在青铜纹饰中，龙虎常常如影随形，一样的威猛。

当然，重新以虎形认识这一件绿松石制品，我们还需要度过一个适应期，还需要梳理和取舍已经有了的成说，改口说“绿松石虎”也会觉得不顺畅，慢慢来吧。

末了还要说起距绿松石龙尾端 3 厘米余的那一件绿松石条形饰。研究认为它与虎身所依附的有机质物体原应为一体，也即是说，它是虎纹构图的一个附属图形。复原观察认为这条形饰由几何形和连续的似勾云纹的图案组合而成，也有一定道理。

其实类似的构图在青铜纹饰中有过发现，而且应当是一种具有特别含义的组合。在蜷曲的龙尾或虎尾横置一段纹饰带，这条纹饰带通常由一两条蜷曲成“S”形的小蛇形构成。这也许是一种母子组合，与龙同在的是小龙，与虎同在的是小虎，未必就是通常认为的蛇形。

这样的例子最典型的是殷墟发现的一件骨匕（图九），它的两面是相对的龙体虎体，尾部都横刻有一条屈曲的“S”幼龙或幼虎。还可以举出的一例是山西石楼桃花庄出土的青铜觥盖，上铸大龙卷尾与小龙纠缠，尾端底边排列着三条屈曲小龙（虫）纹，组成一个纹饰带，与二里头绿松石虎形和横带状纹组合构图相似。

我们再来看一看最熟知的后母戊鼎，鼎耳上的“双虎食人”图形吸引过不少研究者。我们看到的双虎为侧面形象，接近真实的虎身，但保留着卷尾的特征。更要注意的是，虎

---

① （明）臧晋叔编《元曲选》壬集下《李逵负荆》，中华书局，1979，第 1524 页。

② 王仁湘：《方圆阴阳——商周龙虎纹另类解读》，《器晤》微信公众号 2018 年 10 月 14 日。

③ （梁）萧统：《文选》卷七《甘泉赋》，中华书局，1977，第 112 页。

④ （宋）洪兴祖：《楚辞补注》，中华书局，1983，第 25 页。

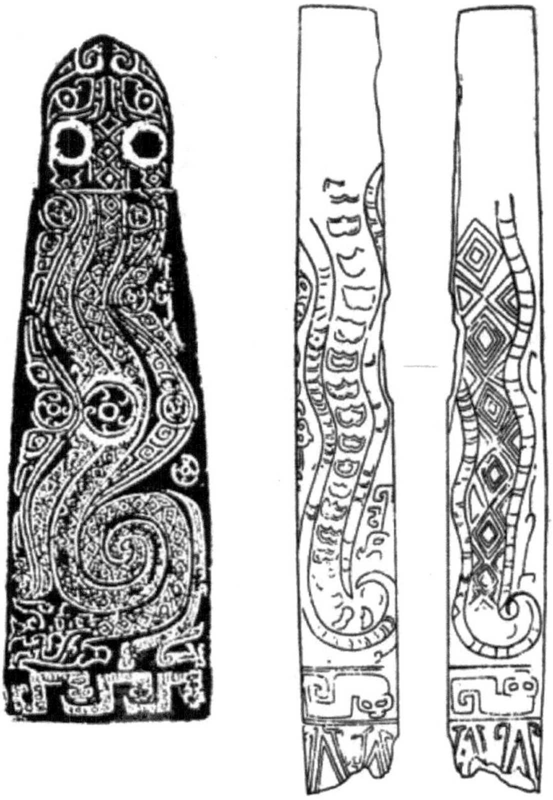

图九　山西石楼桃花庄出土商代铜觥盖和河南安阳殷墟侯家庄 M1001 出土蛇纹骨匕

尾的下面有一凸起的横栏，如果与虎纹连在一起观察，我们会很自然地看到它如同殷墟骨匕一样的图形组合。

当然后母戊鼎的鼎耳经过修复，会与原样不同，不过从仿制品上看到的鼎耳图形却让我感到惊讶，它的虎尾下面居然出现了双小虎组成的横纹饰带，这又恰与商代的纹样定式吻合，一定是高人的仿品。

这样看来，二里头绿松石虎形尾端的条形饰还不一定是几何形和连续的似勾云纹的组合，它或者就是几条小蛇形或是小虎形组成的二方连续图案带。

这样一看，虎形或龙形与蛇形横条带组成的图形，至少应当是商代艺术的一种流行风尚，是一种固定格式。当然它的意义还有待研究，应当具有我们还不知道的特别的象征性。

七

二里头绿松石龙改认作虎，依然体现一种王者之气，可它是属夏王还是属商王的呢？

如果说这龙就是传说中的大禹的象征，商与周都大张旗鼓将禹形标示在铜玉之器上，所为者何？

另一个问题是，同样的艺术表现风格，是单纯的形式模仿，还是夏商两代有着信仰认同？

铜器与玉器包括绿松石作为不同的载体，却表现了同样的题材，那么会不会还有其他的载体？一定会有，木雕石雕就有可能。如果三代都有相似的艺术表现方式，更早时代的类似艺术传统也许已经建立，这是需要探索的问题。

这里还有一个推想，也是关于艺术形式的问题。我们在铜器和玉器上常见纹饰对称布局，龙、虎、鸟之类图形的出现会呈现对称构图，由此我们想到二里头绿松石虎应当不只制作了一件，或者当初就制成一龙一虎。若是如此，那一条龙何在？这就算是一个考古学猜想吧，我们等待着发现它的那一天。

最后我还想特别提到殷墟侯家庄发现的4件木质抬舆（图十）①，每件都有4个抓手，抓手上都雕饰着卷尾的虎形，中间是一个大虎面。原报告将抓手的装饰认作兽足，并不准确，虎体都有方菱纹雕刻，形体也很接近二里头的绿松石虎，而且是同一式的卷尾虎。举这一个例证，是想进一步证实商代的龙虎艺术流行风的存在。

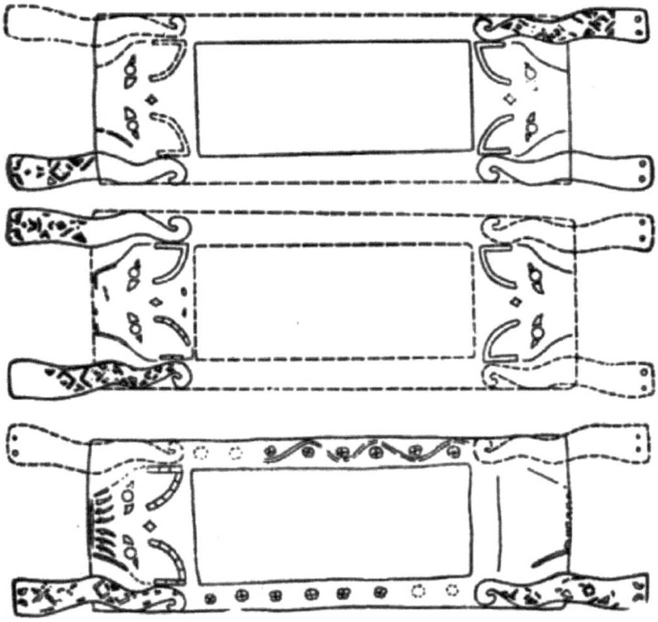

图十　河南安阳殷墟侯家庄出土木抬舆

再细细思索，这绿松石虎真会让人起了疑心，它原本未必就与夏有关？二里头文化姓夏或是姓商，或是半夏半商？这个问题学界还在论争之中，除了由物质文化层面讨论以外，也可以由精神层面切入，将讨论引向深入。

这条绿松石虎，其实真的是非常接近或者说就是商代风格，它既然属于二里头文化二

---

① 中国社会科学院考古研究所：《殷墟的发现与研究》，科学出版社，1994，第404页。

期，这就提供了一个重新审视二里头文化属性的新切入点。也许有人会有这样的推想，三代之礼，前后相因，有所损益，在这龙虎艺术上损益会有的，相因也是可以有的，这条虎属于夏的可能性也还存在。

是的，毕竟年代更早的新砦龙虎已经成型，与二里头龙虎之形也有明显的共性。将来也未必不会有更早的发现，希望以后有更多的新材料来佐证，这个问题还有继续讨论的空间。

（编辑：王志高）

殷墟刘家庄西周遗存分析

李宏飞

（中国社会科学院考古研究所）

[摘要] 在殷墟刘家庄，除抗震大楼发现的26座西周时期墓葬外，电业局M27及其近旁居址、刘家庄南地85AQMM64也是西周时期遗存。同乐北区G1的年代可定为商末周初，J31的年代晚至西周早期。抗震大楼发现的26座西周时期墓葬、电业局M27和刘家庄南地85AQMM64的墓主人应是本地的商人及其后裔。

[关键词] 殷墟刘家庄；西周遗存；墓葬族属

刘家庄位于殷墟南区，是目前殷墟遗址范围内发现西周遗存数量较多的区域之一。以往见诸报道的仅有刘家庄北地（抗震大楼）发现的26座西周时期墓葬①，但仍有一批西周遗存未被辨识出。笔者新辨识出一批西周遗存，并对刘家庄西周墓葬的性质进行讨论。

一　新辨识的西周遗存

（一）刘家庄北地（电业局）M27及近旁居址

1995～1996年，安阳市文物工作队在刘家庄北地（电业局）对“殷代遗址和墓葬”进行了发掘②，其中的M27、95T1J1及95T1第⑧层以及96T1和96T2的第⑥～⑧层实为西周遗存。

M27为长方形竖穴土坑墓，方向4°，长2.35米、宽0.75米、深1.50米，葬具为木棺，墓主人男性，葬式仰身直肢，无腰坑。随葬陶器组合为鬲、罐，发掘者根据随葬陶器

① 中国社会科学院考古研究所安阳工作队：《河南安阳殷墟刘家庄北地殷墓与西周墓》，《考古》2005年第1期。

② 安阳市文物工作队：《1995—1996年安阳刘家庄殷代遗址发掘报告》，《华夏考古》1997年第2期。

形制将墓葬年代定为殷墟三期。但通过检索简报发表的器物线图可知，陶鬲 M27∶3（图一：1）的折沿、肩部与折沿之间留白形成一道的“假领”、鼓腹、腹部饰扉棱、分裆近平、柱足等特征与安阳西高平 04AXM4∶2①（图一：2）相似，陶罐 M27∶1②（图一：3）的卷沿、束颈、圆肩、下腹微鼓斜收、平底、肩部饰旋纹等特征与沣西张家坡 M175∶2（图一：4）相似，安阳西高平 04AXM4 的年代被定为西周早期③，沣西张家坡 M175 的年代被定为“昭穆时期”④，据此可知 M27 实为西周墓葬。

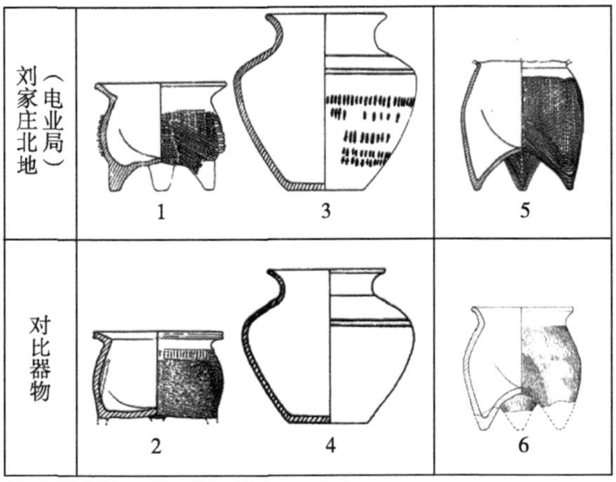

图一　西周早期陶器对比

1. 刘家庄北地（电业局）M27∶3；2. 安阳西高平 04AXM4∶2；3. 刘家庄北地（电业局）M27∶1；
4. 沣西张家坡M175∶2；5. 刘家庄北地（电业局）96T2⑧∶1；6. 周原 IVA1H4∶2

发掘者在 M27 所在墓群的近旁布探方进行发掘。笔者曾在另一篇论文中举例指出，96T2 第⑧层所出陶鬲 96T2⑧∶1（图一：5）与周原 IVA1H4∶2（图一：6）非常近似，为典型特征的西周早期周式联裆鬲，由于 96T1 与 96T2 东西相连，两者的地层堆积情况相同，那么 96T1 和 96T2 的第⑦层和第⑥层的年代也进入了西周早期⑤。

在另一处探方 95T1（图二）中，水井 95T1J1 所出陶鬲 95T1J1∶1 的长方体、微鼓腹近直等特征与联裆鬲 96T1⑧∶1 相似，与之共出的还有卜骨 95T1J1∶4，其上刻有“一一六六一五”、“六八八八六六”和“九七七”。类似的“易卦”甲骨曾发现于四盘磨⑥和小屯南地⑦，被认为是西周之物⑧。由于水井 95T1J1 开口于 95T1 的第⑨层下，故压在其上的

① 河南省文物考古研究所：《安阳市西高平遗址商周遗存发掘报告》，《华夏考古》2006 年第 4 期。
② 中国社会科学院考古研究所：《张家坡西周墓地》，中国大百科全书出版社，1999。
③ 李宏飞：《安阳地区西周时期考古学文化分期研究》，《南方文物》2014 年第 3 期。
④ 中国社会科学院考古研究所：《张家坡西周墓地》，中国大百科全书出版社，1999。
⑤ 李宏飞：《孙家城 H29 陶器群及相关问题》，《江汉考古》2017 年第 3 期。
⑥ 郭宝钧：《一九五〇年春殷墟发掘报告》，《中国考古学报》第 5 册，1951，第 1 ~ 62 页。
⑦ 肖楠：《安阳殷墟发现“易卦”卜甲》，《考古》1989 年第 1 期。
⑧ 唐兰：《在甲骨金文中所见的一种已经遗失的中国古代文字》，《考古学报》1957 年第 3 期；曹定云：《论安阳殷墟发现的“易卦”卜甲》，《殷都学刊》1993 年第 4 期。

95T1 的第⑧层年代也应已进入西周。

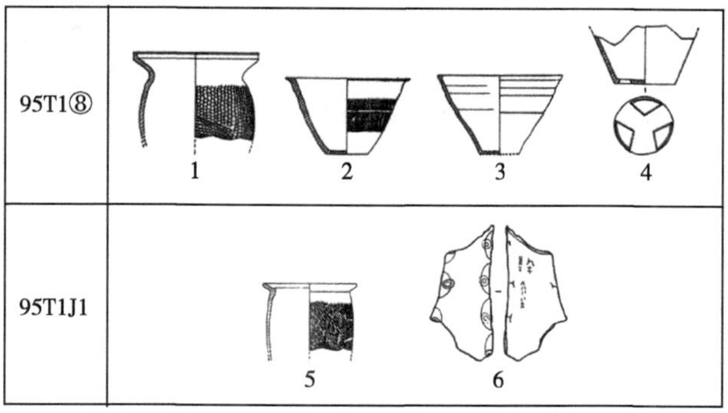

图二　刘家庄北地（电业局）西周居址遗存

1. 95T1⑧:1；2. 95T1⑧:2；3. 95T1⑧:3；4. 95T1⑧:4；5. 95T1J1:1；6. 95T1J1:4

（二）刘家庄南地 85AQMM64

1985 年，安阳市博物馆在刘家庄村南发掘了“殷墓”62 座[1]，其中的 85AQMM64 实为西周早期墓葬。

刘家庄南地 85AQMM64 为长方形竖穴土坑墓，墓向为东西向，长 3.9 米、宽 1.8 米、深 4.1 米，有二层台，葬具为红漆木棺，墓主人葬式不明，有腰坑。随葬陶鬲 2 件，其中 85AQMM64:2（图三：1）是肥袋足无实足根鬲，为典型的“商式鬲”，柱足鬲 85AQMM64:3（图三：2）则属于“商式鬲”的变体，其扁体、折沿、微鼓腹近直、弧裆近平、柱足等特征与洛阳车站西周早期墓葬 6:01[2] 所出的陶鬲（图三：3）相似。同时考虑到柱足鬲在商代晚期的殷墟遗址极为罕见，刘家庄北地（抗震大楼）发现的 26 座西周墓葬及刘家庄北地（电业局）M27 又皆随葬柱足鬲，亦可证刘家庄南地 85AQMM64 的年代已进入西周。该墓还出土有“殷墟西区Ⅱ式陶罐的残片”，可知其随葬陶器组合可能为鬲、罐，这样的随葬陶器组合应是受到了周人的影响[3]。此外，该墓还出土有朱书玉璋（图三：4）。

二　刘家庄北地（同乐北区）西周遗存年代辨微

在刘家庄北地（同乐北区）2010～2011 年发掘简报[4]中，发掘者开始注意到部分遗存有可能属于西周时期。如在介绍 TG1T4109～T4309 北壁剖面时，指出第④层包含

---

① 安阳市博物馆：《安阳铁西刘家庄南殷代墓葬发掘简报》，《中原文物》1986 年第 3 期。

② 河南省文化局文物工作队第二队：《洛阳的两个西周墓》，《考古通讯》1956 年第 1 期。

③ 邹衡：《论先周文化》，《夏商周考古学论文集》，文物出版社，1980，第 297～367 页。

④ 中国社会科学院考古研究所安阳工作队：《河南安阳市殷墟刘家庄北地 2010—2011 年发掘简报》，《考古》2012 年第 12 期。

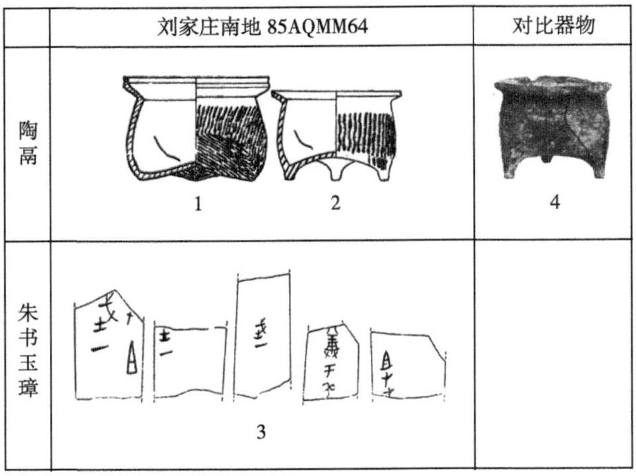

图三　刘家庄南地 85AQMM64 随葬器物

1. 肥袋足无实足根鬲 85AQMM64:2；2. 柱足鬲 85AQMM64:3；
3. 85AQMM64 所出朱书玉璋；4. 洛阳车站 6:01 所出陶鬲

“陶器以鬲、盆、罐等为主，属殷周时期”；在介绍道路时，指出“叠压在路面上的是静水湖相沉积的黑淤黏土，包含物不多，有殷周时期的残陶片”；在介绍沟渠时，指出“共发现殷周时期的沟渠多条”等。

关于 G1，发掘者具体指出：

> 根据殷墟分期的传统标准判断，打破 G1 的 M15 出土的陶觚、爵、盘及被 G1 打破的 M858 所出仿铜陶礼器和陶器的年代均为殷墟文化第四期偏晚阶段。这样，G1 的年代按理应属殷墟文化第四期偏晚阶段。但如果综合考虑到道路系统的使用、废弃的年代，G1 的年代有可能已进入西周纪年。

G1 的年代还可以进一步细化。已有的研究表明，殷墟遗址的墓葬随葬仿铜陶礼器的现象出现于殷墟四期 IV5 段①，故被 G1 打破的 M858 的年代应属殷墟四期Ⅳ5 段。刘家庄北地（抗震大楼）发现的 26 座西周墓、刘家庄北地（电业局）M27 以及刘家庄南地 85AQMM64 均以陶鬲为随葬陶器组合的核心，这些墓葬中已不见陶觚、爵，应是周公二次东征后的禁酒政策的直接反映，故亦应将打破 G1 的 M15 归入殷墟四期Ⅳ5 段。据此，可将 G1 的年代卡在殷墟四期Ⅳ5 段，考虑到“殷墟第四期文化Ⅳ4 段以前都属晚商时期，而Ⅳ5 段文化跨商末周初”②，故可将 G1 的年代定为商末周初。

关于“殷墟文化第四期偏晚阶段的绝对纪年是否进入西周初年”的问题，发掘者列举 F79 东部庭院窖藏坑 H2498 以及 2008 年发掘的 J30、J31、H326③ 等单位，指出：“如此多

---

① 唐际根、汪涛：《殷墟第四期文化年代辨微》，载《考古学集刊》第 15 集，文物出版社，2004，第 36~47 页。

② 唐际根、汪涛：《殷墟第四期文化年代辨微》，载《考古学集刊》第 15 集，文物出版社，2004，第 36~47 页。

③ 中国社会科学院考古研究所安阳工作队：《河南安阳市殷墟刘家庄北地 2008 年发掘简报》，《考古》2009 年第 7 期。

的青铜重器突然在相对集中的时间段内被打碎、弃置或埋藏，加之此时的大型建筑被焚毁，这些事件绝非孤立发生，可能与周人灭殷的重大历史事件有关。”

然而上述单位的年代并非均为商末周初，J31 的年代便可晚至西周早期。圆肩旋纹罐 J31∶3 与其他遗物共出于井底的木质井框内（图四）。

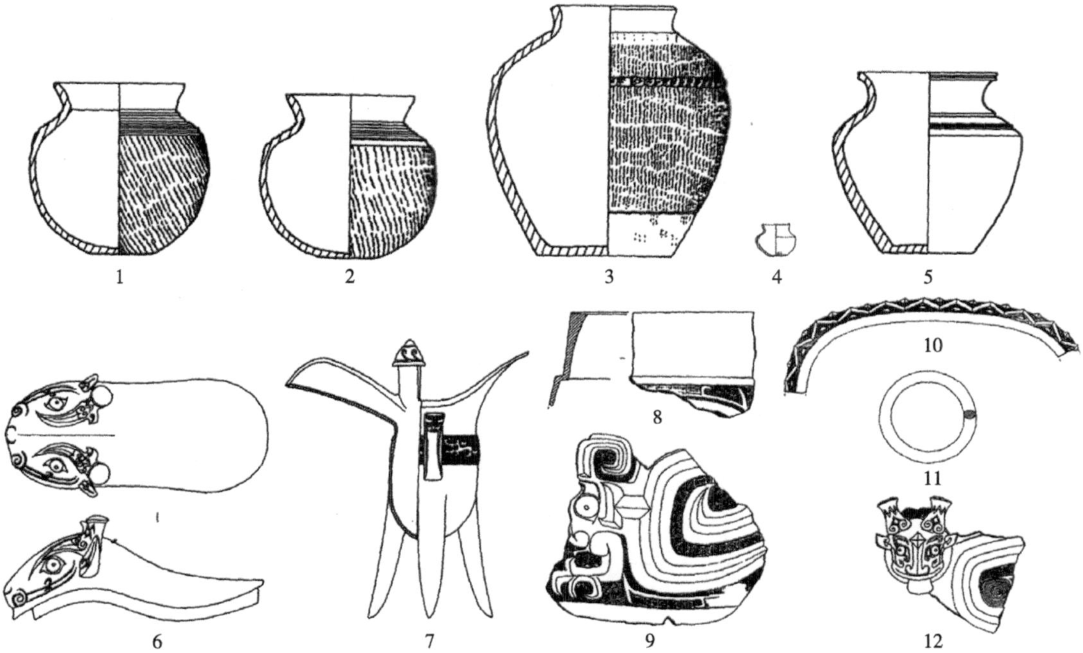

图四　刘家庄北地（同乐北区）J31 所出遗物

1. J31∶12；2. J31∶5；3. J31∶13；4. J31∶6；5. J31∶3；6. J31∶4；7. J31∶1；8. J31∶11b；9. J31∶11d；10. J31∶11a；11. J31∶2；12. J31∶11c

殷墟文化流行圆肩绳纹罐，有少量圆肩近折的旋纹罐，素面的圆肩罐出现于商末周初，肩部饰旋纹的圆肩罐出现于西周早期①，孝民屯发现的西周早期墓葬 M687、M788、M882 便出有这样的圆肩旋纹罐②（图五）。据此可将 J31 的年代定为西周早期，而非商末周初。

前文通过对刘家庄北地（电业局）西周居址遗存的分析可知，之所以判断年代已进入西周，主要是由于西周早期周式联裆鬲（如 96T2⑧∶1、95T1J1∶1）和“易卦”卜骨（95T1J1∶4）等标志性器物的出现，而与之共出的商式鬲（如 96T1⑧∶1、95T1⑧∶1）、簋（如 96T1⑥∶1、96T1⑥∶2）、盆（甑）（如 95T1⑧∶2、95T1⑧∶3、95T1⑧∶4）等多数器类仍然保持殷墟四期晚段特征。刘家庄北地（同乐花园）J31 也因出有进入西周早期才出现的圆肩旋纹罐 J31∶3 而将年代定为西周早期而非商末周初。考古发掘往往具有随机性，

---

① 李宏飞：《安阳地区西周时期考古学文化分期研究》，《南方文物》2014 年第 3 期。

② 殷墟孝民屯考古队：《河南安阳市孝民屯遗址西周墓》，《考古》2014 年第 5 期。

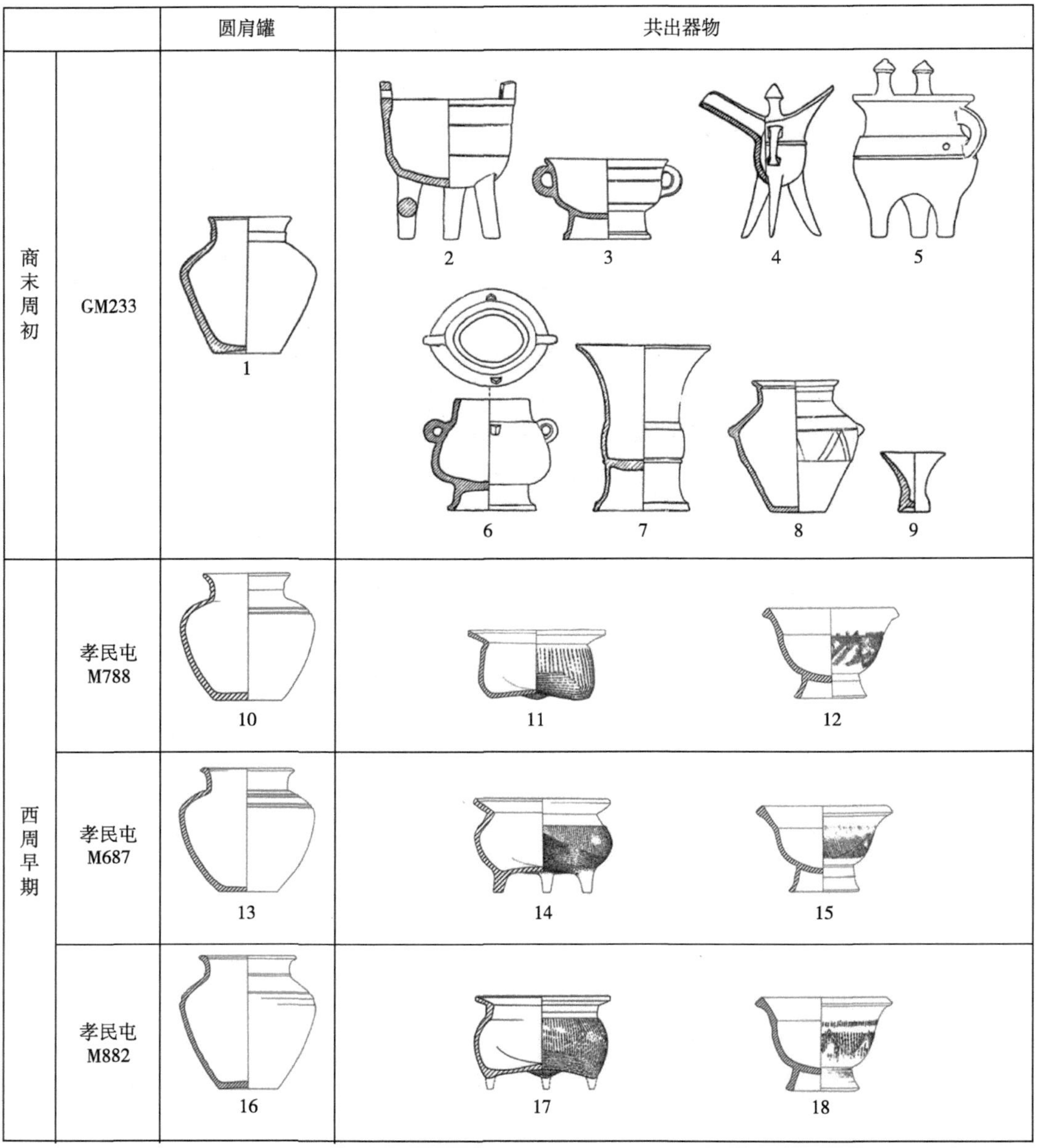

图五　随葬圆肩罐的墓葬

1. GM233∶6；2. GM233∶26；3. GM233∶41；4. GM233∶40；5. GM233∶29；6. GM233∶24；7. GM233∶25；8. GM233∶8；9. GM233∶16；10. M788∶1；11. M788∶2；12. M788∶3；13. M687∶3；14. M687∶2；15. M687∶1；16. M882∶3；17. M882∶1；18. M882∶2

若无上述标志性器物的出现，则这些西周遗存的年代很有可能被误判为商末周初甚至商代晚期。这为相关研究提供警示：在判断文化面貌上呈现殷墟四期晚段特征的单位时，需要充分考虑到其年代下移的可能。

三 刘家庄西周墓葬性质分析

针对刘家庄北地（抗震大楼）发现的26座西周时期墓葬的墓主人身份问题，发掘者在简报的结语中认为：

> 这一带的殷墓和西周墓，无论是布局还是葬俗上都有明显差别。从布局上看，殷墓相对集中于发掘区的东部和北部，西周墓则偏于西南部（仅四墓分布于北端），而且殷墓的墓圹大都相对略宽，西周墓则大都较窄。殷墓以南北向为主，也有少数东西向墓；西周墓则90%都为南北向。殷墓均带腰坑，26座西周墓中有腰坑的仅7座。殷墓的随葬品以陶觚、爵为主，陶鬲和罐不多；西周墓的组合则以陶鬲、罐为主，不见陶觚、爵。上述葬俗的显著差别，或许说明刘家庄北地抗震大楼一带的西周墓葬不是殷遗民墓，而是灭殷之后进入殷墟范围内的“周人”墓葬。

事实上，对于这批墓葬的墓主人身份问题还需要进行更为细致的讨论。根据空间分布和随葬陶器组合的情况，可将这批西周墓葬分为4个墓群：甲墓群皆随葬单鬲，乙墓群流行鬲、罐组合，丙、丁墓群流行鬲、簋、豆、罐组合。甲、丙、丁三个墓群包含商墓和西周墓，尽管各自以群相聚，却又相互夹杂，彼此之间没有明显的空白地带（图六）。

甲墓群：共有6座墓葬，其中发表随葬器物的有4座。西周早期偏早的M85位于甲墓群东部，年代稍晚的M135位于甲墓群西部，之所以将这2座墓葬归为同一墓群原因有二。其一，两墓皆随葬单鬲，且器物形制十分接近；其二，两墓皆位于同一处商代晚期族墓地范围内。西周早期偏晚的M140位于M135南侧，西周中期偏早的M126位于M135北侧，均随葬单鬲，且墓向相同。由于M148和M150没有发表出土器物，暂无法判断年代。结合空间分布与随葬陶器形制、组合等情况，甲墓群应是商代晚期族墓地的延续，自西周早期偏早延续至西周中期。

乙墓群：共有11座墓葬，其中发表随葬器物的有5座。西周早期偏晚的M97和M75位于乙墓群的中部，随葬陶器组合均为鬲、罐，且墓向相同。西周中期偏早的M129位于乙墓群北部边缘，随葬陶器组合为鬲、罐。M98仅出土1件陶壶，暂不进行年代判断。M95随葬单鬲，简报中发表的陶鬲M95∶1无领，但据笔者对该件标本实物的观察，实为有领，年代应不早于西周早期偏晚。M95位于乙墓群的东部边缘，应是受到了皆随葬单鬲的甲墓群的影响。已有的研究成果表明，殷墟族墓地的发展特点是“衍生分裂”，即原有墓群继续发展的同时，在其近旁分裂出与之具有亲缘关系的新墓群[①]。

---

① Tang Jigen, “The Social Organization of Late Shang China——A Mortuary Perspective,” *A Thesis Submitted to the University of London for the Degree of Doctor of Philosophy*, 2004.

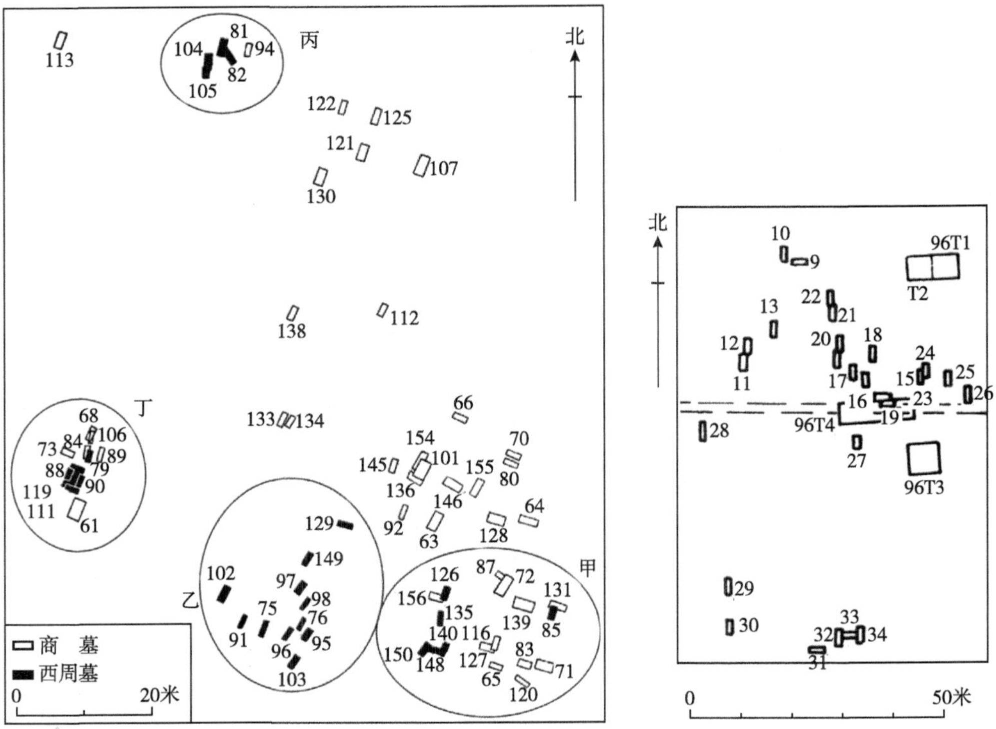

1 2

图六 刘家庄北地商周墓葬形态

1. 1988 年中国社会科学院考古研究所安阳工作队发掘区；2. 1995～1996 年安阳市文物工作队发掘区

甲墓群中年代最早的墓葬年代可至西周早期偏早，而乙墓群中年代最早的墓葬年代为西周早期偏晚，联系到年代不早于西周早期偏晚的 M95 随葬单鬲的情况，可知乙墓群应是由甲墓群衍生分裂出的新墓群，自西周早期偏晚延续至西周中期。

丙墓群：共有 4 座墓葬，其中发表随葬器物的有 3 座。西周中期偏早的 M104 和 M81 墓向相同，随葬陶器组合均为鬲、簋、豆、罐。简报中发表的西周中期偏晚的 M82 的随葬品有豆、罐各 1 件，但简报结语中提及“西周墓的两组打破关系，以 M82→M81 最为重要，由此我们知道：BII 式鬲早于 BIII 式鬲、I 式豆早于 II 式豆”，据此可知 M82 应出有陶鬲，其随葬陶器组合很有可能也是鬲、簋、豆、罐。

丁墓群：共 5 座墓葬，其中发表随葬器物的仅有 1 座。西周中期偏晚的 M79 随葬陶器组合为鬲、簋、豆、罐。

已有的研究成果指出，西周时期带腰坑墓葬的墓主人通常被认为是殷遗民①。简报指出这 26 座西周墓中的 7 座墓有腰坑（其中 4 座殉狗），但通过简报仅可知位于丙墓群的随葬陶器组合为鬲、簋、豆、罐的 M81 有腰坑、殉狗，据此可知 M81 的墓主人应为殷遗民。根据相同的随葬陶器组合推测丙墓群和丁墓群的墓主人应是殷遗民。由于简报发表的

① 张明东：《商周墓葬比较研究》，北京大学博士学位论文，2005。

材料有限，并不清楚除 M81 之外的 6 座腰坑墓是否全部分布于丙、丁墓群之中。就已发表的材料而言，甲墓群出现于西周早期偏早，是该处商代晚期族墓地的延续，延续至西周中期，乙墓群是由甲墓群衍生分裂出的新墓群，出现于西周早期偏晚，延续至西周中期，据此推知甲、乙墓群的墓主人也应是殷遗民。

除上述分析外，还有三点理由可以进一步夯实这一观点。

第一，商墓与西周墓的墓向均以北偏东为主，应是“殷人尊东北方位”[①] 观念的反映。

第二，商墓与西周墓墓圹大小的差异更有可能是社会地位的差异。简报指出，商墓“长 3 米以上者有 6 座”，西周墓“仅 M119 长 3.2、宽 2.1 米”，商墓出有鼎、觚、爵等铜容器，西周墓未出铜容器。这批西周墓的规模和规格都明显不如此前的商墓，应是本地的商人及其后裔在改朝换代后社会地位下降所致。

第三，随葬陶觚、爵是殷墟商墓的重要特征，但随着周人禁酒政策的实施，殷遗民不得不放弃以陶觚、爵为核心的随葬陶器组合。简报中提及的“殷墓的随葬品以陶觚、爵为主，陶鬲和罐不多；西周墓的组合则以陶鬲、罐为主，不见陶觚、爵”并不足以证明这批西周墓葬的墓主人是周人。

通过上述分析可知，简报结语中的举证并不能说明这 26 座西周墓是“灭殷之后进入殷墟范围内的‘周人’墓葬”，这批墓葬的墓主人应是本地的商人及其后裔。文献记载，周公二次东征后，曾将“殷顽民”从“大邑商”大举迁出。但值得注意的是，文献中并未提及此后的殷墟遗址范围内是否仍有殷遗民居住，因而不能排除西周时期的殷墟遗址范围内仍有少量本地的商人及其后裔的存在。

前文已通过随葬陶器形制特征论证了刘家庄北地（电业局）M27 实为西周时期墓葬。与刘家庄北地（抗震大楼）发现的 26 座西周时期墓葬的情况相似，M27 与另外 20 座商墓集中分布于居址周围，与多数墓葬均保持北偏东的墓向（图六），且墓圹较商墓窄，据此可知 M27 的墓主人也应是殷遗民。

刘家庄南地 85AQMM64 更为上述认识提供了坚实的证据。此墓随葬陶鬲 85AQMM64∶2 为殷墟四期晚段以来典型的“商式鬲”，柱足陶鬲 85AQMM64∶3 则属于“商式鬲”的变体。此墓有腰坑，是将墓主人判断为殷遗民的又一重要依据。更为重要的是，与此墓所出朱书玉璋类似的墨书石璋亦见于刘家庄北地殷墟四期晚段墓葬 M1046[②]，朱书玉璋之上书有“祖甲”[③]（图三：4），这为判断墓主人为殷遗民提供了重要的文字证据。

综上可知，根据已发表的考古材料，殷墟刘家庄可辨识的西周墓葬有 28 座。这些墓葬随葬陶器组合的核心为陶鬲，凡随葬陶鬲者必有柱足鬲，其最初形态为殷墟四期晚

---

① 杨锡璋：《殷人尊东北方位》，载《纪念苏秉琦考古五十五年论文集》，文物出版社，1989，第 305～314 页。

② 中国社会科学院考古研究所安阳工作队：《安阳殷墟刘家庄北 1046 号墓》，载《考古学集刊》第 15 集，文物出版社，2004，第 359～390 页。

③ 孟宪武：《殷墟出土的玉璋朱书文字》，载《安阳殷墟考古研究》，中州古籍出版社，2003，第81～86 页。

段肥袋足无实足根鬲附加柱足而成，属于“商式鬲”的变体。这些墓葬皆无铜容器随葬，表明墓主人的社会地位相对较低。这些墓葬中有 8 座墓葬带腰坑（其中 4 座殉狗），这是属于商人的葬俗。从空间分布上看，刘家庄北地（抗震大楼）发现的 26 座墓葬和刘家庄北地（电业局）M27 皆为商代晚期族墓地的延续，根据简报提供的信息，刘家庄南地 85AQMM64 也应是商代晚期族墓地的延续。刘家庄南地 85AQMM64 所出朱书玉璋之上所书“祖甲”为判断墓主人为殷遗民提供了关键的文字证据。据此可知，刘家庄西周墓葬的墓主人应是本地的商人及其后裔。

（编辑：徐峰）

历史时期文物研究

考古资料所见汉代漆器的特征与相关问题

——以耳杯为主的汉代漆器是否为明器

盐泽裕仁

（日本法政大学文学部史学科）

施宇莉　翻译

（复旦大学文物与博物馆学系）

［摘要］ 汉代是中国漆器发展的鼎盛时期，已发掘的汉代墓葬中出土了大量的汉代漆器，其中耳杯的数量尤其丰富。一直以来，墓葬中出土的漆器都被视为实用器，很少有关于汉代漆器中是否存在明器的研究。本文通过梳理江西、湖南、湖北、江苏、安徽、山东等地汉墓出土的保存较好的漆器资料，指出漆耳杯的数量在随葬品中占有绝对优势，并且其在墓葬中的位置也具有一定特色。进一步从明器的概念出发，探讨了生产制作陶质明器的意义，并将其与漆器耳杯进行了对比。综上分析，本文认为汉代漆器并不属于明器的范畴。

［关键词］ 汉代；漆器；耳杯；明器

海昏侯墓位于江西省南昌市新建区大塘坪乡观西村，是汉废帝刘贺的墓葬。2011年春，因该墓遭盗掘，考古人员遂对其进行了抢救性发掘。幸运的是，位于墓葬中央的盗洞偏离了主棺椁的位置，发掘时墓葬的保存状态基本完好。2015年，对主墓室进行了发掘，部分发掘工作通过大众媒体向全国播出。墓中大量完好的珍贵文物被考古人员在现场提取的情景，通过影像展现在大众面前，极大地提升了中国国民对于考古学的关注。除了墓葬规模巨大、随葬品众多外，墓主人刘贺也是一位极具传奇色彩的历史人物。这一点也从侧面提高了公众对这项考古发掘工作的关注程度。此外，这种直接在考古发掘现场进行实况报道的形式，必将推动考古工作者在相关工作中的进展。

海昏侯墓出土了大量规格较高的黄金制品、玉器、青铜器等文物。除此之外，尤为引人注目的是出土了大量漆器。经整理，该墓出土漆器总量2000余件，其中保存状态较好、能辨别出器形的有1100余件。这些漆器主要以木胎和夹纻胎为主。由于漆器本身的缺陷，其表面的漆皮因失去黏着力而逐渐剥离，木质的胎骨也容易腐朽，因而出土完好的漆器极为有限。以海昏侯墓中获得的大批资料为契机，系统梳理中国各地漆器的出土情况，可以发现除海昏侯墓外，近年中国各地特别是江南地区新出土的大批漆器同样令人瞩目。湖南省长沙马王堆汉墓以出土了一具几乎维持着生前状态的女性尸体及其陪葬品，尤其是大量完好漆器而著称。近年来，在长沙陆续发掘了一系列的汉墓，公布了大量漆器的资料。另外，在以竹简资料闻名的云梦睡虎地、荆州凤凰山，以及扬州等地区的墓葬发掘中，也相继报道了有关漆器的资料。山东地区同样如此。尽管在酸性土壤中漆器难以保存，但扬州等地发现的与西汉广陵王相关的大型墓葬中仍不断有漆器出土。

2019年1月至2月，通过南京师范大学王志高教授的介绍，笔者有幸参观了扬州博物馆及考古队保存的资料，以及大量漆器实物。其中特别值得关注的是扬州博物馆保存的平山乡万维工地汉墓出土的一组小型漆器（一套耳杯、案和勺的组合。鉴于报告尚未公开，详细数据暂时不便展示），这是一套难以称为实用器的小型器物。那么，这些漆器是否为明器呢？明器是专为随葬而制作的器物，也被称为“冥器”或“盟器”。除礼器、工具、兵器、日用品外，还有模仿人、动物、车、船、建筑物等形象的模型。材质主要以陶、瓷和竹、木为主，也有少数金属和纸质的明器。明器最早出现于新石器时代的墓葬之中，商代一般为模仿青铜礼器的陶质明器，秦汉时期明器的种类和数量显著增加，陶质的明器更加普遍。三国以后，开始出现青瓷明器，唐代还流行三彩器。陶质明器在此后历代的墓葬中均有出土。明器被认为是在探讨中国古代社会生活和雕塑艺术上具有价值的考古遗物①。那么，从墓葬中出土的漆器是否为明器呢？在此问题上，伴随着小型漆器是否为明器问题的出现，不得不说用于陪葬的古代漆器是否为明器这一点依然尚未解决。本文将从海昏侯墓着手，结合近年来漆器的出土情况，对上述问题展开探讨。

一 近年出土重要漆器的情况

汉代漆器种类繁多。有模仿鼎、钟、钫等青铜器的礼器，模仿盾牌、剑鞘等的兵器，以及漆棺、木俑、木马等丧葬礼仪用具。不过，其中数量、种类最为丰富的仍是生活用具，包括瑟等乐器、六博等娱乐用品、砂砚等文房用品。器形包括：壶（圆壶、扁壶）、樽、卮、耳杯、盒（耳杯盒、餐具盒、圆盒、长方盒、双耳长盒）、笥、盂、案、盘（长方盘、圆盘）、碗、匕、勺、俎、魁、匜、奁（圆奁、椭圆奁、长方奁）、梳、篦、盆、凳、枕、虎子、几、案等。其中占绝大多数的是耳杯，其次是盘，以及作为收纳用具的盒子、奁等。耳杯在中国各地均有大量出土，不仅有漆器，还有玉、陶、锡铅

① 王巍：《中国考古学大辞典》，上海辞书出版社，2014，第40页。

等各种材质①。然而，作为出土品的耳杯以陶质的数量最多，三国以后还出现了青瓷耳杯。笔者在中国各地的博物馆、考古队库房中所见耳杯大多属于此类。由于这些耳杯均与盘等陶器一起出土，所以应是专为陪葬而制作的物品，可以将其视为上文所述的明器。因此，形状完全相同，且数量较少的漆耳杯也同样被认为属于明器，但这一说法并未获得关注。随着漆器，特别是漆耳杯资料的增加，又出现了有关现实生活中耳杯的具体作用，以及耳杯的材料等问题。

因此，本文将基于中国古代漆器研究的现状，关注近年来考古发掘特别是汉代墓葬中出土的漆器，以及其中在数量上占绝对优势的耳杯。与此同时，考察相关墓葬的发掘情况，以及从中出土的漆器类随葬品②。为讨论能否将漆器视作明器的问题，这里希望先整理相关的基础资料。

1. 湖南长沙马王堆汉墓的出土遗物

马王堆 M1 发掘于 1972 年，M2 和 M3 发掘于 1973 年③。作为首座被发掘的保存完好的汉墓，对于其随葬品的研究涉及中国的考古学、历史学、美术史等众多领域。M1、M3 保存尤为完好，且 3 座墓葬均出土有漆器，总数达 700 余件，其中 M1 出土 184 件，M2 出土 200 余件，M3 出土 316 件。M1 出土的漆器主要存放于漆棺外侧东、北、南 3 箱之中，包括耳杯 90 件、盘 30 件。M1 的墓主人与包括漆器在内的出土品受到了普遍的关注，不过从漆器的数量来看，占三座墓葬出土漆器总数近一半的 M3 更值得关注。

M3 是具有墓道的“甲”字形竖穴木椁墓，椁室（2.61 米 ×1.22 米）四边均有边箱（南边箱：0.41 米 ×2.87 米，北边箱：0.94 米 ×2.87 米，东西边箱：0.62 米 ×2.63 米）。M3 出土遗物 1000 余件，其中漆器 316 件（不包括髹漆的兵器、乐器、玩具），约占随葬品总数的三分之一，并且 4 个边箱均有出土。其中以耳杯数量最多，共计 174 件，超过了 M3 出土漆器的一半。其次出土漆盘 68 件。在出土的 15 件漆奁中有 5 件为双层漆奁，其中还有未见于 M1 的双层长方形漆奁 2 件（出土于东边箱、北边箱）。此外，南边箱出土了大小不等的 6 件漆盘（其中 5 件为平底盘），最大的漆盘直径 73.5 厘米、高 13 厘米。M3 还出土了未见于 M1 中的兵器。

M1 和 M3 出土的 500 余件漆器中，300 余件有朱书或墨书的铭文。其内容有表现

---

① 原田淑人：《支那杯の器形と用途とに就いて》，《民族》第 2 卷第 6 号，1927 年（《東亜古文化研究》再收，座右寶刊行会，1940，第 469 ~475 页）。

② 广西和贵州等南方地区的墓葬中也出土有漆器，不过受篇幅所限，本文只能割爱。参照《广西贵县罗泊湾一号墓发掘简报》，《文物》1978 年第 9 期；《广西合浦西汉木墓》，《考古》1972 年第 5 期；《贵州清镇平坝汉墓发掘报告》，《考古学报》1959 年第 1 期。此外，有关汉墓出土漆器的分类，陈振裕把西汉分成前后两期，根据墓葬的规模分成甲、乙、丙、丁、戊、己六个类型，并根据分类，分析了漆器的出土情况。有关其漆器编年以及分类的探讨由于与本文的趣旨相距甚远，因此在这里不再涉及。氏著《战国秦汉漆器研究》第五章《西汉时期的漆器群》，文物出版社，2006。

③ 湖南省博物馆等：《长沙马王堆一号汉墓（上、下集）》，文物出版社，1973；湖南省博物馆等：《长沙马王堆二、三号汉墓发掘简报》，《文物》1974 年第 7 期；何介钧主等：《长沙马王堆二、三号汉墓》第 1 卷《田野考古发掘报告》，文物出版社，2004。

物品主人的“軑侯家”，表现器物用途的“君幸食”“君幸酒”，也有标示器物容量的“石”“斗”“升”。此外，还有100件左右的漆器上有“成市草”“成市饱”“中乡饱”“南乡□”等烙印戳记。顺便提及一下，M2出土的200余件漆器中，有70余件为漆盘。

除马王堆汉墓的漆鼎（M1有7件、M3有6件）具有汉初礼器的特征外，其他均为日用品。而未见M3中出土陶器的报道。

2. 江西省南昌海昏侯墓的出土遗物

如前文所述，海昏侯墓的墓主人是一位罕见的极具传奇色彩的重要人物。发掘时，墓葬有高约7米的覆斗形封土，墓室为“甲”字形竖穴木椁墓（面积400平方米）。椁室中央有主椁室，其周围配有回廊形藏椁和甬道。主椁室与藏椁之间设有过道。主椁室采用汉代诸侯王墓所用的题凑结构，由一道中部带门的隔墙分成东、西两室，东室宽3.7米，西室宽2.9米。棺位于东室的东北部。正因如此，尽管盗洞被挖在主椁的中部，但椁柩得以免遭盗掘。东藏椁自北向南为酒具库、厨具库（“食官”库）；西藏椁自北向南为衣笥库、武库、文书档案库、娱乐用具库；北藏椁自东向西为酒具库、乐器库、粮库、钱库；南侧的两边为车马库。自2011年起的5年间，调查发掘的面积达100万平方米（其中发掘面积为1万平方米），出土了金器、青铜器、铁器、玉器、漆木器、纺织器、陶瓷器、竹简、木牍等约1万件遗物。其中，漆木器的出土数量远超前代，达2000余件，可辨别器形的有1100余件，器型有饮食用器、生活用器、兵器及兵器配件、乐器及乐器配件，大部分为实用器，按照胎体可分为木胎和夹纻胎两类。该墓共出土本文所关注的耳杯567件。特别值得关注的是其大多数都具有铭文，据此可以分为御酒杯（3件）、曹耳杯（301件）、李具杯（大121件）、李具杯（小127件）、素面杯（15件）5种。报告中记录铭文的内容如下：

①器物的所有者和制作者：“李具”“张氏”“庞氏”“昌邑”“安武曹”“大所曹”“郭野曹”“庄曹”“曹”等。

②器物的名称、功能、数量及尺寸：“绪银椀十枚”；“绪银六升盘五十枚”；“医工五，约汤”；“医药”；“酒杯御酒”；“御酒杯”；“甲子”；“五”等。

③祝福与规诫：“食官慎口”；“御酒盘，慎毋言”；“名曰寿雚，御酒承盘此聚完，日乐无患”。

④与生产有关的信息记录：“第一，卅五弦瑟，禁长二尺八寸，高七寸。昌邑七年六月甲子，礼乐长臣乃始，令史臣福，瑟工臣成、臣定造。”“私府髹木笥一合，用漆一斗一升六籥，丹臾、丑布、财用、工牢，并直九百六十一。昌邑九年造，卅合。”“私府髹丹木笥一合，用漆一斗二升七钥，丹犹、丑布、财物、工牢，并直六百九十七。昌邑十一年造作，廿合。”

漆书铭文的内容丰富多彩。与此相比，针刻的文字却并不端正。正如发掘者所述，该墓葬出土的漆器为实用的饮食器，对于此类文字资料的研究将为探讨下文论及的漆器作坊和工匠等方面问题提供重要的资料。2019 年 3 月，笔者通过陕西省考古研究所原所长焦南峰氏的介绍，得以与复旦大学文博系的研究生一起实地参观了该墓。墓中出土的金器、玉器、青铜器等遗物，存放于江西省博物馆，供游客观赏。而难以保存和维护的漆器，则存放于当地修建且受到严格管理的专用设施之中。已被保存处理的漆器，在《文物》2018 年第 11 期中有所介绍。虽然这仅是出土漆器中一部分，但已展现了汉代漆器制作工艺的高超水平。在收藏的库房中，已修复了十余件高 0.6 ~ 0.8 米的漆盾，对于参观过西安汉景帝阳陵博物馆所藏精美漆器的笔者而言，这些漆盾也称得上是出土漆器中的精品。关于这批文物的具体信息，可参照前述《文物》及今后将出版的发掘报告。此外，根据报告，被认定为丧葬用品的木俑（含髹漆木俑）共计 210 件。

3. 湖南省长沙望城坡汉墓的出土遗物

长沙马王堆汉墓的知名度极高，与此相比长沙市内陡壁山汉墓、象鼻嘴山等汉墓的发掘却鲜为人知①。除这两座汉墓以外，笔者更为关注位于长沙市西部湘江西岸咸嘉湖西侧丘陵顶部的望城坡西汉渔阳墓。该墓发掘于 1993 年，主墓室为具有西向斜坡墓道的“甲”字形竖穴岩坑木椁墓，其结构与海昏侯墓的题凑相同。墓穴为 11.6 米 × 9.76 米（底部测量）的长方形，外椁室（7.4 米 × 5.7 米 ×3 米）。在外椁室内部，西侧为前室，中部为内椁（主椁），南藏室、东藏室（中部具有隔壁）、北藏室围绕主椁呈回廊状②。

此墓历史上曾多次被盗，其中汉代 2 次、唐代 1 次，因此随葬品的位置发生过多次移动。不过，椁室内的随葬品保存状态良好。而且，该墓葬还出土了相当数量的金器、玉器等。在此主要探讨其中漆器的类别（耳杯、盘、盒、盂、壶、卮、匜、案、几、匕、磬、排箫、琴、瑟、筑、陆博、砚盒、奁盒、具杯盒、伞、杖、方器座、俑）和数量。其中特别值得介绍的是漆盘 180 余件、漆卮 170 余件、漆盂 125 件，以及数量上远超海昏侯墓的 2500 余件耳杯。发掘报告中按照纹饰将耳杯分为 4 类，但并未介绍有关铭文分类整理的情况。

此外，墓葬外侧的东、西、南三面各有一个外藏坑。除 2 号外藏坑外，保存较好的 1 号外藏坑出土了鼎、盒、瓮、大口罐等陶质器物，3 号外藏坑出土了 100 余件陶质鸟兽俑。与此相对，上述主墓室中出土了被认为是实用器的漆器，未见仿制此类漆器的陶器。由此可见，此墓随葬品中出土的实用器和明器被非常明确地分隔开来。在 3000 多件出土器物中，多数为包括耳杯在内的漆器，几乎均为生活用具。此外，出土的 20 件漆乐器在古代音乐史研究方面极具价值。

---

① 长沙市文化局文物组：《长沙咸家湖西汉曹嫘墓》，《文物》1979 年第 3 期；湖南省博物馆：《长沙象鼻嘴一号西汉墓》，《考古学报》1981 年第 1 期；湖南省博物馆：《长沙砂子塘西汉墓发掘简报》，《文物》1963 年第 2 期；湖南省博物馆：《长沙汤家岭西汉墓清理报告》，《考古》1966 年第 4 期。

② 长沙市文物考古研究所等：《湖南长沙望城坡西汉渔阳墓发掘简报》，《文物》2010 年第 4 期。

4. 湖北省汉代墓葬的出土遗物

湖北省云梦睡虎地以及江陵凤凰山等地发现的墓葬是简牍研究领域的重要发现。然而，这些墓葬中也出土了大量的漆器（1000余件），不得不说此前对于这批漆器并未予以重视。近年，随着湖北省漆器保护修复能力的提升，对于该地区漆器的认识有了进一步的发展。在此，笔者将以江陵凤凰山汉墓M167、M168（图五）及M8、M9、M10为代表，对长江中游汉墓的漆器出土状况展开探讨①。另外，该地区以中小型墓葬为主，尚未发掘诸侯王一级的高等级墓葬。此地出土了大量战国楚秦的漆器资料，与汉代漆器相比，对于战国楚秦漆器的研究占据了主流。

凤凰山M167是不带墓道的一棺一椁土坑木椁墓。椁室由棺、头厢、边厢三部分组成。边厢随葬车和木俑（24件），头厢放置漆器（95件，其中耳杯61件占三分之二，盘10件），陶器（18件，其中罐5件，瓮2件，仓库、灶等各1件），绢织物（35件）。漆器明显较多，陶器相对较少。发掘报告书中将陶器列为明器，但并未确定漆器的属性②。

凤凰山M168是拥有墓道的1椁2棺竖穴土坑墓，椁室与M167相同，由棺、头厢、边厢三部分组成。头厢内有木器（120余件，其中木俑61件、木马10件等），边厢内有漆器（160余件）和陶器（18件，罐、瓮、仓、灶等）。漆器中有耳杯100余件，占漆器总量的三分之二；另有盘26件、盂8件、盒6件、壶4件等。发掘报告中将陶器列为明器③。

此外，凤凰山M8、M9、M10（椁室构造与M167、M168基本相同）也出土了260余件漆器。其中耳杯168件，近漆器总数的三分之二，另有盘41件、奁18件、盂12件、壶8件等。值得注意的是，报告中将出土的4件漆盾列为明器。但并未给耳杯等其他漆器定性。此外，该墓出土陶器70余件（仓3件、灶4件、锅7件、钵9件、罐16件、壶26件等），发掘报告认为这些陶器大多为明器，但并未明确指出排除在明器外的器物④。

在凤凰山汉墓的报告中，虽将陶器归为明器，但并未给漆器定性（或默认为实用器），对于漆器是否属于明器的认识较为模糊。该地区秦代小型墓葬出土的漆器主要以生活日用品为主，汉代墓葬同样继承了这一特点，仍以生活日用器为主⑤。从上述情况来看，漆器和陶器出土于不同的位置，两者的性质并不相同，故而漆器应该不是为随

---

① 长江流域第二期文物考古工作人员训练班：《湖北江陵凤凰山西汉墓发掘简报》，《文物》1974年第6期；纪南城凤凰山一六八号汉墓发掘整理组：《湖北江陵凤凰山一六八号汉墓发掘简报》，《文物》1975年第9期；凤凰山一六七号汉墓发掘整理小组：《江陵凤凰山一六七号汉墓发掘简报》，《文物》1976年第10期；湖北省博物馆：《光化五座坟西汉墓》，《考古学报》1976年第2期；湖北省博物馆编《秦汉漆器：长江中游的髹漆艺术》，文物出版社，2007。

② 凤凰山一六七号汉墓发掘整理小组：《江陵凤凰山一六七号汉墓发掘简报》，《文物》1976年第10期。

③ 纪南城凤凰山一六八号汉墓发掘整理组：《湖北江陵凤凰山一六八号汉墓发掘简报》，《文物》1975年第9期。

④ 长江流域第二期文物考古工作人员训练班：《湖北江陵凤凰山西汉墓发掘简报》，《文物》1974年第6期。

⑤ 陈振裕：《湖北秦汉漆器艺术总述》，载《战国秦汉漆器群研究》，文物出版社，2006；吕静：《耳杯及其功用新考》，载《湖南省博物馆馆刊》，岳麓书社，2018。

葬而制造的。

5. 江苏省、安徽省汉代墓葬的出土遗物

江苏省令人瞩目的发现有与扬州汉广陵国相关的汉墓，以及盱眙大云山江都国汉墓中出土的遗物。两墓均位于汉代吴楚七国之乱的中心地，出土了大量的漆器资料。虽然这些地区的土壤为酸性土壤，但仍出土了大量的漆器，为重新认识漆器在地下的保存状况提供了新的材料。

汉广陵国墓葬是扬州地区的重要考古发现。20 世纪中叶以后，该地区有近 1000 座汉墓被发掘，随葬品中漆木器的比重极高，其数量也远远超过了 1000 件。本地区重要的汉墓有东风砖瓦厂西汉墓群、邗江西湖胡场西汉墓、邗江甘泉姚庄西汉墓、邗江寿宝女墩西汉墓等。漆器的种类也很丰富，除武器外，另有乐器、文具、娱乐用品和饮食器具等，漆器中生活用品占了多半，仍以耳杯为代表，数量可观。一般来说，中等耳杯的长径在 14 厘米左右，大耳杯在 16 厘米以上，小耳杯在 11 厘米左右①。该地区出土的耳杯，其长径为 7. 5 厘米到 30 厘米，规格较大。扬州博物馆的研究者认为这是该地区出土耳杯的一大特色。另外，漆器在随葬品总数中的占比极高，如邗江甘泉姚庄 101 号西汉墓出土器物总数 250 件，其中漆器 131 件；东风砖瓦厂西汉墓群 1 ~9 号墓出土器物总数 252 件，其中漆器 102 件；邗江西湖胡场 1 号西汉墓出土器物总数 126 件，其中漆器 70 件②。此外，该地漆器的一大特色是专供丧葬使用的漆面罩。邗江寿宝女墩西汉墓出土器物的铭文（包括考工、供工、广汉郡工官 3 种工官铭，最长达 50 字）同其他地区出土漆器铭文间的对比研究，也令人拭目以待。

2009 ~2012 年，在盱眙县马坝镇云山村的大云山发掘了江都王的墓葬。包括主墓葬 3 座（M1、M2、M8）、陪葬墓 11 座、陪葬坑 2 座、兵器陪葬坑 2 座以及陵园建筑设施③。M1、M2 是有覆斗形封土的同茔异穴“中”字形墓。墓室由主室、北室、南室三部分组成。南北室有明器漆木车马 2 件。嵌玉髹黑漆木棺的四面设有边厢。出土漆器 61 件，其中包括奁（七子奁）、盘（27 件）、耳杯（28 件）。

另外，在安徽省与江苏省的交界处进行了两项重要的考古发掘。一处是位于天长市与江苏省扬州盱眙地区相连的汉代墓葬区④，另一处是作为三国时代重要资料的马鞍山朱然墓⑤。马鞍山朱然墓的时代相当于青瓷耳杯正式出现的阶段。因为是家族墓葬群，所以容易对比陪葬品的埋葬情况。相对于朱然墓出土了较多的漆器与青瓷器，其他墓葬主要以陶

① 孙机：《关于汉代漆器的几个问题》，《文物》2004 年第 12 期。

② 扬州博物馆：《汉广陵国漆器》，文物出版社，2004；王子尧、靳祎庆等：《汉广陵国之漆耳杯》，载浙江省博物馆编《“中国漆器文化研究的回顾与展望”学术研讨会论文集》，浙江摄影出版社，2017。

③ 南京博物院等：《江苏盱眙大云山江都王陵二号墓发掘简报》，《文物》2013 年第 1 期。

④ 安徽省文物工作队等：《阜阳双古堆西汉汝阴侯墓发掘简报》，《文物》1978 年第 8 期；安徽省文物工作队：《安徽天长县汉墓的发掘》，《考古》1979 年第 4 期。

⑤ 安徽省文物考古研究所等：《安徽马鞍山东吴朱然墓发掘简报》，《文物》1986 年第 3 期；马鞍山市文物管理所：《安徽省马鞍山市朱然家族墓发掘简报》，《东南文化》2007 年第 6 期。

器为主。2019 年 1 月，经南京市博物馆王涛先生介绍，笔者有幸在朱然墓博物馆的库房中查阅资料，得以见到朱然墓出土的漆器。这些漆器的装饰非常精美，应是墓主人生前的心爱之物。

2019 年 1 月，笔者对以汉楚王陵为代表的徐州诸王陵进行了实地调查。该地区的墓葬在规模上远胜于其他地区，有必要加以讨论。从漆皮和玉漆棺的残壁可以窥探出当时的随葬品有众多高规格的漆器。然而，完整的漆器却鲜有出土，因此本文只能放弃对这批资料的探讨①。

6. 山东日照、青岛土山屯汉墓的出土遗物

山东省较早出土漆器的汉墓有临沂的金雀山汉墓、银雀山汉墓②，受篇幅所限，本文只关注日照西汉墓和青岛土山屯汉墓。

日照海曲西汉墓位于日照市西郊堡村西南，其东南为汉代海曲县故城所在地。为配合高速公路建设工程，2002 年对该墓群进行了抢救性发掘。共发现 86 座墓葬，其中 M106 为长方形竖穴土坑墓，规模较大，保存较完整，出土遗物丰富③。该墓虽然有盗洞，但盗墓者并未进入墓室，因此保存较为完整。墓葬为一棺一椁结构，木椁呈“井”字形。椁内木板将墓室隔成椁室、头厢、足厢三部分。棺为漆棺，外髹黑褐色漆，内髹朱漆。发掘时棺内灌满了水，内有漆器、竹杖、木杖、铜镜、玉璧、玛瑙珠等随葬品。头厢内置有两个漆木箱（内置漆器、铜灯、竹筒），足厢内放置一个漆木箱（内置木器）。另外，在木椁外北侧的边椁内存放着大量的陶器、铜器和漆器。漆器数量较多，被分置在棺内、头厢、足厢和边椁内。特别值得注意的是，该墓葬大部分陶器（壶、罐、鼎、尊、盆等）为漆衣陶器，有案（1 件）、耳杯（7 件）、器盖（3 件）等。墓中出土的漆器中，盘 5 件、七子奁（1 套 8 件）2 件、长方盒、双层五子奁（1 套 7 件）、方盒、嵌金圆梳盒、小方盒、圆奁、盘、卮形杯、耳杯、砚盒各 1 件，另有琴弦柱（23 件）、器盖（1 件）、梳（15 件）、篦（12 件）等木器，这些漆木器皆为日常生活用具。但让人意外的是漆耳杯只出土了一件。另外，值得注意的是此墓葬中出土了 7 件陶耳杯。笔者认为，很有可能是因为漆耳杯的数量不够，用其来充当漆耳杯。

2018 年 8 月，笔者参加了复旦大学文博系组织的赴山东青岛考古队的考察活动，有机会参观了青岛土屯汉墓的出土遗物与周边环境。由于青岛市胶南的大型干线道路建设，考古工作者对该墓群进行了抢救性发掘。2011 年发掘了 13 座汉墓，2016 ~ 2017 年共清理汉

---

① 徐州汉楚王陵出土的漆器有漆砂砚。笔者一直将砂砚视为文具中的一种。楚王陵出土的作为漆器的砂砚是考察汉代文字文化极为有益的资料。本文在此并不涉及这一问题，希望留待将来讨论。参见邹厚本主编《江苏考古五十年》，南京出版社，2000，第 253 页。

② 山东省博物馆等：《临沂银雀山四座西汉墓葬》，《考古》1975 年第 6 期；银雀山汉墓发掘队：《临沂银雀山西汉墓发掘简报》，《文物》2000 年第 11 期；临沂金雀山汉墓发掘组：《山东临沂金雀山九号汉墓发掘简报》，《文物》1977 年第 11 期；吕健：《山东博物馆藏临沂银雀山西汉墓出土漆器考议》，载浙江省博物馆编《“中国漆器文化研究的回顾与展望”学术研讨会论文集》，浙江摄影出版社，2017。

③ 山东省文物考古研究所：《山东日照海曲西汉墓（M106）发掘简报》，《文物》2010 年第 1 期。

代墓葬125座。该墓葬现已回填，出土遗物由考古队保管。这个墓群最值得关注的是M6和M8以及附近的廒上村M1[①]。

M6是甲字形的同冢同穴双室墓。一号棺中除铜器、铁器、玉器、骨角器以外，另出土有漆奁、木梳、木棍、木印等。二号棺出土了漆器方盒、罐、椭圆形盘、鞘以及漆木梳6件、漆耳杯1件、漆圆盒1件、七子圆奁1套（1套8件）。

M8为甲字形的竖穴岩坑砖木混合椁墓。内外两层棺椁中，内棺髹黑漆，内有七子圆奁（1套8件）、铜器8件。器物箱西侧有漆耳杯11件、漆樽1件，东侧有陶质罐4件、原始瓷壶2件。此外，还出土了木梳、篦、木棍、木牍、木简、角器等。需要注意的是，漆器和陶瓷器分开放置，前者是日用品，后者是专为随葬而制作的器物。

根据出土的五铢钱可以判定M6和M8为西汉晚期或东汉早期的墓葬。出土漆器与鲁东南沿海地区同期木椁墓所出土的相似，并且类似于扬州、连云港一带西汉晚期木椁墓出土的漆器。

廒上村1号汉墓（M1）除漆衣陶壶1件、原始青瓷10件、铜器、玉器、角器等随葬器物外，出土的漆器有七子圆奁1套（1套8件）、漆盘2件、漆樽2件、漆案1件、漆耳杯26件（残漆案足2件、漆盖1件、漆乐器2件）。

以上介绍了保存状态较完好的汉代大中型墓葬的出土遗物及相关情况。在随葬品中，漆器耳杯的数量比金属器、玉器、陶器等其他质地的器物更多，且其在椁室内的放置空间也具有一定特色，与其他质地的器物存放于不同的位置。因此，对漆器属性的讨论，应与其他质地的随葬品区别开来。

二　对于明器的认识

本节将从明器的含义着手，结合漆器的出土情况，探讨漆器是否属于明器范畴。

前文言及王巍主编《中国考古学大辞典》中关于明器的解释。日本学者滨田耕作的《中国古明器泥象图说总论》一书探讨了中国古代的墓葬制度，主要用墓主人生前使用的器玩、奴隶或较为亲近的人陪葬。此外，也有专门用来陪葬的器物，称之为明器或凶器，特别是代替人畜的明器叫泥象（人物造型的称作人俑）[②]。

另外，关于明器，冈崎敬在《世界考古学体系》第7卷[③]中以“明器の発達”为题详细描述了以长安、洛阳为主的出土遗物，将其分为①钟鼎、②家用器皿、③人和动物等类型。其中③涉及的人马俑包括陶俑、木俑、金属（铅、铜）俑等，随着时代的变迁，陶质

① 青岛市文物保护考古研究所等：《琅琊墩式封土墓》，科学出版社，2018。

② 濱田耕作：《支那古明器泥象図説総論》，1927（《濱田耕作著作集（第3卷）》1989年再收）；京大東洋史辞典編纂会編《新編東洋史辞典》，東京創元社，1980；関野雄：《世界考古学辞典》，平凡社，1979。

③ 岡崎敬：《世界考古学体系》（第7卷・東アジアⅢ，漢・南北朝・唐時代），平凡社，1959，第44～57页。

品被广泛使用。前文提到的王侯贵族墓中出土的人马木俑属于漆木器，因其是专为随葬而制作的，故属于明器的范畴[①]。从冈崎敬的文章可以看出：①“钟、鼎、盉、奁”是“模仿铜器的器物”。②“盘、耳杯”原本是漆器。换言之，即为“模仿漆器”，并用陶器作为替代品。②中仓库、灶、房屋、家畜圈栏等陶质器物则不属于这一范畴。

那么，从陶艺的视角该如何看待这一问题呢？陶质明器鼎、敦、盘、匜模仿的是铜器，杯、盘、案、勺等模仿的是漆器，有的装饰繁杂，做工粗糙，质量低劣[②]。以关中（陕西）、关东（河南）地区为主进行讨论，可根据出土情况将关东地区汉代陶器的器形分为：①罐、鼎、敦、壶，②仓、灶、井、炉，③盒（盘）、案、杯（耳杯），④家畜（鸡、狗、猪、羊）、圈舍、住宅、城堡4组。其中①是仿铜礼器，②是作为生活用品的明器，③是祭器模型，④是动物、建筑模型，尤其是③明显反映了汉代的厚葬之风，具有仿制漆器的特点。也就是说，陶器主要用作模型和模仿品。

根据以上的论述，陶器不仅是动物和建筑的模型，也是铜器和漆器的替代模仿品。前者明显是为丧葬礼仪而制作的，后者原本是为祭祀和日常生活而制作的器物。漆器作为日常的器具，并非普通的用品，而属于奢侈品。为何称之为奢侈品呢？关于这一点，最早被使用的佐证材料是20世纪初于朝鲜半岛平壤出土的乐浪漆器。

汉代著名的漆器产地有蜀郡、广汉、河内、河南、南阳、济南、泰山、颍川、武都等郡，其中带有蜀郡、广汉郡等字样的漆器最多[③]。漆器表面不仅记载着产地，还记有素工、上工、黄涂工、画工、丹工、清工、造工等分工，对于这方面的研究在中国国内正蓬勃发展。最早的相关研究见于梅原末治、佐藤武敏、町田章等关于乐浪漆器的研究成果[④]。其中比较权威的是梅原末治的《中国汉代纪年铭漆器图说》。漆器表面针刻和朱黑漆的铭文，记录了其制作工序和作坊管理的状况。据此可以明确漆器不是普通家庭的日用品，而是受到官府严格管理、专供皇家和诸侯使用的器具。由少府管辖下的中央工官所造漆器专供宫廷使用。另外，在乐浪郡出土的漆器中，多次出现的“蜀郡西工”和“广汉郡工”都是中央政府在地方设置的工官，这些漆器都是在官营管理体制下制作而成的。如图一所示，漆器上的铭文可以看作官方发行的漆器序列号。限于篇幅，在此不再赘述漆器的生产机构和管理体制。不过，这样的器具仅限于宫廷使用，即便非常富裕的乐浪地方官僚也难以得到。关于这个问题，町田章指出乐浪的出土资料大多属于王莽时期，应是西汉王朝衰落时

---

① 当漆被用作涂料，作为明器使用的木质器具和陶质器具髹漆后，能否被视为漆器，这一问题似乎分开更好理解。本文未提及的木棺几乎都为漆棺，关于汉代的漆棺另稿论述。

② 中国硅酸塩学会：《中国陶磁通史》第3章《戦国・秦・漢時代の陶磁》，平凡社，1991，第98～99页。

③ 汉代在官营漆器工业中生产的产品往往标记出产地。与此相对，从出土品可以确定，私营的漆器工业不记产地而专门记载私人作坊的名称。而且，从出土状况来看，在数量和质量方面，私营工坊远远不及官营工坊。参见张理萌《汉代漆器初探》，《故宫博物院院刊》1989年第3期。

④ 梅原末治：《支那漢代紀年銘漆器図説》，桑名文星堂，1943；佐藤武敏：《中国古代の漆器工業》，《中国古代工業史の研究》，吉川弘文館，1962；町田章：《漢代紀年銘漆器聚成》，《古代東アジアの装飾墓》，同朋社，1987。

期王莽抚恤政策的体现。此外，谷丰信的研究还特别指出了乐浪王氏的富裕程度①。暂且不论为何乐浪出土了如此高规格的漆器，这些漆器肯定是专供高级官僚使用的器具，绝非为了随葬而制作的器物，因此乐浪漆器绝不是明器。此外，海昏侯墓和长沙渔阳墓出土的数量庞大的漆器，其应是墓主人生前使用，并期望带到另一世界继续使用的器物。由此可见，墓葬中随葬大量漆器是汉代厚葬之风的体现。从某种意义上来说，明器具有薄葬的意义，属于另一种葬俗体系。

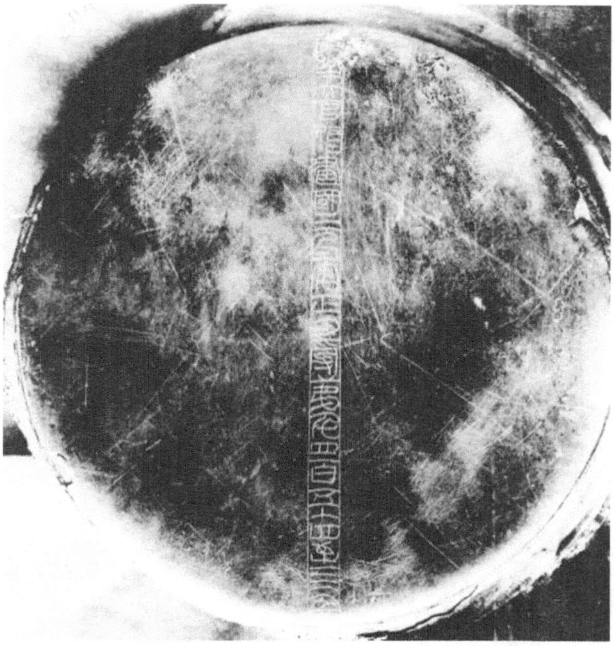

图一　乐浪出土始建国元年夹纻漆器盘

关于乐浪漆器的研究，虽然可以看到中国学者的研究资料，但少有以漆器为专题的研究成果。同样，日本在这方面的研究也极为稀少。樋口丰郎编《乐浪漆器——连接东亚文化的汉代漆器》整理了乐浪出土漆器与相关研究的状况②。然而，该书仅概述了乐浪调查发掘的考古学史、文物的变迁及其相关的美学研究，并未对乐浪出土考古学资料展开进一步的研究。近年来，中国汉代漆器研究者在研究过程中必定会引用乐浪出土的漆器资料，遗憾的是日本的研究者并没有注意到这一点。乐浪漆器是中国汉代漆器研究不可或缺的资料，不过，这并非本文研究的重点，在此暂不言及，有待今后做进一步研究。

漆器的奢侈品属性决定了出土漆器的墓葬都是高规格的墓葬，而随葬品的多寡、贵贱

① 町田章：《漢代紀年銘漆器聚成》，《楽浪漢墓》第1冊（《古代東アジアの装飾墓》再收，同朋社，1987，第47~49页）；谷豊信：《日本に残る楽浪漆器一楽浪出土品と楽浪研究史の概観一》，《楽浪漆器一東アジアの文化をつなぐ漢の漆工器一》，美学出版，2012，第222~224页。

② 樋口豊郎編《楽浪漆器一東アジアの文化をつなぐ漢の漆工器一》，美学出版，2012。

取决于墓主人的身份地位①。作为王公贵族和高级官僚的日常生活用品，对于其制作和流通的管理十分严格，说明漆器并不是作为明器而制作的。根据南昌海昏侯汉墓和长沙望城坡渔阳西汉墓的发掘情况来看，出土的漆器应是墓主人生前使用过，死后用来随葬的器物。这种情况受到汉代厚葬之风的影响，与明器所代表的薄葬意识不同。关于该问题，前文在对海昏侯汉墓等进行的讨论中已经言及。纵观中国境内出土的漆器，需要特别注意的是耳杯底部铭文的记录方式。①是底部周围有规律地针刻细小的文字（图二）；②是底部针刻较乱且较大的文字（图三）；③底部或者内部用朱或黑漆书写较为端正的文字，这种文字的写法可被认为是一种书法（印章因不是书法，所以不列入此种情况）。图二刻铭为工坊的管理机构、工人的职位等，图三为"御酒杯"等，此外是以个人姓名等为主要内容。特别是图三，虽然表示了"御"这一对象，但其背面却是极为潦草的文字，故该文字可否解释为整理下葬物品时所做的标记呢？这一问题有待今后更进一步地研究。

图二 乐浪出土元始四年金铜扣漆耳杯

图三 海昏侯墓出土漆耳杯

结 语

除山东日照汉墓同时出土了漆耳杯与陶质耳杯外，马王堆汉墓、海昏侯汉墓、长沙渔阳汉墓、扬州广陵汉墓等墓中并没有出现漆耳杯和陶质耳杯同时出土的情况。因此，这体现了在厚葬之风盛行的汉代，皇室和诸侯王等贵族阶层在死后希望继续享有他们生前的奢

① 町田章：《漢代紀年銘漆器聚成》，《古代東アジアの装飾墓》，同朋社，1987。

侈生活，而墓葬中大量出土漆器这样的奢侈品正说明了这一点。

那么，应如何看待在墓葬中出土的大量陶制（包括青瓷）耳杯那样的器物呢？从已出土的漆器铭文可知，汉代漆器是在中央和地方政府严格管控下生产和制造的，中下级贵族官僚难以获得，这促进了仿制品的产生。陶制耳杯等器物是模仿高级漆器而制作的，属于明器的范畴。另外，关于扬州平山乡万维工地汉墓出土的小型漆耳杯、漆案、漆勺，笔者初见之时，认为其是作为明器制作而成的。但通过以上研究可以得知，此类漆器，虽然较小甚至近乎模型，但也是经过严格的生产管理而制作成的。换言之，像模型一样的小型漆器可以说是汉代王侯阶层在现实生活中的高级玩具。

漆器是否为明器，在前文的讨论中已经获得了明确的结论。通过明确这一认识，可以将漆器理解为在实际生活（特别是皇帝王侯贵族）中使用的器物。在这一点上，漆器比铜器等更接近日常生活，是社会文化研究中极为宝贵的研究资料。

本文是法政大学中国物质文化研究中心与复旦大学文物与博物馆系合作研究的课题——中国古代漆器研究项目的成果之一。以上均为笔者在2018年海外访学期间所收集的资料。此前的文物研究主要关注于金器、银器、青铜器、陶器、瓷器（如青瓷、白瓷）、三彩器和玉器等器物。但就古代漆器而言，受到发掘资料的限制，并没有受到太多的关注，研究成果尚不充分。然而，近年来随着漆器出土资料的不断增多，本文所述漆器是与现实生活相关的产品这一认识得以成立。漆器是研究古代社会不可或缺的研究资料，其重要性有必要重新认识。

（编辑：刘可维）

三国两晋时期的中国文物与古坟时代前期的倭*

藤井康隆

（日本岐阜圣德学园大学教育学部、名古屋市博物馆）

何华社译　韩茗校

（南京师范大学文博系）

［摘要］ 从陶瓷器、墓葬制度、装饰品等考古资料来看，3～4世纪中国与倭国（日本列岛）之间的交流、交易，以及人、物的流动，具有多样的背景和路线。有必要探讨各类文物在传播与影响上的差异，并考察两者间的联系。此外，日本博多遗迹群出土的特殊微型觚状铅器同中国湖北武昌任家湾道士郑丑墓、乐浪郡治遗址出土的铅耳杯均是与初期道教相关的同类型文物。被称为"鬼道"的初期道教的思想、神仙术很有可能是从中国传播到乐浪，以及北九州博多湾沿岸地区的。古代中日之间交流的面貌不能只从政权间的交流及陆路交通来看，而应以更为广博的视野从亚洲的视角来展开考察。

［关键词］ 古代中日交流；中国文物；铅器；初期道教

目前，在3～4世纪的日本考古资料中，被视为中国文物的主要有大量的中国镜、少数的鱼鳞铁甲胄，以及晋式带具等。由于文献记载的欠缺，像弥生时代那样日本与中国间的交流几乎不见于古坟时代前期。然而，中国王朝的国家构造是由多样且各具一定自治性的地域社会与统治地域社会的中央朝廷共同构成的。因此，可以设想"中国"与日本间交流的形式也是多样的。本文将着眼于中国沿海地区，考察在考古学上"中国"与倭之间交流的实态。

---

* 本文的日文稿《三国两晋時期の中国文物と古墳時代前期の倭》原刊于中国四国前方后圆坟研究会编《前期古墳編年を再考する》（六一書房，2018）。内容、图片略有调整。

一 三国两晋时期中国的面貌

1. 江南地区

以长江中下游南岸一带为中心的江南，从孙吴开始获得了迅速的发展，随着东晋立都于建康，江南成为中国南方的核心地区。六朝时期江南的代表性文物包括青瓷器、金银器、青铜镜、玻璃器、绢、棉、麻纺织品等。其中青瓷器、青铜镜、绢、棉、麻纺织品是属于江南核心产业的产品。此外，玻璃器和各种珠类则是江南地区海上贸易活跃的象征（图一）。

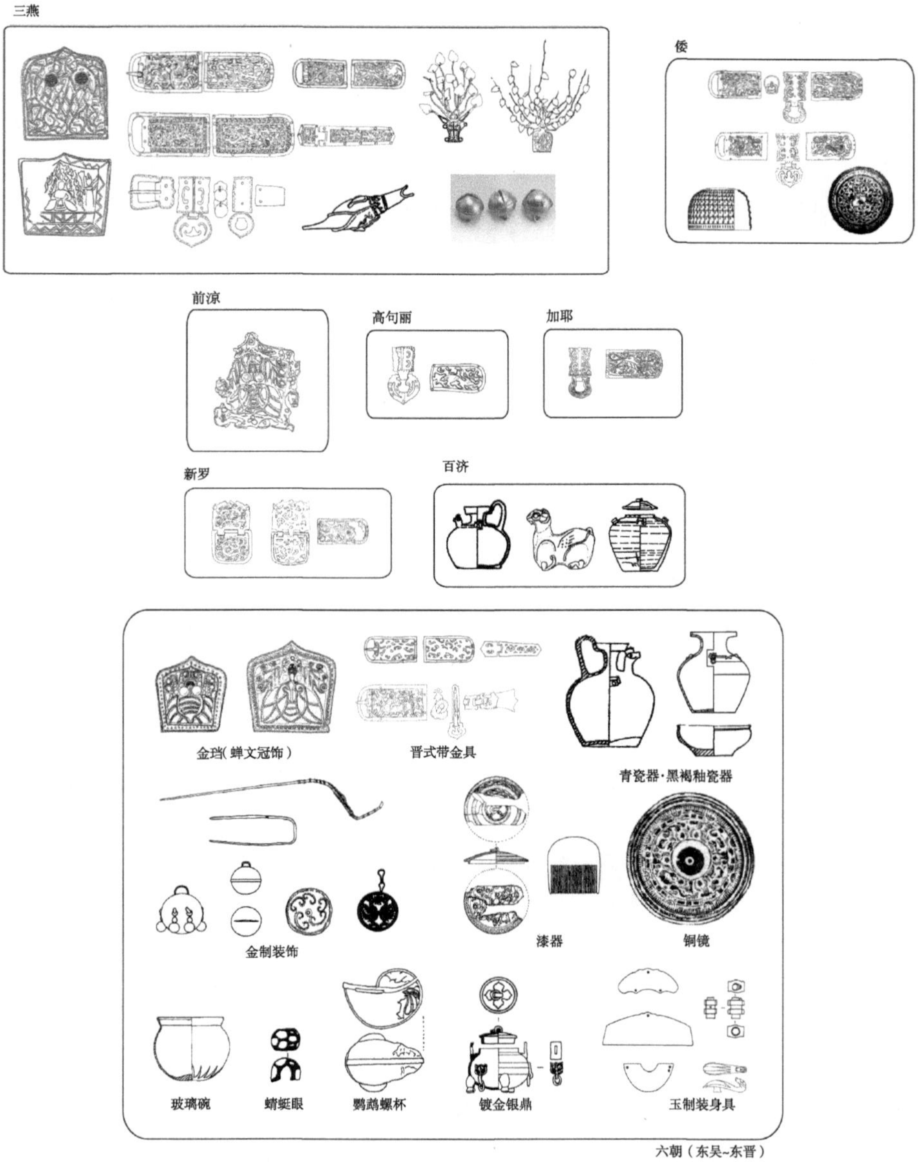

图一　六朝时代前期中国文物的分布

特别是江南的青瓷器，自孙吴以降进入了成熟阶段，开始出现大量优质的产品，并迅速向以中国南方为中心的地区普及，是一种可以作为江南特产的文物。其生产中心是位于会稽郡东部曹娥江中游的上虞窑，其产地广泛分布于其周边的绍兴、余姚、萧山、余杭、宁波、奉化、临海等地，被统称为越窑。并且，这一时期，北部的德清窑（浙江湖州）、西部内陆地区的婺州窑（浙江金华）、南部的瓯窑（浙江温州）等均获得了显著的发展。会稽郡逐渐成为青瓷的一大产地。此外，其他地区如太湖西岸的宜兴均山窑（江苏宜兴市），洞庭湖南岸的湘阴窑（湖南湘阴），鄱阳湖西南、赣江流域的丰城窑（江西丰城）等陶瓷产地也蓬勃发展。概览江南的六朝瓷器，根据此前的分期编年能够成功展开断代的情况仍较为有限。同一墓葬的随葬瓷器中可能会混有多个产地的瓷器，加之每个生产地在发展变迁过程中都有相当大的差异，可以说江南六朝瓷器具有复杂的体系（图二）。对于墓葬之类的遗址、遗迹，是否能够通过个体瓷器来进行断代，笔者仍持怀疑态度。目前来看，不得不将出土的瓷器作为一个整体来判断。近年来，在朝鲜半岛的百济遗址中也出土有江南的青瓷器，百济的研究者们积极地探讨这些瓷器的时代，以及百济获取它们的途径，然而情况似乎并不简单。

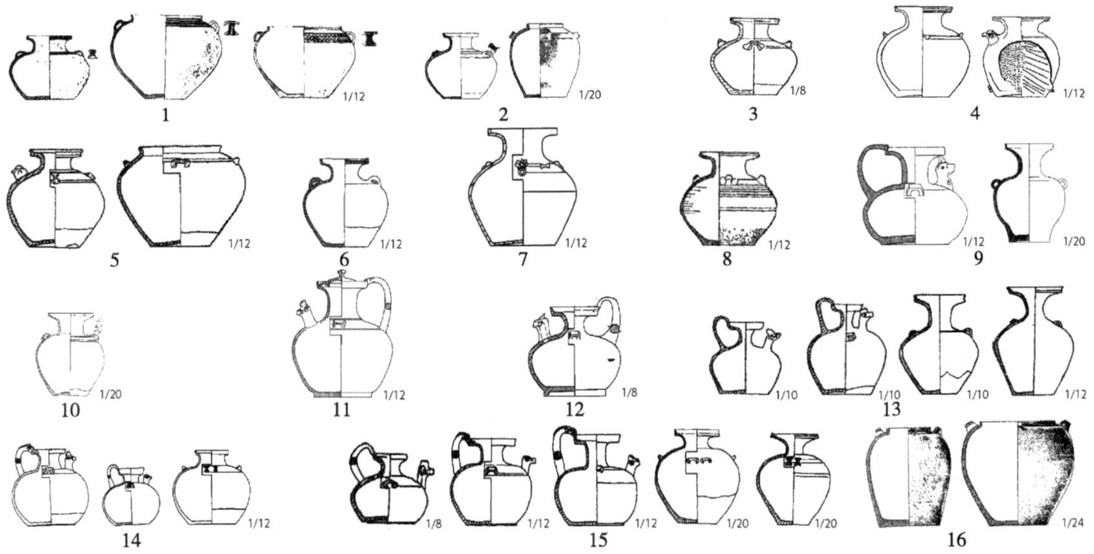

图二　六朝青瓷器举例（以纪年墓出土资料为主）

1. 安徽马鞍山孙吴朱然墓（249）；2. 湖北老河口市李楼西晋墓（272～273）；3. 江宁索墅西晋太岁庚子墓（280）；4. 南京石闸湖永宁二年墓（302）；5. 南京象坊村东晋墓（319）；6. 马鞍山马钢二钢厂 M1 东晋墓（332）；7. 马鞍山林里东晋墓（344）；8. 湖北枝江市拽车庙东晋墓（345）；9. 温州瓯海区东晋纪年墓（367）；10. 南京郭家山东晋墓 M12（371）；11. 南京雨花台东晋纪年墓（379）；12. 南京西善桥贾东 M23（东晋晚期至南朝早期）；13. 镇江谏壁油库 M1（东晋晚期至南朝早期）；14. 东晋谢温墓（406）；15. 东晋谢琉墓（421）；16. 黄岩秀水岭 M49（447）

六朝时期，制镜业以吴郡吴县（江苏苏州）、会稽郡山阴县（浙江绍兴）和江夏郡武昌县（湖北武汉）为中心，大量生产铜镜。另外，在金银器方面，盛行细金等高技术的金银器制作工艺。此外，孙吴时期玻璃器从西方不断传入。一般认为，金银器、玻璃器之类的器物，以及其制作技术是汉代以来通过岭南传入的，甚至很可能在同时已有胡人到达了江南。

2. **乐浪地区**

乐浪郡是中原王朝统治东北边境的据点，当地居住着大量从中国内郡移居而来的民众。被认为属于汉至西晋时代的乐浪汉墓及部分出土物中，含有多样的地域因素（图三）。

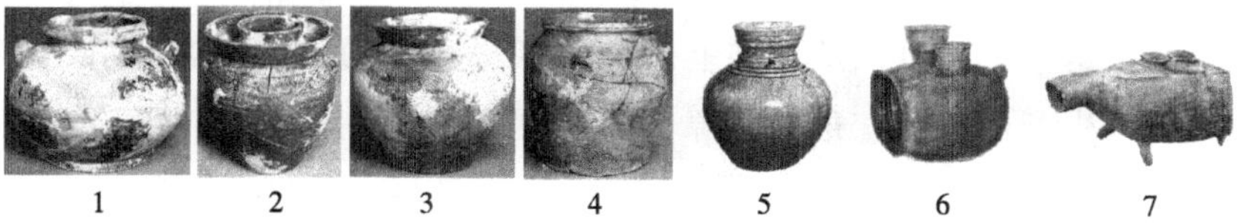

图三　东汉末至三国时期遗迹、文物的地方特色

1～4. 乐浪・土城洞 45 号墓；5. 南寺里 29 号墓；6. 贞柏墓 24 号墓；7. 养洞里 5 号墓

土城洞 45 号墓（东汉后期，2 世纪后期）、南寺里 29 号墓（东汉末至公孙氏政权时期，2 世纪末～3 世纪前半）出土的陶瓷器均呈现出东南沿海地区的风格。土城洞 45 号墓的双耳陶罐、青瓷直身罐带有岭南地区的特征，双领陶罐表现出长江中下游地区的风格。硬陶罐则具有长江中游西南部洞庭湖、湘江流域，乃至长江中游东南部赣北地区的特征。此外，与南寺里 29 号墓出土的陶质盘口壶同类的器物，也曾发现于淮南、皖南、苏北、会稽。贞柏里 24 号墓、养洞里 5 号墓出土的陶灶形明器也见于会稽、岭南一带，虽然难以确定所属的具体地区，但这种器型应属于江南乃至岭南地区文物的谱系。乐浪汉墓还出土大量精品的漆器，这些漆器主要为在正月朝会中下赐的以蜀郡、广汉郡为中心的各地工官的制品。其展现了乐浪郡与中原中央朝廷之间物质资料上的流动①。

众所周知，乐浪汉墓包括木椁墓与砖室墓两类。木椁墓主要分布于山东、苏北、长江中下游和辽宁地区。乐浪汉墓中的木椁与山东至江淮地区的木椁较为接近。至于砖室墓，乐浪最早期的砖室墓土城洞 45 号墓与长江下游流域至江淮地区的墓葬形制相似；以南寺里 29 号墓为首的乐浪砖室墓大多与辽东半岛至山东地区的砖室墓相似。

也就是说，在乐浪汉墓中，除有早期土著汉人、辽东汉人、朝鲜半岛三韩之人的文化因素外，还受到了山东、淮南、长江中下游地区至岭南地区的影响。乐浪汉墓展现了来自上述地区的人以及贸易者相互杂居的情况。由此可以推定其交流范围极为广泛，而且这样的情况至少持续到了西晋时代。

二　中国文物在东方的传播

1. **中国王朝的文物**

晋式带具是中国王朝官营作坊的产品，制作于 3 世纪后半至 5 世纪初期的两晋时代。

① 榧本杜人、町田章：《漢代紀年銘漆器聚成》，《楽浪漢墓》第一冊《大正十三年度発掘調査報告》，楽浪漢墓刊行会，1974，第 96～122 页。

在广义的晋式带具体系中，有玉、金、金铜合金、银等材质的带具。材质上的差异与官职等级间存在一定的对应关系，从现存带具来看，可以推定其主要是将军等高级武官的配饰[①]。另外，晋式带具可以分为“西晋式带具”和“东晋式带具”两类[②]。也就是说，两晋的带具具有标识身份，以及与高级武官相关的特征，可以基本确定晋式带具是代表晋朝的规定与样式的礼制性文物。晋式带具的样式源于东汉王朝各地的带具制作谱系，是西晋统一后，在统合了这些带具谱系的基础上形成的（图四）。其中晋式带具A系列是继承江南地区的制作机构生产而成的，很可能源于孙吴的带具（“江南系”带具）[③]。

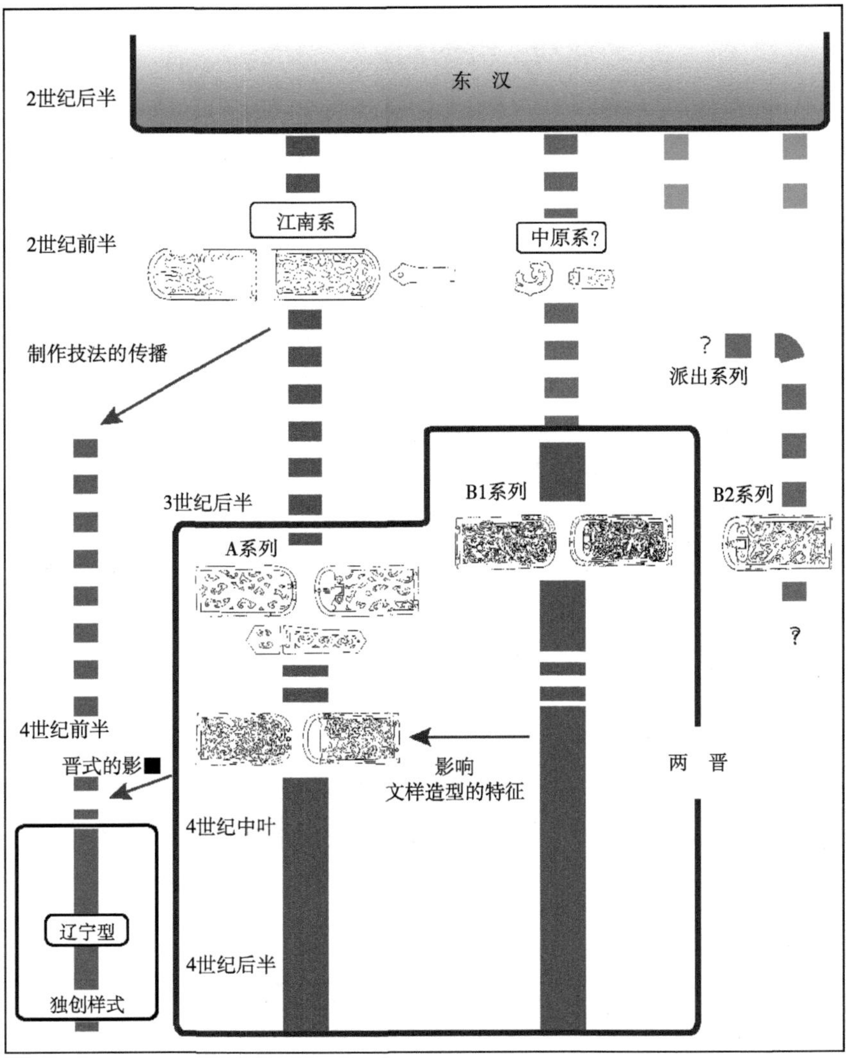

图四　晋式带具的形成

---

① 町田章：《古代带金具考》，《考古学雑誌》第56卷第1号，日本考古学会，1970。

② 藤井康隆：《晋式带金具補考》，《古代》第119号，早稲田大学考古学会，2006。

③ 藤井康隆：《晋式帯金具の成立背景——南京東呉薛秋墓帯金具とその系譜》，《古代文化》第60卷第1号，古代学協会，2013。

晋式带具还传播至晋朝的周边地区。孙吴的“江南系”带具特殊的制作工艺构成了晋式带具的主要制作谱系，而这种特殊制作工艺还见于西晋至十六国时期“辽宁型”晋式带具之中，这种现象很可能是在孙吴同辽东公孙氏间的政治往来和交易的基础上形成的。继承“江南系”带具的晋式带具 A 系列也表现出向幽州、朝鲜半岛及日本列岛传播的趋势。这一点反映出西晋的统治体制继承了《三国志·吴书·吴主孙权传》所载孙吴的东方海域战略。

此外，作为武官冠饰的蝉纹龛形冠饰①主要流行于江南地区。在辽宁北票北燕冯素弗墓出土的同类冠饰受到了其样式的影响，与此同时又在造型和制作方法上展现出显著的差异。作为现阶段的认识，此类冠的佩戴者仅限于两晋十六国时代的高级贵族与统治阶层，并且其与武官的爵号、官职等存在对应关系。尽管中国铜镜大量见于倭国之中，但难以认为倭国接受了中国的制度规定。而晋式带具与蝉纹龛形冠饰的情况与此截然不同。

2. **“鬼道”文物**

正如本文开篇所述，日本发现的中国文物主要局限于晋式带具、青铜镜、鱼鳞铁甲胄等。然而，与此类文物的性质不同，尽管仅有零星的发现，但日本还存在着与中国的思想、风俗相关的文物。

博多遗址群第 50 次调查出土的铅觚（图五：1）正是其中的一例。其造型为细长的圆筒状器身，至口沿部逐渐扩大，底部稍有凹陷。该铅器如同中国古代青铜器觚的造型，不过其高仅约 3.5 厘米，底径约 0.8 厘米，长口径约 2.8 厘米，短径约 2.5 厘米，属于袖珍型器物。该器物采用铸造的方式生产而成，两侧留有毛边，外饰雷纹。与之一起出土的有大量的土师器，推测大约与布留 I 式属于同一时期②。湖北武昌任家湾孙吴黄武六年墓中曾出土有一件耳杯（图五：2），很可能与上述日本出土的铅器存在一定关联。这是一件长约 6 厘米的模型器，杯内底部铸造有纹饰。这样的铅器在南京也有发现，从中可以看出长江中下游地区的特征。与武昌任家湾所出相似的铅耳杯也见于乐浪，其大小在 5.5 厘米左右，在内侧底部与表面铸有纹饰。铅耳杯流行于东汉末期至六朝早期，是与早期道教相关的文物。此外，在南京仙鹤观东晋高氏家族墓 M6 号墓中出土有镀金银质的模型鼎，鼎中放置云母片（图五：3、4）。这些特殊的微型金属容器很可能是用于盛放仙药的仙器。在武昌任家湾孙吴墓出土的铅质买地券中，明确记载了墓主人是一位名叫郑丑的道士。尽管器型不同，但日本博多湾也出土了同样性质的模型铅器。这一点展现出继弥生时代之后九州的博多湾维持着与中国在文物、文化上的联系。

中国江南出土有大量与道教术法相关的文物。流行于东汉末至三国六朝时代的早期道

① 孙机：《中国古舆服论丛（增订本）》，文物出版社，2001，第 157～178 页。

② 福冈市教育委員会：《博多 21 —博多遺跡群第 50 次発掘調査概報—福岡市埋蔵文化財調査報告書第 249 集》，1991。

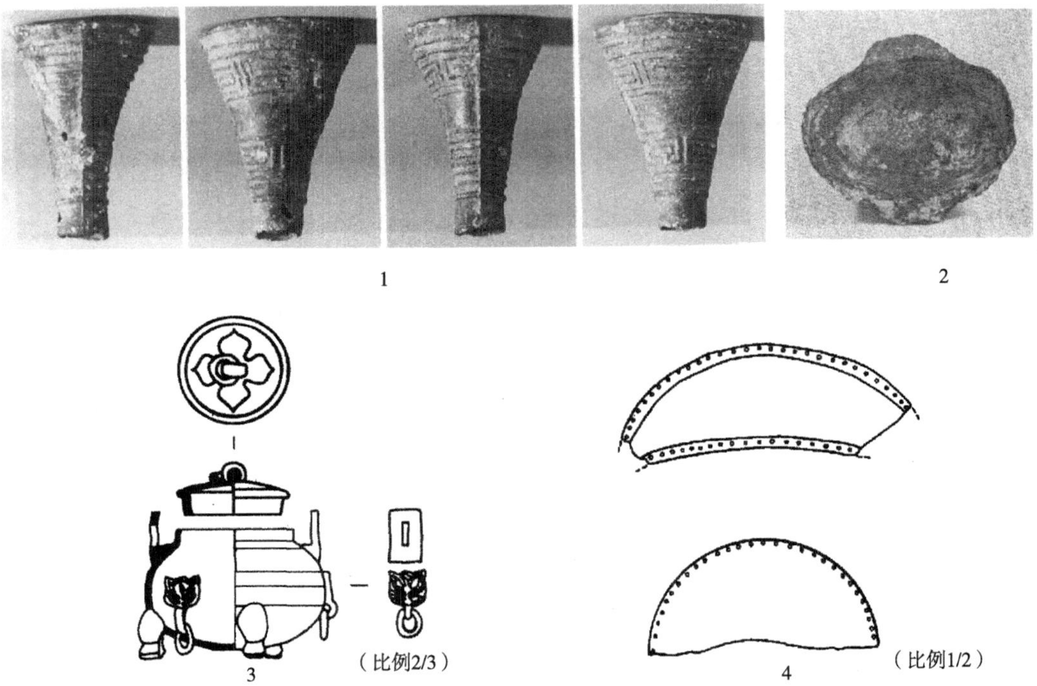

图五　六朝时期与道教相关的文物

1. 铅觚（福冈市·博多遗迹群第 50 次 945 号遗迹）；2. 铅耳杯（湖北武汉·武昌任家湾东吴黄武六年道士郑丑墓）；3. 鎏金银鼎（南京市·仙鹤观东晋墓 M6）；4. 云母片（南京市·仙鹤观东晋墓 M6）

教是由张陵在蜀地创立，并由张鲁继承的天师道（五斗米道）教团所奉行的宗教。这种宗教通过仪式、术法来治愈疾病，具有很强的咒术色彩，因此《三国志》中将张鲁所奉宗教称为“鬼道”。基于天师道谱系的初期道教，与江南地方色彩浓郁的神仙鬼神信仰一起，广泛地渗透至六朝贵族阶层之中，其影响很可能也波及了日本。

三　获取中国文物的途径

3～4 世纪，东亚各国在接纳中国文物的方式上存在很大差异。例如，对于追求规范的汉文化的地区，往往通过引入、继承的方式接纳中国文物；而以自身独特形式接纳汉文化的地区则基于本地区的价值观、思想背景，模仿、吸收中国文物。采用细金工艺加工而成的带有立枝状装饰的兽首形冠饰是源自三燕鲜卑慕容部的文物（图六：1）。在这类文物中，可以见到将兽首形装饰替换为汉式芝草纹饰板的样式。这种饰板上施有錾刻的列点，被认为是代替了细金工艺中金粒、嵌玉等装饰的表现形式（图六：2）。另外，辽宁省房身村 2 号墓出土的金铃，其制作手法、形状等与南京象山东晋王氏家族墓和南京仙鹤观东晋高氏家族墓出土的金铃极为相似，由此可见其与江南间的关系（图六：3、4）。这些现象反映出中国周边民族对于汉文化的模仿，其中作为模仿对象的汉文化展现出强烈的江南地区东晋样式的特征，这一点笔者在此前已经指出①。

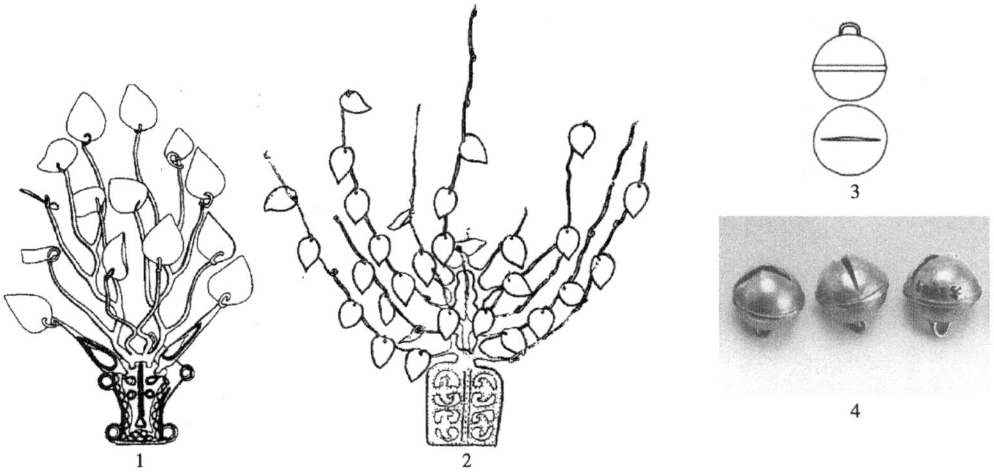

图六　汉地与鲜卑间文物交流示例

1、2. 内蒙古西河子乡出土冠饰；3. 南京仙鹤观 M6 墓出土金铃；4. 辽宁北票房身村 2 号墓出土金铃

此外，像晋式带具、蝉纹龛形冠饰这样基于王朝制度、样式的中国文物中的少部分，在流传过程中呈规律的点状分布。与此相对，像青铜镜和一部分六朝青瓷那样对于需求方而言显得十分珍贵的文物，在中国一方却不过是高级的日用品而已。此外，如博多遗址群出土的铅器所表现的那样，还存在着基于社会风气与宗教等活动相关的文物的流动。在中国周边地区流通的中国文物中，存在着性质上的差异，以及接受方在引进目的上的不同。

总之，六朝江南和周边诸民族、诸国之间文物往来的形态是极其多样的。可以推断文物的流动存在着诸多因素，如政权间在政治上的交涉，民间范围内人口、思潮的转移，商业活动，或大量吸收汉民族士人、工匠而形成的人口迁移等。各地区接纳中国文物的方式，根据自身立场的不同存在着显著差异。然而，试图吸收汉文化的周边民族、国家并不仅限于中国大陆的范围内，这一趋势广泛兴起于中国周边的东亚各地。也就是说，如东方的朝鲜半岛、倭，南方的越等也应视作所谓“十六国”的一部分来认识。在日本列岛各地的考古资料中，很可能还存在着像博多遗址群出土铅觚那样，尚未被广泛认知的中国文物，希望将来能对此类文物重新展开认真的调查。

从这个角度来看，当考虑到近畿地区对于舶来品的垄断，以及基于政治的一元化分配方式，倭国的中国文物可能会存在少许地域性上的差异。此外，为了探讨中国与包括日本在内的东亚世界间的联系，有必要尽快整理各类文物的编年与各地区文物的地方特点。

（编辑：刘可维）

① 藤井康隆：《中国江南六朝の考古学研究》，六一書房，2014。

六朝墓葬出土铜镜述略

韩　茗

（南京师范大学文博系）

［**摘要**］铜镜是六朝墓中常见的随葬品，在各地均有发现。据笔者统计，目前已发表的六朝铜镜考古出土品、采集品和馆藏品数量约700件。六朝铜镜位于汉唐两大铜镜艺术高峰期之间，处于承前启后的转变阶段，带有鲜明的时代风格。其中最具代表性的镜类是神兽镜和四叶镜，其次是自新莽以来流行的方格规矩镜、连弧纹镜、多乳兽带镜、盘龙镜（龙虎镜）、画像镜等，此外还有吴晋以来新出现的多乳神佛镜和纷杂的简化镜类。本文将对迄今为止六朝铜镜出土品进行梳理，综述六朝铜镜的类型、年代、产地风格及其所反映的文化交流情况，在此基础上提出对六朝铜镜的基本认识及研究展望。

［**关键词**］六朝；铜镜；出土品；类型学；文化交流

六朝时期的物质文化面貌，其色彩之多元、风格之鲜明已被考古发现所证明。铜镜是六朝墓葬中常见的随葬品，在各地均有发现。随着考古资料的积累和研究理念的发展，本文旨在对迄今为止六朝铜镜出土品进行梳理，对相关问题研究进行综述，在此基础上提出对六朝铜镜的基本认识及研究展望。

一　六朝铜镜的考古发现

据笔者统计，目前已发表的六朝铜镜考古出土品、采集品和馆藏品数量约700件。20世纪50年代至80年代曾在湖北鄂城（今鄂州市）六朝墓的发掘过程中获得278件铜镜，其中出土品115件、采集品163件，另出土铁镜14件，墓葬年代自孙吴早期至南朝早期，这是迄今为止最为集中，也是最重要的六朝铜镜的考古发现①。鄂州也成为湖北省境内六

---

① 南京大学历史系等：《鄂城六朝墓》，科学出版社，2007。

朝铜镜发现最多的地方，90 年代以来鄂州又仍陆续发现有六朝铜镜，收录于《鄂州铜镜》一书中①。

据不完全统计，六朝都城建康（今江苏南京）的考古发现约在 50 处墓地发现了近百件铜镜，墓葬年代涵盖整个六朝②。南京周边的句容、镇江、丹阳、溧水、高淳及扬州亦有不少发现。其中重要的发现有扬州胥浦六朝墓群，10 座墓出土 14 件铜镜③；镇江润州山东晋南朝墓，4 座墓出土 4 件铜镜④等。

安徽省内发现约 30 件。集中于南京西南的马鞍山至芜湖沿江地带，向南东至宣城、西至铜陵均有发现，多出土于孙吴西晋墓中。重要发现还有马鞍山朱然墓出土的 2 件铜镜⑤、宣城外贸巷 2 座西晋墓出土的 3 件铜镜等⑥。

浙江省内发现约 70 件。六朝铜镜主要发现于宁绍平原和衢州金华盆地一带，大致从绍兴出发，向西南沿诸暨、金华、龙游、衢州一线分布，或自绍兴向东至上虞，折向南分布于嵊州、东阳。年代上以六朝早期镜为主。黄岩秀岭东晋墓群，6 座墓出土有 6 件铜镜⑦，是时代较晚且远离上述区域的发现。自浙江东南沿海地区向南在福建沿海的霞浦、连江西晋墓中亦发现少量铜镜⑧。

江西省内发现约 40 件。大致分布于九江至南昌，自南昌向南以西线为主，至新余、宜春，折向南至赣州、信丰，邻近广东韶关。其中以南昌晋墓的发现最为集中。

湖南省内发现约 35 件。分布比较零散，主要发现于湘江流域及南部的耒阳、资兴、郴州一带。重要发现有常德郭家铺吴墓出土 4 件铜镜⑨及衡阳茶山坳六朝墓出土 10 件铜镜⑩。

两广地区发现约 40 件。广西六朝铜镜主要见于孙吴墓和南朝墓中，分布于广西东北部的贺州市、梧州以及中部的贵港⑪。广东地区六朝镜主要发现于广州周边晋墓⑫及北部韶关东晋南朝墓⑬。

地处西南的川贵地区及陕西南部也出土有六朝镜，约有 20 件。以六朝后期墓出土镜

---

① 鄂州市博物馆：《鄂州铜镜》，中国文学出版社，2002。

② 关于南京地区六朝铜镜的发现，可参见《南京考古资料汇编》、《南京文物考古新发现》丛书、《六朝风采》等。

③ 胥浦六朝墓发掘队：《扬州胥浦六朝墓》，《考古学报》1988 年第 2 期。

④ 镇江博物馆：《江苏镇江润州山六朝墓葬及窑址发掘报告》，《东南文化》2019 年第 2 期。

⑤ 安徽省文物考古研究所、马鞍山市文化局：《安徽马鞍山东吴朱然墓发掘简报》，《文物》1986 年第 3 期。

⑥ 宣城市博物馆：《宣城市外贸巷西晋墓清理简报》，载《文物研究》第 13 辑，黄山书社，2001。

⑦ 浙江省文物管理委员会：《黄岩秀岭水库古墓发掘报告》，《考古学报》1958 年第 2 期。

⑧ 陈恩、骆明勇：《福建连江县发现西晋纪年墓》，《考古》1991 年第 3 期。

⑨ 周能：《湖南常德东吴墓》，《考古》1992 年第 7 期。

⑩ 衡阳市博物馆：《湖南衡阳茶山坳东汉至南朝墓的发掘》，《考古》1986 年第 12 期。

⑪ 相关发现除简报外，还可参见广西壮族自治区博物馆《广西铜镜》，文物出版社，2004。

⑫ 相关发现除简报外，还可参见广州市文物考古研究所《铢积寸累——广州考古十年出土文物选粹》，文物出版社，2005。

⑬ 杨豪：《广东韶关市郊的晋墓》，载《考古学集刊》第 1 辑，中国社会科学出版社，1981。

为主，重要发现如贵州平坝马场东晋南朝墓①、四川绵阳西山六朝崖墓②以及四川昭化宝轮院出土的铜镜③。

二 六朝铜镜类型与特征

镜是一种梳妆用具，以镜面照容，而对镜的分类则根据的是镜背主纹区（或内区）的纹饰配置。六朝镜承袭汉镜，为“圆板形具钮镜”，直径多在10～20 厘米，镜钮为半球形或扁圆形，镜缘多为平缘或斜缘。镜背纹饰如万花筒一般富于变化而又具备内在秩序，其中数量最多也最具时代特征的是神兽镜类和四叶镜类，自新莽以来流行的方格规矩镜、连弧纹镜、多乳兽带镜、盘龙镜（龙虎镜）、画像镜等亦常见于六朝墓中，此外还有吴晋以来新出现的多乳神佛镜以及纷杂的简化镜类。

神兽镜类：是指以半浮雕技法在主纹区按照一定的规则饰以神像、兽形的镜类。神兽镜出现于东汉中期（2 世纪初），流行于汉末魏晋，南北朝以来渐趋消失。根据纹饰配置可分为 4 型。

A 型：重列式神兽镜。其特点为：扁圆镜钮，主纹区以线条横向分为数段（多为五段）、每段配置以同向神人或瑞兽，外区环绕一周铭文带，镜缘狭窄。根据镜钮上下直铭的有无，可以分为两式。

Ⅰ式：直铭五段重列式神兽镜。夹钮上下各有一直铭，常见“君宜官”吉语，上铭止于上段神像底部，下铭止于下段神像头部。镜钮和上下铭各自对应一段。隔栏多为阶梯状，两侧低于中部，强调中心人物且有透视感。神像配置有繁简之别，如湖北鄂城 M2061∶8（图一：1）为完整的神兽配置，即“1 +4 +4 +3 +1”布局④；鄂州五里墩装卸货场 M9 出土镜为“1 +2 +2 +2 +1”配置⑤。外区铭文内容比较统一，可与纹饰内容相对应，如鄂城 M1022: 1 镜铭为“吾作明竟，幽湅宫商，周刻容像，五帝天皇，白牙单琴，黄帝除凶，朱鸟玄武，白虎青龙，君高官，位至王公，子孙番昌”⑥；或在末句提及制作年代，如安徽芜湖赭山 M102 出土镜，铭文末为“建安十年，造作大吉”⑦。

Ⅱ式：五段重列式神兽镜（图一：2）。纹饰内容及繁简情况均与Ⅰ式相同，仅无直铭。而外区铭文多以制镜年月、日期干支及制镜者开头，后接吉语，不见对纹饰内容的描

① 贵州省博物馆考古组：《贵州平坝马场东晋南朝墓发掘简报》，《考古》1973 年第 11 期。

② 绵阳博物馆：《四川绵阳西山六朝崖墓》，《考古》1990 年第 11 期。

③ 张彦煌、龚廷万：《四川昭化宝轮院屋基坡崖墓清理记》，《考古》1958 年第 7 期；沈仲常：《四川昭化宝轮镇南北朝时期的崖墓》，《考古学报》1959 年第 2 期。

④ 《鄂城六朝墓》附录 9《出土铜镜一览表》镜 169，《鄂州铜镜》镜 132。

⑤ 《鄂州铜镜》镜 137。

⑥ 《鄂城六朝墓》附录 9《出土铜镜一览表》镜 185，《鄂州铜镜》镜 188。

⑦ 王步艺：《芜湖赭山古墓清理简报》，《文物参考资料》1956 年第 12 期。

图一　六朝神兽镜类

1. A 型Ⅰ式镜（鄂城 M2061∶8）；2. A 型Ⅱ式镜（广西贵县高中出土）；3. B 型Ⅰ式镜（鄂城 M2099∶2）；4. B 型Ⅱ式镜（鄂城 M2115∶14）；5. C 型镜（鄂城 M4019∶12）；6. D 型镜（鄂州梁子湖郑家山 M2 出土）

述，如鄂城 M2185∶1 镜铭为“嘉禾五年五月壬寅明五日丙午，太师鲍豫造作五帝明竟，幽湅章文，光耀昭明，服者宜官，迁至侯王，女为皇厚，老复丁”①。

① 《鄂城六朝墓》附录 9《出土铜镜一览表》镜 147，《鄂州铜镜》镜 141。

B 型：环状乳神兽镜。其特点为：半球形钮；主纹区环绕分布有三组或四组兽形，其间分布神像，兽形的肩、髋关节部位以环状乳表现，其外有一周半圆方枚带；内外区之间相隔一道内低外高的栉齿纹或锯齿纹带；外区多饰以画纹带，铭文带较少。根据兽的形态，可以分为两式。

Ⅰ式：兽形衔巨。环状乳间距大致相等，其间间隔分布有兽首和神像。环状乳前端有趾状或羽状纹饰，其上或立一侍者。此式镜目前所见有三种纹饰，一是如南京滨江开发区 15 号路 M3：11 为三神三兽即三组纹饰①；二是如湖北鄂城 M2099：2（图一：3）为四神四兽八侍即四组纹饰②；三是如南京象山 M5 出土镜为五神五兽即五组纹饰③。

Ⅱ式：兽形不衔巨（图一：4）。兽形前后肢关节处乳丁位置间距较小。四兽将主纹区划分为四区，其中相对二区填以对置式神像，另外二区则为二神对坐或神与侍者（或句芒），故多为五神四兽或六神四兽。

C 型：对置式神兽镜（图一：5）。其特点为：半球形钮，主纹区以四兽分为四区，其中相对二区对置正坐式、肩部饰以蕨手状云气的东王公、西王母图像，其余二区神像配置情况不定。其外多有半圆方枚带。外区多为铭文带，亦有饰画纹带的。此型神兽镜纹饰配置无甚变化，而神像表现存在比较明显的风格或优劣差别。

D 型：同向式神兽镜（图一：6）。其特点是：扁圆钮；主纹区分为三段、以钮两侧为一段、上下各为一段，或可视作以同向四兽划分四区，其间填以同向神像；镜钮两侧各有一正坐神像；外区多为一周铭文带；窄缘部饰一周变异云纹带。同向式神兽镜与三段式神兽镜的差别在于，前者在神兽配置和表现方面可视作重列式（Ⅱ式）镜的简化，而三段式神兽镜中段为正坐的东王公、西王母，上段为华盖、天帝及侍从，下段为建木、仓颉和神农，是一套完整的、固定的图像配置，人物描画精细。三段式神兽镜短暂流行于汉末，汉以后停止制作，六朝墓中所见更是寥寥，故在此不另作分型。

四叶镜类：是指线刻风格的、以钮外四叶将镜背主纹区分为四区，四叶和四区内均填以单元纹饰的镜类。此类镜脱胎于东汉中期以来的变形四叶镜系，至汉末发展出新的样式。根据纹饰不同，可以分为 3 型。

A 型：兽首镜（图二：1）。其特点是：半球钮或扁圆钮，钮外蝙蝠形四叶间填以兽首纹或简化纹饰，其外或有一周内向连弧纹带，外区宽平，饰以菱云纹或涡卷纹带。兽首镜出现于东汉中期，至三国时期仍有铸造。根据钮座四叶形态可分为长叶十字形和短叶线卷形两种，后者四叶间空间有限，填以简化纹饰。

B 型：扁平四叶八凤镜。其特点是：多为大扁圆钮；钮外宝珠形四叶构成圆角方形或四边略凹的线卷形座，有的在叶间或叶内与钮间填以铭文；主纹区四叶间饰以“剪纸式”

---

① 南京市江宁区博物馆：《南京滨江开发区 15 号路六朝墓清理简报》，《东南文化》2009 年第 3 期。

② 《鄂城六朝墓》附录 9《出土铜镜一览表》镜 131，《鄂州铜镜》镜 114。

③ 南京市博物馆：《南京象山 5 号、6 号、7 号墓清理简报》，《文物》1972 年第 11 期。

图二 六朝四叶镜类

1. A 型镜（南京西善桥六朝早期墓出土）；3. B 型Ⅰ式镜（鄂城 M4024∶6）；5. B 型Ⅱ式镜（鄂城 M1002∶22）；2、4、6. C 型镜（2. 扬州胥浦 M89∶12；4. 鄂城 M4037∶1；6. 浙江金华古方西晋墓出土）

对凤纹。根据纹饰配置可分为两式。

Ⅰ式：四叶内无纹饰，构成圆角方形座；对凤纹外为一周内向矮连弧纹带，其外为一周窄凹带，平素缘（图二：3）。

Ⅱ式：四叶内有纹饰，构成圆角方形或线卷形座；对凤纹外为一周内向高连弧纹带，连弧内有纹饰；连弧纹带外或为窄凹带和平素缘，亦有再饰一道菱云纹或变异云纹的（图二：5）。镜背纹饰繁复，装饰性较强。

C型：桃形四叶八凤镜（图二：2、4、6）。其特点是：半球形钮；钮外宝珠形四叶内填以瑞兽、佛像等纹饰，四叶间饰以“刻镂式”对凤纹；四叶外多为一周十六内向连弧纹带，连弧内填以瑞兽或伎乐等纹饰；其外为一周窄凹带，宽平素缘。

方格规矩镜：是指主纹区以方格和规矩纹（TLV纹）划分出四方八区，其间填以线刻四神、瑞兽羽人、八禽鸟或涡纹的镜式（图三：1）。方格规矩镜出现于西汉末年，以王莽镜最为精美完备、镜体较大。六朝时期仍可见到方格规矩镜，但大多有所简化。

多乳禽兽镜类：是指主纹区以乳丁为区隔，每区填以神仙瑞兽纹饰的镜类，这里包括四乳四虺镜、四乳龙虎镜（图三：4）、多乳禽鸟镜和多乳兽带镜。这三种镜式均出现于西汉晚期的北方地区，东汉中期以后在南方地区亦多见。六朝时期多乳禽鸟镜或兽带镜较为常见，其中不乏大型精美的七乳兽带镜（图三：2）。

连弧纹镜：是指东汉以来流行的以连弧纹带作为主纹饰的镜式。根据主纹区配置可分为云雷纹连弧纹镜、凹带连弧纹镜以及断裂式连弧纹镜三种。流行于东汉早期的云雷纹连弧纹镜至六朝时几乎不见，最常见的是凹带连弧纹镜。值得注意的是，东汉晚期出现的断裂式连弧纹镜在六朝时期仍可见到。其设计源于东汉连弧纹镜，而弧形断开，其间填以纹饰，镜背整体装饰性较强，纹饰反映出一定的地域特点。

盘龙镜（龙虎镜）：是指主纹区环绕镜钮配置盘踞状龙（或虎）的镜式。龙虎躯体部分隐于钮下，仅表现出首部、部分身躯、足和尾部。内外区间隔一道栉齿纹带，外区多饰以锯齿纹、波浪纹，亦有画纹带，斜缘。此类镜可根据兽形数量及形态细分型式。龙虎镜源于东汉中期细线式兽带镜环绕镜钮的纹饰，后发展为浮雕式盘龙镜、龙虎镜或三兽镜。六朝时期常见的是主纹区龙虎对峙的龙虎镜（图三：5）。

画像镜：是指主纹区饰以神仙、瑞兽、车马、历史故事或其他场面图像的镜式（图三：6）。相较于兽带镜，画像镜主纹区比例较大，一般以四乳区隔，题材不仅限于神仙瑞兽，纹饰呈浅浮雕或平雕线刻风格。画像镜自东汉早中期开始流行于吴会地区，在南方地区东汉镜中占有重要地位，并影响到六朝镜的风格。但明确出土于六朝墓的画像镜不多，目前所见的主纹区多为西王母、东王公、侍从及龙虎纹饰，缺乏早期图像繁复的样式。

方铭禽兽镜：是指主纹区若干方格铭文环绕，分割为四至七区，每区配置有半浮雕禽兽纹的镜式。半球钮，钮外或有一周盘龙纹（龙虎纹），钮外无盘龙纹的，主纹区以方格铭文划分为四区。钮外有盘龙纹的，主纹区以方格铭文划分为五区至七区（图四：1）。内外区间隔以一周栉齿纹带，外区饰以画纹带，平素缘。此式镜出现于东汉晚期，数量不多。

多乳神佛镜：是指主纹区以若干圆圈座乳丁分为数区，每一区配置饰以浮雕神（佛）像，头向钮部，呈辐射状环绕的镜式（图四：3）。目前发现有四乳、五乳、六乳

图三　六朝墓出土汉式镜

1. 方格规矩镜（鄂州葛店镇三王村 M1 出土）；2. 兽带镜（安徽马鞍山盆山 M1 出土）；
3. 连弧纹镜（贵州平坝马场 M34 出土）；4. 四乳龙虎镜（广西融安安宁 M5∶17）；
5. 龙虎镜（鄂城 M2156∶1）；6. 画像镜（浙江嵊州市大塘岭 M104∶12）

和八乳四种，神像或佛像均盘腿直坐，头面部刻画五官和发型，躯体表现出衣纹。与神兽镜不同，神像不设主次，佛像的特征则为顶髻和头光。内外区间隔以栉齿纹带，外区一周弧面波浪纹，斜缘。

图四　六朝墓出土其他镜式

1. 方铭禽兽镜（湖南益阳桃花仑 M3∶11）；2. 方格乳丁纹镜（鄂城 M3015∶1）；
3. 多乳神佛镜（浙江新昌县出土）；4. 四乳卷云纹镜（南京吕家山东晋墓出土）；
5. 方格对凤镜（浙江黄岩秀岭水库 M23 出土）；6. 凤尾纹镜（鄂城 M2148∶20）

简化镜类：是指镜背设计源于上述诸式镜，保留部分原来的镜背元素，而铜镜尺寸和主纹区比例缩小，纹饰简化多填充以几何形状或卷曲线条，难以归入上述镜式的镜类。比如自方格规矩镜简化而来的方格四神镜和方格乳丁镜（图四：2），自多乳神佛镜简化而来的四乳卷云纹镜（图四：4），自四叶八凤镜简化而来的方格对凤镜（图四：5），自兽首镜简化而来的凤尾纹镜（图四：6）等。这种减省主纹区关键元素的简化镜，常见于六朝后期墓，却是汉镜中不常见的现象。

三　六朝铜镜的时代特征

关于六朝墓葬出土铜镜的年代，可供参考的线索主要有三：一是纪年镜铭；二是墓葬断代，可提供镜式下限年代的旁证；三是既有的镜类型式编年及同出镜式的情况。因篇幅有限，无法一一详细展开，在此仅围绕六朝铜镜的时代特征进行大致梳理。

第一，六朝墓葬出土镜中包含大量的东汉镜式或东汉镜，应将六朝镜置于汉镜编年研究中进行考察。传统汉式镜至此已发展到最后阶段，出现了大量制作粗疏的简化镜。如王莽时期至东汉早期的方格规矩镜，镜背纹饰四神齐备或填以仙人瑞兽。东汉中晚期，镜背填饰八禽鸟纹或卷云纹，方框内的十二支铭文及环绕主纹区外一周的铭文带也开始有所省略。到了六朝时期，方格规矩镜的主纹区比例进一步缩小，铭文带基本不见，甚至省略规矩纹，成为直径不到 10 厘米的方格 T 字纹镜或方格镜。再如东汉连弧纹镜，从东汉初年体大厚重、规整精致的云雷纹连弧纹镜逐渐简化，至六朝时期云雷纹带被凹带或弦纹带所取代。连弧间纹饰变得粗疏、纹带各部分比例不一等。兽首镜也有所简化，四叶间无法容纳完整兽首而仅填以图案化纹饰（如鄂城 M1005：4①）。尽管如此，不能否认六朝时期仍铸造了一批高质量的汉式镜。如东汉中期以来流行于南方的多乳兽带镜，在六朝墓中仍有发现，其中不乏精品。其中七乳兽带镜，从梁简文帝《望月》诗中“形同七子镜”一语可知其在南朝时期仍然流行。百济武宁王陵出土的 2 件七乳兽带镜，反映的正是南朝文化因素②。

第二，六朝镜尽管总体承继自汉镜，但仍与东汉镜有别，时代特征突出体现于神兽镜类和四叶镜类，这是源自汉末、发展于六朝前期的镜式，也是这一时期南方镜式的代表。重列式神兽镜（神兽镜 A 型）中，Ⅰ式镜上所见最早的纪年为建安六年（201），Ⅱ式镜上最早的纪年为建安二十二年（217），尚未见到更早的纪年，故可以认为重列式神兽镜始自汉末建安年间③。根据王仲殊先生的研究，直铭五段式（Ⅰ式镜）纪年镜于建安六年至建安十年大量制作。④ 无直铭重列式（Ⅱ式镜）的出现则晚于Ⅰ式镜，大

---

① 《鄂城六朝墓》附录 9《出土铜镜一览表》镜 76、《鄂州铜镜》镜 51。

② 关于“七子镜”的考释以及武宁王陵出土七乳兽带镜相关情况，参见〔日〕樋口隆康《武宁王陵出土镜と七子镜》，《史林》五五卷四号，1972。

③ 关于六朝纪年镜，可参见王仲殊先生的相关研究。关于纪年镜资料，可参见王纲怀《中国纪年铜镜：两汉至六朝》，上海古籍出版社，2015。

④ 王仲殊：《建安纪年铭神兽镜综论》，《考古》1988 年第 4 期。

量出现孙吴早期黄武、黄龙、嘉禾、赤乌年号，与此同时，对置式神兽镜（神兽镜C型）出现并延续至两晋，成为神兽镜的主流样式。环状乳神兽镜（神兽镜B型）中，Ⅰ式镜中的六环状乳镜（即三神三兽镜）年代较早，出现于东汉中晚期。根据冈村秀典先生的研究，从六环状乳向八环状乳（即四神四兽镜）的转变大致发生于160至170年前后。[①] 此后以八环状乳镜为主流，并逐渐向Ⅱ式镜转变，即环状乳作为兽形的前后肢关节，与C型镜的兽形十分接近，仅仅存在关节是否以环状乳表现的差别，后逐渐被C型镜取代。C型镜所见最早的纪年铭为建安二十一年，孙吴前期其与多种神兽镜并行，孙吴后期至西晋被大量生产，纹饰有粗疏简化的倾向，神像兽形表现出不同风格，应是出自不同工匠之手。同向式神兽镜（D型镜）所见最早的纪年铭为建安十四年，最晚的为嘉禾六年，几乎与A型镜同时发展起来，与之关系密切，发现数量不多而集中于孙吴早期。

四叶镜类中，兽首镜（A型镜）始于东汉中期，目前所见最早的为元兴元年（105）铭广汉西蜀所造尚方镜。以此为嚆矢，至东汉末年出现了一系列带有纪年铭的兽首镜。随之，以钮外四叶分割镜背主纹区，其间配置纹饰，外围一周内向连弧纹带的样式逐渐流行并丰富起来。扁平四叶八凤镜（B型镜）出现于东汉晚期，其中Ⅱ式镜流行时间极短且发现于一定区域内；Ⅰ式镜较为简洁，流行时间更久、范围也更广。桃形四叶八凤镜（C型镜）与A型镜相比，明显反映出B型Ⅰ式和Ⅱ式镜的影响，是汉末孙吴新创的镜式，流行于长江中下游地区即六朝核心统治区域。C型镜中，有的在四叶内描绘有佛像，是汉以后新出现的纹饰题材（图二：4）。

第三，东晋以后六朝镜的面貌出现较大变化：一是随葬镜的数量大幅度减少；二是镜的质量整体下降，镜体轻薄且较小，保存状况较差；三是出现了一批创新简化镜式。吴晋时期大批制作的神兽镜和四叶镜数量骤减，以南京地区东晋墓出土铜镜为例，除少量神兽镜和四叶镜，其余为方格T字纹镜、四乳禽兽镜、多乳神佛镜、简化云纹或线条镜，以及相当比例的纹饰难辨的粗制镜。鄂城东晋墓出土镜仍以神兽镜为主，较吴晋时期大幅减少，有少量兽首镜但不见桃形四叶八凤镜。这似乎反映出镜背设计工艺的中断，仅在早期制镜中心仍有余绪。这涉及六朝铜镜地域风格的问题。

四　铜镜风格地域差异及产地问题——兼论铜镜所见文化交流问题

魏晋南北朝时期，南北铜镜类型差别十分显著，北方常见连弧纹镜、圈带铭文镜、直行铭文夔凤镜、规矩镜、兽首镜、飞鸟镜等[②]。如湖北随县唐镇三国墓出土的

---

① 岡村秀典：《後漢鏡における淮派と呉派》，《東方学報》京都第87册，2012。

② 徐苹芳：《三国两晋南北朝的铜镜》，《考古》1984年第6期。

飞鸟镜、直行铭文夔凤镜和菱云纹缘环状乳神兽镜，其镜类组合带有显著的北方特征[①]。相较汉以后北方黄河流域制镜业的衰退，汉末三国长江中下游铜镜制造业则兴盛一时。

汉末至六朝早期南方地区至少有两大制镜中心——会稽郡山阴（今浙江绍兴）和江夏郡武昌（今湖北鄂州）[②]，而鄂州出土神兽镜带有会稽工匠勒名这一点将这两大制镜中心紧密联系起来。俞伟超先生根据鄂城出土的“建安廿一年”铭“会稽所作”对置式神兽镜认为会稽山阴发展为铸镜中心的时间当不晚于汉末建安年间。孙权于魏黄初元年（220）都于武昌，鄂城铜冶及铸造业之盛自此展开，并引进会稽山阴的铸镜匠师“鲍氏”“陈氏”等在鄂城铸镜，如鄂城 M3017：1 重列式神兽镜铭写道“黄武六年（227）十一月丁巳朔七日丙辰会稽山阴作师鲍唐家在武昌思其少”[③]。其勒名产品多为神兽镜 A 型Ⅱ式镜、D 型镜和 C 型镜，这与浙江绍兴所见六朝神兽镜型式相似。但绍兴地区极少见 D 型镜，其与 A 型Ⅱ式镜的发展关系密切，虽数量不多但集中发现于鄂州，从纪年铭来看多制作于孙吴早期（黄初、黄武年间），可能是会稽镜工迁移至武昌后创制的样式。黄龙元年（229）孙权迁都回建业以后，这些会稽工匠可能仍留在武昌制镜，如鄂州所见“大师鲍豫”分别于黄龙二年和嘉禾五年所作重列式神兽镜，也可能因此鄂城晋墓中所见镜仍以 A 型Ⅱ式、C 型和 D 型神兽镜为主。

会稽山阴地区出土的铜镜大多失去了原有的墓葬信息，从镜式来看六朝镜以神兽镜 C 型和四叶镜 C 型为主。其中后者在长江中下游沿线均有不少发现，形制高度一致。比较特别的是金华古方砖瓦厂出土的儒家人物四叶八凤镜[④]（图二：6），以及黄岩秀岭水库和瑞安芦浦出土的方格八凤镜，这三件镜上的凤鸟刻画非常相似，而与其他的铜镜不同，具有本地制作的特点。方格外配置四组对凤的设计可能源于会稽派的画像镜。此外，浙江中部和东部东晋墓中较多地出土有多乳神佛镜，虽然鄂城、南京、长沙、赣州等地亦有零星出土，但从风格和分布来看，其产地应在浙江，可能是受到会稽镜浅浮雕画像镜主纹区以乳丁区隔、纹饰对置分布的影响，并且其还继续流行佛像题材。此外，东汉以来独立于尚方的“青盖”等制作的兽带镜、龙虎镜以及吴会、江淮地区的画像镜、龙虎镜等，到了六朝时期仍多见于江东、江淮地区。属于东汉广汉西蜀镜系的兽首镜、三段式神兽镜、方铭禽兽镜分布于长江中游和西南地区，极少见于长江下游地区。

随着汉文化的传播，汉六朝镜在海外亦有不少发现。镜背纹饰带有鲜明的产地风格，加上汉字镜铭，故而域外的汉六朝镜辨识度较高，很早就引起了学界关注。如越南南部金

---

① 湖北省文物管理委员会：《湖北随县唐镇汉魏墓清理》，《考古》1966 年第 2 期。
② 俞伟超：《汉末、东吴、两晋的鄂城铸造业》，《鄂城汉三国六朝铜镜·序》，文物出版社，1986。
③ 《鄂城六朝墓》附录 9《出土铜镜一览表》镜 110，《鄂州铜镜》镜 181。
④ 金华地区文管会：《浙江金华古方六朝墓》，《考古》1984 年第 9 期。

瓯角奥高遗址（Oc - eo），是一处3~6世纪扶南时期的海港遗址，发现有孙吴时期桃形四叶八凤镜的残片①，是海上贸易的见证。除了产品贸易流通，更重要的是制镜工匠和技术迁移，这就不得不提及中日学者关于日本古坟出土三角缘神兽镜及其制镜者来源问题的探讨。目前主要的意见有四种：魏镜说、倭镜说、魏镜延伸说（魏国铸、倭国定制或仿制魏晋）、渡日吴国工匠铸镜说②。关于这一问题已有近百年的研究，著述颇丰，仍未有定论，原因在于古坟镜（特别是早期古坟镜）带有源于大陆铸镜和本地因素的复合特征。大型镜的铸造本身对于当时的日本列岛来说无疑是技术上的飞跃，镜铭亦包含明确的三国魏年号或会稽工匠勒名，某种程度上可与文献中汉（魏）倭交往的记载相映证。然而三角缘神兽镜尺寸较大，形制上结合了平缘神兽镜的内区与斜缘镜的外区，在中国尚未发现类似镜例。日本古坟出土镜有形制相似的情况，存在同型镜或同范镜的可能，这一现象在汉六朝镜中亦未发现。目前古坟出土三角缘神兽镜，数量也远远超过魏明帝所赐“铜镜百枚”，且在铭文中未见到官方交往或关于特铸的信息。③ 笔者认为，三角缘神兽镜的出现并非源于数次官方往来，也不是单纯的产品输出，而是在长期以来大陆与日本列岛的官方和民间交往过程中，在汉文化对日本列岛的持续影响下形成的，其中不仅有产品输出，还可能存在技术传授或工匠迁移。弥生中期以来北九州地区的墓葬中已发现有舶来品的汉镜，并有着年代上的持续性。东汉以来高等级贵族单人随葬多件镜和大型镜的现象已不多见，而弥生时代的统治者则倾向于随葬多件大型、精美的汉式镜，古坟时代的三角缘神兽镜亦是如此。在海东，汉式镜及随葬镜的习俗存在一定滞后，是一个自然的过程。在此过程中，制镜技术也传播到日本列岛且被迅速接纳，而接纳的方式并非刻意追求汉镜的形制，而是基于当地人群的观念习俗进行了本土化改造：一方面，从外部传入的大型镜铸造技术迎合了当地统治者的喜好；另一方面，出现了尺寸较小、制作粗疏的仿制镜（倭镜）。有学者指出三角缘神兽镜根据纹饰和断面情况来看存在一个连续的演进过程，并与当地仿制三角缘神兽镜存在连贯性，说明制镜工匠可能属于同一系统。④ 在汉末丧乱的背景下，工匠自大陆迁移至日本列岛，大概与从北方流寓江南、从长江上游迁至下游的情况没有本质区别，东渡路线自战国以来早已形成。在这样的视角下，一方面应该探讨微观层面的镜匠迁移和互动、技术传播和变化以及地域风格特征，探究物的迁移是产品、技术还是人的迁移所导致的问题；另一方面也应从宏观层面关注汉晋之际周边地区对汉文化的接纳、吸收和本土化及其表现、程度和动因。

---

① 宿白：《考古发现与中西文化交流》，文物出版社，2012，第50页。

② 蔡凤书：《解读三角缘神兽镜》，载《东方考古》第5集，科学出版社，2010。

③ 关于三角缘神兽镜的产地问题，王仲殊先生根据样式和铭文认为三角缘神兽镜很可能是吴地工匠东渡日本列岛制作的产品，并详细阐明其与中国大陆出土汉晋铜镜的差异，这里援引了其中部分观点。相关论文收录于《王仲殊文集》第2卷，社会科学文献出版社，2014。

④ 王仲殊在《论日本“仿制三角缘神兽镜”的性质及其与所谓“舶载三角缘神兽镜”的关系》（《考古》2000年第1期）一文中引用新纳泉《権現山鏡群の形式学的位置》，《権現山51号墳》，1991。

总结——六朝铜镜的认识与研究

六朝青铜器继汉之后进一步世俗化和普及化，铜镜在日用器具领域成为青铜文化艺术的集中展示。六朝镜位于汉唐两大铜镜艺术高峰期之间，处于承前启后的转变阶段，带有鲜明的时代风格。这一时期南方铸镜业发达，并有着明确的制镜中心，铜镜在中外贸易和文化交往中作为物质、精神文化载体对周边地区产生影响。六朝铜镜整体上继承的是东汉时期南方铸镜业，产品类型以汉末兴起的神兽镜和四叶镜为主，镜背纹饰及制作工艺体现出汉文化的发展和延续，尽管传统汉式镜正渐入尾声。铸镜业在六朝前期仍相当兴盛，东晋以后有所衰退，无论是作为政治中心的建康还是铸镜中心的鄂城，东晋南朝墓中出土铜镜与此前的差距甚大，也与此后隋唐铸镜的繁荣发生断裂，映照出的是一个分裂、动荡、剧变和有些迷惘的时代。

每一件铜镜至少包含三方面的信息：镜类型式、铜镜制造业和社会历史文化。研究者们从各个角度探索的正是这些手工业制品背后的特定历史条件和文化背景，更微观的则是当时与这些产品有着或深或浅各种关联的人们的活动①。然而，由于出土资料的局限，相较于汉镜，六朝乃至魏晋南北朝铜镜研究仍显得不足。究其原因：一是尚未发现镜范等制镜遗存；二是六朝后期随葬铜镜骤减加之魏晋以来砖室墓盗扰严重；三是汉末三国的物质文化面貌相近导致辨别困难，六朝早期墓实际上随葬有相当数量的汉式镜或东汉镜；四是传统的金石学研究中，若无纪年则大多将六朝铜镜上归入汉或下归入隋唐。另外，六朝铜镜的相关研究至今仍停留于分期编年和现象阐述的阶段，对古代遗物的研究还应回归到解决历史问题的方向上。研究的突破一方面有赖于新资料的发现，另一方面研究理念和具体实践仍有进步空间。对三国魏晋镜的研究应置于汉镜的延长线上，基础的类型学研究还应进一步细化，这建立在对资料进行全面收集、系统整理的基础上。其中细致观察和记录是十分重要的，比如对钮孔形态及痕迹、镜背范痕、镜缘部形态等的观察，这是在目前缺失镜范资料的情况下探究制镜技术的唯一突破口。东汉中晚期以来，民间制镜业迅速发展，制镜工匠的活动范围和交流频率超过以往，因此引入产地分析和制镜谱系研究十分必要。比如对置式神兽镜中存在多种风格的纹样表现，是重要的年代和产地线索，由此能够更精

① 关于六朝铜镜的类型学和年代学研究，主要是徐苹芳、孔祥星、王仲殊、管维良、王士伦等中国学者，以及梅原末治、樋口隆康、冈村秀典等日本学者的研究，重点关注纪年镜提供的具体年代线索以及制镜者所提供的产地和谱系线索。关于铜镜制造业方面，主要是俞伟超、王仲殊、孔祥星等关于风格、分布及铭文所反映的制镜中心和工匠迁移问题的论述。关于社会历史文化方面，主要是中日学界关于吴镜和三角缘神兽镜所反映的文化交流问题的探讨、王仲殊对于吴镜铭文所反映孙吴政局的考察、日本学者林巳奈夫对于汉式镜（特别是神兽镜）纹饰的考察，以及中日学者关于用镜思想及习俗的探讨。除专题研究外，在断代考古、铜镜研究、青铜文化研究视域下也对六朝铜镜有过不同深度的研究，图像考释、铭文释读等成果体现于层出不穷的铜镜图录。出于篇幅考虑，此注略去敬称。

准地把握铜镜编年及背后的产品流通和人群迁移，探讨文化面貌之间关联的性质。西晋以后南北方随葬铜镜的质与量都有显著的下降，将汉唐两大制镜高峰之间的断裂简单归因于铜料稀缺和铜镜制造业的衰退是不充分的。在透彻地分析现有铜镜资料的基础上，探讨古代制镜技术及用镜观念的变迁，考察魏晋南北朝乃至整个汉唐时期铸镜业与其他手工业之间的关系、官私手工业之间的关系以及政治权力对手工业的影响等问题，这既是对古代遗物研究的突破性尝试，也是更大程度地复原和揭示古代社会历史。

附记：本文为中国博士后科学基金面上资助项目（2019M651883）和国家社科基金青年项目“三国两晋南北朝出土铜器的整理与研究”（19CKG010）研究成果之一，特此致谢。

（编辑：刘可维）

正统至天顺时期景德镇民窑瓷器考察

葛　彦

（中国社会科学院大学）

［摘要］ 在景德镇窑制瓷史上，正统至天顺属一承上启下的关键时期。此期民窑瓷器于海内外诸多遗址均有发现，以青花瓷数量最多，其余釉色品种瓷器相对鲜见。风气其主要呈现出仿元青花瓷器风格与仿官样风格两种倾向，反映了民间风气渐奢且上下等威之规范逐步松弛等情况。民窑青花瓷器的迅猛发展从此奠定了景德镇民窑以青花瓷为主的产品结构，并在器形与纹饰等方面对国内外诸窑均有所影响。

［关键词］ 正统至天顺；景德镇窑；民窑；青花瓷器

正统至天顺时期的景德镇窑瓷器向来是明代陶瓷研究的难点所在。由于此期御窑瓷器不书年款，以往学者对其难以辨别，乃至产生了“空白期”“黑暗期”之谬说，而此期民窑瓷器研究亦受其影响，面貌长期以来晦暗不明。直至20世纪80年代初，在王志敏先生发表系列研究成果后，此一情况才有所扭转。目前，随着正统至天顺时期景德镇民窑纪年瓷器及出土此期民窑瓷器的各类遗址不断发现，学界师友已纷纷展开研究。笔者亦不揣浅陋，拟对此略抒己见，以期于前人基础上有所突破。

一　正统至天顺时期景德镇民窑瓷器的考古发现

（一）窑址

据前辈学者调查，正统至天顺时期的民窑遗址为数众多，主要集中于景德镇市区、湖田与瑶里等地。具体言之，则有瑶里、银坑坞、内瑶、饶南及瓷都大桥北（原建材厂）等处[①]。不

① 高宪平：《明代正统·景泰·天顺三朝景德镇民窑瓷业研究》，景德镇陶瓷学院硕士学位论文，2014，第19～21页。

过，业经考古发掘，发现原生正统至天顺时期遗存的民窑遗址鲜少，仅落马桥、湖田及丽阳瓷器山三处。其中，落马桥窑址第三期出土较多具有正统至天顺时期特征的器物，且该期地层相间于元代中晚期地层与明代中期地层间，从层位学及类型学两方面证明了该期地层之时代确属正统至天顺时期[①]。湖田窑的瓷业生产于此时期已显衰落，出土遗物不甚丰富。不过，2015～2016年曾发现一件以青花书“天顺元年”铭的青釉钵，表明湖田窑于天顺年间确有烧造瓷器[②]。而丽阳瓷器山窑址则出土了大量此时期瓷器，以青花瓷最多，白釉、仿龙泉青釉、仿哥釉及紫金釉瓷次之[③]。

（二）墓葬

目前已出土的带有正统至天顺时期景德镇民窑瓷器的墓葬为数众多，据笔者统计，仅纪年墓葬便多达二十三座，平民墓与贵族墓数量相当[④]。其中，平民墓多位于景德镇邻近地区。而贵族墓的分布范围较广。出土民窑瓷器以寻常器物为主，偶见仿官样风格瓷器，譬如湖北钟祥明正统六年（景泰二年）朱瞻堉夫妇合葬墓出土四件青花缠枝花卉纹带盖梅瓶及两件白釉描金刻龙纹高足杯[⑤]，湖北武汉明正统十二年朱孟炤墓出土三件青花云龙纹盘[⑥]。

（三）城址

出土正统至天顺时期景德镇民窑瓷器的城址数量颇丰，这其中不仅有作为当时首都的南、北二京，亦有区域中心城市的成都与桂林，以及普通城市的宁波与保定等地，几乎覆盖了明朝统治下的全部疆域。此外，据卢泰康先生统计，日本的冲绳和本岛、菲律宾、印度尼西亚、马来半岛、泰国、印度、埃及、肯尼亚、坦桑尼亚及马达加斯加等广大海外地区均有发现此时期民窑瓷器[⑦]。另据近年新刊布资料，韩国、伊朗及阿联酋等地亦见出土[⑧]。由此可见，此时期景德镇民窑瓷器已初步实现“器成天下走”的局面。

（四）沉船

出水有正统至天顺时期景德镇民窑瓷器的此时期沉船目前见有皇家南海号、潘达南

---

① 翁彦俊：《2012—2013年度景德镇市红光瓷厂窑址考古发掘成果》，《陶瓷考古通讯》2013年第1期。

② 李育远等：《景德镇湖田古瓷窑址考古新发现》，《陶瓷考古通讯》2016年第2期。

③ 故宫博物院等：《江西景德镇丽阳瓷器山明代窑址发掘简报》，《文物》2007年第3期。

④ 参见葛彦《正统至天顺时期景德镇窑瓷器研究》，中国社会科学院大学硕士学位论文，2019，第58～67页。

⑤ 湖北省文物考古研究所等：《梁庄王墓》，文物出版社，2007，第71～85页。

⑥ 武汉市文物考古研究所等：《武汉江夏二妃山明景陵王朱孟炤夫妻墓发掘简报》，《江汉考古》2010年第2期。

⑦ 卢泰康：《海外遗留的明初陶瓷与郑和下西洋之关系》，载《郑和下西洋国际学术研讨会论文集》，稻乡出版社，2003，第219～257页。

⑧ 金美京：《在韩国发现的明清瓷器的分期与特征》，载《徐苹芳先生纪念文集》，上海古籍出版社，2012，第301～332页；赵冰等：《阿拉伯联合酋长国哈伊马角酋长国佐尔法·努杜德港口遗址出土中国瓷片》，《文物》2014年第11期；故宫博物院考古研究所等：《英藏威廉姆森波斯湾北岸调查所获的中国古代瓷片》，《文物》2019年第5期。

号、会安号及西昌岛3号四艘[①]。此时期沉船所载陶瓷器以东南亚地区产品居多，景德镇民窑瓷器数量与之相去甚远。尤其值得注意的是，考古人员于皇家南海号沉船船尾的船板下发现六件景德镇民窑青花碗，出土位置十分隐蔽且不同寻常，尤显珍贵。而潘达南号沉船出水的景德镇窑瓷器除正统至天顺时期产品外，尚见四件元代瓷器，其中两件为青花瓷，亦颇值关注。

综合上述考古资料，在对其统计后可知，正统至天顺时期景德镇民窑瓷器之釉色品种包括青花、釉里红、青花釉里红、素三彩、红绿彩、白（青白）釉、青釉、仿哥釉、酱釉等，另见有或为此时期生产的蓝釉瓷器。这其中以青花瓷数量最多，其余釉色品种相对鲜见。而器物类别则包括碗、盘、杯、壶、罐、炉、瓶、俑及各类文房用器与特殊器。

二　正统至天顺时期景德镇民窑瓷器的风格

如前所述，正统至天顺时期景德镇民窑瓷器以青花瓷最为多见，其余彩瓷及颜色釉瓷器相对鲜见，故笔者以为在对此时期民窑瓷器进行风格分析时当以青花瓷为主要研究对象。

（一）正统至天顺时期景德镇民窑瓷器风格分析

1. 仿元青花瓷器风格

最能反映正统至天顺时期民窑瓷器仿元青花瓷器风格的是梅瓶与罐，此类器物纹饰丰富，包括植物纹、动物纹及人物纹等。这其中尤以一类饰鱼藻纹者与元青花瓷器最为相像，譬如大阪市立东洋陶磁美术馆藏元青花鱼藻纹罐和中国国家博物馆收藏的一件青花鱼藻纹罐（图一）[②]。而孔雀纹在元代以后长期不见于景德镇窑，直至正统至天顺时期方才再次出现，亦当注意。另此时期民窑瓷器中有一类器心以青花书“福”或“寿”字者颇为常见，此种装饰当亦是习自元青花瓷器，西沙群岛石屿二号沉船即出水有数例器心书“寿”字的元青花小杯[③]。此外，北京故宫博物院与山西博物院分别收藏有一件附天顺纪年的青花波斯文三足炉，文字内容据研究系波斯诗人萨迪于13世纪创作的《果园》，书写流畅[④]，而在此之前饰波斯文者仅见一批元青花瓷器[⑤]。

---

① Roxanna Maude Brown, *The Ming Gap and Shipwreck Ceramics in Southeast Asia: Towards a Chronology of Thai Trade Ware*, Bangkok: The Siam Society under Royal, 2009, pp. 23－50；陈冲：《沉船所见景德镇明代民窑青花瓷》，《考古与文物》2017年第2期。

② 中国国家博物馆：《中国国家博物馆馆藏文物研究丛书·瓷器卷（明代）》，上海古籍出版社，2007，第68～69页。

③ 中国国家博物馆水下考古研究中心等：《西沙群岛石屿二号沉船遗址调查简报》，《中国国家博物馆馆刊》2011年第11期。

④ 上海博物馆：《灼烁重现：15世纪中期景德镇瓷器特集》，上海书画出版社，2019，第355～357页。

⑤ 谢明良：《元代青花瓷备忘录》，载《幽蓝神采——2012上海元青花国际学术研讨会论文集》第1辑，上海古籍出版社，2015，第12～30页。

1

2

图一

1. 大阪市立东洋陶磁美术馆藏元青花鱼藻纹罐；2. 中国国家博物馆藏正统至天顺青花鱼藻纹罐

器形方面，譬如江西景德镇明景泰七年袁龙贞墓出土的青花折枝花卉纹连座三足鼎式炉，即与江西萍乡福田乡窖藏出土的元青花器近似①。此一形制瓷炉除元青花瓷器以外，几乎不见于其余正统以前瓷器。另有一类流行于元代的双耳瓶亦于正统至天顺年间复兴②。此外，浙江嘉兴明天顺七年包氏夫妇合葬墓出土的素三彩船模不容忽视③。瓷船模创烧于元代，至明代再次流行，而嘉兴出土的素三彩器则是目前所见明代诸器中时代最早者（图二）。

1

2

图二

1. 广州市文物总店藏元青花船模；2. 浙江嘉兴明天顺七年包氏夫妇合葬墓出土正统至天顺素三彩船模

---

① 欧阳世彬、黄云鹏：《介绍两座明景泰墓出土的青花、釉里红瓷器》，《文物》1981 年第 2 期；张柏：《中国出土瓷器全集・江西》第 14 辑，科学出版社，2008，第 129 页。

② 参见葛彦《正统至天顺时期景德镇窑瓷器研究》，中国社会科学院大学硕士学位论文，2019，第 78 ~ 80 页。

③ 行一、平一：《明天顺墓出土的素三彩瓷船》，《南方文物》1993 年第 3 期。

2. **仿官样风格**

《明实录·英宗实录》载："正统三年十二月乙丑，命都察院出榜，禁江西瓷器窑场烧造官样青花白地瓷器于各处货卖及馈送官员之家，违者正犯处死，全家谪戍口外。"①以往学者已据此指出此时期民窑瓷器有着仿明早期官窑瓷器的倾向，传世及出土实物的确印证了这一推测。譬如前揭朱瞻垍夫妇合葬墓出土的青花缠枝花卉纹带盖梅瓶与永乐及宣德官窑同类器相像；湖北武汉明成化七年朱季□夫妇合葬墓出土的"天顺年置"铭青花云龙纹碗与一类宣德御窑青花云龙纹碗近似②；香港中文大学文物馆藏有一件青花莲池纹碗与宣德御窑同类器别无二致（图三），仅碗心莲池纹绘制略显粗率③，前揭蜀王府遗址亦曾出土类似器物；浙江省博物馆曾展出一件青花应龙纹罐，其应龙纹绘法与正统至天顺时期御窑生产的一类花盆相差无几，仅将四爪改作三爪④。

1　　2　　3　　4

图三

1、2. 台北故宫博物院藏宣德青花莲池纹碗；3、4. 香港中文大学文物馆藏正统至天顺青花莲池纹碗

① 《明实录·英宗实录》卷四十九，（台北）"中央研究院"历史语言研究所校印本，1962，第946页。

② 蔡路武：《湖北明代"空白期"瓷器研究》，《文物天地》2016年第11期。

③ 江西省博物馆、香港中文大学文物馆：《江西元明青花瓷》，香港中文大学文物馆，2002，图版23。

④ 浙江省博物馆：《瓷典·徐龙珍藏历代名瓷》，荣宝斋出版社，2006，第76~77页。

此外，所谓“官样”不仅系指御窑瓷器的具体纹样，还应包括为皇室及贵族所垄断的纹饰主题。检索明早期有关“官样”的文献，正统三年以前仅见洪武时期对此有明确规定。《明实录·太祖实录》载：“洪武三年八月丁丑，诏中书省申禁官民器服不得用黄色为饰，及彩画古先帝王、后妃、圣贤人物故事、日、月、龙、凤、狮子、麒麟、犀、象之形，如旧有者，限百日内毁之。”① 洪武六年，朝廷因“近者，官民渐生奢侈，踰越定制，恐习以成风，有乖上下之分”，故再次重申上述禁令，并补充“朱红”“宫禁故事”“稜金”与“描金”等违禁装饰，又明确了“官自一品至六品穿四爪龙”之规定②。永乐年间，成祖曾明确下令将“旧定官民冠服器皿制度绘为书册”③。而至正统十二年，英宗仍谓：“官民服饰皆有定制，今闻有僭用织绣蟒龙、飞鱼、斗牛及违禁花样者。”④ 表明至正统十二年，官样仍延续洪武旧制。综言之，此时期官样纹饰主题应至少包括古先帝王、后妃、圣贤人物、宫禁故事、日、月、龙、凤、狮子、麒麟、犀、象、蟒龙、飞鱼、斗牛等，大体可分为人物纹与动物纹两类。而传世及出土正统至天顺时期民窑瓷器中却屡见绘上述纹饰主题者。

相较于数量庞大的违禁动物纹民窑瓷器，绘人物纹者实不常见，北京艺术博物馆收藏有一例访贤图罐，绘“文王访贤”及“三顾茅庐”两组纹饰⑤，属古先帝王及圣贤人物类；而上海博物馆及荷兰公主瓷器博物馆则各自收藏有一件仕女图罐，绘仕女琴、棋、书、画及洞箫、琵琶、戏曲、蹴鞠图，属后妃及宫禁故事类⑥。动物纹器中则以饰犀牛、麒麟及狮子纹者最为多见，前揭国内外数处城址多有出土，托普卡比萨莱博物馆与阿德比尔神庙亦见收藏⑦。而凤纹器则可见于前揭蜀王府遗址及潘达南号沉船。此外，此时期宗室墓葬出土诸多民窑青花五爪龙纹器亦属一不容忽视的现象。

（二）正统至天顺时期景德镇民窑瓷器风格之成因

1. 仿元青花瓷器风格

四川成都明宣德十年朱友壎墓出土一件青花莲池纹碗⑧，其制作时代当不晚于宣德十年，系目前所见具有明确纪年信息的明代民窑青花瓷中时代最早者⑨。陈冲女士据此指

---

① 《明实录·太祖实录》卷五十五，第 1079 页。

② 《明实录·太祖实录》卷八十一，第 1462～1464 页。

③ 《明实录·太宗实录》卷九十，第 1190～1191 页。

④ 《明实录·英宗实录》卷一百四十九，第 2925 页。

⑤ 王莉英：《中国陶瓷全集·第十二卷·明》（上），上海人民美术出版社，1999，第 115 页。

⑥ 汪庆正等：《胡慧春先生王华云女士捐赠瓷器精品选》，上海博物馆，1989，第 47～49 页；Eva Strober, *Ming Porcelain for a Globalised Trade*, Stuttgart: Arnoldsche Art Publishers, 2013, p12.

⑦ Regina Krahl, *Chinese Ceramics in the Topkapi Saray Museum Istanbul II Yuan and Ming Dynasty Porcelains*, London: Sotheby's Publication, 1986, p640, 646, 647; John Alexander Pope, *Chinese Porcelains from the Ardebil Shrine*, Baltimore: The Lord Baltimore Press, 1956, p73.

⑧ 成都市文物考古研究所：《成都明代蜀僖王陵发掘简报》，《文物》2002 年第 4 期。

⑨ 另唐英学社“藩府佳器 明代正统景泰天顺三朝景德镇窑业特展”中曾展出一件传江西景德镇景德禅寺旧址出土的书“……静吉。大明宣德拾年岁次乙卯年制”铭文的青釉青花暗刻缠枝莲纹净水钵残片。

出以往认为属洪武、永乐年间生产的民窑青花瓷器应为正统至天顺时期产品，最早不过宣德[①]。笔者亦认同景德镇民窑于明初未曾烧制青花瓷的观点，至于其始烧的具体时间点则尚待研究。不论如何，及至宣德末年，绝大多数民窑窑工当不具备生产青花瓷的经验，更遑论延续元青花瓷器的风格。故笔者推测此时期窑工当是通过某种途径得以见到流传于世的元青花瓷器，如此方能对其进行模仿。至于这一风格产生的根本原因则应与瓷器的消费者有关。学界公认，元青花瓷器的消费者主要来自汉、蒙古及穆斯林三大群体，故为迎合三者需求，其在纹饰及器形等方面深受三者影响[②]。而正统至天顺时期景德镇民窑瓷器的消费者仍不外乎上述三者，故笔者以为通过文化因素分析法来研究仿元青花瓷器风格产生的原因当是行之有效的。

汪庆正先生曾指出："元青花的图案纹饰基本上是中国的传统文化。"[③] 而正统至天顺时期对元青花瓷器的模仿应视作宋元以来汉文化传统的延续。譬如元青花瓷器上的动物、植物、人物纹，施静菲女士即认为此类带有吉祥意味的纹饰或只是与屏风及绘画一样作装饰用[④]，而正统至天顺时期当不例外。至于蒙古文化的影响，笔者未见较为明确的实证。不过，墓葬及窑址均出土有饰八思巴文的此时期龙泉窑青瓷[⑤]，故蒙古文化对瓷器的影响仍不容忽视。而伊斯兰文化于瓷器上的体现，则以前揭两件青花波斯文三足炉最具代表性，其反映了书波斯文的民窑瓷器于当时具有一定的市场，甚至需要窑场专门聘请熟谙波斯文的匠人参与生产。此时期民窑瓷器受伊斯兰文化的影响，由此可见一斑。

2. **仿官样风格**

据前文罗列的正统至天顺时期仿官样风格民窑青花瓷器看来，完全模仿官样的器物甚少，大部分此类瓷器仅仅是吸纳了些许官样的元素。即便是前文列举的诸例模仿程度较高的器物，亦无一与官窑器完全相同。故笔者以为正统三年朝廷对于"官样青花白地瓷器"的禁令影响深远，此批器物不仅数量不甚丰富，模仿程度亦有限，总体而言事属初萌，情势尚微。

至于僭用官式纹饰主题者，则情况相对复杂。前揭人物纹违禁瓷器稀少之情况，当是由于此时期民窑瓷器多绘神仙人物及文人行旅图，不在禁限[⑥]。而违禁动物纹瓷器则如前

---

① 陈冲：《沉船所见景德镇明代民窑青花瓷》，《考古与文物》2017 年第 2 期。另笔者推测民窑青花瓷于明初断烧或不仅与以往学者提到的青料获取困难有关。结合前引正统三年有关民窑仿烧"官样青花白地瓷器"之禁令看来，此或是明初礼俗改革的一部分，系为扭转元代社会官民器服"贵贱不分，服色混淆，尊卑无别"之情况的一种应对措施。此备一说，以求后证。

② 陈克伦：《多元文化因素对元瓷造型影响简论》，《中国陶瓷全集・元》（上），上海人民美术出版社，2000，第 17～25 页。

③ 汪庆正：《青花釉里红・前言》，上海博物馆、两木出版社，1987，第 1～17 页。

④ 施静菲：《元代景德镇青花瓷在国内市场中的角色和性质》，《"国立"台湾大学美术史研究集刊》2000 年第 8 期。

⑤ 江西省文物考古研究所等：《江西金溪秀谷明代纪年墓发掘简报》，《文物》2017 年第 12 期；浙江省文物考古研究所等：《龙泉大窑枫洞岩窑址》，文物出版社，2015，第 666 页。

⑥ 谢玉珍：《明初官方用器人物纹的意涵》，《故宫学术季刊》2007 年第 1 期。

所述，以饰犀牛、麒麟与狮子纹者最为多见。值得注意的是，不独瓷器，文献中屡见官员僭用上述纹样服饰的记载[①]。《大明律》中对于官民服舍违式的处罚分为“违式”与“违禁”两种[②]，明人雷梦麟对此解释道：“各有等第，所谓式也。龙凤纹，上御之物，官民并不许用，所谓禁也。”[③] 并明确指出二者于严重性上的截然不同。犀牛、麒麟及狮子纹本就是供贵族及官员使用，在等级上自然与为皇室垄断的龙凤纹大异其趣，故绘此类纹饰的民窑瓷器数量远多于饰龙凤纹者当缘于此。不过，凤纹虽自元代起便与五爪龙纹并列，严禁官民使用，但管理始终不如五爪龙纹严格，所以此时期民窑烧造的凤纹器于各地遗址均可见到。而唯有五爪龙纹器仅见于宗室墓，未有泛滥，但部分郡王以下宗室已开始僭用，譬如前揭出土“天顺年置”款青花云龙纹碗的朱季□夫妇合葬墓，墓主为镇国将军；湖北武汉明正德四年朱均钵夫妇合葬墓出土有一例正统至天顺时期的青花海水龙纹高足碗，墓主为辅国将军[④]。《李朝实录·世祖实录》载：“金何启曰：‘臣在世宗朝，累赴京师，详考《大明集礼》。皇帝衮龙袍上，左肩有日，右肩有月，自皇太子、亲王、郡王衮龙袍上，皆用五爪龙。’”[⑤] 据此可知，宗室中仅亲王及郡王有资格使用五爪龙纹，而数量更为庞大的郡王以下宗室则不得用之，故前揭两例宗室墓中出土五爪龙纹器显然属于僭越。结合天顺年间，权臣石亨亦曾僭用龙凤纹器物之情况[⑥]，可知此时期违禁使用龙凤纹于上层社会并非个例。

然而，此类民窑烧造的青花五爪龙纹器不仅出土于以上不具备使用资格的低级别宗室墓中。如前所述，其于亲王及郡王墓中亦有所见。作为五爪龙纹瓷器的合法使用者，亲王及郡王使用民窑五爪龙纹瓷器之原因当在于他们虽具备五爪龙纹器的使用资格，却不得随意烧造[⑦]。朝廷确曾赏赐各地亲王及郡王五爪龙纹瓷器，譬如前揭朱瞻堉夫妇合葬墓与蜀王府遗址均出土有青花五爪龙纹高足碗，属御窑制品。不过，据文献及考古资料看来朝廷下赐诸王的御窑瓷器并不丰富，且诚如张科先生所言，诸王虽可向朝廷请旨自造龙袍，但五爪龙纹瓷器由于并非受赏之物中的定项，诸王也就缺乏请旨自造的托词。故在不得朝廷赏赐，亦不得朝廷批准自造的情况下，宗室只得委托民窑烧造五爪龙纹瓷器，实属僭越。

其实，正统至天顺时期，朝廷屡颁禁令，其范围涉及服饰、舆马及屋宇等诸方面，且这一现象早已为明史学界所关注。邱仲麟先生据此认为明代出现社会变异的时间在正统年间，风气变动虽主要在夷夏之防上，但也开始有服制僭越之事，多见于贵戚及武人。至景泰、天顺时期，因土木堡之变，政府将主要精力用于对付外患，对内的控制力

---

① 《明英宗实录》卷十七，第337~340页；卷一百七十五，第3371页。

② 《大明律》卷十二《礼律二》，辽沈书社，1990，第93页。

③ 雷梦麟：《读律琐言》卷十二《仪制》，台湾学生书局，1986，第487~488页。

④ 蔡路武：《湖北明代“空白期”瓷器研究》，《文物天地》2016年第11期。

⑤ 《李朝实录·世祖实录第一》卷三，学习院东洋文化研究所，1957，第68~69页。

⑥ 《明英宗实录》卷三百一十二，第6545页。

⑦ 张科：《明代五爪龙纹瓷的使用及相关问题》，《东南文化》2018年第4期。

必有所放松，上下等威的规范于上层社会已开始松弛①。而结合民窑僭造的五爪龙纹器于此时期仅见于宗室相关遗址及目前已知明代最早的堂名款瓷器或属蜀王府订烧等情况看来②，宗室在明代奢侈僭越之风中无疑起到了引领作用。《（万历）汾州府志》载："惟是宗室繁衍，渐流怙侈，民间效尤，竞务奢靡。"③《（万历）潞安府志》又载："夫今郡俗之靡，正以士庶而效王公之仪节耳。"④ 两处方志的记载均反映了此一情况。至于原因，则可能与此时期朝廷相对弱势的态度有关，譬如《明实录·英宗实录》即载："正统元年九月己未，宁王权以冠服损弊请于朝。上以有司所造或未称王意，令具材送至王所，听王自制。"⑤

三　正统至天顺时期景德镇民窑瓷器的影响

（一）正统至天顺时期景德镇民窑对后世民窑的影响

如前所述，正统至天顺时期民窑瓷器以青花瓷所见最多，其余釉色品种瓷器相对鲜见。青花瓷于元代景德镇窑诸产品中所占比例甚小，落马桥窑址元代地层出土的青花瓷残片仅占所有标本的1.8%⑥，而到正统至天顺时期青花瓷已取代白瓷成为景德镇窑的主流产品，并由此确立了景德镇民窑以青花瓷为主的产品结构。

青花瓷于正统至天顺时期价格当较为昂贵。据《皇明条法事类纂》记载，成化十四年，浮梁县人方敏招共凑银六百两，购得青白花碗、碟、盆、盏等项瓷器共两千八百件，用于走私⑦，算得平均每件价格高达0.21两白银。这尚且是民窑青花瓷器产量已有所提升的成化时期的产地直销价，正统至天顺时期民窑青花瓷器于北京及江南等发达地区想必更为昂贵。不过，此时期青花瓷却远较白瓷及龙泉窑青瓷畅销，甚至见有"中国虽穷村茅店，咸用画器"⑧ 之夸张描述，一定程度上反映了人们已开始追求器用的美观，较之明初"民风质实朴约，室庐服食率卑隘菲恶，无大文饰"⑨ 之情况有所改变。《李朝实录》中屡

① 邱仲麟：《从禁令屡申看明代北京社会风气的变迁过程》，《淡江史学》1992年第4期；邱仲麟：《明代北京的社会风气变迁》，《大陆杂志》1994年第3期。
② 陆明华：《明正统、景泰、天顺景德镇瓷器及相关问题》，载《灼烁重现：15世纪中期景德镇瓷器特集》，上海书画出版社，2019，第9~25页。
③ 《（万历）汾州府志》卷二《地理》，《原国立北平图书馆甲库善本丛书》第340册，国家图书馆出版社，2013，第291页。
④ 《（万历）潞安府志》卷九《政事》，山西古籍出版社，2006，第195页。
⑤ 《明实录·英宗实录》卷二十二，第448页。
⑥ 徐文鹏：《景德镇落马桥红光瓷厂窑址出土元代瓷器分期研究》，北京大学硕士学位论文，2014，第23页。
⑦ 戴金：《皇明条法事类纂》卷二十《户部类》，《中国珍稀法律典籍集成·乙篇》第4册，科学出版社，1994，第902~905页。
⑧ 成伣：《慵斋丛话》卷十，东方文化书局，1971，第251页。
⑨ 《（隆庆）仪真县志》卷十一《风俗考》，上海古籍出版社，1981，第387页。

见大臣将“画器”视作奢侈之风的象征[①]。朝鲜如此，中国当亦然，明初曹昭即谓青花瓷“俗甚”[②]。当然，明早期景德镇官窑以青花瓷为主的产品结构，即皇家对于青花瓷的偏好对民间应有所影响。而随着社会经济的发展，青花瓷的普及度进一步提高，且纹饰愈加精美，此与明代渐奢的社会风气大致相符。

（二）正统至天顺时期景德镇民窑对国内外诸窑的影响

龙泉大窑枫洞岩窑址曾出土数例以人物纹为饰的器物，据出土地层来看系正统至成化年间产品[③]。枫洞岩窑址在正统以前未见烧造饰人物纹的器物，人物纹的出现应是受到景德镇窑的影响。刘净贤女士据此推测大英博物馆收藏的龙泉窑青釉辅首尊属同一时期产品[④]，而该器器形又与一类元青花辅首尊近似，恰正统至天顺时期景德镇民窑亦曾仿制此类产品。故笔者推测龙泉窑之所以生产此类辅首尊当是受同时期景德镇民窑仿元青花瓷器风格之影响。除此之外，北京故宫博物院收藏有一件明龙泉窑青釉绣墩，绣墩面饰犀牛纹，辅以杂宝纹[⑤]，此种纹饰当亦是习自景德镇民窑青花瓷器。

至于磁州窑，则可见四川平武明天顺八年王玺墓出土的一件白地黑花人物纹盖罐。郭学雷先生曾指出元代同类罐中未见饰人物纹者，且器形亦有所不同[⑥]，该器所绘人物纹风格与同期景德镇民窑产品相近，应是受后者影响。

云南建水、禄丰及大理等地曾大量出土一类本地生产的青花罐。施静菲女士注意到云南禄丰黑井火葬墓出土的一件人物纹罐器肩饰锦地开光纹与正统至天顺时期景德镇民窑青花罐颇为相似（图四）[⑦]，而笔者另见有一例肩部饰亭台楼阁纹的青花罐[⑧]。学界公认云南青花瓷在发展过程中深受景德镇窑的影响[⑨]，而不论是锦地开光纹，抑或亭台楼阁纹，均不见于正统以前景德镇窑瓷器。且云南剑川确有出土正统至天顺年间民窑生产的仿元青花瓷器风格盖罐[⑩]，又洪武以后景德镇窑窑工便陆续迁入云南生产瓷器[⑪]，故此类云南青花瓷之时代当不早于正统。

除上述国内诸窑以外，正统至天顺时期景德镇民窑瓷器之影响更是远及海外。此时期

---

① 《李朝实录·成宗实录第一》卷五十五，学习院东洋文化研究所，1957，第498～499页；《李朝实录·中宗实录第一》卷十二，第396～397页。

② 曹昭：《新增格古要论》卷七《古窑器论》，商务印书馆，1939，第157页。

③ 浙江省文物考古研究所等：《龙泉大窑枫洞岩窑址》，文物出版社，2015，第292、366、417、420、549页。

④ 刘净贤：《元明时期龙泉青瓷装饰中的戏曲故事元素探讨》，《故宫博物院院刊》2018年第1期。

⑤ 故宫博物院等：《天下龙泉：龙泉青瓷与全球化》卷二《国家公器》，故宫出版社，2019，第296～299页。

⑥ 郭学雷：《明代磁州窑瓷器》，文物出版社，2005，第51～55页。

⑦ 杨道敏等：《中国陶瓷全集·29·云南陶瓷》，上海人民美术出版社，1985，图版78。

⑧ 云南省博物馆：《云南省博物馆馆藏精品全集·瓷器》下，云南人民出版社，2012，第122～123页。

⑨ 施静菲：《云南地区青花瓷器的变迁——兼谈其与江西景德镇和越南青花瓷的关连》，《“国立”台湾大学美术史研究集刊》2008年第25期。

⑩ 大理白族自治州博物馆：《大理白族自治州博物馆馆藏文物精粹》，云南人民出版社，2013，图版44。

⑪ 参见云南华宁出土的一方《重建慈云寺功德碑》，载于葛季芳《景德镇瓷器在云南及其影响》，《景德镇陶瓷》1992年第2期。

图四　云南禄丰黑井火葬墓出土云南青花人物纹盖罐

流行的亭台楼阁纹于日本被称作"云堂手"，而传世品中则见有绘亭台楼阁纹的19世纪日本青花瓷（图五：1）①。而前揭器肩饰锦地开光纹的特征可见于一类越南青花罐（图五：2）②。韩国广州樊川里9号官窑遗址亦出土有一件以青花绘锦地开光海马纹的器盖残片（图五：3）③。至于此时期流行的人物纹之影响更是甚于锦地开光纹，其中高士图可见于越南及朝鲜青花瓷上④。而巴斯东亚艺术博物馆收藏有一件刀马人物纹马达班罐（图五：4）⑤，其纹饰与正统至天顺时期民窑器近似。另泰国卡隆窑窑址出土一件白地黑花犀牛纹盘（图五：5）⑥，以往学者多提到泰国诸窑曾受磁州窑系影响，然此类器物的出土表明其亦受景德镇窑影响。

此外，正统十二年，英宗下令不许私将青花瓷器卖与外夷使臣⑦。该禁令或是针对朝鲜等邻国，故其甫一发布，朝鲜世宗便下令禁断两国瓷器贸易⑧。再结合《李朝实录》中直至天顺五年方见朝鲜烧造官窑青花瓷器之记载及目前所见年代最早的朝鲜青花瓷器时代

---

① 京都国立博物馆：《特別展覧会 京焼—みやこの意匠と技—》，京都国立博物馆，2006，第204页。

② Abu Ridho, *The World's great Collections Oriental Ceramics Vol. 3 Museum Pusat, Jakarta*, New York: Kodansha International LTD, 1982, p48.

③ 金恩庆：《韩国出土十五世纪明青花研究——兼谈黑暗期与朝鲜青花瓷相关议题》，《填空补白Ⅱ考古新发现明正统、景泰、天顺御窑瓷器》，香港中文大学文物馆，2019，第458～495页。

④ 香港东方陶瓷学会等：《东南亚瓷与中国出口瓷展览目录》，香港艺术馆，1979，第195页；相贺昌宏：《世界陶磁全集·李朝》19，小学馆，1980，第60～61页。

⑤ Brian McElney, *Chinese Ceramics & The Maritime Trade Pre－1700*, Bath: The Museum of East Asian Art, Bath, 2006, p122.

⑥ 相贺昌宏：《世界陶磁全集·南海》16，小学馆，1984，第185页。

⑦ 《明英宗实录》卷一百五十八，第3074页。

⑧ 《李朝实录·世宗实录第三》卷一百一十九，学习院东洋文化研究所，1956，第599页。

1

2

3

4

5

图五

1. 京都国立博物馆藏日本青花亭台楼阁纹茶碗；

2. 印尼南苏拉威西出土越南青花麒麟纹罐；3. 韩国广州樊川里 9 号官窑遗址出土朝鲜青花海马纹器盖；

4. 巴斯东亚艺术博物馆藏酱釉贴塑刀马人物纹马达班罐；5. 泰国卡隆窑遗址出土泰国白地黑花犀牛纹盘

上限不过成化三年之情况推断①，明政府对青花瓷器走私贸易的限制或是促使朝鲜王室自置官窑烧造瓷器的原因之一。另以往学者已推测朝鲜青花瓷器或存模仿宣德御窑青花瓷器

① 金美京：《在韩国发现的明清瓷器的分期与特征》，载《徐苹芳先生纪念文集》，上海古籍出版社，2012，第 301～332 页。

的倾向①，而前文列举的朝鲜青花高士图梅瓶及金恩庆女士提及的月亮与星宿纹和锦地开光海马纹则反映了正统至天顺前后的民窑瓷器亦对朝鲜青花瓷有所影响。不仅如此，韩国京畿道广州樊川里官窑遗址甚至出土有正统至天顺时期的民窑青花瓷器②，说明此时期民窑瓷器确曾被朝鲜官窑用作粉本。

四 结语

就各遗址出土及传世实物看来，正统至天顺时期景德镇民窑持续生产，烧造数量颇丰，瓷器质量亦优。这其中以青花瓷数量最多，其他釉色品种瓷器相对鲜少。就器物流布范围看来，此时期民窑瓷器已初步实现“器成天下走”的局面。至于器物风格，此时期民窑青花瓷器大致呈现出仿元青花瓷器及仿官样两种倾向。其中仿元青花瓷器风格的流行或与来自汉、蒙古及伊斯兰诸文化消费者之需求不无联系，而仿官样风格器物的出现则反映了此时期社会上下等威的规范已现松弛。青花瓷于此期的大发展影响深远，景德镇民窑从此确定了以青花瓷为主的产品结构，这在相当程度上与民间渐奢的风气有关，且对同时期及稍后国内外诸窑在器形与纹饰等方面均有所影响。

附记：本文系于笔者硕士学位论文基础上修订而成，承导师故宫博物院王光尧研究员悉心指导，谨此致谢！

（编辑：黄洋）

① 李伶美：《明代青花瓷器与朝鲜早期青花瓷器的关系》，《文艺争鸣》2010年第14期。

② 金恩庆：《韩国出土十五世纪明青花研究——兼谈黑暗期与朝鲜青花瓷相关议题》，《填空补白Ⅱ考古新发现明正统、景泰、天顺御窑瓷器》，香港中文大学文物馆，2019，第458～495页。

区域历史文化

郑和与南京牛首山

王志高

（南京师范大学文博系）

［**摘要**］宣德元年（1426），郑和到南京牛首山游览兜率崖、辟支佛洞，仅是发愿捐建佛窟寺，并未在兜率崖大造佛寺。宣德四年郑和为佛窟寺捐印《大藏尊经》，是之前发愿奉施的系列活动之一。郑和在牛首山的诸多佛事活动，不仅仅是他崇教的需要，更大的可能则是为身后计。郑和的坟寺可以确认就是佛窟寺统领的敕赐小刹广缘寺，约在今牛首山西南麓之大世凹南。广缘寺的开山住持僧无为是无涯永禅师的徒孙，也是宗谦及郑和的徒子辈。宣德八年，奉诏到南京公干的御用监太监王瑾，除前往太仓“封西洋宝船”外，还可能参与处理了郑和的葬事。

［**关键词**］郑和；牛首山；佛窟寺；广缘寺；王瑾

金陵南郊的牛首山“泉石清奇，草木伟秀”①，又是佛教“牛头禅”的发祥地，遂有“金陵镇山”② 之称，并成为南京历史上最负盛名的游览胜地之一。明人称“金陵多佳山，其可游者称牛首山为最”③，或称“金陵诸名胜甲江南，而世传牛首山为最”④，甚至有谓“不陟牛首，不为宦建业”者⑤。更令人感兴趣的是，明代伟大的航海家郑和与牛首山颇多渊源。郑和的葬地及坟寺就在今弘觉寺西南二里的大世凹一带，郑和还曾游览牛首山兜率崖、辟支佛洞，且捐建、施经佛窟寺。关于郑和的葬地，笔者已有专文讨论⑥。本文再就其他相关问题展开分析，以求教于同道师友，以推动南京“海丝”遗迹的申遗及相关文化遗产的保护利用工作。

---

① 葛寅亮：《金陵梵刹志》卷三十三，南京出版社，2011，第528页。

② 盛时泰：《牛首山志》下卷《吕柟〈游牛首山记〉》，南京出版社，2010，第96页。

③ 盛时泰：《牛首山志》下卷《都穆〈游牛首山记〉》，第93页。

④ 盛时泰：《牛首山志》下卷《钟继英〈游牛首山记〉》，第101页。

⑤ 葛寅亮：《金陵梵刹志》卷三十三所录王世贞《游牛首诸山记略》，第540页。

⑥ 王志高：《关于郑和的葬地问题》，《南京晓庄学院学报》2017年第3期；王志高：《南京牛首山郑和葬地新证》，《中国社会科学报》2018年6月12日。

一　郑和捐建佛窟寺

众所周知，明初永宣年间，郑和在南京的活动颇多，但明确涉及牛首山者，目前所知仅有两条，皆与佛窟寺相关。佛窟寺是南都名刹，始建于南朝，原在牛首山西峰，宋代改名崇教寺，明初仍名佛窟寺，正统年间（1436～1449）敕赐弘觉禅寺。经过多次重修扩建，弘觉寺规模大增，成为明代金陵八大寺之一。鼎盛时期的弘觉寺殿宇壮丽，雄踞牛首山东、西两峰之巅，其“丹宫碧宇，列嵌岩际”①，可“凭绝巘以规形，俯长江而挺胜”。②

与郑和及佛窟寺相关的一条记载见于明罗懋登《新刻全像三宝太监西洋记通俗演义》卷末附录之《非幻庵香火圣像记》，其略云：

> 碧峰山麓之巅，庵曰“非幻”，乃前僧录之阐教翁无涯永禅师，昔主斯山，构室所寓，自是以名。且天地万物，佛与众生，亦皆幻也。由是观之，则何一物而非幻也耶？其徒孙广缘住持谥无为者，曰：“不然，庵名‘非幻’，盖祖立意，知生是非，知身是幻，依如幻境，发如幻智，作如幻佛事，住如幻三昧。以幻修幻，幻亦不立，故名‘非幻’。此合于理也。予今请文为记，且论于事，奚不可哉？”
>
> 切思师祖出三衢之授记，道学益精，地理益明。永乐丁亥间，太宗文皇帝诏至称旨，究性学，穷阴阳风水，遂更衣以擢用。时有太监郑和等，忝礼亲炙，求决心要，企仰至矣。后事讫，复本职，主兹山，复主灵谷寺而迁化之。是庵所由作也。有师牧庵谦公继之。至宣德改元，师主牛头，时太监公深契往谒，览兜率崖、辟支佛洞，愕然有感。乃伐木鸠材，复崇栋宇像设，起人之瞻敬。③

其大意是：金陵城南碧峰寺山巅的非幻庵，是僧录司右阐教无涯永禅师创构。永乐丁亥年（永乐五年，1407）④，太监郑和等对禅师“企仰”备至，并“忝礼亲炙，求决心要”。其后，僧宗谦继无涯永禅师住持碧峰寺。至宣德改元（1426），僧宗谦改为住持牛首山佛窟寺，故郑和“深契往谒，览兜率崖、辟支佛洞，愕然有感。乃伐木鸠材，复

---

① 葛寅亮：《金陵梵刹志》卷三十三，第541页。

② 葛寅亮：《金陵梵刹志》卷三十三，第531页。

③ 罗懋登：《新刻全像三宝太监西洋记通俗演义》卷二十，明万历刊本。今人郑鹤声父子、周绍泉、潘群、林梅村、葛晓康、陈平平、邵磊等，曾先后对《非幻庵香火圣像记》录文进行过释读标点，但限于条件，都有或多或少的讹误。本文所引《非幻庵香火圣像记》录文已据美国国会图书馆藏明万历刊本重新校勘，其复印件由南京博物院葛晓康先生提供，谨此致谢。

④ 《非幻庵香火圣像记》原刊本作“永乐丁卯间”，但永乐无丁卯年。此“丁卯”，邵磊先生据南京市博物馆馆藏《大明故僧录司右阐教非幻大禅师塔铭》推测是“丁亥”之误，甚是。见邵磊《郑和与碧峰寺非幻庵——以〈非幻庵香火圣像记〉与〈非幻禅师塔铭〉为中心》，载《元史及民族与边疆研究集刊》第30辑，上海古籍出版社，2015。

崇栋宇像设，起人之瞻敬”。

文中的无涯永禅师，或称非幻禅师，俗姓吴氏，信安浮石乡人，曾擢僧录司右阐教，先后住持南京碧峰寺、灵谷寺，永乐十八年（1420）闰正月二十八日示寂。《非幻庵香火圣像记》的如上记载显示，郑和为非幻禅师的“亲炙”弟子。而据南京市博物馆馆藏的《大明故僧录司右阐教非幻大禅师塔铭》及有关学者研究，僧宗谦亦是非幻禅师的弟子，故与郑和实有同门之谊，且与郑和及其子孙往来密切[①]。因之乃有宣德元年（1426）郑和亲至牛首山佛窟寺的“深契往谒”宗谦之礼。

关于此次牛首山之行，林梅村先生认为“郑和颇受感动，于是捐资在兜率崖大造佛寺”，“建寺立像似在宣德元年”，而“所谓‘兜率宫’当即郑和当年捐资兴建的佛寺”，甚至怀疑今“牛首山脚下伊斯兰式陵墓恐非郑和本意，他为自己安排的最后归宿，当在由他本人捐资建造的牛首山兜率崖附近佛窟”[②]。这一观点为不少研究者赞同附和，进而根据近年兜率殿遗址发现的“工部官瓦右”款残瓦的线索，认为“郑和在营建兜率殿（宫）时，可能专程去工部官窑定制了黑瓦，或者可能直接使用了国家其他工程项目的物资”[③]。

但实际上，2014年新发现的“郑和后裔郑锡萱元配陈氏墓碑”，已证实郑和的最后归宿地不在林梅村先生推测的“牛首山兜率崖附近”，而在弘觉寺西南二里的广缘寺后[④]。林梅村先生所说的兜率宫，位于牛首山东峰之阳最为险峻的舍身崖（或称兜率崖）上，是牛首山最为著名的景点之一，亦称兜率殿、兜率院[⑤]，在元代则称兜率庵。危素《游牛头山记》载，元至元四年（1338）三月，著名学者危素曾与僧明普等同游牛首山佛窟寺兜率庵[⑥]，可以为证。前引《非幻庵香火圣像记》仅记郑和“览兜率崖、辟支佛洞，愕然有感”，并未语及崖上的兜率殿。此兜率殿不可能是郑和“捐资兴建”，明初兜率殿的兴建者当另有其人。多年前牛首山舍身崖兜率殿遗址出土的一通残碑就提供了这方面的信息。据其铭文，住持僧续宽主持的古佛窟寺重修工程前后“十有余年”，其殿宇“次第落成”，内有“凌空构阁，供大士其中”观音阁，又有兜率殿三楹[⑦]。此碑虽残损，具体年代不详，但据后文考述，该住持僧续宽即“兼住”承恩寺的弘觉寺住持僧福宽，其工程当在正统至景泰初年，与郑和无涉。

综合史籍记载可知，明初佛窟寺上规模的修建主要有三次：第一次是永乐十年（1412）

---

① 邵磊：《郑和与碧峰寺非幻庵——以〈非幻庵香火圣像记〉与〈非幻禅师塔铭〉为中心》，载《元史及民族与边疆研究集刊》第30辑。

② 林梅村：《松漠之间：考古新发现所见中外文化交流》第九章《郑和忌日及身后事》，三联书店，2007，第340页。

③ 刘文庆、符永利：《牛首山兜率殿遗址及部分出土遗物考论》，《江苏地方志》2015年第1期；刘文庆：《郑和与南京牛首山“兜率殿”遗迹》，《大众考古》2014年第10期。

④ 王志高：《关于郑和的葬地问题》，《南京晓庄学院学报》2017年第3期；王志高：《南京牛首山郑和葬地新证》，《中国社会科学报》2018年6月12日。

⑤ 葛寅亮：《金陵梵刹志》卷三十三，第532页。

⑥ 危素：《危学士全集》卷七，四库全书存目丛书集部第24册，齐鲁书社，1997，第747页；胡祥翰：《金陵胜迹志》卷四《山水三》误记为“明晋”，南京出版社，2012，第32页。

⑦ 刘文庆、符永利：《牛首山兜率殿遗址及部分出土遗物考论》，《江苏地方志》2015年第1期。

至十八年，佛窟寺住持楚冈宝师募修大殿五楹①。第二次为住持僧宗谦主持，其工程始于宣德七年（1432）首夏，落成于宣德十年孟春。这两次重建，道暹撰《牛首山佛窟寺兴造记略》详记云：

圣朝尊崇像教，兹山一旦而有生气，缁锡来归，遂成丛席。永乐间，住山因宝（王按：当即“楚冈宝师”）稍事缮修，遽以年耄，筑室投闲。住持宗谦复募赀金，拓故址，而广其缔构。始于宣德七年之首夏，落成于十年乙卯之孟春。其毗卢之阁、大雄之殿，则尤极宏丽。莲趺猊座，像以妥灵。彩槛飞檐，高出云表。前耸三门，翼之两庑，丈室、禅房，次第俱备。②

第三次便是上文所述的正统至景泰初年住持僧续宽对观音阁、兜率殿等建筑的重建。其间并未涉及宣德元年。再看《非幻庵香火圣像记》的原文：

至宣德改元，师主牛头，时太监公深契往谒，览兜率崖、辟支佛洞，愕然有感。乃伐木鸠材，复崇栋宇像设，起人之瞻敬。

很显然，宣德元年郑和只是到牛首山佛窟寺游览“兜率崖、辟支佛洞”，并心有感动。此后接语的“伐木鸠材，复崇栋宇像设，起人之瞻敬”，并不一定就是宣德元年。事实上，宣德元年的郑和曾遭明宣宗严厉斥责，境况不佳，不具备捐资“大造佛寺”的条件。《明宣宗实录》卷十六“宣德元年四月”条即载：

命司礼监移文谕太监郑和，毋妄请赏赐。先是，遣工部郎中冯春往南京修理宫殿，工匠各给赏赐。至是，春还奏：“南京国师等所造寺宇工匠，亦宜加赏。”上谕司礼监官曰：“佛寺，僧所自造，何预朝廷事！春之奏，必（郑）和等所使，春不足责。其遣人谕和谨守礼法，毋窥伺朝廷，一切非理之事，不可妄有陈请。”③

在这种情形之下，郑和怎么可能敢“捐资在兜率崖大造佛寺”，所谓“直接使用了国家其他工程项目的物资”就更是无稽之谈了。恰恰相反，郑和很可能正是因为受到宣宗的责难，才跑到牛首山来散心求解，并有了“遗嘱”之言。所以，宣德元年郑和只是发愿捐建佛窟寺，“伐木鸠材，复崇栋宇像设，起人之瞻敬”都是其后的事。

关于郑和与佛窟寺相关的另外一条记载见于明初刻本《优婆塞戒经》卷七残卷附录的题记。此题记为邓之诚先生 1947 年发现并抄录，其文如下：

大明国奉佛信官内官监太监郑和，法名速南吒释，即福吉祥。切念生奉盛世，幸

① 葛寅亮：《金陵梵刹志》卷三十三所录姚广孝撰文的《牛首山佛窟寺建佛殿记略》，第 528 页。

② 葛寅亮：《金陵梵刹志》卷三十三，第 529 页。

③ 《明宣宗实录》卷十六，（台北）“中央研究院”历史语言研究所校印本，1962，第 427～428 页。

遇明时，谢天地覆载，日月照临；感皇上厚德，父母生成。累蒙圣恩，前往西洋等处公干，率领官军宝船，经由海洋，托赖佛天护持，往回有庆，经置无虞，常怀报答之心。于是施财，陆续印造《大藏尊经》，舍入名山，流通诵读。伏愿皇图永久，帝道遐昌，凡奉命于四方，常叩恩于庇佑，次冀身安心乐，福广寿长，忏除曩却之愆，永享现生之福。出入起居，吉祥如意，四恩等报，三有齐资，法界群生，同成善果。今开陆续成造《大藏尊经》，计一十藏：大明宣德四年，岁次己酉三月十一日，发心印造《大藏尊经》一藏，奉施喜舍牛首山佛窟禅寺，流通供养……①

我们有理由相信，宣德四年（1429）郑和为牛首山佛窟禅寺捐印《大藏尊经》，就是上述宣德元年郑和发愿奉施佛窟寺的系列活动之一，它们之间存在一定的联系。《非幻庵香火圣像记》仅记郑和“伐木鸠材，复崇栋宇像设，起人之瞻敬”，此乃文简语略也。由于佛窟寺重建项目的全面正式启动迟至宣德七年夏，故郑和宣德元年后的“伐木鸠材”及宣德四年的施印佛经，都是属于此次大规模重建工程的前期筹备之列。众所周知，郑和宣德五年受命再下西洋，八年卒于古里，他没有亲预佛窟寺的这次重建工程。佛窟寺重建工程的落成，更多有赖住持僧宗谦、宣宗宠信的御用监太监王瑾、南京内官监奉御阮昔等人之功劳。后文有所分析，此不赘述。

需要更正的还有，明代礼部侍郎吕柟有《游牛首山记》一文，其文载，他曾与同僚游览牛首山，先行路过城中承恩寺小憩，并与寺中老僧白云交谈。白云自称他“先所住梅花水，是时无水。住十日，祝佛，水即出，且洪大，悬流有群鸟来翔。自为郑太监所邀至此，向时水闻，今亦减少”②。有研究者据此认为此内容与牛首山相关，文中的“郑太监”就是郑和，进而推测“吕柟已将郑和比喻成神来尊敬”③。但实际上，此“郑太监”并无线索证明与郑和相关，而“梅花水”是金陵名胜之一，在城北幕府山崇化寺，其“山岩下一小池，方尺，泉自下起，蹙沸出水面，若散花。复暗流细涧，出山下。山多梅，因名梅花水”④，更与牛首山无涉。

二　郑和的坟寺广缘寺

有明一代，因宦官信因果，故好佛者众，“其坟必僧寺”⑤。南京地区考古发现的洪

① 郑之诚：《骨董琐记全编·骨董三记》卷六“郑和印造大藏经”条，北京出版社，1996，第564～565页。

② 盛时泰：《牛首山志》下卷《吕柟〈游牛首山记〉》，第96页；亦见吕柟《泾野先生文集》卷二十，续修四库全书集部第1338册，其文辞稍异，上海古籍出版社，2009，第84页。

③ 刘文庆：《郑和与南京牛首山明代“兜率殿”遗迹》，《大众考古》2014年第10期。

④ 葛寅亮：《金陵梵刹志》卷二十七，第458页。

⑤ 刘若愚：《酌中志》卷二十二《见闻琐事杂记》，《明代笔记小说大观》本，上海古籍出版社，2005，第3082页。

保、罗智、杨云、余俊、潘真、杨忠、郑强等明代宦官墓莫不如此，其墓旁皆创梵刹，专以守护茔冢[①]。牛首山西麓的郑和墓也不应例外，但郑和的坟寺一直以来我们并不清楚，直到2014年一通清光绪十年（1884）“郑和后裔郑锡萱元配陈氏墓碑”的偶然发现。碑铭云：“（郑和）敕葬于牛首山西偏，赐袭锦衣尉（王按：应为‘锦衣卫’之误）千户，赐祀田若干亩，建广缘寺以祀之。礼也。”由此可知，郑和的坟寺原来是牛首山麓的广缘寺[②]。

广缘寺为明初敕赐小刹。明施沛《南京都察院志》卷二十二载：“广缘寺，小刹，敕赐，国初建，郭外南城建业乡东。”[③] 据《金陵梵刹志》卷三十三，广缘寺属弘觉寺统领，在郭外建业乡，“东去所领弘觉寺二里，北去聚宝门三十五里。”有“山门三楹，佛殿五楹，僧院一房。基址一亩六分，东至弘觉寺山，南至□□□，西至樊家民山，北至大石凹。公产田、地、山、塘，共五十五亩六分”。其卷五十三《各寺公产条例·报恩寺所统》详记：“广缘寺田三十亩一分，地八亩五分，山十亩，塘七亩。”[④] 总计亦是五十五亩六分。明人盛时泰《牛首山志》在介绍牛首山“灵草嘉树”时又云：“广缘寺有山茶，不在寺封内。”[⑤]《皇明寺观志》亦记“广缘寺在府南十五里（王按：此应为‘三十五里’之误）”。[⑥] 至清代康熙、乾隆年间，广缘寺仍存。《康熙江宁县志》卷五云：“广缘寺在郭外南城建业乡，东去（王按：原文如此，应为‘北去’）聚宝门三十五里。”[⑦]《乾隆江宁县新志》卷十一：“广缘寺在城南三十五里，明敕赐。”[⑧] 此后的《嘉庆江宁府志》及《同治上江两县志》均不见广缘寺，大约其时已逐渐毁废。

关于广缘寺的始创年代，相关史料仅称是明初敕赐，具体情况不明。前文已据史料考述，宣德元年（1426），僧宗谦住持佛窟寺之际，郑和亲自前往牛首山拜谒，并游览兜率崖、辟支佛洞，受感悟发愿捐建佛窟寺殿宇、佛像。随后又于宣德四年向佛窟寺施印《大藏尊经》一藏。郑和在牛首山的这些佛事活动，当然不仅仅是崇教的需要，更大的可能则是为身后事的功利计。前引《非幻庵香火圣像记》记载，就在郑和游览佛窟寺后，他曾对宗谦说：

> “吾因经西洋番邦诸国，其往返叨安，感戴皇上、佛天之呵护，出己缗，命工铸

① 参见王志高《洪保寿藏铭综考》，《郑和研究》2010年第3期；王志高《洪保生平事迹及坟寺初考》，《考古》2012年第5期。

② 王志高：《关于郑和的葬地问题》，《南京晓庄学院学报》2017年第3期；王志高：《南京牛首山郑和葬地新证》，《中国社会科学报》2018年6月12日。

③ 施沛：《南京都察院志》卷二十二《职掌十五》，四库全书存目丛书补编第74册，齐鲁书社，2001，第623页。

④ 葛寅亮：《金陵梵刹志》卷三十三，第538页；卷五十三，第847页。

⑤ 盛时泰：《牛首山志》卷上，第66页。

⑥ 佚名辑：《皇明寺观志》，《中国佛寺志丛刊》第1册，广陵书社，2006，第34页；又李贤等《明一统志》卷六：“广缘寺在府南二十五里。”王按：此亦应为“三十五里”之误。景印文渊阁四库全书第472册，（台北）商务印书馆，1986，第167页。

⑦ 佟世燕修，戴本孝纂《康熙江宁县志》卷五《建置志下·梵刹》，南京出版社，2013，第440页。

⑧ 袁枚修纂《乾隆江宁县新志》卷十一《古迹志》，南京出版社，2013，第680页。

金铜像一十二躯，雕妆罗汉一十八位，并古铜炉、瓶及钟、磬、药师灯、供具等，今安于宅。尚虑后之乏人崇侍，逮吾西洋回还，俱送小碧峰退居供奉，以为永远香火，旦夕焚修。及有暖床，送尔安寝。不至纤毫有失，及擅移他处。"所以言者，有深旨哉！盖其遗嘱。

大约此时郑和对自己的健康已有不祥预测，故有"遗嘱"之言。而广缘寺是佛窟寺统领的小寺，则郑和对佛窟寺的捐建、施经，可能都与他对自己坟寺的筹备营建有关。由于宣德五年郑和已受命出使西洋，至八年（1433）卒于古里国，显然广缘寺的创构当在宣德元年至五年之间。类似的情况，也见于明初下西洋使团的另一位领导成员都知监太监洪保。据洪保寿藏铭，他曾"捐舍宝钞五百千贯，修造祖堂寺轮藏一座"，而祖堂寺正是统领他的坟寺宁海寺的上寺。

除了以上记载外，史籍中有关广缘寺的线索甚少，所幸《非幻庵香火圣像记》保存了一条非常重要的信息。其开篇在分析碧峰山非幻庵名立意时有载：

碧峰山麓之巅，庵曰"非幻"，乃前僧录之阐教翁无涯永禅师，昔主斯山，构室所寓，自是以名。且天地万物，佛与众生，亦皆幻也。由是观之，则何一物而非幻也耶？其徒孙广缘住持谥无为者，曰："不然，庵名'非幻'，盖祖立意，知生是非，知身是幻，依如幻境，发如幻智，作如幻佛事，住如幻三昧。以幻修幻，幻亦不立，故名'非幻'。"此合于理也。予今请文为记，且论于事，奚不可哉？

此中"徒孙广缘住持谥无为"一语，意指广缘寺的住持僧无为是非幻庵的创建者无涯永禅师的徒孙。前文已述，无涯永禅师即非幻禅师，郑和及牛首山佛窟寺住持僧宗谦都是他的弟子，则广缘寺的住持僧无为是宗谦及郑和的徒子辈，这大概就是僧无为受命住持广缘寺的原因。僧无为是我们目前可以查知的郑和坟寺广缘寺的唯一僧人，也是其开山住持。从引文中"谥"字判断，天顺元年（1457）八月《非幻庵香火圣像记》撰文时，他已经圆寂。

据载，明代南都"寺田多出钦赐"[①]，《金陵梵刹志》所记广缘寺公产田、地、山、塘总计五十五亩六分，推测也是"钦赐"。"郑和后裔郑锡萱元配陈氏墓碑"即云"赐（郑和）祀田若干亩，建广缘寺以祀之"，恐非虚言。此五十五亩六分广缘寺寺产无疑是万历年间《金陵梵刹志》编纂时的情况，考虑到明代中后期金陵不少佛寺田产屡遭侵夺盗卖的记载[②]，宣德初年广缘寺始建时的寺产当不止此数。即使就《金陵梵刹志》记载的万历年间诸寺产而言，同属弘觉寺统领的 9 座小寺中，慈相寺、三山寺、通善寺、外承恩寺的田地山塘的总面积都已超过广缘寺[③]。这与郑和的身份地位似乎不相吻合，广缘寺的公产曾

① 葛寅亮：《金陵梵刹志》卷五十，第 743 页。

② 葛寅亮：《金陵梵刹志》卷五十，第 742 ~ 743、795 ~ 797 页。

③ 葛寅亮：《金陵梵刹志》卷五十，第 742；卷五十一，第 845 页。

遭侵夺盗卖应该可以肯定。

广缘寺在弘觉寺西南两里，这是由诸志书记载得出的认识。由于晚清以来广缘寺已毁废不存，其具体位置已颇难详考。所幸罗香林先生1935年5月5日的一篇牛首山游记则提供了这方面的线索，其文云：

> 十二时半，返玉梅花庵打尖，旋雇乡人往狮子山，访郑和墓。盖据庵僧所述，曩年曾见狮子山西南麓有旧碑一方，相传其地为郑和墓遗址。而《同治上江两县志·山考》"牛首山"条亦谓："太监郑和墓，永乐中，令下西洋。宣德初，覆命，卒于古里，赐葬山麓。"狮子山在牛首山西南，相去三里，俗称为乌石村，今为清人李某墓地。墓下相距十余丈处，有禁碑一，盖江宁县知事据李墓子孙李庆元等呈请护墓，而为布告禁止侵害者也。顾玉梅花庵僧侣及邻近乡人，则谓相传其地实为郑三保墓地。下午二时，余至李墓，踏看四周，见墓道砌以明代黄琉璃瓦，而残余未及砌道者，犹垒垒堆至山隈。其为该地旧物无疑，盖非原日旧物，必不致以砌路，或竟以散积山隈也。吾疑李氏清代祖墓，其墓址必为明人墓地。考琉璃瓦为明清二代宫殿建筑与王侯勋臣祠庙，及寺宇建筑专有物，普通民庶及官吏不得越制采用。据此，则庵僧及乡人所言郑三保墓地一说，不无因也。狮子山西麓有另一旧墓，规制甚小，然墓前有光绪十二年江宁知府护墓布告碑，其墓题"明鸿胪寺卿崇祀乡贤顾公起凤墓"，今土人称之曰顾家坟。顾氏与史迹似无甚关系，余一人外，同行师友未往考访也。①

罗香林在牛首山分脉狮子山西南麓乌石村调查发现的黄琉璃瓦，当然不可能是郑和墓旧物，笔者已详考其地附近实乃郑和坟寺广缘寺，约在今牛首山西南麓之大世凹南②。希望在南京市及江宁区相关文物行政主管部门的支持与推动下，可以尽快开展郑和坟寺广缘寺遗址的考古调查勘探工作。

三 王瑾与佛窟寺及郑和的关系

关于宣德年间佛窟寺重建工程的主持者，前文已析乃其时住持僧宗谦。然明人盛时泰《牛首山志》又云："今寺（指弘觉寺，即佛窟寺）乃阮常侍重造，寺中碑文可核。"③ 阮常侍者，即南京内官监内使（或称奉御）阮昔也。该志上卷收录的一份景泰三年（1452）六月二十四日阮昔题名的《拨还弘觉寺田山帖文》即载：

---

① 罗香林：《金陵牛首山访古记》，《旅行杂志》1935年第6号。

② 参见王志高《关于郑和的葬地问题》，《南京晓庄学院学报》2017年第3期；王志高《南京牛首山郑和葬地新证》，《中国社会科学报》2018年6月12日。

③ 盛时泰：《牛首山志》上卷，第51页。

臣系已故太监王瑾名下。宣德八年，本官到于南京公干，为见本寺（指佛窟寺）荒废，自备木料砖瓦，倩工起盖佛殿、山门、廊庑及宝塔一座完备。

以往不少研究者据此认为，主持此次佛窟寺重建及宝塔建筑工程的是阮昔[1]。但阮昔仅是一名身份较低的南京内官监奉御，应该没有这么大的能耐。就在这段引文后还有以下记载：

正统年间，敕赐弘觉禅寺，一向命僧朝夕焚修，祝延圣寿。及南京城中，本官原有旧宅一所，景泰二年十一月内钦蒙敕赐改为承恩禅寺，命弘觉寺住僧福宽兼住掌管。臣思得二处寺院，俱是一处常住供给，僧众数多，别无分毫田土，如蒙准题，伏望圣恩怜悯，乞敕该部（指户部）明白豁照旧拨赐本寺，永远供给僧众，实为便宜。[2]

可知帖文中的“本官”是指御用监太监王瑾，其意是本衙之主官，不是官员自称，帖文中的“臣”才是阮昔自称，因为阮昔曾是王瑾的麾下，故尊称王瑾是“本官”[3]。然则宣德八年（1433）到南京公干并鼎力捐建佛窟寺的实际上是王瑾，不是王瑾“名下”的阮昔。不仅如此，景泰三年所立的承恩寺《颁赐〈大藏经典〉碑》之碑阴，亦载有王瑾的“善事总目”，其中就有“刺血书《华严经》及造牛首山宝塔、饭僧喜舍等事”[4]等语，更可确认捐造佛窟寺寺塔者是御用监太监王瑾，南京内官监奉御阮昔可能仅是一名“监造官”。

据前引道暹《牛首山佛窟寺兴造记略》已知，僧宗谦主持的佛窟寺重建工程始于宣德七年夏，竣工于宣德十年春。而王瑾对佛窟寺的以上捐造活动正在其间的宣德八年，可知属于同一事件无疑。换言之，此次佛窟寺的重建，主事者是宗谦，王瑾则是工程的大施主之一。

王瑾，字润德，本名陈芜，原系安南国宗室，永乐初年被掠阉入宫。为人循谨，先后获成祖、仁宗、宣宗、英宗四帝信任赏识。特别是明宣宗对他宠遇有加，擢为御用监太监，凡事无巨细，悉以委之，“赏赐不可胜纪”，并赐姓名，赐南京三山街旧内旁居房一所。正统十三年（1448），王瑾曾受命参加平定福建邓茂七、魏赤子等人领导的农民起义。景泰初年，病亡[5]。景泰二年（1451），位于南京城中的王瑾故宅，为其生前同僚“知友”

① 葛晓康：《南京牛首山弘觉寺塔地宫初探》，《东南文化》1996 年第 2 期；葛晓康：《南京牛首山弘觉寺塔地宫二探》，《东南文化》1997 年第 2 期；郑宽涛：《探索南京牛首山弘觉寺塔地宫之谜》，载江苏省纪念郑和下西洋 600 周年活动筹备领导小组编《传承文明 走向世界 和平发展——纪念郑和下西洋 600 周年国际学术论坛论文集》，社会科学文献出版社，2005，第 861 页。

② 盛时泰：《牛首山志》上卷，第 72 ~ 73 页。

③ 盛时泰：《牛首山志》上卷，第 72 ~ 73 页。

④ 释鹰巢：《承恩寺缘起碑板录》，南京出版社，2011，第 8 页。

⑤ 释鹰巢：《承恩寺缘起碑板录》，第 8 ~ 9、11 页。

司礼监太监陈祥、南京内官监奉御阮昔等奏请舍为寺院，获赐额承恩禅寺。承恩寺改建工程始于景泰二年，落成于景泰七年。

承恩寺改建前的故主王瑾，还是宣德年间牛首山佛窟寺的主要捐建者之一，这是以前我们了解不多的史实。不仅如此，根据《金陵梵刹志》《牛首山志》《承恩寺缘起碑板录》等文献记载，奉敕住持承恩寺的开山始祖僧福宽，字太虚，一字松石道人。他是南京僧录司右觉义，又是牛首山弘觉寺的住持，故其身份是“兼住”承恩寺。僧福宽后归老于弘觉寺，且“塔全身于牛首之吴山”。除僧福宽外，明清两代承恩寺的其他僧人墓地也多在牛首山。清雍正五年（1727）所立的《承恩寺勒石公禁永远不许开茔碑》即载：“本寺有敕赐公山一座，坐落牛首山大石凹地方，已历二百余年，自开山祖塔左右两旁，各房后裔于无碍风水之处各营私地，之后畛域画定，永无异说。”此承恩寺“开山祖塔”即属僧福宽，则所谓“塔全身于牛首之吴山”无疑就在大石凹一带。景泰七年（1456）立《敕赐承恩禅寺碑》碑阴亦载，承恩寺有田地、山场在牛首山弘觉寺，当即包括此大石凹“敕赐公山一座”①。郑和的坟寺广缘寺及安葬承恩寺僧人的塔林都在弘觉寺西南的大石凹一带，这恐怕不是巧合。

我们前文提及，近年牛首山舍身崖出土的残碑铭文记载有弘觉寺“住持僧续宽”，他曾主持兜率殿、观音阁的建造。现在需要讨论的是，“兼住”承恩寺的弘觉寺住持僧福宽与此“续宽”的关系问题。两人都是明初牛首山弘觉寺的住持，法名又仅有一字之差，这不能不让人联想就是同一人。该碑虽有残缺，但“住持僧续宽”等若干字样清晰可辨，而关于僧福宽的记载又见于《牛首山志》《承恩寺缘起碑板录》等多种文献，都不像是刊刻传写之误。这该如何解释？原来僧福宽是西域人，其法名有音译、意译之别，除福宽外，他又名绰吉札失（一作室），当是音译，如此则“续宽”应是他的另一意译之名。福宽与续宽就是同一僧，此可定矣！又，该残碑云，兜率等殿宇的建设“鸠聚十有余年，次第落成”。僧宗谦主持的佛窟寺重建工程历时四年，结束于宣德十年。从此时起算，到正统末年、景泰初年，正约十余年，可见兜率殿等之建设与住持僧宗谦无关，更不可能是郑和兴建。僧福宽（续宽）有南京僧录司右觉义的僧官背景，他所主持重建的兜率殿遗址发现有“工部官瓦右”款的残瓦就不值得奇怪了。

更为重要的线索是，宣德八年曾到南京公干的王瑾确实与郑和下西洋有关。明人叶盛《水东日记》卷三十四即载：“尝记童稚时，（陈）芜过太仓，封西洋宝船，势张甚，此志所不具闻。芜性慈仁，而其下人则不可犯，此盖中官通病云。”② 按：叶盛，字与中，正统十年（1445）进士，历任都给事中、右佥都御史、左佥都御史、礼部右侍郎、吏部左侍郎等职。他于成化十年（1474）卒，年五十五，谥文庄③，则生于永乐十八年（1420）。

---

① 释鹰巢：《承恩寺缘起碑板录》，第6~12页。

② 叶盛：《水东日记》卷三十四，景印文渊阁四库全书第1041册，（台北）商务印书馆，1986，第203页。

③ 《明史》卷一百七十七《叶盛传》，中华书局，1974，第4721~4724页。

郑和使团第七次下西洋归国的宣德八年，他年 14 岁，正是已经记事的“童稚”之年。《明史》本传说他是昆山县人，而明初太仓系昆山属地，称太仓卫，直到弘治十年（1497）才由昆山、常熟、嘉定三县地析置太仓州①。如所周知，明初的太仓卫刘家港不仅是下西洋使团的开船出海口，也是归国宝船及入贡海舟的封识地。其制度当始于洪武初年，《明太祖实录》卷四十九“洪武三年（1370）二月”条即载：“凡番舶至太仓者，令军卫有司同封，籍其数送赴京师。”②《水东日记》的这则记载所透露的信息是，宣德八年，御用监太监王瑾（即陈芜）受命到太仓“封西洋宝船”，其盛况为年幼的昆山县太仓卫人叶盛目睹，并留下深刻的记忆。然则前言宣德八年王瑾到南京公干的要务之一，当即前往太仓“封西洋宝船”。在南京公干期间，王瑾还对牛首山佛窟寺开展了大规模捐施，这当然不仅仅是因为他自己崇佛的需要。由于在这一次下西洋途中，郑和意外卒于古里国，而佛窟寺又与郑和坟寺广缘寺存在统领的关系，这不能不让人怀疑王瑾到牛首山来正是奉敕处理郑和的葬事，他的以上捐施或许就是为了继续完成郑和的未竟事业。

总之，王瑾、福宽（续宽）将我们以往较少关注的明初南京佛窟寺（弘觉寺）与承恩寺之间的关联建构起来。宣德八年，王瑾到南京的公干，除前往太仓“封西洋宝船”外，还可能与处理郑和的葬事相关。这是就目前所知的资料而言，此二寺及其与郑和、王瑾之间的复杂关系，实则要远远超过我们的想象，希望今后可以发现更多的史料。

（编辑：刘可维）

---

① 《明史》卷四十《地理志一》，第 920 页。

② 《明太祖实录》卷四十九，第 969 页。

失踪的圣物——明代南京花岩寺佛齿骨问题研究

邓　攀

（南京市社会科学院）

［摘要］明代南京的献花岩花岩寺佛齿骨因传承不明且昙花一现而很少受到关注，但却与守边勋臣沐氏家族及明代中期南都文人集团均产生瓜葛，最后消失于嘉靖禁佛时期，折射了明代佛教与政治、社会的复杂历史，在舍利文化史上留下了值得探究的印记。这起南京历史上最后记载的一次佛舍利事件，使得该城成为佛教史上少有的拥有千余年舍利文化的城市。

［关键词］献花岩；花岩寺；佛舍利

明人陈沂《献花岩志》记载的明代花岩寺佛齿和佛骨时代较晚，也鲜为人知。关于佛齿，志云："有齿长三寸，径寸之七，方而棱，色微碧。齿端有纹如梵书，复有窍含子如粟，颇异。僧以金刻龙首函之，云佛齿。内翰吴石楼有诗。"关于佛骨，志云："如拇指大，数片，色白质坚，类寒水石。僧云此佛骨，然不可辨。闻与齿皆自滇南，受诸西域之僧，已百年。贮之金函，观者颇有兴傅奕、赵凤之心者。"[①] 佛齿、佛骨皆属佛祖火化后所遗身骨，即佛舍利。佛教在中国地位的消长，对佛舍利在中国社会受重视程度有决定性影响。或者说，社会对佛舍利的态度也反映了佛教地位的变化。明清时期，皇权对宗教已经实现绝对控制，佛舍利不再像南北朝乃至隋唐时期那样受到高度关注，但仍然具有较大社会影响。因此，明代南京又多次出现新的佛舍利，花岩寺佛齿骨就是其中之一。

一　花岩寺佛齿骨的受取年代与受取人

花岩寺佛齿骨"皆自滇南，受诸西域之僧，已百年"，即该齿骨受于《献花岩志》成

---

① 陈沂：《献花岩志》，南京出版社，2010，第25页。

书前百年。据该志作者陈沂自序，他曾住宿献花岩，“陟历甚遍，考索弥详”，遂编撰此书。焦竑为该志作序称，“嘉靖中，内翰石亭陈公，游而乐之，揽笔为志”，其成书当在嘉靖年间。有学者据序中“四年，与诸大夫五宿山房”推断其住宿山房年代在嘉靖四年(1525)①。但检索《明世宗实录》，有如下数条记载：（1）嘉靖四年六月，《武宗实录》成，作为纂修官之一的翰林院编修陈沂受赏，并升为侍讲。（2）嘉靖六年（1527）十一月，升翰林院侍讲陈沂为浙江布政使司左参议。（3）嘉靖九年（1530）四月，升江西布政司右参议陈沂为山东布政使司左参政。另，文徵明《游西山诗》题识称：“嘉靖乙酉春，同官陈侍讲鲁南、马修撰仲房、王编修绳武偕余为西苑之游。……是岁四月既望识。”② 嘉靖乙酉即嘉靖四年，西山、西苑皆在北京。可见，是年陈沂尚在京任职翰林院，不可能回南京游宿献花岩。又据陈沂之孙陈弘世《献花岩志》跋称：“自乞归来，家居者十三，山居者十七。至天阙、献花诸胜，尤所染神。曾作《献花岩志》，寻散去。”即陈沂致仕归家后，大部分时间都在山中居住。因此自序中的“四年，与诸大夫五宿山房”当重新断句为“四年与诸大夫五宿山房”，四年不是年号纪年而是年数统计，此句意为在长达四年时间里，他与诸大夫五次入宿山房。

陈沂于嘉靖九年任山东左参政后，因忤执政之意，“吏部举河南、福建布政司，皆不迁，遂改山西行太仆卿”，他于是上疏请老归家③。其具体致仕年份未见文献记载。广东省中山图书馆藏《南畿志》的“辑志名氏”中有“倡之者应天府尹江晓，继成之者府尹孙懋”④。再检《明世宗实录》，江晓于嘉靖十三年（1534）九月服阕（明制，在家丁忧时限为27个月）后复除府尹原职，继任府尹孙懋于十六年（1537）九月因乡试问题被逮。而提学御史闻人诠在贡院开局修《南畿志》，聘陈沂为编辑，其叙称“三越岁年”而成⑤。考虑到江晓丁忧守制的时间，则陈沂编纂《南畿志》当在嘉靖十三年至十六年间，其致仕当在嘉靖十三年以前。查《本朝分省人物考》卷十三《陈沂传》，言其在山东左参政任上“累岁不迁，久之改山西行太仆卿，遂再疏请老”，从“累岁”“久之”等语可框定具体致仕年份在嘉靖十二年（1533）左右。陈沂卒于嘉靖十七年（1538），以此推算，加上四年山居酝酿，故《献花岩志》成书时间范围在嘉靖十六年至十七年间（1537～1538）。前推百年，则花岩寺佛齿骨大致受取于明宣德（1426～1435）前后，不迟于正统（1436～

① 见刘文庆等人撰写的南京出版社2010年点校版《献花岩志·牛首山志·栖霞小志·覆舟山小志》导读。

② 文徵明著，周道振辑校《文徵明集》卷十一《七律五·游西山诗十二首》，上海古籍出版社，1987，第304页。

③ 顾璘：《凭几集续编》卷二《明故山西行太仆寺卿石亭陈先生墓志铭》，景印文渊阁四库全书第1263册，（台北）商务印书馆，1986，第329～330页。

④ 谢晖：《明嘉靖本〈南畿志〉刊成年代小考》，《图书馆论坛》1997年第1期。该文认为《南畿志》刊成于嘉靖十五年，最迟不超过嘉靖十六年，笔者认为不可能刊于嘉靖十五年。

⑤ 闻人诠、陈沂纂修《（嘉靖）南畿志》，《北京图书馆古籍珍本丛刊》第24册，书目文献出版社，1990，第33页。

1449）初年，比郑和求取佛牙的时代略晚。

书中未言佛齿骨是何人所得，从行文逻辑看，似为花岩寺僧所为。花岩寺为明代南京敕赐寺额的中刹，成化年间（1465～1487）山东僧古道建寺①。陈沂自序又言花岩寺为“黔国之宰何公”捐金所建，现存花岩寺铜钟的铭文称“太子太傅黔国公家臣何礼进学、何闪仲辉发心重新建造梵刹一所”。据邵磊、刘文庆先生考证，何礼、何闪仅是经手人，该寺实为黔国世家捐建的私寺，具体创制年代在成化十八年（1482）十二月至二十二年（1486）间，并推测“有明一朝，黔国沐氏权倾滇土，且世代信奉佛教，因而由沐氏直接或间接地接收西域僧人馈赠的佛齿、佛骨，理固宜然”②。该文考证精详，推测也非常合理。从正统初年到成化十八年，二者相差四十五六年，显然佛齿骨不可能是寺僧云游滇南所得。永乐、正统初年，镇守云南的为沐英次子——首任黔国公沐晟，自建文元年（1399）嗣西平侯爵，就镇云南，至正统四年（1439）卒于军，在镇长达40年。他任上曾与张辅多次征讨交趾，明仁宗即位时封太傅，加镇南将军。《明史·沐晟传》称，当时“滇人慑晟父子威信，庄事如朝廷”。沐晟夫妇对佛教相当崇信，二人合葬墓中随葬有1枚内饰阳文“佛”字的金发插，还有17枚压印“世世闻经”“生生见佛”字样的金冥钱③。因此，西域僧人向沐晟进献佛齿、佛骨非常合理，特别是“生生见佛”四字更显玄机，联系《大般涅槃经》“若见如来舍利，即是见佛”之句，不就是沐晟夫妇已获佛齿、佛骨后希望世世代代都能见佛的心愿告白吗？

二　花岩寺佛齿骨与明代南京另两处佛舍利的比较

明代南京还有两处知名的佛舍利，分别是永乐九年（1411）的郑和佛牙、万历十八年（1590）的天界寺佛牙。其中郑和佛牙事见布达拉宫藏永乐十一年（1413）二月初十明成祖致哈立麻喇嘛书④。永乐九年，郑和船队赴锡兰山（Ceylon，即僧伽罗国，今斯里兰卡）奉香花供养佛牙，其王阿烈苦奈儿（Alagakkonara）欲加谋害，遂攻破其王城，礼请佛牙至南京，贮于“庄严旃檀金刚宝座”⑤。明嘉兴本《大唐西域记》附注所载大体相同，并称金刚座是在皇城内。天界寺佛牙事见顾起元著《客座赘语》中的“诸寺奇物八则”。“阔寸，长倍寸之五”，为万历十八年僧人真淳得之天台山（在今浙江，佛教天台宗以其得名），遂献尚书五台陆公（即陆光祖，别号五台）。陆氏于万历十五年（1587）起任南

① 葛寅亮：《金陵梵刹志》卷四十三，南京出版社，2011，第619～622页。

② 邵磊、刘文庆：《云南沐氏与花岩寺——从南京花岩寺钟铭的发现谈起》，《南方文物》2002年第2期。

③ 南京市文物保管委员会：《南京江宁县明沐晟墓清理简报》，《考古》1960年第9期。

④ 宋伯胤：《明朝中央政权致西藏地方诰敕》，载《藏学研究文集》，民族出版社，1985，第85～99页。

⑤ 据元汪大渊《岛夷志略》载，元初三次遣使该国求取佛钵。苏继庼校释引《马可·波罗行纪》称，大汗（忽必烈）听闻锡兰山有阿聃（佛祖）所遗牙发及供食之钵，遂派使者求获“坚大白齿二枚，并发与钵”。这段历史可能加剧了锡兰王阿烈苦奈儿对明使求取佛牙的反感。

京刑部尚书，寻改南京吏部尚书，任至十八年入为刑部尚书①，故真淳所献佛牙由他于是年离任前亲自送至南京三大刹之一的天界寺毗卢阁供奉②。

三者相比，郑和所求和真淳所献皆记载为佛牙，花岩寺所藏则为佛齿。今人牙、齿不分，古时则泾渭分明，据段玉裁《说文解字注》称“前当唇者称齿，后在辅车者称牙，牙较大于齿”，即齿指与唇相依的门牙、犬牙，牙指臼齿。来自古师子国——锡兰的郑和佛牙，据谭世宝考证实为佛齿（左上犬齿），最早记载师子国佛舍利情况的法显《佛国记》称其所见即是佛齿，玄奘《大唐西域记》转述时才讹为佛牙③。当然该国佛牙（即佛齿）虽屡被求取或遭劫毁，其国内却至今仍存有被认可的佛牙，则需从佛教信仰的角度理解，不属本文辨正的范围。

今斯里兰卡康提城的佛牙寺所藏佛牙长约5厘米，则郑和佛牙尺寸可以想见。而花岩寺佛齿“长三寸，径寸之七”，则大得多。按照明代裁衣尺换算的长度约达10.2厘米，显然倍于常人。但《开元释教录》也记载过三寸佛牙，而五寸长乃至更大的佛牙在文献和考古发现中也不鲜见，这自然是为了与《佛说十二游经》《后汉书·西域传》等文献所记佛身“长丈六尺”的情况相适应。

三　花岩寺佛齿骨与南都文人

陈沂在记载佛齿骨的同时，也表示了疑惑：一是在志书体例中将其编为“异蓄”，与顾起元的“诸寺奇物”相类，皆似有猎奇之意；二是称佛骨“然不可辨”，甚至直言“观者颇有兴傅奕、赵凤之心者”。傅奕（555～639）是唐初著名的反佛人士，曾向唐高祖上《请废佛法表》《请除释教疏》，促成《沙汰僧道诏》的颁布。据《隋唐嘉话》载，贞观年间（627～649），有婆罗僧以金刚石伪造佛齿，他对其子说：“是非佛齿。吾闻金刚石至坚，物不能敌，惟羚羊角破之。汝可往试之焉。”其子遂持羚羊角将其叩碎。羚羊角的这一特性是佛教界认可的，禅宗六祖慧能在《金刚般若波罗蜜经序》中说：“以金刚世界之宝，其性猛利，能坏诸物。金虽至坚，羚羊角能坏。”赵凤（？～935）为后唐重臣，官至太保。《北梦琐言》载，天成中（926～930），取经僧智明献佛牙舍利，“大如拳，褐溃皴裂。”时任学士的赵凤对执政说：“曾闻佛牙锤锻不坏，请试之。”结果“随斧而碎”。陈沂对两例故事耳熟能详，故也有一试花岩寺佛舍利真伪之心。但他在志书中附辑的献花岩诗中仍然收录了两首诗作，对佛齿骨舍利大呼“江表夸希见”“谛玩惊希得”。

① 陆光祖在南京任尚书时间参见明张位撰《明资政大夫吏部尚书赠太子太保谥庄简五台陆公墓志铭》和《明史·陆光祖传》。

② 姚汝循：《天界寺佛牙碑略》，载《金陵梵刹志》，南京出版社，2011，第329页。

③ 谭世宝：《佛齿与佛牙考辨——中印古文字与实物对比研究的结果》，《中国文化》2015年第2期。

观佛骨

长洲吴一鹏

久矣金仙寺，遗骸尚俨然。
珍藏堪骇俗，蝉蜕不知年。
江表夸希见，滇南想秘传。
傅韩嗟莫作，俯首对炉烟。

观佛齿骨

长洲吴子孝

齿骨存余数，开函意怆然。
空门长寂寂，留镇已年年。
谛玩惊希得，深藏问所传。
夕阳回马首，浩叹下苍烟。

吴一鹏（1460～1542），字南夫，号白楼[①]，苏州府长洲（今江苏苏州）人。弘治六年（1493）进士。嘉靖元年（1522）七月，由南京太常寺卿升礼部右侍郎。三年（1524），以礼部左侍郎入内阁，专典诰敕兼掌詹事府事。四年（1525），《武宗实录》成，进尚书。六年（1527），为张璁、桂萼忌，出为南京吏部尚书，居二年致仕。卒赠太子太保，谥文端。有《吴文端集》四十卷。生平见《明史》本传。吴子孝（1495～1563），字纯叔，号海峰、龙峰。吴一鹏之子。正德十四年（1519）荫补国子生。嘉靖八年（1529）进士。官至湖广参政。二十九年（1550），因谗免官，遂漫游山水而归。有《玉涵堂集》《玉霄仙明珠集》。生平见《江南通志》《明诗综》等。

吴氏父子两诗不仅是同韵之作（当为子次父韵），而且应该是同观之作。志中还收有吴一鹏的另三首诗作，其中《陪刘尚宝扶侍游献花岩》为一题两首，还有一首是《次早入城》。《陪刘尚宝扶侍游献花岩》有“绯桃留艳映疏巾，青杏带酸盛小筥”，绯桃与青杏皆为夏季水果。《次早入城》有“流萤溪面入星度”“触热谁将袯襫论”，流萤是夏虫，袯襫指暑天戴笠。相同的季节，加上《观佛骨》一诗被编排于上述两题之间，由此似可推断，这些诗都是同一次游献花岩之作，观佛骨则是此次游览的一个重要环节。其游览年代，可通过解读《陪刘尚宝扶侍游献花岩》诗来推断。细检志中其他附诗，竟然有七篇《次吴太常韵》，作者依次是陈沂、王韦、乔宇、鲁铎、王守仁、徐文溥和周用，所用诗韵与《陪刘尚宝扶侍游献花岩》完全一致，可见这是一次文人集会。次韵诗题表明吴一鹏时任南京太常卿。据《明武宗实录》，其任此职时间在正德十年（1515）四月，后值母丧，

① 明万历刊本《献花岩志》“志异蓄第七”提及佛齿时称“内翰吴石楼有诗”，将吴一鹏之号“白楼”误书为“石楼”。北京故宫博物院藏王守仁正德十一年九月《龙江留别诗》手稿提及饯别之人有“太常白楼吴公”，末又书“白楼先生执事”，可证志书之误。

十五年（1520）十一月服阕复除原任。按二十七个月的居丧期推算，其离任服丧在十三年（1518）八月。

再考《次吴太常韵》诸作者生平：陈沂，据《名山藏·陈沂传》，为“金陵三俊”之一，正德十二年（1517）中进士，入翰林院，嘉靖以后致仕。王韦，据《明武宗实录》《国朝列卿纪》，弘治十八年（1505）进士，正德十三年（1518）十月由南京礼部郎中升河南按察司副使提调学校。乔宇，据《明武宗实录》，正德六年（1511）正月由户部左侍郎升南京礼部尚书，十年（1515）五月改南京兵部尚书，十六年（1521）改吏部尚书。鲁铎，据《明武宗实录》及《弇山堂别集》，正德十年（1515）四月由国子监司业擢南京国子监祭酒，十一年（1516）九月改北，十二年（1517）养病，嘉靖元年（1522）再任南祭酒，二年（1523）卒。王守仁，据《明武宗实录》，正德九年（1514）二月由南京太仆寺少卿（署在滁州）升南京鸿胪寺卿，十一年（1516）八月擢左佥都御史巡抚南赣汀漳等处。徐文溥，据《明史》本传、《明武宗实录》，正德六年（1511）进士，授南京礼科给事中，十一年（1516）冬以后引疾辞官。周用，据《明武宗实录》、《明史》本传，正德元年十二月以行人升南京兵科给事中，后父忧服阕，留补礼科，仍改南京兵科，十二年（1517）二月升云南左参议。

综上所述，吴一鹏等八人仕履在南京的交集时间为正德十年（1515）四月至十一年（1516）八月，也是诸诗创作的时间范围。

再看刘尚宝，尚宝即南京尚宝司卿。《明武宗实录》有载，正德九年（1514）五月升兵部郎中刘乾为南京尚宝司卿。据《江苏省通志稿》第二十四卷引《靖江县志》载，刘乾，字克柔，号毅斋，江苏靖江人。弘治十二年（1499）进士。嘉靖初年，擢南京鸿胪寺卿，迁南京光禄寺卿。因灾异自陈，致仕归。

据诸人诗文，此次山游，其实肇因于刘乾要侍奉年已八十的老父登山庆寿，前引县志称赞刘乾“事父母孝，备极禄养”，明代同期诗人边贡《华泉集》中也有《刘克柔迎养二亲乞诗为寿以人生七十古来稀七字为韵》，皆恰为其证。他邀约南京官员、名士同行，众人也都一呼即应。湛若水评价刘乾“乐道人善，不言人短”（前引《靖江县志》），应当是他能广结人缘的重要因素。而从“一驴载裹三日粮”（陈沂）、“对山三日捧霞觞”（吴一鹏）等诗句可知，行程前后有三天，这确实是一次隆重之旅。

同游之人除了陈沂皆有官职，以品级排序，依次为南京兵部尚书乔宇、南京太常寺卿吴一鹏、南京鸿胪寺卿王守仁、南京国子监祭酒鲁铎、南京尚宝司卿刘乾、南京礼部郎中王韦、南京礼科给事中徐文溥、南京兵科给事中周用，九人之中有八人在《明史》有传，如此多的海内俊彦、硕儒名宦集体游览献花岩，诚为罕见之事。只有这样的特殊时刻，花岩寺僧才可能专门开启金函，向众人展示镇寺之宝、佛家圣物——佛齿骨。

嘉靖六年至八年（1527～1529），吴一鹏被排挤至南京为官，其子吴子孝尚未中进士，父子二人也有机会再游献花岩，但似乎没有得观佛齿骨的契机了。明朝诸帝中，武宗以崇佛佞佛著称。而世宗即位之初，出于拨乱反正之需，在朝臣大力支持下共同推动排佛禁佛，早在嘉靖元年（1522）就下令“毁剖玄明宫佛像”，且“毁拆京师寺院”（《释鉴稽古略续集》）。六年（1527），谕旨：“今天下僧道无度牒者，其令有司尽为查革，自今永不许开度，及私创寺观庵院犯者罪无赦。”（《明世宗实录》）十五年（1536），“毁金银像，像凡一百六十九座，头牙骨等凡万三千余斤（《明世宗实录》）。”同年新任南京礼部尚书的反佛大臣霍韬三个月内在南京拆毁寺庙数百所①。嘉靖皇帝一方面对佛教高压控制，一方面逐渐显示崇道一面，成为历史上著名的道君皇帝。因此，花岩寺僧在正德年间可以公然展示佛舍利，在嘉靖年间则必然收敛低调，吴氏父子观佛齿骨的诗作应当就是正德十年至十一年那次众游的产物。但其他诸人为何无诗，是不屑创作，还是种种原因未被陈沂编选，还待详考。

四 《献花岩志》的一度散佚与佛齿骨的消失

值得注意的是，《献花岩志》成书后，焦竑读书其地时，仅“去之二十载”，该志已经佚失，“问之岩僧，已无知者”。直至万历三十年（1602）陈沂手稿才重新现世，次年刊行。由于花岩寺为黔国家臣，也即沐氏家族的大管家施建，当时岩以寺名，寺以岩兴，岩寺一体共生，故嘉靖禁佛以及嘉靖、隆庆年间两任黔国公沐朝辅（1536～1547 年在位）一度被劾、沐朝弼（1547～1554 年代镇，1554～1569 年在位）被囚至死的大背景，很有可能是《献花岩志》不得不隐迹长达半个多世纪的原因所在。

另，《金陵梵刹志》卷十六“凤山天界寺”篇中，不仅在该寺“古迹”目下专门介绍“佛牙”情况，还在文献部分收入万历二十年（1592）秣陵姚汝循所撰《天界寺佛牙碑略》。该碑略中记载了当时佛牙被迎请至天界寺的盛况——“士庶观者填溢衢路”。而其卷四十三“献花岩花岩寺”篇则对其佛齿骨无一字着墨，文献部分录有陈沂《献花岩序》② 及《登芙蓉阁》等三篇诗作，但吴一鹏父子两首关于佛齿骨的诗作也付之阙如，而陈沂《献花岩志》在《金陵梵刹志》编撰前数年刚刚刊行于世。或许花岩寺佛齿骨，与同样在该部佛教专志中毫无笔墨踪影的郑和佛牙，都在曾经大批销毁佛牙骨的嘉靖时期彻底消失了。

五 余论：南京与中国佛舍利文化发展的深厚历史渊源

佛教在中国传播的标志性事件，就是中国南方最早得到官方认可的佛寺——建初寺在

① 霍韬：《霍文敏公全集》附《石头录》卷七，清同治元年刻本。

② 与《献花岩志》自序内容相同，唯缺“四年与诸大夫五宿山房”起的最后一段。该序署名为“明翰林编修鄞陈沂”。鄞为陈沂原籍浙江鄞县，今为宁波市鄞州区。从署名官职看，该文似为陈沂在嘉靖四年以前撰成，后编《献花岩志》时添补了最后一段内容以为序。

南京诞生，其建寺因缘就在于感应舍利的出现。因此，舍利是促成佛教在中国南方立足的关键，而南京则堪称中国舍利文化起源之地。其后，在南京佛教史上又多次出现过著名的佛舍利。明代以前南京的著名佛舍利主要有：1. 孙吴建初寺舍利。虽为康僧会祈请后幻化感应的舍利，但仍具有佛舍利的性质，并折服孙权为其建寺。有学者认为这是中国佛舍利崇拜的主要源头[①]。2. 六朝长干寺舍利。为阿育王所分佛舍利。3. 六朝定林上寺佛牙。即法献佛牙舍利，现今得到世界佛教界广泛认可的两颗存世佛牙舍利之一。4. 北宋长干寺舍利。包括感应舍利和现今佛教界认定唯一存世的佛祖真身顶骨舍利。2009 年，地宫发掘，舍利重光。

《大般涅槃经》称“若见如来舍利，即是见佛”，“供养舍利即是佛宝，见佛即见法身”。《法华经》也说，“众见我灭度，广供养舍利，咸皆怀恋慕，而生渴仰心，众生既信服，质直意柔软，一心欲见佛，不自惜命身。”可见，供养佛舍利可让人由怀恋慕之心，到生渴仰之心，最后至诚皈依。因此，佛舍利崇拜是早期佛教传播的重要策略，与佛教传入中国大体同步。康僧会在金陵感得舍利，开启了魏晋南北朝时期中国第一次舍利崇拜高潮。

长干寺位于建初寺附近，建造时代略迟，但因发现的佛舍利有发、爪等，故比建初寺感应舍利更受关注，被认定为阿育王时传入中国的十九份佛祖真身舍利之一，以致著名的崇佛皇帝梁武帝特地重修寺塔。长干寺由此在佛教史上也取得特殊地位。法献佛牙也是当时最知名的佛舍利之一，从齐文宣王萧子良的《佛牙赞》到陈霸先诏出佛牙，赢得政治人物的重视，体现了佛舍利超越宗教辅助王化的独特价值，是舍利文化发展的必然结果。而长干寺发爪、法献佛牙等佛教文物随陈朝高僧一道北迁隋京大兴（今西安），成为南方佛教义学北传及南北佛教开始交融发展的重要见证。

随着佛教在中国的深入传播，佛教信众的崇拜和证信需求不断增长，但佛祖真身舍利数量有限，因此这些来自遥远国度的圣物主要由皇室和权贵控制，其传入情况往往都会载入文献。但在宋辽时期，佛教的中国化进程已经相当深入，当时世俗社会的繁荣也促进了佛教的民间化、市俗化，旺盛的崇拜需求进一步刺激了对境外舍利的求取，史籍中记录了不少宋初西域进贡包括顶骨在内的佛舍利事件。20 世纪后半期对大陆各地寺塔的诸多发掘证实了舍利崇拜的新一轮高潮。北宋长干寺佛顶真骨就是这一时期的产物，而瘗藏佛顶骨舍利并经文献和考古证实的佛塔同期至少还有六处[②]。

经历过阿育王建八万四千塔分供佛舍利之举之后，由于时代久远、数量稀少和山水阻隔的地理局限，真身舍利在古印度之外的传播非常不易，以伪代真不可避免，佛典中还提供了辨别佛舍利真伪的方法。为因应信众需求，佛舍利的外延不断扩大，如将佛典视为舍

① 尚永琪：《佛舍利崇拜的地理困境与感应舍利之起源——对佛教偶像崇拜历史分流之认识》，《文史哲》2016 年第 4 期。

② 龚巨平、祁海宁：《〈金陵长干寺真身塔藏舍利石函记〉考释及相关问题》，《东南文化》2012 年第 1 期。

利，古印度龙树菩萨撰《大智度论》云："经卷是法身舍利。谓如来所说中道实相之理，不迁不变，无灭无生，亘古今而恒存，弥天地而普覆。人能至心如法受持，即是得见如来法身，其所获福无量无边。故《法华经》云：若经卷所住之处，皆应起塔供养，不须复安舍利，此中已有如来全身。是也。"或者强调舍利的象征性，视舍利影代物与真身舍利等效。如狮子国入唐高僧不空译《如意宝珠转轮秘密现身成佛金轮咒王经》云："若无舍利，以金、银、琉璃、水精、马脑、玻梨众宝等造作舍利。……行者无力者，即至大海边拾清净砂石即为舍利，亦用药草、竹木根节造为舍利。"当然，对于广大信众而言，逼真的影骨舍利比用普通宝物造作的舍利象征性更强，而被认可的真身舍利因其稀缺最受僧俗重视，隋唐以后仍是可能影响到政治、外交的重要圣物，如元明两朝都曾以官方名义求取锡兰佛牙，甚至引发战争。

南京对舍利文化的影响，与城市地位的起伏密切相关。在隋唐的低谷期，南京不仅没有获得新的佛舍利，原有的重要佛舍利也陆续外播，当然舍利的聚散流动也促进了其他地区佛教文化的发展，已经深深印刻在传承序列和文化层累中的南京烙印不会磨灭。五代以后，随着南京地位逐渐恢复，佛舍利又不断流入，使得南京再次成为中国舍利文化史上不可忽略的城市。特别是宋辽时期佛顶骨舍利虽然广泛分布各地，但南京发现的佛顶真骨仍具有特殊意义：一、瘗藏地是曾经供养过佛发爪的六朝名刹长干寺；二、供奉人施护据考为宋初来华的外国高僧[①]；三、长干寺故址改建为大报恩寺后，新造的琉璃塔仍然沿用宋塔地宫，原瘗藏物均未替换，这是明朝官方对佛顶真骨的侧面肯定；四、这一圣物在21世纪初的重光受到广泛关注，成为影响力超出中国佛教界的重大文化事件。

从中国佛教和舍利文化发展史看，花岩寺佛齿骨虽然鲜为人知，且来历还有待深入探究，但它在南京这样与佛舍利有深厚历史渊源的城市出现，仍具有独特研究价值，并折射出明代佛教与政治、社会间的互动关系。而且作为在南京历史上最后记载的一次佛舍利事件，使得南京成为中国少有的拥有长达千余年舍利文化史的城市，充分体现了它在中国佛教史上无可替代的特殊历史地位。

（编辑：王志高）

---

① 龚巨平、祁海宁：《〈金陵长干寺真身塔藏舍利石函记〉考释及相关问题》，《东南文化》2012年第1期。

明代南京锦衣卫秦氏家族成员墓志浅析

邵　磊

（南京市文化遗产保护研究所）

［摘要］ 明代锦衣卫百户秦氏家族与南京渊源殊深，这一家族的第三任族长秦瑛在明中期顺应明英宗汰除借助“夺门之变”而飞黄腾达的权幸，乃至剿灭横行江淮的盐徒势力方面，均有所作为。相应地，这一家族的支庶也凭借特殊时期锦衣卫的特殊地位，广殖财货，经营着富足优越的生活。新发现的三种明代南京锦衣卫秦氏家族成员墓志，以其微观的视角，为重新审视锦衣卫与明代天顺一朝政局的嬗变，包括明代中叶南都社会经济状况，都提供了新的材料。

［关键词］ 明代；南京；锦衣卫；秦氏家族

作为明初京师与永乐后期正式迁都北京后的留都所在，南京始终维持着殊为庞大的武官集团，这其中的锦衣卫武官，以其职能的丰富性与多样化，以及后世文艺作品对明代锦衣卫侦缉功能的演绎、渲染，而尤为引人注目。近数十年来，笔者在南京陆续调查发现了一批明代锦衣卫武官及其家族成员的墓志，对于补订明代南京锦衣卫武官的家世履历、探讨相关的明代史事，都具有一定的史料价值，今择取南京锦衣卫百户秦氏家族成员的墓志略做考察。

本文所述及的明代南京锦衣卫百户秦氏家族成员墓志，共计三种。其中，秦仲良、秦仲和昆仲的墓志，初为20世纪90年代末由笔者与贺云翱先生以南京市文物研究所的名义征集。后两年，复有文物爱好者捐赠二秦之侄、南京锦衣卫百户秦瑛墓志一石。这三种明代秦氏墓志现皆收藏于南京市博物馆。

秦仲良墓志边长55.5～56.5厘米，志盖四边减地雕刻流云纹带，其内篆题“明故秦」仲良墓」志铭”3行8字，志文外廓有极浅细的阴刻框栏，首题“明故秦仲良墓志铭”，次刻题名“赐进士及第正义大夫资治尹南京礼部侍郎前翰林学士侍」文华殿讲读直东阁兼修国史钱唐倪谦撰文」赐进士出身文林郎南京山西道监察御史姑苏徐完书丹」赐进士出身承德郎刑部主事南康邓存德篆盖」”。墓志正文23行，标点如下：

成化乙未秋八月三日，金陵秦仲良卒，其子玮既以礼敛之，扶杖衰」绖，持郡庠龙君民望所述事状，再拜，来乞铭。予与秦氏居相邻，且有」旧也，铭恶可辞？按状，仲良讳能，仲良其字也。姓秦氏，其先维扬之泰」州人。洪武初，厥祖通，从」太祖高皇帝起兵淮甸，累建奇勋，擢锦衣百户；父胜，世其官，有声于时。曰」刘氏、李氏、张氏，则公之祖妣、妣也。仲良天性严正，在龆龀时，不与群」儿游戏，及就外傅，孜孜务学，比长，日涉猎诸子百家之书，诗赋骈丽」之章亦皆记诵，至于《小学》一书，诵之尤熟，盖欲身体而力行之也。平」居，教诸子有义方，其犹子百户瑛，治事有声誉；冠带舍人云，进学问，」累游场屋。秦氏之多佳子弟者，有仲良绳督之也。善营居室，虚敞高」明。喜种菊，所居之旁，黄白成蹊。虽落落与人寡合，至于贤士大夫过」其门，必把菊玩赏，命觞咏歌，罄欢而后已。遇乡邻子弟，恒勉以读书，」教以孝弟。不喜僧道，履其门必麾斥之。事母孝，扁其堂曰“奉萱”。早游」江湖，晚乐闲逸，悠然自得，无求于世，真物外人也。平昔衣冠整洁，人」物魁伟，议论英发，人莫敢与之狎。所与知厚者，皆金陵之贵公子也。」忽遘奇疾，伏枕三四载，至是卒，享年六十有四，距所生为永乐壬辰」七月二十五日。娶刘氏，先卒，继林氏。子四，玺、璋，先卒，玮、瓒，皆克家干」蛊。女一，适府军卫指挥刘镛，中军都督聚之孙也。孙三，鉴、钺、铭。以次」月望日祔葬江宁县安德乡大店坊之原，从先兆也。於戏！仲良自幼」至老，持身治家，内外井井，不以生长贵族而骄纵，可谓有德者矣。是」宜铭，铭曰：」惟恬淡是甘兮，不炎以趋。乐林下之清风兮，浩歌唐虞。岂逸民之」徒兮，遁世全躯。勒铭贞石兮，百世弗渝。

秦仲和墓志边长 59.7 厘米，失盖，志文外廓有极浅细的阴刻框栏，首题“明故秦公仲和墓志铭”，次刻题名“赐进士嘉议大夫南京礼部侍郎前太常少卿翰林侍读经筵讲官直」东阁同修国史西蜀李本撰文」赐进士第文林郎南京山东道监察御史金陵吴文度书丹」赐进士出身奉政大夫南京兵部郎中东鄞金泽篆盖」”。墓志正文 26 行，标点如下：

公讳忠，字仲和，姓秦氏，其先维扬泰州人。洪武初，祖通，从」太祖高皇帝起兵淮甸，累树奇功，授锦衣卫百户，遂家金陵；父胜，世其官，声誉」赫然于时。公承先世之业，勤于治生。事母张氏孝谨，得佳蔬时馔，奉之恐」后；事兄仲良，怡愉诚恪，若严君焉，家务巨细，悉以谘决，一钱尺帛不入私」藏。或少贻兄怒，则屏气拱立，怒霁乃复敢言。公幼而岐嶷，长而孤骞不群，」耻作鄙容态，交游皆清修博雅之士，必占一艺于时者。不设擭阱，人有过」必面斥之。不肯诣韦屈下人，性凝重若未易涯涘，素不留滞于心胸。人有」危难，力为排纷，皆始而忌、终而敬且慕焉。诸子百家之书皆涉猎大义，《小」学》一书诵之尤熟。古今骚人词曲、警句，遇风清月白之夕，每击节歌之，时」取箫管作数声。名花异卉、假山奇石环绕于庭，以至法书、名画、商鼎、周彝，」皆品题其真赝，无少差忒。大营居室，一新前人之制。尝载重赀，遨游淮扬、」闽浙，每至必知名。人以夙逋未偿以千计者，悉折券免贷。岁歉，给衣食以」赈饥寒。于家庭前筑一室，延明师以教子弟，召宗党悉就学，若陶君希文、」高君汝钦、诸君□仁，皆所器重者。浮屠、巫祝、尼媪之属，不敢迹其门。性不」能□，觞客弗醉弗已。闻人语及声利，辄掩耳以遁，若有所浼之者。子云，尝」累游京庠，从博士授明经，累厄场屋，乃大肆力于词翰之学，定西总戎知」其才器不凡，荐于」朝，膺京营赞画戎机之任。公往视于金台，到家甫半载，一疾弗起。配赵氏，有」淑德。子四人，曰云，即所聘者；曰璧、曰珍、曰瑜。孙男二，幼。成化壬寅正月初」二日卒于家，享年六十有五，公生为永乐戊戌八月初九日。卜以是年是」月廿八日，葬于江宁县安德乡大店坊之原，从先兆也。其侄百户瑛，以予」仕南都有年，颇知其家，持郡庠龙氏望状，再拜，乞为葬铭。呜呼！公生平行」义端方，虽处乎乡井之中，而誉出于众人之口者，自有莫能掩者，是宜铭。」铭曰：」晚声利之疆，漱道艺之芳。立千仞之冈，兴一日之觞。勒太史之铭章，垂千」百祀之耿光。

秦瑛墓志边长63厘米，失盖，志文首题“明故南京锦衣卫百户松石秦君墓志铭”，次刻题名“赐进士出身奉政大夫四川按察司佥事前南京刑部员外郎沐阳伊乘撰文」奉训大夫南京左军都督府经历钱唐姚源书丹」赐进士第中顺大夫贵州思州府知府前太仆寺丞江东熊宗德篆盖」”。墓志正文24行，标点如下：

国朝武臣遵」制额，六十者致仕，精力未衰者留于任。南京锦衣户侯秦君廷辉，春秋六十有」二，虽若少壮，即有林下之志，遂上章解组，命孙淮，代其官。既而得遂家居之」乐，以保天年。未几，偶婴风挛之疾，竟不起矣。淮持厥祖所知姚君懋昭状，诣」余乞铭。按状：君讳瑛，字廷辉，姓秦氏。松石，其别号也。上世南畿泰州旧族，曾」大父适，」国初从」天兵取海内，累著勋绩，荐升锦衣百户。大父胜，世其官。父毅，未获荫官而卒。母」李氏，多懿行。盖君生有源委，异于庸众人。蚤丧父，袭祖荫，事祖父母、洎母太」安人李，孝养惟谨。君自莅官以来，天顺间，权幸奸宄，有冒」国宪者，君奉」诏询察，不敢欺匿其情；盐徒盗贼，有为民患者，君奉檄搜捕，所获共以千计。间」以督治廨宇，而营缮有方；鞫问刑狱，而竟无虚日。且锦衣之公务，多由赞画。」是以历官五十余载，声誉著于两京也。尝被仇家诬陷歇官，七越寒暑。杜门」静处，不易其操。后以当道剡荐，复任莅事，公勤不废于前。迨成化丙午，请于」朝，赠父如其官，封母太安人，妻安人。君蒙」推封之恩，极于图报焉。累辞权幸所举，果免其连坐之祸；不惮亲识所求，因致」其笃义之称。凡蓄法书名画，以充识鉴；花石音律，以娱性情。衣冠必务整饬。」但过于崖岸，与人寡合。其为人也，大率类此。生于宣德乙卯五月九日，卒于」弘治己未七月十六日，寿六十有五。配徐氏，即受」封者，先卒。子男四：鼎、震、观、复，而蔡、陈、江、朱四氏，其妇也。鼎、震先卒。孙男六人。长」淮，即袭荫者，娶郭氏。孙女三人，俱未行。铭曰：」猗维秦氏，开」国效忠。列官近侍，勋阶聿崇。荫及松石，政誉益隆。兹云已矣，著铭于无穷。

三方墓志的传主秦仲良、秦仲和与秦瑛三人，先世为维扬泰州人，其中，秦瑛是秦仲良、秦仲和兄弟的侄子。在秦仲良、秦仲和兄弟中，秦仲良系兄长，讳能，字仲良；秦仲和系仲良弟，讳忠，字仲和。二秦并无官位，其中，秦仲良“早游江湖”，秦仲和“勤于治生”，显然都是“处乎乡井之中”的商贩者流，但他们的祖父秦通、父亲秦胜乃至袭替祖职的侄子秦瑛，却都官锦衣卫百户。由于秦氏南京锦衣卫百户家族的袭替世次不无幸运地保存于《武职选簿》之中，使得原本平平无奇的秦仲良、秦仲和、秦瑛墓志变得鲜活起来，具备了相对重要的史料价值。

关于秦氏南京锦衣卫百户家族的袭替，据《武职选簿》记载：

> 秦文举：实授百户。《外黄》查有：秦通，泰州人。丙午年从军，洪武五年拔虎贲左卫后所，故十七年勾通补马军。洪武二十六年升充带刀总旗，四月初二日钦升除锦衣卫中右所世袭百户。二十七年钦授世袭秦胜，系秦通嫡长男。秦瑛系秦胜嫡长孙。一辈秦通，已载前《黄》；二辈秦胜，《旧选簿》查有，永乐十年九月，秦胜，系锦衣卫水军所故世袭百户秦通嫡长男；三辈秦瑛，《旧选簿》查有，景泰三年七月，秦瑛，泰州人，系南京锦衣卫锦衣中所旌节司百户秦胜嫡长孙；四辈秦淮，《旧选簿》查有，弘治九年七月，秦淮，泰州人，系南京锦衣卫锦衣中所旌节司百户秦瑛嫡长孙；五辈秦龙，《旧选簿》查有，嘉靖四年十一月，秦龙，年三十九岁，泰州人，系南京锦衣卫锦衣中所旌节司百户带俸年老秦淮嫡长男；六辈秦文举，《旧选簿》查有，嘉靖四十二年六月，秦文举，年十五岁，泰州人，系南京锦衣卫水军所年老实授百户秦龙嫡长男，优给，出幼袭职。①

关于这支秦氏的先世事迹，墓志与《武职选簿》中均有记载。不过，墓志较为简洁，仅仅一笔带过，如秦仲良墓志所述之“洪武初，厥祖（秦）通，从太祖高皇帝起兵淮甸，累建奇勋，擢锦衣百户；父（秦）胜，世其官，有声于时”。再如秦仲和墓志所述之“洪武初，祖（秦）通，从太祖高皇帝起兵淮甸，累树奇功，授锦衣卫百户，遂家金陵；父（秦）胜，世其官，声誉赫然于时”。值得一提的是，秦瑛墓志所述：“曾大父适，国初从天兵取海内，累著勋绩，荐升锦衣百户。大父胜，世其官。父毅，未获荫官而卒。”则将其曾祖秦通的名讳“通”，误书刻为“适”，其余仍与秦仲良、秦仲和二秦昆仲墓志所记先世类同。

相较而言，作为档案的《武职选簿》对这一方面的记录则详细许多，如谓这一秦氏锦衣卫百户家族的始祖秦通，即秦瑛墓志笔误为秦适者，系元至正二十六年（1366）从军，洪武五年（1372）拔虎贲左卫后所，十七年（1384）勾通补马军，二十六年（1393）升充总旗，二十六年四月初二日钦升除锦衣卫中右所世袭百户。秦通嫡长子秦胜，于洪武二

---

① 《武职选簿》之《南京见设卫所·亲军卫·锦衣卫·水军所官员》，载《中国明朝档案总汇》第73册，广西师范大学出版社，2001，第185页。

十七年（1394）袭职。值得一提的是，《武职选簿》中据旧《选簿》永乐十年（1412）九月的记录，称秦通终官“锦衣卫水军所世袭百户”云云，则并未见诸前述之《外黄》关于秦通的叙述。复据《武职选簿》，秦通嗣子秦胜初袭锦衣卫水军所世袭百户，而秦胜景泰三年（1452）七月之际的终官却是南京锦衣卫中所旌节司百户。这之后的秦瑛、秦淮两辈，皆循例寄衔南京锦衣卫中所旌节司。至第五辈秦龙初亦寄衔南京锦衣卫中所旌节司，终仍改为南京锦衣卫水军所。至第六辈秦文举十五岁出幼时，所寄亦南京锦衣卫水军所。《武职选簿》关于这一秦氏锦衣卫百户家族世次的记载，颇可与征集所获的三种秦氏墓志参酌互看，史料价值颇高。

在最初仅仅征集到秦仲良、秦仲和昆仲的墓志时，笔者便注意到，远承锦衣卫世袭百户祖职的秦瑛，虽然在世次上属秦氏家族的第三任族长，但却是始祖秦通的曾孙。由于这一秦氏锦衣卫世袭百户家族自第二辈秦胜袭职再至第三辈秦瑛袭职，其间约六十年之久，这很容易让人联想到秦瑛的父亲或许在这期间先于乃父秦胜亡殁，故未及承袭，但《武职选簿》对此并无提及，这一推断在不久后获得的秦瑛墓志中得以确证。据秦瑛墓志记载，秦瑛的父亲，亦即秦仲良与秦仲和二秦的兄长秦毅，以“未获荫官而卒”，秦瑛以“蚤丧父，袭祖荫”。秦瑛墓志还记载：“成化丙午，（秦瑛）请于朝，赠父如其官，封母太安人、妻安人。”是谓秦瑛于成化二十二年（1486）请封乃父秦毅赠锦衣卫百户之职，而允获恩准。此亦不见于《武职选簿》等传世资料。有意思的是，秦瑛袭替祖职后，历职的时间也逾四十年之久，《武职选簿》所存之旧《选簿》记载继秦瑛而袭替祖职者，乃是秦瑛嫡长孙秦淮，而据秦瑛墓志可知，秦瑛有秦鼎、秦震、秦观、秦复四子，但长子秦鼎与次子秦震皆“先卒”，故由嫡长孙秦淮袭荫，此与昔年秦瑛袭替祖职之情形如出一辙。

秦瑛其人，见诸《武职选簿》的记录，仅有寥寥数语，殊为简略：“旧《选簿》查有，景泰三年七月，秦瑛，泰州人，系南京锦衣卫锦衣中所旌节司百户秦胜嫡长孙。”而秦瑛墓志所述传主本人的行实则赡富详备，也是对这一秦氏锦衣卫百户家族史事的重要补证。

据墓志记载，秦瑛字廷辉，别号松石，生于宣德十年（1435）五月九日，卒于弘治十二年（1499）七月十六日，享年六十五岁。据《武职选簿》记载，秦瑛应系景泰三年七月年届十七岁出幼，始得以袭替祖父秦胜的南京锦衣卫锦衣中所旌节司百户之职。另据墓志记载，秦瑛系六十二岁时“有林下之志，遂上章解组，命孙（秦）淮代其官”。据秦瑛生卒年推断，其六十二岁也就是弘治九年（1496），庶几可知，秦瑛历职共四十五年。这样来看，墓志所谓秦瑛“是以历官五十余载，声誉著于两京也”，或不免有夸大其词之嫌了。

据《武职选簿》的条列记录，秦瑛出幼即替为南京锦衣卫锦衣中所旌节司百户，然据墓志记载，秦瑛“历官五十余载，声誉著于两京也”，是谓秦瑛于南、北两京的锦衣卫所皆曾履职。墓志记载秦瑛履职期间主要的业绩有：

其一，天顺年间，奉诏询察有冒国宪的权幸奸宄，而不欺匿其情；

其二，奉檄搜捕为民所患的盐徒盗贼，所获共以千计；

其三，鞫问刑狱而无虚日；

其四，督治廨宇，营缮有方；

其五，南京锦衣卫官署之公务，亦多由赞画。

凡此种种，大多是《明史》卷七十六《职官志五》明文规定的“锦衣卫掌侍卫、缉捕、刑狱之事……盗贼奸宄，街头沟洫，密缉而时省之”的职责所在。其中，最末的“南京锦衣卫官署之公务亦多由赞画”云云，无非是欲突出秦瑛的能力而已，所言最虚，而居于前列的两处相对较为具体的事迹，则颇可探赜一二。

如关于秦瑛墓志所述“天顺间，权幸奸宄，有冒国宪者，君奉诏询察，不敢欺匿其情”，其中的“权幸奸宄”，墓志并没有明指为何人，不过从“天顺间”的时间节点上来看，这“权幸奸宄”固有可能是明英宗复辟后被杀害的大司马于谦，也有可能是策动“夺门之变”拥戴明英宗重新登基而居首功、被封为“忠国公”的石亨之辈。但英宗复辟后杀害有功于社稷的于谦，连英宗事后“亦悔之”，值宪宗登基后旋即为于谦平反昭雪，在其御制祭墓文中有云：“……先帝已知其枉，而朕心实怜其忠……哀其死而表其生，一顺乎天理；厄于前而伸于后，允惬乎人心。”[①] 秦瑛卒葬于弘治九年，其时距于谦平反昭雪已历数十年之久，是以秦瑛墓志所述“有冒国宪”的“权幸奸宄”，断断不可能是于谦，而更可能是在“夺门之变”中起到关键作用的“忠国公”石亨或太监曹吉祥之流。

通过“夺门之变”而侥幸复辟的明英宗，因为“虑廷臣党比，欲知外事，倚锦衣官校为耳目”[②]。换言之，立足未稳的英宗出于树立威权、巩固统治的考虑，遂利用锦衣卫势力察伺群臣、打击异己。而当针对景泰旧臣的清算告一段落后，英宗对恃“夺门”之功而骄横跋扈的石亨等辈也不再容忍，遂“思裁抑石亨、曹吉祥权”，锦衣卫指挥佥事逯杲应时脱颖而出“勇承之”并“伺其阴事”[③]，先后揭露了石亨党羽种种不法事，致石亨被收监而瘐死狱中。紧接着，以“强鸷”而著称的逯杲又无情地调转方向，将侦伺的矛头不遗余力地直指对自身有荐举之恩的太监曹吉祥，导致曹吉祥之侄曹钦反叛，愤而杀死逯杲，导致曹吉祥的势力也随之被彻底清除。综上所述，明英宗在短短几年内借锦衣卫势力便根除了“夺门之变”后既得利益的外官内臣。这其中，以“强鸷”而为英宗赏接的逯杲无疑起到了至关重要的作用，但身为锦衣卫指挥佥事的逯杲毕竟只是运筹帷幄的中枢，至于具体琐碎的侦伺缉查等事务，还有赖更多低阶的锦衣卫官校来执行。譬如，逯杲天顺三年（1459）九月发石亨私遣义勇后卫指挥同知裴瑄出居庸关购买木材事，并自大同将裴瑄锁拿至京师会三法司鞫讯[④]。可以想见，像这样远赴大同缉拿案犯的差事，就不大可能由逯杲亲力亲为，而更可能是由像传主秦瑛这样的锦衣卫百户之类的官校去完成。因此，秦瑛墓志的发现，为我们以更细微的视角重新审视锦衣卫与明代天顺一朝政局的嬗变提供了新

① 《明宪宗实录》卷三十三，（台北）“中央研究院”历史语言研究所校印本，1962，第670页。

② 《明史》卷三百零七《佞幸》，中华书局，1974，第7878页。

③ 黄景昉：《国史唯疑》卷三《正统·景泰·天顺》，上海古籍出版社，2002，第83页；《明史》卷三百零七《佞幸》，第7877、7878页。

④ 《明英宗实录》卷三百零七，（台北）“中央研究院”历史语言研究所校印本，1962，第6469页。

的材料。

值得一提的是，秦瑛墓志还述及秦瑛“累辞权幸所举”而“果免其连坐之祸”，结合所处的时代背景来看，志文所谓尝举荐秦瑛的“权幸”，与志文前述秦瑛天顺年间奉诏询察有冒国宪而“不敢欺匿其情”的权幸奸宄，或许都是指石亨、曹吉祥之辈。

再如墓志关于秦瑛奉檄搜捕为民所患的盐徒盗贼，“所获共以千计”，以“所获共以千计”而言，显然规模不小，可惜墓志对此并无更详细的说明。

明代盐徒多为苏南等地小民，于江淮间往来兴贩私盐由来久矣。官府为了应对盐徒，起初便绞尽脑汁，甚至有人提议将抓获的盐徒编充为哨卒，以戍守通州狼山至盐城与淮安府大河等卫设置的烽堠，因刑部右侍郎何文渊等奏以恐难钤束而作罢①。由于不能解决根本问题，盐徒的威胁越来越棘手，一些僻居海滨的巡检司由于兵丁不足，遭遇盐徒时往往寡不敌众②。至于卫所官兵收受盐徒贿赂，虚与委蛇，亦所在多有③。至天顺年间，盐徒在武力方面也有了实质性的提升，不仅有陈杰这样的匠人因逐利而将私铸的铳炮短枪卖与盐徒④，南京盐徒也有私造铳炮短枪拒捕者⑤。明廷对盐徒的惩戒、报复也无所不用其极，如天顺二年（1458）七月就曾灭绝人性地对盐徒幼子计四十四口之众施以宫刑，盐徒眷属八十口及四岁以下男女孩童三十五口皆送浣衣局为奴⑥。

但即便如此，盐徒的势力仍越发壮大。时南京江上盐徒刘清（又称刘畲子）聚众二千余人，朱华、熊能聚众三百余人，李景初与田宗等各聚众五百余人。这些人熟知江湖道路，不仅驾驶船只兴贩私盐，也劫夺财物，拒捕杀伤官军，还不断哄诱小民上船以供役使，变诈百出。有鉴于此，朝廷一方面对盐徒势力采取分化瓦解的方法实行招抚，另一方面也选派熟谙水战的武官配合南京守备徐承宗等合力追剿⑦。与此同时，还遣锦衣卫千户

---

① 《明英宗实录》卷二十九：正统二年夏四月壬午，“先是，巡视盐场监察御史尹镗言：扬州等卫所自狼山至盐城，旧设烽堠八十六座；大河等卫张网海口，迤比烽数尤多。初用民守了，以侍郎成均言，易以军。今各卫军少，欲将问拟犯私盐者编充哨卒，限满释之。事下行在刑部右侍郎何文渊、左副总兵官都督王瑜等集议。至是，文渊等奏：盐徒编戍，难于钤束，不无逋逃……”第 586 页。

② 《明英宗实录》卷八十七：正统六年十二月丁巳，“直隶淮安府奏赣榆县临洪镇巡检司僻居海滨，实盐徒经行之处，旧置弓兵五十人，每遇巡捕，众寡不敌，反为所伤，宜增置一百人为便”。第 1752 页。

③ 《明英宗实录》卷一百四十二：正统十一年六月戊申，“南京监察御史陆俦巡石灰山关，副使黄颉受盐徒赇，俦廉知，发其奸，颉讦俦常取民池小鱼十数尾及蔬菜一束供馔。遂俱下锦衣卫狱……”第 2815 页。《明英宗实录》卷二百九十：天顺二年夏四月壬戌，“副都御史林聪等奏：盐徒田琮、朱贤等拒巡捕官军，镇江卫指挥吴钦、陈胜，通州千户陈�、姜忠、百户苏英，皆受琮等赂，纵其横逆。今籍没琮等赴京，钦等亦宜执问。上曰：钦等同恶，亦籍没之”。第 6193 页。

④ 《明英宗实录》卷二百九十二，第 6244 页。

⑤ 《明英宗实录》卷二百九十五，第 6287 页。

⑥ 《明英宗实录》卷二百九十三，第 6255 页。

⑦ 《明英宗实录》卷三百三十八：天顺六年三月戊申，“戊申，命巡按直隶及巡盐监察御史出榜招抚私贩盐徒拘留胁从小民，有能自首者，免本罪，发遣宁家。时南京守备魏国公徐承宗等官及南京六科十三道各奏盐徒刘畲子聚众二千余人，朱华、熊能聚众三百余人，李景初、田宗等各聚众五百余人，驾使船只往来江湖，兴贩私盐，劫夺财物，拒捕杀伤官军，哄诱小民上船，役使拘留累年。除捕获者赴南京刑部问理外，诚恐各徒延蔓日久为患不细，奏乞区处。上命承宗等如法缉捕，兼有是命”。第 6891 ~6892 页。

各率有识见的校尉五六人，在仪真等江淮货盐去处密切侦伺访捕①。对于时官南京锦衣卫中所旌节司百户的秦瑛而言，其奉檄搜捕为民所患的盐徒盗贼，显而易见正是这一背景下的行为。

虽然针对盐徒的罗网已经张开，但围剿的进展却并不顺利。至天顺七年（1463）正月，甚至还发生了南京巡捕都指挥刘璧等猝与盐徒刘清在江干遭遇，而逗留不进、纵刘清等弃舟逃脱，事后却又滥捕平民欲冒诬贼徒抵罪的闹剧②。在朝廷的持续打压之下，势单力薄的刘清及其余党相继逃亡湖广、广东，终为千户周清捕获。英宗遂命锦衣卫遣官与千户周清一并将落网的刘清等械送京师以谋叛罪名处决③。以墓志记载秦瑛奉檄搜捕为民所患的盐徒盗贼而"所获共以千计"而言，则秦瑛或亦是受命前往押解盐徒刘清及其余党的锦衣卫官校之一。

值得一提的是，墓志还述及秦瑛"尝被仇家诬陷歇官，七越寒暑。杜门静处，不易其操。后以当道剡荐，复任莅事，公勤不废于前。"秦瑛何以被免职七年，此亦值得玩味。据前文，盐徒刘清等在广东惠州被捕获后，英宗遂命锦衣卫遣官前往与千户周清一并将人犯械送赴京审理。其时，千户周清在械送途中擅自"棰死贼徒之难制者"，并藏匿酒器等贼赃。事发，刑部尚书陆瑜、都指挥门达等皆奏请治千户周清死罪。英宗大约念及周清擒获盐徒首脑刘清之功，只是将其贬谪④。千户周清在押解中途杀死人犯并藏匿贼赃，不会是一人所为，必有从者，如前所考，秦瑛或亦受命前往押解盐徒刘清及其余党的锦衣卫官校，如果是这样，则秦瑛与此事决脱不了干系，因此而遭免职处置，是极有可能的。

秦瑛墓志末尾的铭辞："猗维秦氏，开国效忠。列官近侍，勋阶聿崇。荫及松石，政誉益隆。"概述了这一秦氏锦衣卫百户世家的发家史，而着意述及秦瑛（松石）主事时，以其劳绩而能够张大家声，从前引志文关于秦瑛于成化二十二年请赠本无官位的亡父秦毅以锦衣卫百户之职而允获恩准一事的记载来看，所言或不诬。

秦瑛的叔父秦仲良与秦仲和两人，虽说只是这一秦氏锦衣卫百户家族中的庶支，但却

---

① 《明英宗实录》卷三百四十七：天顺六年十二月辛未，"……盐徒刘清、周达等往来江湖间，为患不已。守备南京魏国公徐承宗等屡奏其状，都察院以清等熟知江湖道路，变诈百出，且南京根本重地，上新河等处逼近京城，若不早为区画，恐酿成大患，宜选遣智勇谙水阵都督一员，驰会承宗等设法剿法，及遣御史锦衣卫千户各率有识见校尉五六人，于货盐去处密切访捕，事成，一体升赏"。第6995页。

② 《明英宗实录》卷三百四十八，第7012页。

③ 《明英宗实录》卷三百五十八：天顺七年冬十月己巳，"盐徒刘清伏诛。清俗名刘畬子，……集无赖子贩私盐，横行江海中。及都御史林聪捕盐徒，时清逃匿湖广。聪还，清又收集二千余人，置巨舰百余艘，列兵器其上，刻钦差工部办事官关防。遇官军巡捕，辄拒敌，甚至缚其官，乞死命，乃释之。魏国公徐承宗奏请捕之，清自安庆卫指挥朱昇家出，拥众以去。诏许胁从者自首免罪，众乃散去。清势孤，逃之湖广，又之广东。久之，为千户周清所执，械至京。上命锦衣卫遣官往护以来，法司论以谋叛，诛之"。第7133~7134页。

④ 《明英宗实录》卷三百五十八：天顺七年冬十月甲寅，"谪广州卫千户周清充军。初，朝廷虑盐徒刘清作乱，出榜购求之，许捕获者以升赏。刘清走广东，居市肆中，为人所觉，遁往惠州。都司委清追捕之，既获，就命清械送赴京。清于中道棰死贼徒之难制者，及多有所赍负，为刘清所窥。既至，命三法司廷鞫刘清等，刘清因言清擅杀其徒，并匿其赃，乞搜其行李。刑部尚书陆瑜、都指挥门达等信其言，遣人检之，果得酒器等物。瑜等坐清以死罪奏，谪之"。第7138页。

凭借着锦衣卫世袭百户的来头，过着富足、优裕的生活，而在秦瑛墓志里也有“（秦瑛）不惮亲识所求，因致其笃义之称”，字里行间已可想见秦瑛以其锦衣卫百户的职衔，所给予家族成员的种种庇佑。在具体的享乐方式上，秦仲良与秦仲和兄弟俩又各有所不同，墓志谓秦仲良“善营居室，虚敞高明。喜种菊，所居之旁，黄白成蹊。虽落落与人寡合，至于贤士大夫过其门，必把菊玩赏，命觞咏歌，罄欢而后已”。秦仲和在摭拾“名花异卉、假山奇石环绕于庭”，并“大营居室，一新前人之制”的同时，“以至法书、名画、商鼎、周彝，皆品题其真赝，无少差忒”。相较而言，显得秦仲和在文化修养上较秦仲良似更高出一筹。这样来看的话，秦瑛在公余“凡蓄法书名画，以充识鉴”，或不无秦仲和的影响。

据志文所述，秦仲良墓志的撰者倪谦“与秦氏居相邻”，而倪谦“宅在铁作坊，门颜‘及第’二大字，巷不甚广，夹街皆铁工列肆，公舆从出入，肆工皆为起立，公召至前，语之曰‘汝，吾乡人，毋为我出入妨汝作业，第坐为之。’后复起立，至再语之，始坐不起。世称公为长者”。[①] 铁作坊位于南京南城，与金沙井、铜作坊毗邻[②]。据此可知，秦仲良或秦氏兄弟也卜居于此。自 20 世纪 90 年代后期以来，因城市建设，铁作坊及其周围的空间格局发生了巨大变化，唯其地名至今犹存。

秦仲良四子秦玺、秦璋、秦玮、秦瓒与秦仲和四子中的秦璧、秦珍、秦瑜，其名皆从“玉”，与秦瑛的名讳从“玉”正相符合。秦仲良墓志自诩“秦氏之多佳子弟者，有仲良绳督之”云云，但秦仲良四子中的秦玺、秦璋皆早亡，剩下的秦玮、秦瓒二子也没有什么可资夸耀之处，唯其侄、第三辈中的秦瑛以嫡子袭职，也并非秦仲良所能左右之事。不过玩味其语，似隐有秦瑛年幼丧父，一度得到秦仲良鞠育的意蕴在内。至于秦仲和的长子秦云虽曾于京庠从博士授明经，累游场屋，致力于词翰之学，并得到定西侯蒋琬的赏识，受到推荐，得以赞画京营戎机，追根溯源，可能也是其父秦仲和较为重视家族子弟的教育所致[③]。

二秦墓志虽非同一人撰造，但志文中所述兄弟二人“生平行义端方”的事迹，几无二致，甚至连行文遣词都极为雷同，究其原委，应当与二秦的行状皆出自郡庠龙民望一人的手笔有关。

撰写秦仲良墓志的倪谦，字克让，应天府上元人，祖籍钱塘。正统四年（1439）进士第三人，初授翰林院编修。正统十四年（1449）奉使朝鲜，翌年归，入值文华殿。天顺初累迁至学士，三年（1459）主顺天乡试，谪戍开平。宪宗即位复旧职，寻与其子倪岳同日奉命，入史馆纂修英宗朝实录。累迁南京礼部尚书后致仕。卒赠太子少保，谥文僖。倪谦生平工文，曾应邀撰写过不少碑志文字。然倪谦之所以为秦仲良撰志，除其在志文中自承

① 李登、周诗纂修《万历江宁县志》卷四《祠宇志·第宅》，南京古旧书店，1985。

② 陈诒绂：《钟南淮北区域志·街巷》：“淮水遂沿牛市而西，至上浮桥矣。又新桥北穿丝市口，为铁作、铜作二坊。”载《金陵琐志九种（下）》，南京出版社，2008，第 379 页。

③ 据秦仲和墓志所述，秦仲和倾注心力于家族子弟的教育，曾于家中构筑一室，并延请像陶元素这样闻名大江南北的在野文士来授学。

“与秦氏居相邻，且有旧”外，或与其曾在文华殿东庑为宦官授书的经历有一定关系①。毕竟，秦仲良的女婿、府军卫指挥刘镛恰是一位与宦官大有渊源的人物，刘镛的祖父为宁晋伯刘聚，而刘聚的叔父即是成名甚早、资历深厚的御马监太监刘永诚②。刘永诚小字马儿，自选入内廷后，以大力受到皇帝赏识，遂被任使，曾屡屡戴假髯提兵出征入阵，以至凯旋受赏，卒得明宪宗赐祠额曰“褒功”，是一位功绩、影响几乎与七下西洋的郑和相埒的宦官。直至明末，京师大户人家张挂围屏，其上仍多绘以刘永诚西征之事③。宁晋伯刘聚的孙辈，见诸史载的仅有嗣宁晋伯刘岳一人，今可补入秦仲良的女婿、府军卫指挥刘镛。倪谦有《倪文僖公集》传世，但秦仲良墓志却未见载入，从这个意义上来说，秦仲良墓志也可谓倪谦的一篇佚作了。

（编辑：刘可维）

---

① 《明宪宗实录》卷一百八十八：成化十五年三月甲戌，“景泰中，别选内宦之聪慧者数人，俾（倪）谦教之，后俱柄用。谦踬而复起者，此数人力也”。第3356页。同一史事，明人黄瑜《双槐岁钞》卷五《内府教书》亦载：“景泰时，选小内侍黄赐、覃昌等七人，俾中允倪谦、吕原教之，亦于文华殿东庑。”《元明史料笔记丛刊》本，中华书局，1999，第84页。

② 《明宪宗实录》卷八十九：成化七年三月“甲申，封后军都督府左都督刘聚为宁晋伯，岁支禄米一千石，本色、折色中半兼支。聚，本御马监太监永诚之侄”。第1725、1726页。

③ 沈德符：《万历野获编》卷六《内监·刘聚封伯》，中华书局，1959，第160页。

南京地区明代墓葬神道石刻中的“石马—控马官”组合初探

左凯文

（南京师范大学文博系）

［摘要］南京地区明代墓葬神道石刻中“石马—控马官”组合石刻共有9处，可依据是否为连体分为两型。这两型石刻仅见于王与公侯的墓前，它们应当是明朝工部为以上级别贵族所修造神道石像生的标准配置。其中常遇春墓和李杰墓的石刻较为特殊，推测与墓主人生前的社会地位密不可分。这两型组合石刻在明初同时出现，其形象均由当时工匠在借鉴前代的基础上，进行了不同程度的创新。

［关键词］南京；明代；墓葬；石马；控马官石刻

南京作为明代国都，分布着大量的功臣墓葬神道石刻，而这些石刻中，“石马—控马官”组合石刻则是比较特殊的一类。石马旁边的牵马侍者在一些文献中被称为“把马官”“控士”“控马内侍”“马倌”等，本文统一称之为“控马官”。石马与控马官或分别设立，为两个独立的石刻；或为连体，由一块石头刻制。以往学界在研究南京地区明代墓葬神道石刻时，更多是将神道石刻作为一个组合，对其风格特征及使用等级进行整体研究，对于单独的“石马—控马官”组合石刻则鲜有涉及。

本文拟先对南京地区明代墓葬神道“石马—控马官”组合石刻进行类型学分析，之后对石刻与墓主身份等级的对应关系及形象的来源进行研究。

一 现存情况及类型学分析

南京地区现存明代墓葬神道“石马—控马官”组合石刻共有9处，主要集中在玄武区和雨花台区。

1. 现存石刻

常遇春墓前神道石刻。位于玄武区太平门外钟山第三峰西麓的白马村。现存石马及控马官一对，石马与控马官为连体。石马马头偏向一侧，马背垫有障泥，其上镌刻有精美的云蟒纹样①，马腹下四腿之间凿空，高 1.9 米，长 3.2 米。控马官为武官形象，穿戴盔甲，一手执辔，一手握马鞭，高 2 米（图一）。

图一 常遇春墓神道西侧“石马—控马官”组合石刻

李杰墓前神道石刻。原位于中华门外雨花乡养回红村，后迁至雨花台烈士陵园内。现存石马及控马官各一对，石马与控马官为连体。石马马头向一侧略偏，马背垫有障泥，障泥上刻有二马追逐纹饰，马腹下四足间为空心，高 1.5 米，长 2.5 米。控马官为武官形象，穿戴盔甲，一手执辔，一手握马鞭，东侧控马官头部缺失，西侧控马官保存完好，高 1.6 米（图二）。

图二 李杰墓神道西侧“石马—控马官”组合石刻

① 邵磊认为吉山失考墓石马障泥上的主体纹饰为“云龙纹”（邵磊、曹庆春编著《江苏石像生》，江苏凤凰科学技术出版社，2017，第 155 页）。事实上仔细观察就会发现，障泥上的“龙”只有四爪，是“蟒”而非“龙”，故该纹饰应当称为“云蟒纹”。

邓愈墓前神道石刻。位于雨花台区邓府山公园。现存石马及控马官各一对，石马与控马官分置。石马呈伫立状，障泥上刻有二马追逐图，马腹下四腿之间实心，上刻有云纹浮雕，高 1.62 米，长 2.3 米。控马官为文官形象，戴幞头，着长袍，双手拱于胸前，手握马鞭，高 1.57 米（图三、图四）。

图三　邓愈墓神道西侧石马

图四　邓愈墓神道西侧控马官石刻

吴祯墓前神道石刻。位于玄武区新世界花园住宅区内。现存石马及控马官一对，石马与控马官为连体。石马马头偏向一侧，马背垫有障泥，障泥上刻有二马追逐纹饰，马腹下四足间为空心，高 1.5 米，长 2.3 米。控马官为武官形象，穿戴盔甲，一手执辔，一手握马鞭，高 1.57 米。

李文忠墓前神道石刻。位于玄武区太平门外蒋王庙街 6 号。现存石马及控马官一座，另有一座“石马—控马官”组合石刻为半成品。石马与控马官为连体。石马马头向一侧偏，障泥上的纹饰漫漶不清，但从轮廓来看当为云蟒纹样，马腹下四腿之间凿空，高 1.7 米，长 3 米。控马官为文官形象，戴幞头，着长袍，一手执辔，一手握马鞭，高 2 米。石刻半成品长 3.1 米，宽 1 米，高 2 米（图五、图六）。

图五　李文忠墓神道“石马—控马官”组合石刻

徐达墓前神道石刻。位于玄武区太平门外板仓街 190 号。现存石马及控马官一对，石马与控马官为连体。石马马头向一侧偏，马背障泥上的纹饰漫漶不清，依据其轮廓，当为云蟒纹样。马腹下四腿之间凿空，高 1.75 米，长 3 米。控马官为文官形象，着长袍，一手执辔，一手握马鞭。两件控马官石刻头部均缺失，残高 1.4 米。

仇成墓前神道石刻。位于玄武区太平门外钟山第三峰西麓的白马村，常遇春墓北侧约 100 米处。现存石马及控马官各一对，石马与控马官为连体。石马马头偏向一侧，马背垫有障泥，障泥上刻有二马追逐纹饰，马腹下四足间为空心，高 1.5 米，长 2.3 米。控马官为武官形象，穿戴盔甲，一手执辔，一手握马鞭，高 1.6 米。

浡泥国王墓前神道石刻。位于雨花台区浡泥国王墓园内。现存石马及控马官各一对。石马与控马官分置。石马呈伫立状，马背垫有障泥，其上刻有二马追逐纹饰，马腹下四足之间为实心，表面饰有云纹浮雕，高 1.35 米，长 2.50 米。控马官为文官形象，戴幞头，身着圆领窄袖袍服，腰部束宽带，袍服下露履，双手拱于胸前，手握马鞭，高

图六 李文忠墓前“石马—控马官”组合石刻半成品

1.60 米。

板仓苗圃失考石刻。位于玄武区太平门外板仓村，紫金山北麓。现存一对石马及控马官，石马与控马官为连体。石马马头向一侧略偏，马背垫有障泥，障泥上刻有二狮戏绣球纹饰，马腹下四足间为空心，高 1.5 米，长 2.5 米。控马官为武官形象，身着铠甲，一手执辔，一手握马鞭，两件控马官石刻头部均缺失，残高 1.1 米。

2. 类型学分析

以上 9 处组合石刻可根据是否为连体分为两型。

A 型　石马与控马官相连。共 7 组。根据石马马背障泥的纹饰，可分为两个亚型。

Aa 型　马背障泥上的浮雕为云蟒纹。有 3 组，开平王常遇春、岐阳王李文忠及中山王徐达的神道石刻属此亚型。石马马头向一侧偏，石马四腿之间凿空，高 2 米左右，长 3 米左右。控马官一手执辔，一手握马鞭，高 2 米左右。

Ab 型　马背障泥上的浮雕为二马追逐或二狮戏绣球。有 4 组，海国公吴祯、皖国公仇成、宣武将军佥广武卫指挥使司事李杰墓前石刻及板仓苗圃失考石刻属此亚型。石马马头向一侧略偏，马腹下四足间为空心，高 1.5 米左右，长 2.3 米左右。控马官均为武官形象，穿戴盔甲，腰部束有腰带，铠甲下露履，一手执辔，一手握马鞭，高 1.6 米左右。

B 型　石马与控马官不相连。有 2 组，宁河王邓愈与浡泥国王的神道石刻即属于此型。石马呈伫立状，马背垫有障泥，其上刻有二马追逐纹饰。马腹下四足之间为实心，表面饰有云纹浮雕。石马长 2.3 ~ 2.5 米。控马官均为文官形象，戴幞头，身着窄袖袍服，腰部束有腰带，袍服下露履，双手拱于胸前，手握马鞭，高 1.6 米。

二 石刻与墓主身份等级的对应关系及相关历史背景

除苗圃失考石刻外，其余八位使用“石马—控马官”组合石刻的墓主，皆可依据保存的神道碑或有相关文献的记载，确认他们的身份等级，从而进一步确定石刻与墓主身份等级之间的对应关系。

1. 石刻与墓主身份等级的对应关系

根据墓主生前所授或逝后追封的爵位，可将这九处组合石刻分为王和公侯两个级别。

属于王一级的组合石刻有 Aa 型和 B 型。这一级别的特点是控马官一般为文官形象。同时期，南京附近的安徽蚌埠明东瓯王汤和墓前的控马官石刻亦为文官形象，故可推测文官控马官或许是明代大多数封王功臣神道石刻的定制。开平王常遇春墓前的控马官为武官形象，这可能与当时的历史背景有关，下文详析。

一些学者通过对比相关文献，认为浡泥国王墓前神道石刻中，缺少王一级墓前才有的一对石文臣，故推测其墓葬石刻等级为公侯一级[①]。事实上，朱偰先生在民国时曾对该墓进行过考察，当时浡泥国王墓墓园已毁，神道石刻归属无人所知，故列为“天隆寺东南失名之古墓”，并说明墓前“石碑已毁，石虎已亡”[②]。因此不排除浡泥国王墓前原有的一对文臣在早年遭破坏的可能。而通过与宁河王邓愈墓前石刻进行对比，可发现浡泥国王墓前石刻尺寸与其相近[③]，亦可证明浡泥国王墓确属王这一级别。

除李杰墓“石马—控马官”组合石刻外，其他墓主身份明确的 Ab 型组合石刻，墓主人生前的爵级皆为国公。不过据《大明会典》载：“公侯石碑，螭首，高三尺二寸，碑身高九尺，阔三尺六寸，龟趺高三尺八寸，石人二、石马二、石羊二、石虎二、石望柱二。”[④] 由此可见，明代公、侯的墓葬石刻是被视为同一等级来规定的，因此公、侯墓前的神道石刻可能相似。笔者推测，墓主爵级为侯爵者或许亦可使用 Ab 型石刻。

公侯级“石马—控马官”组合石刻的特点为：1. 控马官形象皆为武官；2. 石马马背障泥上的浮雕为二马追逐图或二狮戏绣球图。不过，全面收集南京地区明代墓葬神道石刻就会发现，虢国公俞通海、蕲国公康茂才、恩国公张赫三人皆是殁后封公，但墓葬神道石刻中并未有控马官石刻。究其原因，笔者认为这主要因为明初的墓葬制度尚未定型；另

---

① 邵磊、曹庆春编著《江苏石像生》，江苏凤凰科学技术出版社，2017，第 153 页。

② 朱偰：《金陵古迹名胜影集》，中华书局，2006，第 85 页。

③ 浡泥国王墓前武将石刻高 2.3 米，石碑（缺碑额）高 4 米。邓愈墓前武将石刻高 2.22 米，石碑（含碑额）高 5.05 米。

④ 申时行等修《大明会典》卷二百三《工部二十三》，《续修四库全书》史部第 792 册，上海古籍出版社，2002，第 425 页。

外，则可能与当时公一级贵族墓前除使用“石马—控马官”组合石刻外，还使用其他类型的石马有关。这一问题笔者将有专文进行探讨。

在属于Ab型的石刻中，板仓苗圃失考石刻因未保存有神道碑，故墓主身份暂时无法确定。不过，该组石刻位于钟山附近，靠近李文忠与徐达墓，那里是明初重要功臣的葬地。且该组石刻的形制与仇成、吴祯的石刻几乎完全一致。因此可以推测，苗圃失考石刻的墓主或许亦是明初某位等级较高的功臣。

除此之外，还需注意的是，除板仓苗圃失考石刻墓主身份不明外，通过检索南京地区其余8位组合石刻墓主的相关资料，可知他们逝世后皆得到了明太祖或成祖的赐葬。所谓赐葬，即墓葬及神道石刻由国家出资按照相关标准进行营造。因此可见，“石马—控马官”组合可能是明朝官方为王、公侯级别贵族神道石像生的一种标准配置。

2. 特殊石刻与相关历史背景

在拥有Ab型石刻的墓主中，李杰生前任广武卫指挥佥事，仅为从四品武官[①]，洪武元年（1368）阵亡后被明太祖追赠从二品官职，至洪武三十一年（1398），由于李杰长子李谅立有军功，李杰又被赠予骠骑将军佥中军都督府一职，为正二品。[②] 此外，明人郑汝璧在《皇明功臣封爵考》中称，李杰在阵亡后，明太祖还追赠其为陇西郡伯[③]，为从二品爵级[④]。由此观之，李杰的官职和爵级明显低于其他墓主。

李杰墓使用Ab型石刻，与其身份等级不符，明显逾制。不过，李杰身份地位极其特殊。据《明史》记载，李杰之女在洪武十七年（1384）被朱元璋册封为淑妃，并“摄六宫事”[⑤]，地位之高可见一斑。一些学者认为李杰墓使用逾制的神道石刻，原因可能在于其女的身份地位特殊，“父以女贵”[⑥]。笔者依据明代的相关文献资料，发现李杰使用较高等级的神道石刻，其背景并不这样简单。

据明人解缙所著《天潢玉牒》记载，明太祖朱元璋驾崩后，“淑妃李氏殉葬”[⑦]。而明人张萱所辑《西园闻见录》中，则较为详细地记录了李淑妃的殉葬过程[⑧]。为朱元璋殉葬

---

① 《明史》卷七十六《职官志五》，中华书局，1974，第1860页。

② 《佥都督李公神道碑》，南京市文化广电新闻出版局（文物局）编《南京历代碑刻集成》，上海书画出版社，2011，第90页。

③ （明）郑汝璧：《皇明功臣封爵考》卷八附录《陇西郡伯李杰》，《四库全书存目丛书》史部第258册，齐鲁书社，1996，第630页。

④ 《明太祖实录》卷五十三，洪武三年六月甲子条，（台北）“中央研究院”历史语言研究所校印本，1962，第1038页。

⑤ 《明史》卷一百一十三《后妃传》，第3509页。

⑥ 季士家、韩品峥主编《金陵胜迹大全》，南京出版社，1993，第296页；邵磊、曹庆春编著《江苏石像生》，江苏凤凰科学技术出版社，2017，第149页。

⑦ （明）解缙：《天潢玉牒》，《丛书集成初编》，中华书局，1985，第22页。《明史》卷一百一十三《后妃传》中，称李氏在受封“淑妃”后“未几，薨”（第3509页），记载有误。对此，朱希祖先生在《再驳明成祖生母为碽妃说》一文中有较为详细考证，《中国史学通论》，商务印书馆，2015年。

⑧ （明）张萱：《西园闻见录》卷三，民国哈佛燕京学社印本。

的妃嫔共有三十余人，建文帝继位后，立即给她们的父兄加官，且官位世袭，后来明成祖朱棣在夺权后也承认了这些人所获的官位[①]。文献中虽未明确提及建文帝给李杰父子加官之事，但李杰的神道碑却立于“洪武三十一年夏五月二十日”，此时距离朱元璋驾崩、李淑妃殉葬的时间非常近。由此，笔者认为李杰之所以能使用较高等级神道石刻，很可能是因明太祖驾崩后李淑妃殉葬，建文帝为表彰其德，对其父神道石刻等级进行了提升。李杰墓前的神道石刻也应制作于洪武三十一年。

在Aa型中，常遇春墓前“石马—控马官”组合石刻的体量及石马上的纹饰，与徐达、李文忠墓前石刻相近。但其控马官却为武官形象，与公一级石刻相似。笔者认为出现这一现象的原因，可能与明初官员坟茔制度不完善有关。

事实上，“石马—控马官”组合石刻作为明代坟茔制度的一部分，它们的发展与整个坟茔制度的健全、完善息息相关。根据史料记载，明代对官员坟茔制度至少进行了四次修订。第一次是在洪武元年（1368），《大明会典》载：

> 《文武官员造坟总例》，洪武元年定坟茔、石兽。职官一品：茔地九十步，坟高一丈八尺；二品：茔地八十步，坟高一丈四尺；三品：茔地七十步，坟高一丈二尺。以上石兽并六。四品、五品：茔地六十步，坟高八尺，以上石兽并四。六品：茔地四十步；七品以下二十步，坟高六尺。以上步法皆从茔心，各数至边。五品以上许用碑龟趺、螭首，六品以下许用碣方趺圆首。庶人茔地，九步穿心，一千八步止用圹志。[②]

第二次是在洪武三年（1370），《明太祖实录》载：

> （洪武三年十月）丁丑，礼部尚书陶凯奏定品官坟茔之制。一品茔地周围九十步，坟高一丈八尺。二品茔地周围八十步，坟高一丈四尺。三品茔地周围七十步，坟高一丈二尺。以上石兽并六。四品茔地周围六十步，五品五十步，坟高八尺，以上石兽并四。六品四十步，七品以下二十步，坟高六尺。凡碑碣，五品以上许用碑龟趺、螭首。六品以下用碣方趺、圆首，皆参酌古典以为定制。[③]

第三次是在洪武五年（1372），《明史》载：

> （洪武）五年重定。功臣殁后封王，茔地周围一百步，坟高二丈，四围坟墙高一丈，石人四，文武各二，石虎、羊、马、石望柱各二。一品至六品茔地如旧制，七品加十步。一品坟高一丈八尺，二品至七品递杀二尺。一品坟墙高九尺，二品至四品递

① （明）郑晓：《澹泉笔述》卷十二，清钞本；（明）姜清：《姜氏秘史》，清钞本。

② 《大明会典》卷二百三《工部二十三》，第425页。

③ 《明太祖实录》卷五十七，洪武三年十月丁丑条，第1118页。

杀一尺，五品四尺。一品、二品石人二，文武各一，虎、羊、马、望柱各二。三品、四品无石人，五品无石虎，六品以下无。[①]

第四次是在洪武二十九年（1396）[②]，《大明会典》载：

（洪武）二十九年定……碑碣石兽。公侯石碑，螭首，高三尺二寸，碑身高九尺，阔三尺六寸，龟趺高三尺八寸，石人二、石马二、石羊二、石虎二、石望柱二；一品石碑，螭首，高三尺，碑身高八尺五寸，阔三尺四寸，龟趺高三尺六寸，石人二、石马二、石羊二、石虎二、石望柱二；二品石碑，盖用麒麟，高二尺八寸，碑身高八尺，阔三尺二寸，龟趺高三尺二寸，石人二、石虎二、石羊二、石马二、石望柱二；三品石碑，盖用天禄辟邪，高二尺六寸，碑身高七尺五寸，阔三尺，龟趺高三尺二寸，石虎二、石羊二、石马二、石望柱二；四品石碑，圆首，高二尺四寸，碑身高七尺，阔二尺八寸，方趺高三尺，石虎二、石马二、石望柱二；五品石碑，圆首，高二尺二寸，碑身高六尺五寸，阔二尺六寸，方趺高二尺八寸，石羊二、石马二、石望柱二。[③]

对比这四次修订的内容，可见明初职官坟茔制度的确立可分两个阶段：第一次和第二次修订为第一阶段，这一阶段制定的坟茔制度较为简单粗略，并没有详细规定职官使用石人、石兽的种类以及碑趺的尺寸，属于制度的草创阶段。第二阶段为第三、四次修订。第三次修订时，增加了职官使用石像生的具体种类。到洪武二十九年，第四次制定的坟茔制度又对一些细节进行了补充，更加详细完善，并一直沿用至明末[④]，这一阶段属于制度的发展和完善阶段。

常遇春卒于洪武二年（1369）秋七月，其神道碑虽未明确记载他入葬的时间，但可依据相关文献做一推测。《明集礼》载，明代官员逝世后，“三月而葬，前期择地之可葬者，盖地有美恶，地之美恶者，则其神灵必安，其子孙必盛。[⑤]”《明史》卷六十亦载：“（明代官员逝世后）乃择地，三月而葬。告后土，遂穿圹。刻志石，造明器，备大举，作神主。既发引，至墓所，乃窆。施铭旌志石于圹内，掩圹复土，乃祠后土

---

① 《明史》卷六十《礼十四》，第1487页。

② 《大明会典》仅载职官坟茔之制为“二十九年定”，今通行本《大明会典》为申时行修于万历年间，增补了嘉靖二十八年至万历十三年间事例，因此《会典》所载此次修订职官坟茔制度的时间既有可能为洪武二十九年，也有可能为嘉靖二十九年。不过清人黎景义的《二丸居集选》载“皇明洪武二十九年定职官坟茔之制”（《二丸居集选》卷一，旧钞本），故可确定此次修订时间应为洪武二十九年。

③ 《大明会典》卷二百三《工部二十三》，第425～426页。

④ 需要注意的是，洪武二十九年对职官坟茔制度的修改，最终规定了各等级官员所用的墓葬制度，但官员墓前的石刻风格在这之后还是在不断发生变化。因此，洪武二十九年重定制度并不代表墓葬神道石刻风格被固定下来，笔者注。

⑤ （明）徐一夔等撰《明集礼》卷三十七《凶礼二》，景印文渊阁四库全书第650册，（台北）商务印书馆，1986，第153页。

于墓。题主，奉安。”[①] 其中所谓“刻志石，造明器”应当包括制作墓葬神道石刻。由此可见，明代官员墓前神道石刻被要求在墓主去世后不长时间内制作完成，故一般可将墓主的去世时间视为石刻的制作时间[②]，因此常遇春墓的石刻制作时间当不晚于洪武三年（1370）。此时正处于明初职官坟茔制度的草创阶段，石刻的数量与形象并没有形成定制，故常遇春的控马官石刻形象与后来的同类石刻产生一些区别。

此外，前文所述岐阳王李文忠墓神道东侧弃置有一件“石马—控马官”组合石刻半成品，这是南京地区明代墓葬神道石刻中唯一一件半成品。笔者根据相关史料分析，认为这件半成品出现的原因，可能与李文忠晚年多次向明太祖朱元璋进谏而惹怒后者，朱元璋为了惩罚李文忠、警示后来的大臣有关。[③]

还需注意的是，由于神道石刻属于雕刻艺术品，而非流水线上的工业产品。故石刻在装饰和形象上产生一些差异的原因，除了有墓主身份等级不同的缘故外，笔者认为还应当把当时雕刻工匠的风格、技术、审美等个人因素考虑在内。

三 石刻的形象来源

中国古代陵墓神道设有石马的历史可追溯到西汉——霍去病墓前有著名的“马踏匈奴”石刻。而石马与控马官成组出现，目前最早见于唐代，唐乾陵与顺陵前均有石马与控马官组合石刻。宋代，石马与控马官组合石刻成为帝陵的标准配置，《宋会要辑稿》载，宋仁宗明道二年（1033）四月，太常礼院言准诏同司天监详定山陵制度，帝陵前设有宫人二、文武官四、羊四、虎四、马二，把马官四、望柱二、狮子八。[④] 至明代，南京地区石马与控马官石刻主要出现在一些功臣墓葬前。与现存唐宋时期“石马—控马官”组合神道石刻进行对比，可见明代南京地区该类石刻的形象，与前代有着千丝万缕的联系。

上文已将南京地区明代“石马—控马官”石刻依据是否为连体，分为 A、B 两型，而这两型石刻形象的来源并不相同。

A 型　石刻主要特点为石马与控马官连为一体，这种风格在明代之前未曾出现过，应当是明代工匠的新创造。但这一型石马马腹下部凿空，则与唐、宋时代的石马一脉相承，故可推测，明代工匠在制作 A 型石马之初，可能借鉴了唐、宋帝陵前的石马形象。（图七）南京地区 A 型石刻最早出现在洪武二年前后修建的开平王常遇春墓前，明皇陵

① 《明史》卷六十《礼十四》，第 1490 页。

② 李杰与李文忠墓前神道石刻为特例。李杰卒于洪武二年，其神道石刻修建于洪武三十一年。而据李文忠神道碑碑文推测，其神道石刻当制作完成于他逝世三年之后。

③ 详见左凯文《南京明初功臣李文忠墓神道石刻之谜》，《大众考古》2019 年第 2 期。

④ （清）徐松：《宋会要辑稿 · 礼三十二》，中华书局，1957，第 1223 页。

中亦有风格与之相同的“石马—控马官”石刻，可见 A 型石刻在明洪武初年就已经出现。

B 型　石刻之风格，与唐、宋时期同类型石刻类似，即石马与控马官分置、控马官为文官形象。据《明太祖实录》载，洪武三年，礼部尚书陶凯曾参酌古典以制定品官坟茔之制①。可见，明代工匠在设计、制作该型石刻之初，应当借鉴了唐宋时期的坟茔制度以及同类型的墓葬神道石刻。但从整体形象来看，B 型石马形体较为小巧，风格倾向于收敛、雅致，这与身姿挺拔、健壮的唐代石马迥然不同，而和宋代同类型石刻更为相似，这可能与明太祖朱元璋在制度上努力效仿宋制有关。从石刻的具体特征来看，B 型石刻的控马官头戴幞头、身着圆领袍、双手拱于胸前、手握马鞭，这一形象与北宋永泰陵前控马官石刻几乎一致，因而笔者认为该型控马官的形象可能更多地借鉴了北宋帝陵神道石刻。B 型石刻的石马，马腹下部未凿空，实心处还饰有花纹，与马腹下部凿空的北宋帝陵神道石马完全不同，而与浙江宁波鄞州区东钱湖南宋神道石马相近②，因此笔者推测这一型石马的形象可能借鉴了南宋品官墓前石刻。不过浙江宁波鄞州区东钱湖南宋神道石马马腹下实心处未刻有纹饰，而 B 型石马马腹下部实心处四面刻有云纹浮雕，这应当是明代工匠们的创新之处（图八）。

图七　宋永泰陵神道“石马—控马官”组合石刻

---

① 《明太祖实录》卷五十七，洪武三年十月丁丑条，第 1118 页。

② 陈锽：《浙江鄞县东钱湖南宋神道石刻调查》，《南方文物》1998 年第 4 期；周景崇、胡成明：《宁波东钱湖南宋墓前神道石马造像艺术研究》，《装饰》2008 年第 7 期。

图八　浙江宁波鄞州区东钱湖南宋墓前神道石马

B 型石刻在南京地区，仅出现在洪武十年（1377）前后修造的邓愈墓与永乐六年（1408）前后修造的浡泥国王墓前。但实际上，早在洪武二年（1369）明太祖朱元璋为其父母、兄嫂修造的明皇陵神道石刻中就已经出现了与 B 型相类似的石刻，可见 B 型石刻在明代建国之初即已出现。同明皇陵同类石刻相比，南京地区的石刻体积要小一些，这可能与墓主人的身份等级差异有关。

综上所述，明代建国之初就出现了两种不同类型的“石马—控马官”组合石刻，它们都是明代工匠在借鉴前代石刻精品的基础上，进行了不同程度的创新，形成了有别于唐、宋的“石马—控马官”组合石刻新风格。

附记：本文为 2018 年江苏省研究生培养创新工程研究生科研与创新计划项目《南京地区明代墓葬神道石马及相关问题研究》（项目编号：KYCX18－1173）的阶段性成果。本文在选题、写作及修改过程中，得到业师南京师范大学王志高教授诸多帮助，谨此致谢！

（编辑：黄洋）

略论明蕲国公康茂才墓前石翁仲

邵小燕

（南京观筑历史建筑文化研究院）

[摘要] 作为明初都城，南京近郊散布着大批明初功臣墓。这一时期功臣墓前石翁仲造型大多相似，而蕲国公康茂才墓前石人造型却略显不同。本文以田野调查为基础，结合史料分析，在对明初功臣墓前石翁仲造型特征做出总结后，认为康茂才墓前石刻营建于新旧礼制交替之际，其时明朝仪礼、典章制度尚未完全确立，故其墓前石翁仲造型多仿宋式而不同于其他明初功臣墓。

[关键词] 康茂才；石翁仲；明代南京；功臣墓石刻

20 世纪 60 年代，南京市幕府山南麓中央门外小市镇安怀村村民在平整耕地时发现一座明墓。1976 年南京市文物保管委员会（今南京市博物馆前身）组织考古人员对该墓进行了发掘。据出土墓志，墓主为明初开国功臣——蕲国公康茂才。① 该墓早年经受盗扰，随葬器物已不完整。然墓前相距 60 米处尚存有石马、石羊、石虎、石翁仲各一对，石龟趺一座，保存均相对较好。2000 年 7 月，因原址周边建设，康茂才墓石刻整体迁至南京玄武区太平门外白马石刻公园内。

众所周知，作为明初都城，南京近郊分布着包含康茂才墓在内的大批明初功臣墓。此一时期，明初功臣墓石翁仲形象小异而大同。然笔者经实地考察后发现，康茂才墓前石翁仲造型明显不同于其他明初功臣墓前石刻。对此，有学者曾提出疑问，遗憾的是文中未能给予解答②。今以前辈学者的研究为基础，结合文献史料记载，对这一问题展开探讨。

---

① 南京市博物馆：《江苏南京市明蕲国公康茂才墓》，《考古》1999 年第 10 期。

② 夏寒：《试论南京地区明初功臣墓》，《东南文化》2008 年第 5 期。

一　康茂才墓前神道石翁仲概述

康茂才，字寿卿，蕲（今湖北蕲春）人。至正十六年（1356）朱元璋攻克京口（今江苏镇江）后，其率部投降。此后在攻伐张士诚、陈友谅时多有军功。洪武三年（1370），康茂才随大将军徐达征讨汉中，还军途中因疾而薨。明廷追封其为蕲国公，谥“武义”①，特敕有司为其造墓于应天府上元县钟山乡幕府山，即今南京市小市镇安怀村南京陶瓷厂附近。从20世纪30年代朱偰先生所摄康茂才墓旧影来看，康墓神道石刻自南向北依次为望柱二、石马二、石羊二、石虎二、石翁仲二，另有神道碑位于神道前方东侧。今对比白马公园石刻陈列，除神道方向外，康茂才墓前石刻基本保留原规制排列，现存石刻亦可与朱偰先生书中所录影像一一对应（图一）。

图一　明蕲国公康茂才墓全景

康茂才墓前现存石翁仲文武各一。石武将位于神道左侧，高2.66米，八字胡，颌下有须一撮。头戴兜鍪，顶插长缨，后缀顿项，左右两侧嵌护耳，呈凤翅状，扁平贴于耳部。外披敞胸宽袖袍衣，外层袍衣完全遮蔽后身，前身敞露内层山字纹甲衣。山字纹胸甲束有二周勒甲绦，袍衣袖口不打结，自然斜垂于身侧。石武将下身左右两侧各吊有圆角山纹甲腿裙一片，前部的裈甲为圆角鱼鳞甲。腿裙、裈甲缘边均刻有约3厘米的包边带，上饰模拟毛皮衬质感的褶皱状纹饰。袍衣下完全露出脚部所穿之长靿靴。武将双手柱剑而立，剑尖触及底座（图二）。

石文臣位于神道右侧，高2.5米，有须。头戴交脚幞头，幞头脚交叠于冠后。身穿盘领右衽宽袖袍衣，袖口过膝。因石像漫漶剥蚀严重，袍衣有无纹饰已不可知。文臣双手交叠执笏板左斜放于胸前。腰束单挞尾革带，革带较长，挞尾绕前身垂于身体左后侧。脚着皂靴（图三）。

---

① 《明太祖实录校勘记》卷一百四十六：“抱本‘武毅’作‘武义’，下同。按《明史·康茂才传》作‘武康’，宋濂撰康茂才神道碑作‘武义’，与抱本合。”（台北）“中央研究院”历史语言研究所校印，1962，第522页。

图二　康茂才墓前石翁仲武将实景照片及线描图

图三　康茂才墓前石翁仲文臣实景照片及线描图

二　康茂才墓前石翁仲造型差异原因分析

笔者通过对南京地区明初功臣墓前石翁仲造型梳理分析后发现，此时功臣墓前石翁仲大多相似（图四）。具体造型上，石翁仲文臣大都头戴梁冠，颜题饰有一周如意云纹，冠带自耳后垂于颔下呈“八”字形系结。身着宽袖袍衣，袖胡过膝，内着中单。腰束革带，革带下有大带，系结于腰部正中三台以下，附两耳，两条单股长绅自然垂于下裳。双手秉圭形笏板于胸前，腰部两侧自革带处垂挂有佩玉带饰。小绶三组，以两绶环相连，下为大绶。大绶一周又饰蔓草纹与“回”字纹纲各一圈。脚着云纹袜舄。

功臣墓前石翁仲武将则多有如下造型：头戴兜鍪，用带自耳后垂于颔下呈“八”字形系结，顶洒长缨，后缀顿项，左右两侧嵌护耳。内着盘领宽袖袍衣，外着山纹甲衣。肩部系用以分隔顿项与肩甲的双层披肩，系带呈“八”字形双结于胸前。手臂裹以臂缚，上臂覆披

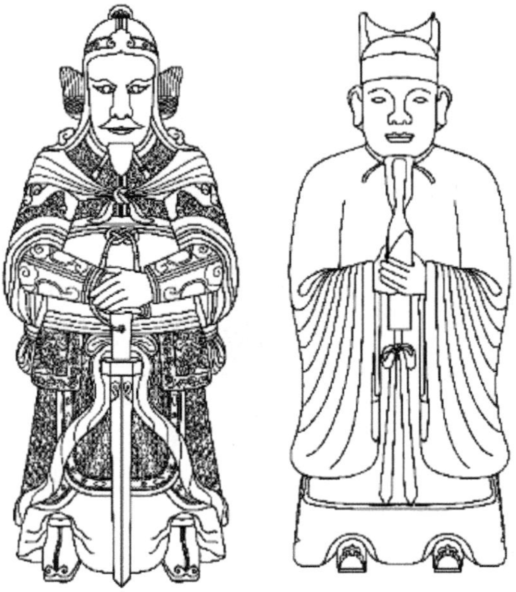

图四　明初功臣墓前石翁仲典型造型线稿——以徐达墓前石翁仲文武将为代表

膊，袍袖打结并斜垂于肘下。胸部束有两周束甲绦，绦带呈“八”字形系双结于上腹。腰部着袍肚。腰束革带，革带表面刻画带版。革带下另系有束腰勒帛，正中打结并缀双耳，两条飘带于系结处呈斜“S”形垂落腿部，向身侧外撇。革带下方左右两侧各吊有圆角山纹甲腿裙，前后垂圆角山纹甲裈甲与鹘尾。腿裙、裈甲、鹘尾包边处呈褶皱垂穗状，其上雕刻缠枝花卉与蔓草纹。在腿裙、鹘尾下露出长及足底的袍衣，脚着高足袜舄，袍衣下露出袜舄云纹头部及脚踝。双手柱剑而立，剑尖触及底座。

对比康茂才墓，其石翁仲在文臣造型上不似明初功臣墓石翁仲文臣头戴梁冠，身着朝服或祭服。而是佩戴交脚幞头，身着盘领右衽宽袖袍服，形式上更似明代公服①。此外，康茂才墓前石翁仲文臣所束革带颇引人留意。与明初功臣墓石翁仲文臣的双挞尾革带不同的是，康茂才墓石翁仲文臣腰束单挞尾革带，且挞尾垂至臀下。结合文献记载，笔者发现，唐、宋时期品官公服多系单挞尾革带，并将方铐施于背后（图五）。且自宋代起，挞尾开始逐渐增长。《麈史》卷上有曰：

图五　北宋张确夫妇墓出土文官俑

① （明）申时行等修，（明）赵用贤等纂《大明会典》卷六十一《冠服二·文武官冠服·公服》记：“文武官公服用盘领右衽袍，……幞头脚漆纱。”《续修四库全书》史部政书类第790册，上海古籍出版社，2002，第237页。

“挞尾始甚短，后稍长，浸有垂直膝者。”① 又，康茂才墓前石文臣所戴之交脚幞头也为宋时常见样式。《梦溪笔谈》卷一载：“本朝幞头有直脚、局脚、交脚、朝天、顺风，凡五等。”② 宣化辽墓壁画中所戴幞头的样式（图六）与康墓前石翁仲文臣幞头式样相仿，而有明朝官员大多佩戴乌纱帽，戴幞头者也多为垂脚样式。

图六 宣化10号辽墓前室西壁散乐图局部

继之，康茂才墓前石翁仲武将造型亦与明初功臣墓前石翁仲武将有较大区别。首先，从兜鍪顿项上来看，如前文所提，明初功臣墓前石刻武将兜鍪大都较为硬挺，且兜体在眉心处呈锐角，用带自耳后垂于颌下呈“八”字形虚悬，顿项左右两侧竖立护耳。相较之下，康茂才墓前石翁仲武将的兜鍪布面感更强一些，看似更加柔软贴合，且其凤翅形护耳平贴于兜鍪之上，这有别于其他明初功臣墓前石刻。刘永华在《中国古代军戎服饰》一书中提及明代军人“穿仪仗戎服时戴的盔是用布仿铁盔”③制成的，这或许可以解释康茂才墓前石翁仲武将兜鍪造型柔软贴合的原因，其或仿仪仗戎服所制。

此外，康茂才墓前石翁仲武将与明初其他功臣墓最大的不同在于其武将铠甲外另着有一件罩袍，这是明代初年功臣墓前石翁仲所不见的装饰，亦是学界多有存疑之处。然而这样的罩袍在宋代并不鲜见。刘永华曾将宋时罩于铠甲之外的宽袖短衫定义为“绣衫”。“这种绣衫无扣，以衣襟下缘的垂带系结于胸前。至南宋时，绣衫变成广袖、大翻领、右衽、长及脚背、无带扣、以腰带系束的宽大长袍，成为军中高级将帅一种类似公服的服饰。”④《宋史·

① （宋）王得臣撰，俞宗宪点校《麈史》卷上《礼仪》，上海古籍出版社，1986，第9页。
② （宋）沈括撰，张富祥译注《梦溪笔谈》卷一《幞头》，中华书局，2009，第11页。
③ 刘永华：《中国古代军戎服饰》，清华大学出版社，2013，第264页。
④ 刘永华：《中国古代军戎服饰》，清华大学出版社，2013，第181页。

仪卫志》中确有“绣衫”记载，但对于其具体样式并无过多描绘[①]。笔者翻查史料后发现，除却绣衫之外，宋时亦有一种从半臂发展而来称为“背子”的罩袍。米芾《画史》载：“背子本半臂，武士服……近又以半臂军服批甲上，不带者谓之背子。”[②] 明人《三才图会》中亦有云：“（背子）即今之披风。实录曰：‘秦二世诏，朝服上加褙子，其制袖短于衫，身与衫齐而大袖’。”[③] 然无论是绣衫抑或褙子，像康茂才墓前石武将这般着罩袍于铠甲之外的造型在宋代绘画、雕刻作品中常有出现，如四川安岳毗卢洞第六号毫天王像等。

图七　山东济南千佛山元墓壁画

图八　明朝洪武开国勋臣虢国公俞通海

而宋时武将出现铠甲外着罩袍这样的显著服饰特征，究其原因，与宋代在“重文轻武”风气影响下实行的衷甲制不无关系。所谓衷甲，即在衣服里面穿铠甲。《左传》襄公二十七年条记载：“辛巳，将盟于宋西门外，楚人衷甲。”杜预注：“甲在衣中。”[④] 鉴于唐末五代时期将帅拥兵、藩镇割据的教训，宋太祖继位后即实行“以文制武”的政策，正如宋仁宗时期枢密使富弼所言：“尽削方镇兵权，只用文吏守土。”[⑤] 在这样的大环境下，大批学识渊博、温文尔雅的文士得以出征沙场，儒将形象跃然纸上，如范仲淹、陆游等皆是宋时名将。在这

① 参见《宋史》卷一百四十八《仪卫志六·卤簿仪服》，中华书局，1977，第3471～3474页。

② （宋）米芾：《画史》，景印文渊阁四库全书第813册，（台北）商务印书馆，1986，第20页。

③ （明）王圻、（明）王思义：《三才图会·衣服卷三》，《续修四库全书》子部书类第1234册，上海古籍出版社，2002，第660页。

④ （晋）杜预：《春秋左传集解》，上海人民出版社，1977，第1082页。

⑤ （宋）李焘：《续资治通鉴长编》卷一百四十三，中华书局，1985，第3452页。

样的政治背景下产生了宋朝特有的“武随文服”的服饰特征及审美标准。及至南宋，原本罩在铠甲以外的袍衫已变为宽袖长袍，越来越似文武官朝会时高阶官员所着之公服。衷甲所带来的不仅是身份的转变，更是地位、权力的象征，是一种“文武双全”的体现。宋辽时期罩于铠甲之外的宽绣衫在元代也仍然使用，且样式基本相同，如山东济南千佛山元墓壁画的武士形象（图七）。而“衷甲”造型在明代立国之初亦可得见，如《明朝洪武开国勋臣图》中虢国公俞通海像（图八），其所着之服饰或可谓明式“衷甲”。此外，盱眙明祖陵中的一对石翁仲武将也将短后衣套于铠甲之外，这样的穿法在当时较为流行。

三　小结

笔者认为康茂才墓前石翁仲武将造型与明初功臣墓前石刻的不同，可能与其依宋制而立有关。明代坟茔之制初定于洪武三年，其时“一品，茔地周围九十步，坟高一丈八尺。……以上石兽各六”。①康茂才虽卒于洪武三年（1370），然比对《大明会典》“坟茔之制”可知其墓前多出石人一对，显然未依“洪武三年”之礼而定。实际上，直至洪武五年，一品官员墓前才规定立石人二，“文武各一”。再看南京地区的宋代墓葬，此以抗金名将王德为例，其墓前有“石翁仲、石马、石虎、石羊各二”②，康茂才墓前神道石刻制度与其相仿。同时，康茂才墓前除翁仲以外的其他石刻亦与宋代石刻相近，如其墓前石羊“作四腿跪伏状，但头部高昂，尤为接近宋代石羊，而与大多数明代石羊低眉顺眼的神态完全不同”。③ 此外，康茂才墓室为仿木结构，并含双侧墓室，这样的形制也多见于宋元时期南方地区。种种迹象表明，康茂才墓从各方面都承宋制而立。

综上所述，康茂才墓前石刻营建于新旧礼制交替之际，其时明朝仪礼、典章制度尚未完全确立。众多资料表明，明代陵墓、服饰等制度皆承袭于唐宋并表现出“入古出新”的特点，故康茂才墓石刻依宋制而立又略有不同似亦合理。

此外，关于康茂才墓前石武将独特的造型，或与其出身有关。康茂才与常遇春、李杰等同卒于明初大封功臣之前的武将不同，其乃儒士出身，通晓经史大义，事母至孝。元季寇乱，为保乡里才结义兵以抗外敌④。众所周知，神道石像生是功勋贵戚陵墓前仪卫性质的雕刻，是墓主人生前威仪的再现。故而康茂才墓前石翁仲武将外披罩袍“衷甲”之特殊造型，又或为明廷念其儒将形象而特意打造，以表对其“文武双全”之嘉许。

（编辑：刘可维）

---

① 《明史》卷六十《礼志·丧葬之制》，中华书局，1974，第1487页。

② 邵磊、曹庆春编著《江苏石像生》，江苏凤凰科学技术出版社，2017，第98页。

③ 邵磊、曹庆春编著《江苏石像生》，江苏凤凰科学技术出版社，2017，第98页。

④ 参见《明史》卷一百三十《康茂才传》，第3817页。

域外遗珍

乐浪古墓出土铜镇考析

赵胤宰

（韩国高丽大学）

［**摘要**］“镇”，又称“镇子”，是古代按压、固定物品的器物的统称。镇具有一定重量，用途多样，有用来压书或者纸张，使之固定的“书镇”或者“镇纸”，也有进行祭祀或者仪式时固定地面铺设的大型席子的“席镇”。在纸被发明之前，镇子主要用来固定席子或垫子。据现有报告资料可确定，镇子出现在西周时期，陕西省宝鸡茹家庄 M1 出土的镇子被认为是最早的镇子。战国、汉代以降，镇子的数量进一步增加，造型多样化。一般认为，镇子是墓主人生前使用的日常物品。新的解释是，镇子也可能是古墓建造和下葬的过程中使用的器物。本文通过分析相关古墓资料，结合历史文献的查证，全面考察镇子的形成、变化和其考古学意义，并对乐浪古墓石岩里 219 号和 9 号墓等出土的镇子进行探讨，以探究其特性和具体用途。

［**关键词**］席镇；博戏；博局镇；乐浪；石岩里

序　言

中国古代的“镇”或“镇子”，是指具有一定重量用来压制、固定席子或纸张等的器物。压制固定席子的称为“席镇”，书写时用来压制、固定纸张的称为“书镇”。镇的材质主要有金属、玉或者石头等，有时为了增加重量，也在内部灌入铅、沙子、铁等物质。镇子作为随葬品经常出土于汉墓，分布于中国几乎所有区域。汉代以前的镇子，集中出土于中国东南地区，其他地区也有零星出现。之后魏晋南北朝时期也有使用镇子的传统，玉制的镇子成为主流，代替了青铜材质的镇子。隋唐以后，镇子作为镇纸或镇尺的功能使用，它的用途被限定于压纸的文房工具，与现在的镇子无异。

镇子在朝鲜半岛西北地区也有出土，汉代边郡乐浪地区就出土了和中国汉代镇子形态相似的镇子。乐浪古墓 9 号墓和 219 号墓出土了 4 枚青铜镇子。原报告书中简单涉及了这些镇子的特性和用途，认为可能是书镇、帘镇、席镇或者是固定死者衣物袖子的押袖[①]。直到今天，韩国学界没有关于出土镇子的具体研究，一般认为其具有镇墓或书镇的用途[②]。而中国学界普遍认为，需根据镇子的形态和时代区分其功能和用途[③]。特别是汉代的席镇、博局镇可能有不同的使用功能[④]。本文希望综合这些研究成果，对中国和朝鲜半岛古代镇子的形成背景和变化进行宏观考察，以为今后朝鲜半岛出土的汉系器物的考古判断提供决定性的标准，同时对乐浪地区出土镇子的特性和用途进行具体分析。

一　中国古代镇的起源和用途

1. 镇的起源

"镇"是用来压制、固定物品的器物的统称。镇具有一定重量，用途多样，有用来压书或者纸张，使之固定的"书镇"或者"镇纸"，也有进行祭祀等仪式时固定地面铺设的大型席子的"席镇"。在纸被发明之前，镇子主要用来固定席子或垫子[⑤]，后来出现了以动物为造型的镇子。到了汉代，镇子作为娱乐活动"博戏"的道具使用，工艺水平达到了顶峰，和瓦当、铜镜一起成为重要的装饰品或生活工具。这和秦汉时期中国社会上层和贵族沉迷于博戏的社会背景有紧密的关系。

在椅子、凳子等家具被发明之前，古代的中国人以所谓"席地而坐"的方式在室内起居，即在地上铺席而坐。随着榻坪等家具的普及，改在坐式家具上铺席而坐。但是铺席而坐的方式颇不方便：第一，人们坐下或者站起来时，席子移动剧烈；第二，由于席子材质的特性，随着时间的推移，四角卷起的现象会越来越严重。这便是历代文献中称为"镇"的生活用具出现的背景[⑥]。

根据现有报告资料可知，镇子的雏形最早出现于西周时期。陕西省宝鸡茹家庄 M1 出土的镇子被认为是最早的镇子[⑦]。之后绍兴印山春秋墓出土了玉制镇子[⑧]。进入战国时代，镇子的数量大幅增加。到汉代，数量进一步增加，造型多样化。东汉以后，随着博戏的衰

① 关野贞：《乐浪郡时代の遺蹟》，《古蹟调查特别报告》第四册，朝鲜总督府，1927，第 78～79 页；榧本杜人、中村春寿：《乐浪汉墓》第二册《石巖里二一九号墓发掘调查报告》，乐浪汉墓刊行会，1975。

② 国立中央博物馆：《乐浪》，首尔，2001，第 120 页。

③ 孙机：《坐席镇与博镇》，《文物天地》1989 年第 6 期。

④ 傅举有：《汉镇艺术的殿堂》，《中国历史暨文物考古研究》，岳麓书社，1999。

⑤ 怀化地区文物工作队：《湖南怀化西汉墓》，《文物》1988 年第 10 期。据报告，怀化 M5 西汉墓出土 1 枚滑石镇，报告人误认器物的用途为"书镇"。

⑥ 《楚辞·九歌·湘夫人》："白玉兮为镇。"东汉王逸注："以白玉镇坐席也。"《西京杂记》卷四《梁孝王忘忧馆時豪七赋》："安广坐，列雕屏，绡绮为席，犀璩为镇。"《西京杂记》卷一《邵阳殿》："绿熊席。……有四玉镇，皆达照无瑕缺。"《洞冥记》卷二："起神明台，上有九天道金床·象席，虎珀镇杂玉为簟。"《酒赋》："安广坐，列雕屏，绡绮为席，犀璩为镇。"

⑦ 卢连成、胡智生：《宝鸡鱼国墓地》，文物出版社，1988。

⑧ 浙江省文物考古研究所：《印山越王墓》，文物出版社，2002。

退，博镇不再使用。魏晋以后，由于坐式家具的发达，席镇也丧失了它的功能[①]。魏晋南北朝和隋唐时期，少量镇子仍作为席镇使用，材质有瓷、滑石等（图一）[②]。

中国境内早期出土的镇子，因为认识不足和资料缺乏，大部分被处理为不明用途器物。各地博物馆、美术馆以及个人藏品大多没有认识到器物的特性，这种情况至今仍在持续。

2. **镇之用途变化**

最初，镇是用来压住、固定席子四角的器物。汉代以前，在室内空间的地面和家具上铺席子以维持舒适和清洁。其时家具的种类并不丰富，除了睡眠的床以外，大小和长度比床窄小的榻和枰也被用作家具[③]。在这样的家具上铺上织物、草本类等材料做的席子以维持舒适。在日常生活中，和家具组合使用的镇子，在室外举行的各种礼仪场合也被频繁使用。作为室内装饰或者礼仪用的镇在古墓里大量出土，这种现象在丧葬礼仪层面具有重要意义。随着出土数量的增加，一种新的解释是，镇子有可能是墓主人生前使用的物品，也可能是古墓建造和下葬的过程中实际使用的器物。新发现的未被盗扰的汉墓中，就有 4 枚镇子整齐排列的现象，因此不能排除下葬过程中席和镇子被同时安置的可能性。[④]

图一　席镇使用示意图（左）；晚唐孙位《高逸图》（右）

进入西汉，一种游戏文化——“博戏”在上层社会迅速盛行。原本只用于席镇的镇子成为博戏道具的一种，博局镇由此出现。《说文解字》：“镇，博压也。”[⑤] 在中国古代，除作为席镇使用外，镇也作为固压一种游戏“六博”博局的博局席镇使用。

---

① 孙机：《汉镇艺术》，《文物》1983 年第 6 期。

② 唐代孙位的《高逸图》记载了魏晋南北朝时期“竹林七贤”的故事。画中只有七贤中的四贤——山涛、王戎、刘伶、阮籍，其中王戎坐垫席子的四角，为防止席子卷边而放置了镇子。另外，南京地区出土了南朝的莲瓣纹青瓷镇（六朝博物馆所藏）。

③ 《通俗文辑校》：“床三尺五曰榻，板独坐曰枰，八尺曰床。”

④ 马今洪：《说镇》，《上海文博》2007 年第 1 期。

⑤ （东汉）许慎：《说文解字》，中华书局，2013，第 297 页。

西汉古墓中频繁出土和博戏有关的道具，主要有博枰、博局、博箸、博棋子等①。其中博局是把一定游戏规则图像化的图纸，直接在木材或者石材上雕刻图像使用，或者在织物上画图铺在漆案或者石案上进行游戏。尤其是后者，画博局的席子即“博局席”的四角会安置固定用道具镇子②，此称“博席镇”。这些博戏工具或呈完整状态出现，或有不带博枰只有博局进行游戏的例子③。除了古墓出土的文物以外，在汉代画像石图像中，也存在大量与博戏相关的资料④（图二）。

图二　博戏场面和博戏道具

汉代上层社会对博戏的迷恋加速了博戏在全社会的迅速普及，并造成了一定的社会危害⑤。如汉景帝在即位之前曾与吴太子博戏，其间发生冲突，并杀害了后者。又如汉文帝和外戚薄昭玩博戏发生冲突，进而导致薄昭自杀。⑥ 汉墓中频繁出现与博戏有关的道具和博局镜等随葬品，就与博戏的普及有关。笔者通过对出土镇子的墓葬资料及相关历史文献的分析，从而对镇子的形成背景、变化和用途进行全面考察⑦。此类研究首先要收集没有被扰乱

① 傅举有：《论秦汉时期的博具、博戏兼及博局纹镜》，《考古学报》1986 年第 1 期。

② 河北省文物管理处：《河北邢台南郊西汉墓》，《考古》1980 年第 5 期。

③ 金立：《江陵凤凰山八号汉墓竹简试释》，《文物》1976 年第 6 期。

④ 龚廷万等：《巴蜀汉代画像集》，文物出版社，1998。

⑤ 傅举有：《汉镇艺术的殿堂》，载《中国历史暨文物考古研究》，岳麓书社，1999，第 213 页；张忠年：《汉代博戏与赌博习俗》，《许昌学院学报》2003 年第 3 期。

⑥ 《史记》卷一百六《吴王刘濞传》：“孝文时，吴太子入见，得侍皇太子饮博。吴太子师傅皆楚人，轻悍，又素骄，博，争道，不恭，皇太子引博局提吴太子，杀之。于是遣其丧归葬。至吴，吴王愠曰：‘天下同宗，死长安即葬长安，何必来葬为！’复遣丧之长安葬。吴王由此稍失藩臣之礼，称病不朝。”《汉书》卷四《文帝纪》：“如淳曰：‘一说昭与文帝博，不胜，当饮酒，侍郎酌，为昭少，一侍郎谴呵之。时此郎下沐，昭使人杀之，是以文帝使自杀。’”

⑦ 郑小炉：《东南地区春秋战国时期的“镇”——古越族向岭南迁徙的一个例证》，载《边疆考古研究》第 2 辑，科学出版社，2004。

或者毁损的古墓资料，对出土镇子的器型特征进行分类，讨论其时代特点。以此为基础，对博局用的镇子进行大致分类，在一定程度上探究出土镇子的性质（图三～六，表一）。

图三　东汉抚琴跳舞纹镜和博戏场面

图四　河南灵宝市张湾东汉墓博局陶俑（左）；湖北天星观 M2 楚墓漆博局（右）

图五　四川地区汉代崖墓画像石博戏场面

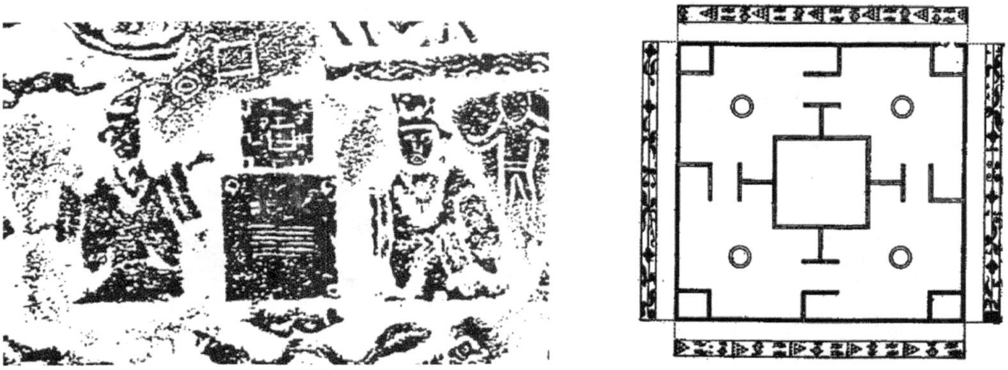

图六　山东微山汉画像石图像（左）；云梦大坟头 **M1** 出土博局（右）

表一　中国古代镇子的类型

年代	出土镇子
西周	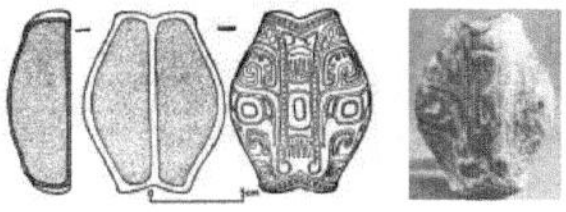 1
春秋战国	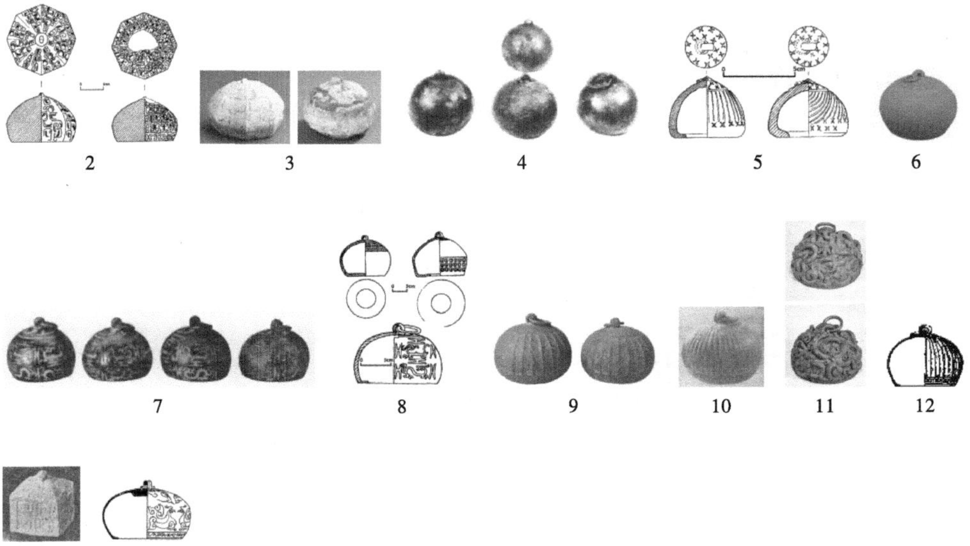 2　3　4　5　6　7　8　9　10　11　12　13　14
西汉	 15　16　17　18

续表

年代	出土镇子
西汉	 19 20 21 22 23  24 25 26 27 28 29 30  31 32 33 34 35 36 37 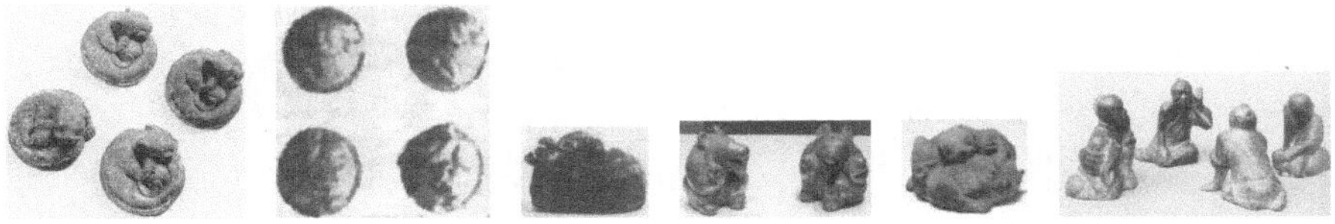 38 39 40 41 42 43 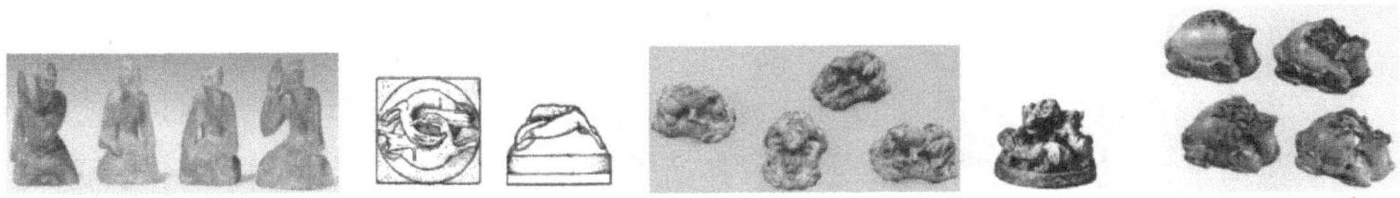 44 45 46 47 48 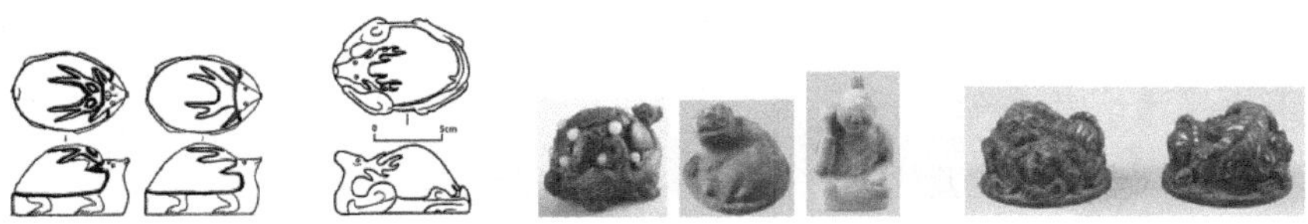 49 50 51 52 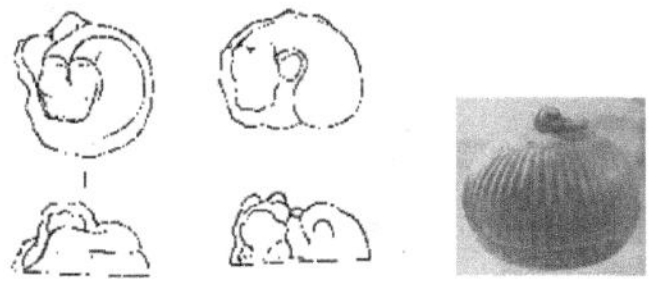 53 54

续表

年代	出土镇子
东汉	 55
南朝	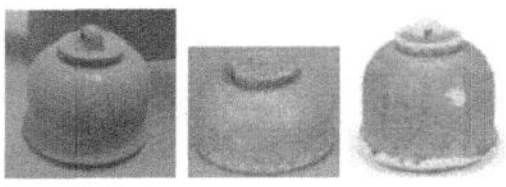 56

1. 陕西宝鸡茹家庄 M1；2、3. 浙绍兴印山大墓；4. 湖北荆州天星观 M2 楚墓；5、6. 浙江长兴鼻子山 M1 越国墓；7. 浙江省博物馆所藏；8. 浙江绍兴土圹墓；9. 浙江绍兴博物馆所藏；10. 江苏淮阴高庄战国墓；11. 湖北曾侯乙墓；12. 广东四会市龙江高地园 M1 战国墓；13. 广东肇庆市北岭松山战国墓；14. 广东广宁铜鼓岗 M14 战国墓；15. 河北定县北庄西汉墓；16. 河北阳原县北关西汉墓；17. 河北满城汉墓；18. 河北献县贯公墓；19. 河北邢台南郊汉墓；20. 河南义马新市 M5 西汉墓；21. 河南新安西汉墓；22. 河南陕县后川 3003 号西汉墓；23. 江苏徐州小龟山西汉墓；24. 江苏盱眙大云山 M2 西汉墓；25. 江西南昌东郊 M14 西汉墓；26. 山西朔县西汉墓；27、28、29. 山西朔县 M187、5M20、3M58 西汉墓；30、31. 山西阳高县高城堡 M17、M12 西汉墓；32. 陕西北郊第二砖瓦厂汉墓；33、34. 山西浑原毕村 M1、M2 西汉墓；35. 陕西扶风石家 M1 西汉墓；36. 北京大葆台 M2；37. 河南保安山 M2 陪葬坑；38. 湖北荆州高带秦汉墓；39. 山东沂水县荆山西汉墓；40. 山东沂水县荆山西汉墓；41. 安徽合肥建华窑厂；42. 甘肃天水出土；43. 甘肃灵台付家村 M1 西汉墓；44. 广西西林县普驮铜鼓汉墓；45. 贵州兴义汉墓 M7；46. 甘肃张家川县四方乡连柯村；47. 广西合浦西汉木椁墓；48. 上海博物馆收藏；49. 辽宁新金县花儿山 M7 西汉墓；50. 内蒙古八拜汉墓 M3；51. 江西南昌西汉海昏侯墓；52. 日本美秀美术馆收藏；53. 山东兖州徐家营 M9 西汉墓；54. 山西朔县 M1 西汉木椁墓；55. 辽宁普兰店姜屯 M41 汉墓；56. 南京六朝博物馆所藏

3. 关于镇的用途的争议

（1）“权”或“镇”

中国东南地区战国西汉时期古墓中发现了用途不明的半球形器物，对此类器物的性质和功能还没有具体的后续研究①。其外形接近半球形，中空，顶部设置有纽和环。器物的材质主要为青铜，制造方法为铸造，部分器物为原始瓷器。关于器物的用途，有的学者认为是称量物品之“权”，有的学者认为是附着在其他器物上悬垂物品的“坠”，但大多数学者认为对其用途要谨慎考虑②。

把半球形器当作“权”，最大的理由是其外形和称量物品的衡器“权”类似。战国西汉时期仍然使用等臂式天平，权的一侧由多个成整倍数的不同重量的权锤组合组成，其表面标记重量。与此相反，半球形器物的重量不成整倍数，并且其重量差也各不相同③。在

① 孙华：《半球形器用途考略》，《南方文物》1995 年第 1 期。

② 黄展岳：《论两广出土的先秦青铜器》，《考古学报》1986 年第 4 期。

③ 丘光明：《我国古代权衡器简论》，《文物》1984 年第 10 期。

同一地点出土的多个权，一般重量都不相同，但是半球形器的重量和大小几乎都相似。这不符合权的基本特征。

古代中国的衡器是商品经济发展到一定阶段的社会化产物，重量的准确度是其最重要的特征，但不要求通过外形审美或者附加装饰增加其造型美，而半球形器具有这种特征，因此出现了把它当作衡器之一 ——“权”的错误（图七）。

1 2 3

图七 传陕西宝鸡市陈仓区出土秦代两诏铜权（1）、秦高奴和石权（2）、西汉武库铜权（3）

（2）“席镇”或“博镇”

席镇和博镇的区分至今仍未找到明确的指向性特征。一般认为高度 4 厘米左右的为博镇，高度 10 厘米左右的为席镇①。以上对于镇子体积的临界线多少有些随意，并且不能完全体现镇子的重量，因此镇子的分类缺少理论性的依据。有学者通过考察人形镇子探寻博局镇②，也有人对此进行批判③。人形镇子中有体积和重量符合席镇标准的例子④，对此要确保有理论性的解释。

①席镇

现在明确作为席镇使用的有浙江印山大墓和湖北天星观 M2 战国墓中出土的镇子。印山大墓出土的是玉制镇子，墓室地面确定有竹席或竹编的痕迹或实物，18 枚镇子全部放置于竹席的上部⑤。天星观 M2 战国墓中出土了 4 枚青铜材质镇子，因在墓室的同一位置确认有草本类材质的席纹，所以判断为席镇。这些镇子的形态和江苏、浙江、湖北、广东和广西地区的多个楚系和吴越国系古墓中出土的原始瓷器、青铜或者硬陶质镇子的形制如出一辙⑥（图八、图九）。这些古墓中出土镇子的特征是半球形，多数顶部附有纽和环，这可以看作系上绳子便于搬运和移动的造型。这些镇子中也有青铜材质的，江苏淮阴高庄战国墓中出土的越国系镇子便是例子。古墓中除了席镇，还发现了用作博镇的小型镇子，因此可判断除此之外的镇子都用作席镇。这些镇子的出土有一定的地域性，时间上有战国时代的共同特征。这些具有半球形、附着纽和环造型特征的镇子，均被认为具有席镇的功能。

① 孙机：《汉镇艺术》，《文物》1983 年第 6 期。
② 曾布川宽：《六博の人物坐像铜镇と博局纹について》，《古史春秋》第 5 号，朋友书店，1989。
③ 孙机：《汉镇艺术》，《文物》1983 年第 6 期。
④ 广西壮族自治区文物工作队：《广西西林县普驮铜鼓汉墓》，《文物》1978 年第 9 期。
⑤ 浙江省文物考古研究所：《印山越王墓》，文物出版社，2002。
⑥ 郑小炉：《东南地区春秋战国时期的“镇”——古越族向岭南迁徙的一个例证》，《边疆考古研究》第 2 辑，科学出版社，2004。

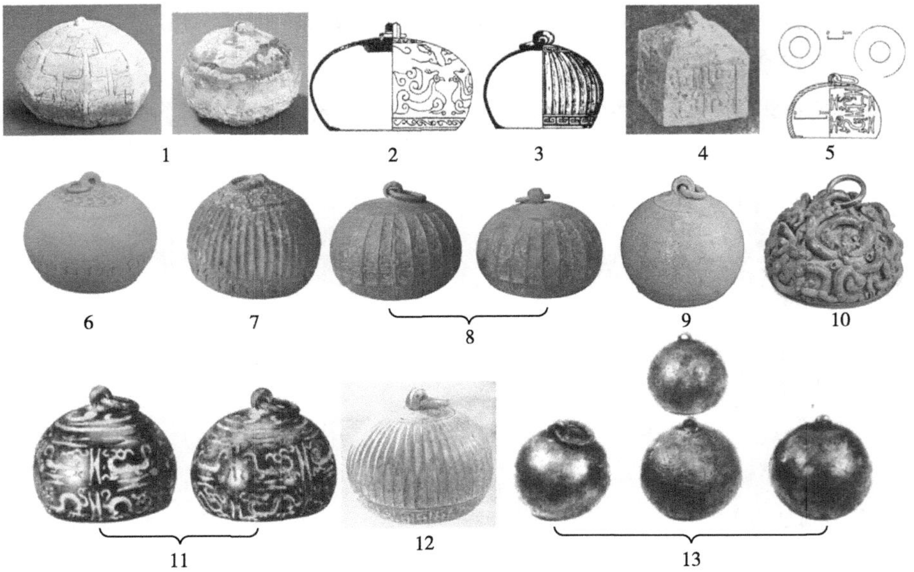

图八　越国系古墓出土席镇

1. 浙江印山大墓；2. 广东广宁铜鼓岗战国墓；3. 广东四会市龙江高地园 M1；
4. 广东肇庆市北岭松山古墓；5. 浙江绍兴出土；6、7. 浙江长兴鼻子山 M1；8. 浙江绍兴博物馆；
9. 浙江余杭出土；10. 湖北曾侯乙墓；11. 浙江省博物馆；12. 江苏淮阴高庄战国墓；13. 湖北天星观 M2

图九　浙江印山越王墓出土玉镇

②博镇

进入秦汉交替期，几乎看不到战国系席镇的造型①。西汉和东汉古墓中出土的镇子多数为博镇，这是由于前文所述博戏文化的盛行，但是也不能排除它们是席镇的可能性，对于部分镇子用途的判断仍需有所保留。以出土镇子的古墓为对象，通过研究其他博戏道具的特征也是现实可行的方法之一。

① 山西朔县西汉木椁墓出土的镇子还具有战国时代南方地区镇子的造型，这是例外的现象，不排除文化滞后或者前世遗物的可能性。

例如山西阳高古城堡汉墓 M12 中石案和镇子一起出土的现象很有意思①。石案的四角放置了羊形镇子，推测石案的用途是铺博局席的博局案②（图十）。山西浑源毕村 M1 西汉木椁墓和镇子一起出土了六博道具六博箸（6 枚）③。辽宁普兰店姜屯 M41 汉墓和镇子一起出土了博局镜和六博棋子④。这皆可合理认为镇子的用途为固定博局席的博局镇。甘肃灵台付家村 M1 西汉墓中，六博的骨牌也和人形镇子共同出土⑤（图十一）。广西西林普驮铜鼓墓中，4 枚人形镇子和边长 30 厘米左右的青铜博枰一起出土（图十二）。江苏邗江姚庄 M101 汉墓出土了漆器博枰，其方形漆盘上放置一枚博山形铜镇（图十三）。另外，博局纹镜在墓葬中的普遍陪葬现象，也显示出汉代的博戏文化对当时丧葬礼仪的影响⑥（图十四）。

1

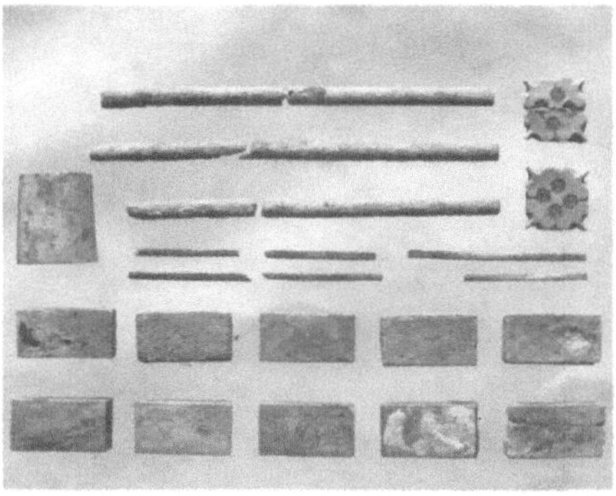

2

3

图十　山西阳高古城堡 M17 出土博局案和骨棋（1、2），古城堡 M12 出土博局镇子（3）

---

① 小野胜车、日比野丈夫：《阳高古城堡——中国山西省阳高县古城堡汉墓》，《东方考古学丛刊》乙种第八册，东方考古学会，六兴出版，1990。

② 《艺文类聚》卷七十四：“后汉马融樗蒲赋曰：昔有玄通先生游于京都，道德既备，好此樗蒲。伯阳入戎，以斯消忧。枰则素旃紫厨，出乎西邻，缘以缋绣，纹以绮文。杯则摇木之干，出自昆山。矢则蓝田之石，卞和所工，含精玉润，不细不洪。马则元犀象牙，是磋是砻。”

③ 山西省文物工作委员会：《山西浑源毕村西汉木椁墓》，《文物》1980 年第 6 期。

④ 辽宁省文物考古研究所：《姜屯汉墓》，文物出版社，2013。

⑤ 灵台县文化馆：《甘肃灵台发现的两座西汉墓》，《考古》1979 年第 2 期。

⑥ 傅举有：《论秦汉时期的博具、博戏兼及博局纹镜》，《考古学报》1986 年第 1 期。

图十一　甘肃灵台 M1 西汉墓出土人形镇子（左）和六博棋子（右）

图十二　广西西林县普驮铜鼓汉墓出土人形镇子（上）和青铜博枰（下）

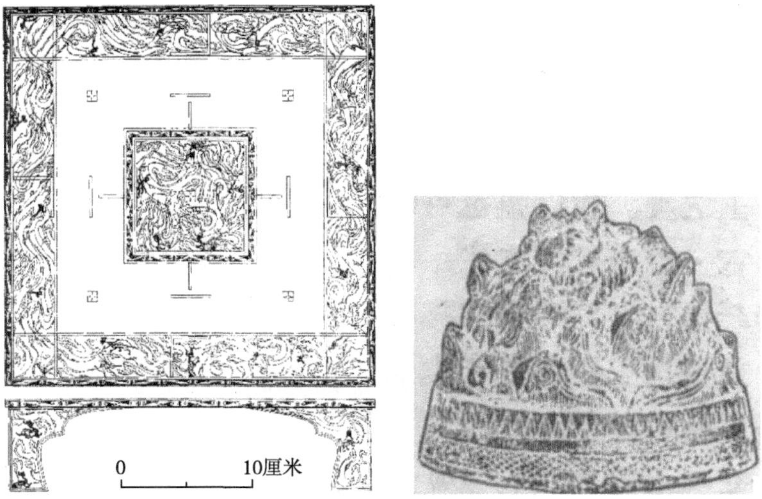

图十三　江苏江阴姚庄 M101 汉墓出土漆博枰（左）和博山形铜镇（右）

图十四　西汉博局纹镜

二　乐浪出土的“镇”

1. 石岩里 9 号墓和 219 号墓出土的镇

石岩里 9 号墓位于平壤乐浪区石岩里，是 1916 年 9 月关野贞调查团实施的朝鲜古迹调查事业所发掘的古墓之一，由小川敬吉发掘①。古墓结构为，先深挖墓坑，坑底铺上一层碎石，之后安放墓棺和木椁，棺椁之间再填满碎石，在碎石和木椁的缝隙中又填满粗木炭，盖上木质的顶棚，其长轴接近南北方向②。

出土文物多在墓主人枕边的陪葬木椁和西侧长形的陪葬空间中。男性墓主人的头部方向和西侧陪葬空间出土的内行花纹镜是 1 世纪流行的样式，因此该墓可能是 1 世纪前半期的古墓。镀金铜镇子出土于古墓西侧陪葬区域中间部位，1 组 4 枚，底部为圆盘形，上部

---

① 关野贞等：《乐浪郡时代の遗蹟》，《古迹调查特别报告》第四册，朝鲜总督府，1927。

② 郑仁盛：《石岩里 9 号坟》，载《韩国考古学专门词典》，国立文化财研究所，2009。

是隆起的山形，其四周铸接了三只老虎。圆盘底部中空，使用了灌注高比重物质以增加重量的技法，这和中国内地战国秦汉时期镇子的制作方法类似。兽形镇高 6.6 厘米、直径 6.8 厘米（图十五）。

图十五　乐浪石岩里 9 号墓（上）和该墓出土的镇子（下）

石岩里 219 号墓位于平壤乐浪区石岩里。1942 年 6 月 6 日至 7 月 29 日发掘，出土了印章“王根信印”，因此又称为“王根墓”[1]。石岩里 220 号墓在 219 号墓西北侧 300 米，据传这里盗掘出土了带有秦始皇二十五年铭文的铜戈，榧本龟次郎和中村春寿在小泉显夫馆长的支持下进行了发掘。

墓葬主体部分是方形墓坑，内部放置边长为 4 米左右的木椁，是土坑木椁墓。木椁由板材堆砌而成，木椁的外部周边围立着较薄的石板，就像包裹着木椁一样。木椁内部东侧有一倾斜的木棺，西侧也放置了一个木棺。虎形镇在西室棺首部位出土，材质是铅，中间灌铁以增加重量。其底部是圆盘形，上部装饰蜷曲的虎形。老虎腹部前肢部位先刻云纹，

---

① 榧本杜人、中村春寿：《乐浪汉墓》第二册《石岩里二一九号墓发掘调查报告》，乐浪汉墓刊行会，1975。

然后使用镀金铜和银镶嵌技法，以提高其装饰性。虎形镇高 4.6 厘米、直径 5.9 厘米。报告人认为墓主人王根在中国文献中得到证实，殁于公元前 2 年（图十六）。

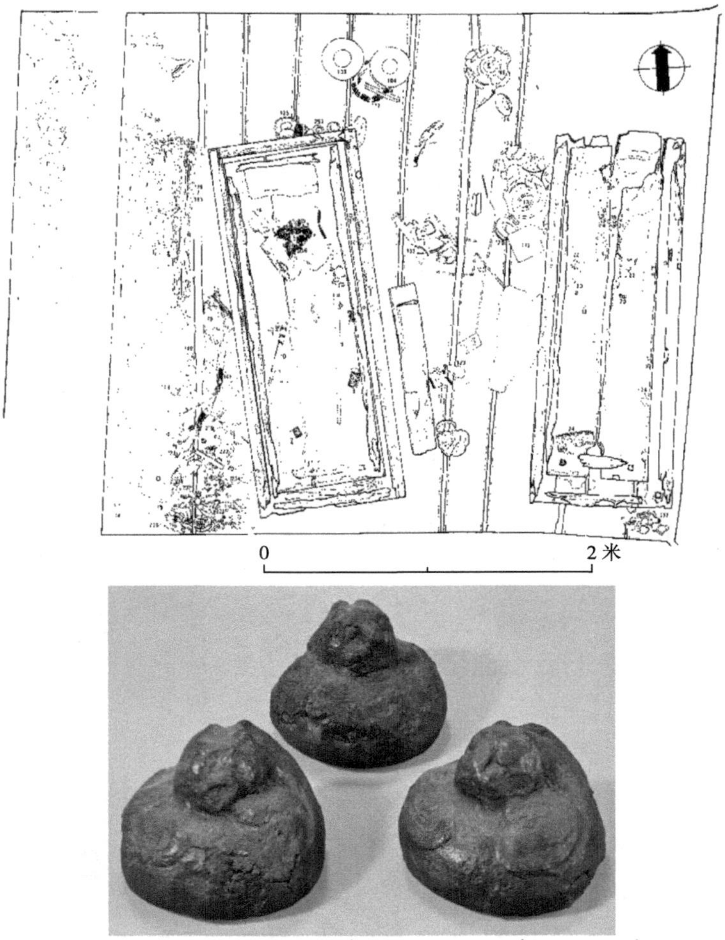

图十六　乐浪石岩里 219 号墓（上）和该墓出土的镇子（下）

2. 石岩里古墓出土镇的性质和用途

对于石岩里 9 号、219 号墓的研究，早期多由日本殖民统治时期的日本学者进行，但是并没有取得大的进展。石岩里 9 号墓报告虽然没有对出土镇子进行完整、具体的分析，但是对其功能和用途提出了比较重要的意见①。报告人介绍了中国历代对镇子的解释，并初步推断其有为“押袖”“书镇”“席镇”的可能性。他还引用明《三才图会》② 的记载，认为其可能是固定帘的器物。石岩里 219 号墓镇子的文物说明标注是“铅镇”，但对其具体用途未做特别说明。之后这些出土文物归属韩国国立中央博物馆，韩国学者开始接手文

① 关野贞等：《乐浪郡时代の遗蹟》，《古迹调查特别报告》第 4 册，朝鲜总督府，1927，第78～79 页。

② （明）王圻、王思义《三才图会》卷四十四：“《九歌》曰‘瑶席兮玉镇’。注，为以镇坐席。古诗云‘海牛压帘风不起’。又观古图书，几案间多有此类，皆镇压之饰。”

物整理。关于乐浪文物的研究陆续展开，包括镇子在内的乐浪古墓出土文物的图录相继出版。在2001年出版的韩国国立中央博物馆所编《乐浪》图录中，关于石岩里9号、219号墓出土镇子的介绍说明中，附加了以前报告书中没有提及的“镇墓”功能①。

如前所述，镇子产生初期用作席镇。由于汉代社会的特殊性，又增加了博镇的功能。东汉以后，由于博戏文化的衰退，博镇的功能丧失，镇子又被用作原来的席镇，或者因纸的发明而用作书镇。石岩里出土的镇子，无论其形态、材质、装饰材料和制作技法等，都和大部分西汉至王莽或者东汉初期的古墓中出土的镇子相似。除了镇子，这些古墓中还出土了其他博戏道具，这为镇子用途的判断提供了根据。考虑到乐浪地区为汉朝边郡这一地域上的特殊性，博戏文化的盛行必然导致古墓陪葬品组合的变化，这种风俗习惯的渗透应该可以确认。综上所述，我们认为石岩里出土镇是博戏的道具博局镇也无不妥（图十七）。

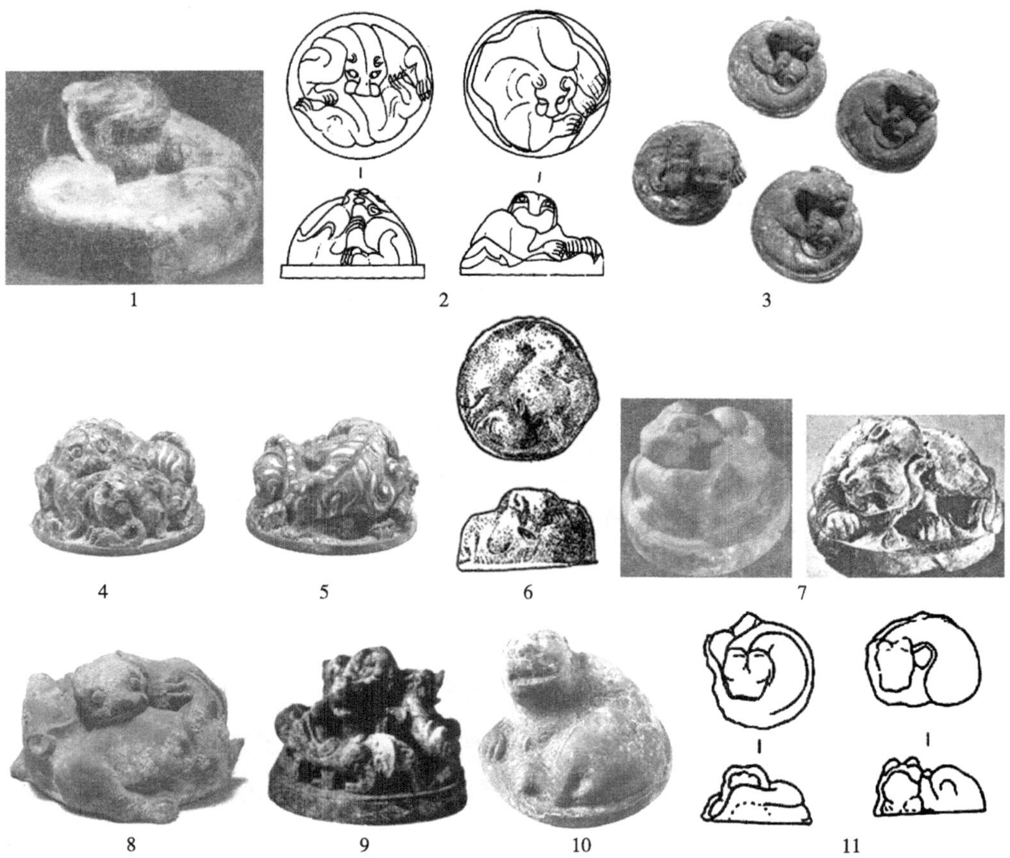

图十七　中国境内出土的汉代镇子

1. 江苏徐州小龟山西汉墓；2. 山西朔县西汉墓；3. 湖北荆州高带秦汉墓；4. 日本美秀美术馆藏；5. 湖南长沙M401西汉墓；6. 山西浑原毕村M2西汉墓；7. 北京大堡台M2；8. 甘肃天水出土；9. 广西合浦西汉木椁墓；10. 江西南昌西汉海昏侯墓；11. 山东徐家营M9西汉墓

① 韩国国立中央博物馆：《乐浪》，首尔，2001，第120页。

《乐浪》图录提及石岩里9号、219号墓出土镇子为镇墓器物，但是观察中国战国、秦汉时期镇墓器物的特征，可知这种可能性微乎其微①。战国时期楚墓中的镇墓兽，将兽类和鸟禽类的特定部位进行组合夸大。西汉时期出现了独角兽、俑、瓶和镇墓文字等形态的镇墓器物和方式，这种现象持续到魏晋南北朝时期（图十八）。这些镇墓兽或者镇墓俑一般是1枚，或者不同的器物共2枚。然而，相同形态的镇子大多出土4件，部分古墓出土了4枚以上的偶数。由此看来，石岩里出土镇子的用途为博席镇的看法比较妥当。

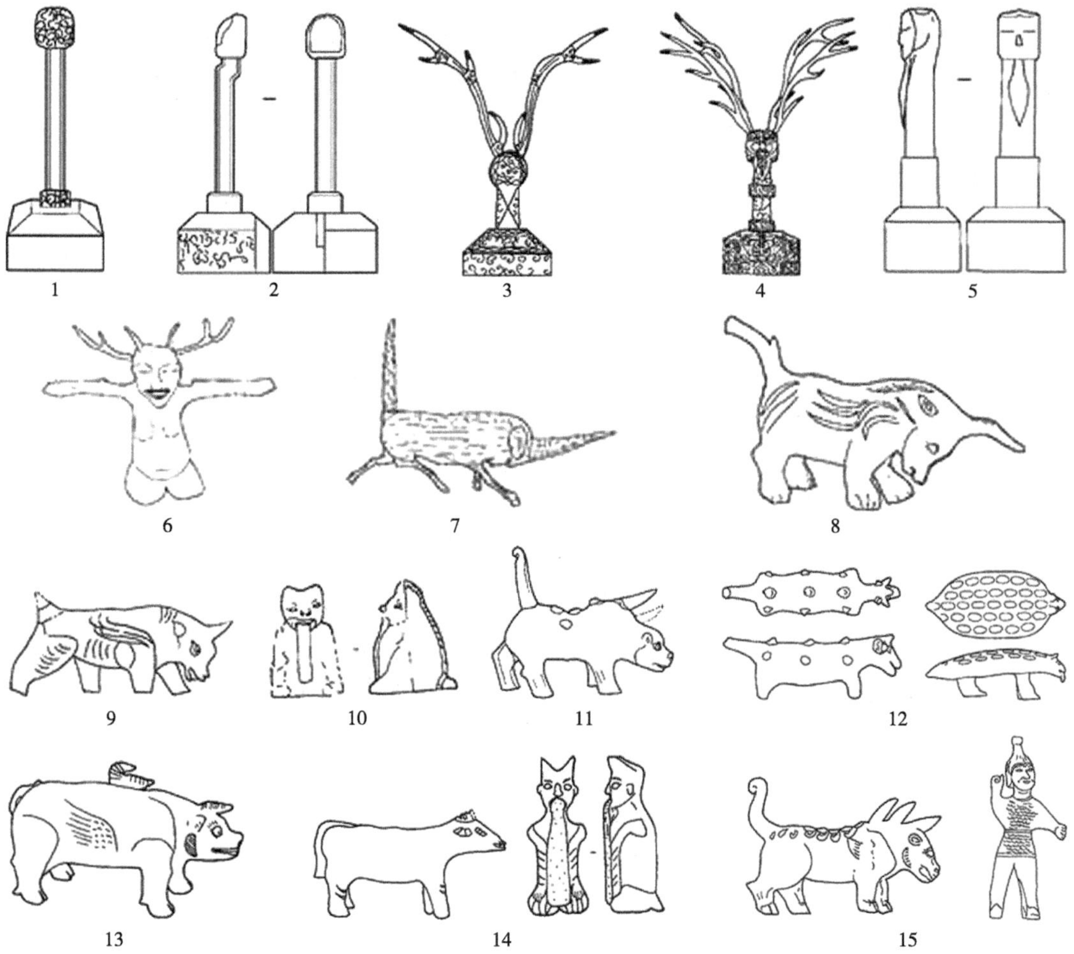

图十八 中国古代镇墓器物

1. 湖北当阳赵巷 M4；2. 湖北当阳曹家岗 M5；3. 湖北江陵雨台山 M142；4. 湖北江陵雨台山 M174；5. 湖北江陵雨台山 M555；6. 河南淮阳平粮台汉墓 M181；7. 甘肃武威磨嘴子 M21；8. 陕西勉县红庙东汉墓；9. 湖北襄阳市东汉墓；10. 洛阳曹魏正始八年墓；11. 湖北鄂州市塘角头东吴墓 M2；12. 湖北鄂城 M2184；13. 安徽全椒卜集东吴墓；14. 河南偃师杏园村西晋墓 M34；15. 江苏南京西晋永宁二年墓

① 张成：《中国古代墓葬出土的镇墓神像——以命名、分类及其体系问题为中心》，《考古与文物》2014年第1期；李桂阁：《南阳地区东汉墓出土陶塑镇墓兽》，《中国国家博物馆馆刊》2015年第12期。

三　结语

虽然镇现在也在使用，但丧失其日常生活中必需品的地位已久。现在遗留下来的镇的类型，有镇尺、镇纸，用来压纸或书。但是在古代，镇是在日常和特殊环境中有极其重要意义的器物。在座椅普及、坐式生活普遍化之前，古人的生活方式是“席地而坐”。由于生活方式的改变、新的坐式家具的出现，以及相关社会文化现象的产生，镇子不断变化。因为从战国到西汉时期盛极一时的娱乐文化“博戏”的普及，镇子由原来的席镇功能变为博镇，成为西汉时期古墓陪葬品的重要器物。同一时期在汉朝边郡乐浪区域也发现了同样的文化变奏，出现了镇子陪葬品。乐浪石岩里9号和219号古墓中出土的镇子和汉朝腹地出土的镇子形态如出一辙，故可判断为博戏的道具，其用途应该修正为“博镇”“博席镇”或者“博局镇”。

（编辑：王志高）

统一新罗智证大师寄照塔碑研究

——以佛教传入高句丽为中心

王飞峰

（中国社会科学院考古研究所）

［**摘要**］关于佛教何时传入高句丽，目前学界的观点并不一致。本文通过对包括统一新罗智证大师寄照塔碑等朝鲜半岛与中国文献的系统梳理，结合目前关于高句丽佛像的发现情况等，认为佛教在东晋太元之末（约 390～396）由后秦僧人昙始传入高句丽，佛教的传入是高句丽莲花纹瓦当产生的重要原因。冬寿墓出现的莲花纹和墓主人位于坐帐内的形象，只是利用当时辽西地区魏晋十六国壁画的某些片段为粉本，并根据墓主人身份进行了改造和组合，仅仅是一种装饰纹样，与佛教传入高句丽并无关系。

［**关键词**］崔致远；寄照塔碑；佛教；昙始；冬寿墓

《凤岩寺智证大师寄照塔碑》，全称《大唐新罗国故凤岩山寺教谥智证大师寄照之塔碑铭并序》，今又称《曦阳山凤岩寺智证大师塔碑铭》，由统一新罗末期著名学者崔致远（857～?）撰写。崔致远，字孤云（或云海云），王京沙梁部人也。崔氏早年入唐求学，少年得志，入仕唐朝，而立之前返回祖国，先受重用，后遭排挤，晚年曾隐居海印寺，以致不知所终，有《四六》一卷、《桂苑笔耕》二十卷等传世。崔氏一生跌宕起伏，政治上并不得志，但在文学、儒学和思想等方面对朝鲜半岛影响深远，有“东国文学之祖”“东国儒宗”等称誉，高丽时代被赠谥“文昌侯”。

《凤岩寺智证大师寄照塔碑》①（图一：1、2）位于今韩国庆尚北道闻庆市加恩邑院北里凤岩寺，为韩国宝物第 138 号，碑高 2.73、宽 1.64、厚 0.23 米，螭首龟趺，碑阴末有“龙德四年岁次甲申六月□□日竟建”的题记，龙德为五代时期后梁年号，龙德四年即公

---

① 成均馆大学博物馆：《新罗金石文拓片展》（韩文），成均馆大学博物馆，2008，照片见第 121 页图，拓片见第 119～120 页图。

1

2

图一　凤岩寺智证大师寄照塔碑照片及正面碑文拓片

1. 凤岩寺智证大师寄照塔碑；2. 凤岩寺智证大师寄照塔碑正面碑文拓片

元 924 年①。《凤岩寺智证大师寄照塔碑》与《初月山大崇福寺碑铭》《智异山双溪寺真鉴禅师塔碑铭》《崇严山圣住寺郎慧和尚塔碑铭》为崔致远撰写的四个碑铭，学界称为“四山碑铭”，“四山碑铭”的名字是 17 世纪早期中观海眼（1567 ~ ?）在整理崔致远文集时对上述四个碑铭首次命名的②。关于“四山碑铭”的内容及相关研究，国内外出现了一系列的专著和论文③。《凤岩寺智证大师寄照塔碑》是崔致远为智证大师道宪（824 ~ 882）撰写的碑文，书者及雕刻者均为芬皇寺的释慧江，道宪俗姓金，生于今韩国庆尚北道庆州市，因九岁丧父到浮石寺出家，后开创曦阳山门，成一代宗师。《凤岩寺智证大师寄照塔碑》正面开始部分碑文为：

> 教谥智证大师寄照之塔碑铭并序　　入朝贺正兼迎奉
> 皇花等使朝请大夫前守兵部侍郎充瑞书院学士赐紫金鱼袋臣　崔致远奉　教撰」叙曰五常分位配动方者曰仁心三教立名显净域者曰佛仁心即佛佛目能仁则也道郁夷柔顺性源达迦为慈悲教海寔犹石投水雨聚沙然矧东诸侯之外守者莫我大而地灵既好生为本风俗亦交让为主熙熙太平之春隐」隐上古之化加姓参释种遍头居寐锦之

① 龙德为后梁末帝朱友贞的年号，仅仅使用了三年，即 921 ~ 923 年，此碑的龙德四年笔者暂定为 924 年。

② 南东信：《崔致远与四山碑铭》（韩文），《新罗金石文拓片展》，成均馆大学博物馆，2008，第 168 ~ 176 页。

③ 崔英成：《译注崔致远全集 1 · 四山碑铭》（韩文），亚细亚文化社，1987；崔致远著，李佑成校译《新罗四山碑铭》（韩文），亚细亚文化社，1995；拜根兴、李艳涛：《崔致远“四山塔碑铭”撰写旨趣论》，载《唐史论丛》第 15 辑，陕西师范大学出版社，2012；于国江：《崔致远佛教思想刍议》，《东北史地》2016 年第 3 期。

尊语袭梵音弹舌足多罗之字是乃天彰西顾海引东流宜君子之乡也　法王之道日日深又日深矣且自鲁纪陨星汉征佩日像迹则百川含月法音则万籁号风或缉懿缣缃或彩华琬」琰故滥洛宅镜秦宫之事迹照照焉如揭合璧苟非三尺喙五色毫焉能措辞其间驾说于后就以国观国考从乡至乡则风传沙崄而来波及海隅之始昔当东表鼎峙之秋有百济苏涂之仪若甘泉金之祀厥后西晋昙始始之貊如」摄滕东入句骊阿度度于我如康会南行时乃梁菩萨帝反同泰一春　我法兴王剬律条八载也亦既海岸植与乐之根日乡耀增长之宝天融善愿地耸胜因爰有中贵捐躯上仙剔发苾刍西学罗汉东游因尔混沌能□□□

上述碑文中，崔氏叙述了佛教产生及东传的情况，特别是佛教传入朝鲜半岛的过程，对于研究佛教传入高句丽的时间非常重要。该碑正文第三列下端碑文部分稍有残泐，第三列及第四列中有："昔当东表鼎峙之秋有百济苏涂之仪若甘泉金之祀厥后西晋昙始始之貊如」摄滕东入句骊阿度度于我如康会南行"的内容，崔致远虽然误将昙始所处的时代说成西晋，但是却记录了昙始入高句丽传法的事实。碑文中"昙始始之貊，如摄腾东入"，即是说昙始到达高句丽地区，如同东汉明帝时到达洛阳的西域僧人摄摩腾和竺法兰一样，使得佛教开始在高句丽地区传播。唐代高句丽人也自称高句丽为貊，这一点可以从高句丽灭亡后居住在唐朝的泉男生之子泉献诚的墓志（大足元年，701）中得到证明："君讳献诚，其先高勾骊国人也。……公即襄公嫡子也。生于小貊之乡，早有大成之用，地荣门宠，一国罕俦。"①

佛教在古印度产生之后，就开始向外传播，时至今日仍然是世界三大宗教之一。根据《后汉书》等的记载，佛教在东汉明帝时由西域僧人摄摩腾和竺法兰等传入中原地区。朝鲜半岛与我国东北地区通过陆路相连接，汉唐时期中国与朝鲜半岛的交流异常频繁，来自中国的佛教也传入朝鲜半岛。佛教进入朝鲜半岛之时，半岛北部存在着高句丽，西南部为百济，东南部为新罗，在百济和新罗之间的区域还一度存在着加耶。由于高句丽与当时的中原及东北诸多政权相接壤，与后者的联系比百济、新罗及加耶更为方便和密切。根据朝鲜半岛史书《三国史记》《海东高僧传》和《三国遗事》等的记载，佛教在公元 372 年由前秦传入高句丽，公元 384 年由东晋传入百济，公元 538 年由南朝传入新罗。但是上述史书关于佛教传入高句丽的时间与中国史料及《凤岩寺智证大师寄照塔碑》等朝鲜半岛早期石刻相抵牾，因此研究佛教传入高句丽的时间，不但对于探讨中国与朝鲜半岛的交流具有重要的参考价值，而且对于朝鲜半岛佛教史的研究也具有非常重要的意义。

一　相关的文献资料

关于佛教何时传入高句丽，目前研究者的意见并不一致，概括起来主要有以下四种观

① 周绍良主编《唐代墓志汇编》（上），上海古籍出版社，1992，第 984 页。

点：一，根据《三国史记》的记载，认为公元372年佛教由前秦僧人顺道传入高句丽。[①] 二，根据冬寿墓出现的莲花纹，认为不晚于公元357年的四世纪中叶佛教已经传入高句丽地区[②]，甚至认为冬寿本人可能也是佛教信徒[③]。三，根据《高僧传》中支道林（314～366）与“高丽道人书”的记载，认为“高丽道人”即是当时高句丽地区的佛教徒，因此在公元366年之前佛教已经传入高句丽地区。[④] 四，根据《高僧传》《凤岩寺智证大师寄照塔碑》等关于昙始的记载，认为东晋太元二十年（太元为东晋孝武帝年号，太元二十年即395年）佛教由东晋僧人昙始传入高句丽。[⑤] 其中第一种观点成为目前学界的主流观点，以上各种观点基本上是以目前可以见到的文献材料为基础的，并没有实质性的考古证据，因此我们首先将对相关的文献资料进行整理。

目前可以见到最早关于高句丽佛教传入的记录见于南朝梁代僧人慧皎（497～554）撰写的《高僧传》（又称《梁高僧传》），该书实际上是东汉永平年间至南朝梁代天监时期著名僧人的传记，成为以后历代《高僧传》的范本。《高僧传》卷十《昙始传》：“释昙始，关中人，自出家以后，多有异迹。晋孝武太元之末，赍经律数十部，往辽东宣化，显授三乘，立以归戒，盖高句骊闻道之始也。义熙初，复还关中，开导三辅。”

唐代西明寺沙门释道世（？～683）于总章元年（668）完成的《法苑珠林》卷三十一《昙始传》：“宋伪魏长安有释昙始，关中人，自出家以后，多有异迹。晋孝武太元之末，赍经律数十部往辽东宣化，显授三乘，立以归戒，盖高句骊闻道之始也。义熙初，复还关中，开导三辅。”

唐代梓州慧义寺沙门神清所撰《北山录》卷三《昙始传》：“晋昙始，孝武末（东晋也，帝临位，深奉佛法，苻坚兵至，谢玄破也）适辽东，高丽开导始也。后还三辅（三辅，咸阳县，昔秦皇于此置殿观），三辅人宗仰之。”

元初无名氏所撰《神僧传》卷二《昙始传》：“释昙始，关中人。自出家以后多有异迹。晋孝武太元之末，赍经律数十部，往辽东宣化，显授三乘，立以归戒。义熙初，复还关中，开导三辅。”

我们可以看到自慧皎撰《高僧传》以后，直到元代，中国历代文献有关昙始的记录均是以《高僧传》为基础，或是直接援引，或是稍加归纳，并无多大出入，可以确定《高僧传》是以后各种记录昙始史料的祖本。关于昙始的籍贯都说明了是关中，昙始到

---

① 魏存成：《高句丽考古》，吉林大学出版社，1995，第74页；李裕群：《高句丽佛教造像考——兼论北朝佛教造像样式对高句丽的影响》，载《4—6世纪的北中国与欧亚大陆》，科学出版社，2006，第233页；李乐营：《佛教向高句丽传播路线的探析》，《社会科学战线》2008年第11期。国内学者、朝鲜半岛学者及日本学者也多持此观点。

② 梁志龙：《高句丽儒释道三教杂论》，《北方文物》2004年第2期。

③ 吴焯：《从相邻国的政治关系看佛教在朝鲜半岛的初传》，《中国史研究》2006年第1期。

④ 温玉成：《集安长川一号壁画墓》，《北方文物》2001年第1期；李海涛：《佛教在高句丽、百济和新罗传播足迹考》，载《全球化下的佛教与民族》（第三届两岸四地佛教学术研讨会），光明日报出版社，2011，第501～511页。

⑤ 木村宣彰著，姚义田译《昙始与高句丽佛教》，《博物馆研究》2002年第2期。

达高句丽的时间是东晋孝武帝太元（376～396）之末，但是中国文献没有说明昙始到达高句丽的具体时间，仅有太元之末。太元时期有21年，如果分成三期的话，太元之末大体为390～396年，此时关中地区正是后秦（384～417）的势力范围，后秦和后燕相邻，而后燕通过辽东与高句丽接壤①；而且《高僧传》等多提及昙始“义熙初，复还关中，开导三辅”，说明昙始可能是从关中出发前往高句丽，以后又返回关中，因此我们认为当时昙始为后秦僧人；至于《高僧传》所记昙始的活动均以东晋年号纪年，我们认为这与东晋南朝时期偏安江南一隅的东晋南朝上自皇族、下至一般的士大夫始终以正统自居有关，而且慧皎本身就是南朝的僧人。因此，结合后秦、后燕和高句丽的相对位置，我们认为当时后秦关中僧人昙始可能通过陆路由关中到达辽西，经辽东进入高句丽。

朝鲜半岛三部成书于高丽王朝的史书《三国史记》、《海东高僧传》及《三国遗事》对佛教传入高句丽均有记载。《三国史记》为金富轼（1075～1151）奉旨编纂，高丽仁宗二十三年（1145）成书。《三国史记》卷十八《小兽林王本纪》：“二年（372）夏六月，秦王苻坚遣使及浮屠顺道送佛像、经文。……四年（374）僧阿道来。五年（375）春二月，始创肖门寺，以置顺道。又创伊弗兰寺，以置阿道。此海东佛法之始。”

《海东高僧传》为高丽僧人觉训奉旨撰写，成书于高丽高宗二年（1215）。全书共有两卷，其中第一卷前有《流通一之一》叙述佛教产生、传入中国、传入朝鲜半岛的过程及成书原因，另有顺道、昙始及阿道等僧人传记。《海东高僧传》卷一《流通一之一》：“若我海东，则高句丽味留王（应为解味留王，即小兽林王，笔者注）时，顺道至平壤城。继有摩罗难陀从晋来于百济国，则枕流王代也。后于新罗第二十三法兴王践祚，梁大通元年丁未三月十一日，阿道来止一善县。”

《海东高僧传》卷一《顺道传》：“释顺道，不知何许人也。迈德高标，慈忍济物，誓志弘宣，周游震旦，移处就机，诲人不倦，高句丽第十七解味留王（或云小兽林王）二年壬申夏六月，秦符坚（应为苻坚，笔者注）发使及浮图顺道送佛像、经文，于是君臣以会遇之礼奉迎于省门。投诚敬信，感庆流行，寻遣使回谢，以贡方物。或说顺道从东晋来，始传佛法，则秦晋莫辨，何是何非。……后四年神僧阿道至自魏（存古文），始创省门寺以置顺道，古记云以省门为寺，今兴国寺是也，后讹写为省门。又并伊弗兰寺，以置阿道，古记云兴福寺是也。此海东佛教之始。”

《海东高僧传》卷一《昙始传》：“释昙始，关中人也，自出家多有异迹。足白于面，虽涉泥水，未尝沾湿，天下咸称白足和尚。以晋太元末年赍持经律数十部往化辽东，乘机宣化，显授三乘，立以归戒。梁僧传以此为高句丽闻法之始，是当广开土王五年（应为六年，即396年，笔者注）、新罗奈勿王四十一年、百济阿莘王五年，而秦符坚（应为苻坚，笔者注）送经像后二十五年也。……晋义熙初师复还关中，唱道三辅。”

---

① 谭其骧主编《简明中国历史地图集》，中国地图出版社，1996，第28页：附十六国。

《海东高僧传》卷一《阿道传》："释阿道，或云本天竺人，或云从吴来，或云自高句丽入魏，后归新罗，未知孰是。风仪特异，神变尤奇，但以行化为任，每当开讲，天雨妙花。始新罗讷祇王时，有黑胡子者，从高句丽至一善郡宣化有缘，郡人毛礼家中作窟室安置。于是梁遣使赐衣着香物。"

《三国遗事》为高丽王朝僧人一然（1206～1287）撰写，书中记录的最晚年代为1281年，依此推算应完成于1281～1287年。《三国遗事》卷三《兴法第三》："顺道肇丽。高丽本记（应为纪，即《三国史记·高句丽本纪》，笔者注）云：小兽林王即位二年（372）壬申，乃东晋咸安二年，孝武帝即位之年也。前秦苻坚遣使及僧顺道送佛像、经文（时坚都关中，即长安）。又四年（374）甲申，阿道来自晋。明年（375）乙亥二月，创肖门寺，以置顺道。又创伊弗兰寺，以置阿道。此高丽佛法之始。僧传（《海东高僧传》）作二道自魏云者误也，实自前秦而来。又云肖门寺今兴国，伊弗兰寺今兴福寺者亦误。"

以上三部高丽王朝的史书，对于佛教传入高句丽的记载各有特点。三部史书均认为372年由前秦僧人顺道将佛教传入高句丽，其中《三国史记》和《三国遗事》未提及昙始；《海东高僧传》不但提及昙始到高句丽弘法之事，而且给出了明确的年代（396）。以上记载究竟源于何处，由于在中国早期史料中并未找到相关资料，我们不得而知。但是就史料学的角度而言，我们认为《高僧传》关于昙始的记载，较高丽王朝三部史书的记载更为可信，高丽王朝的三部史书在涉及顺道、阿道及昙始的相关记载中都存在不同程度的杜撰。

因此参考包括慧皎《高僧传》在内的中国史料及崔致远撰写的《凤岩寺智证大师寄照塔碑》，我们认为高句丽佛教是在东晋太元末年（约390～396）由后秦关中僧人昙始传入的。昙始当时可能是从关中出发，由陆路到达辽西，经辽东进入高句丽。

《三国史记》、《海东高僧传》及《三国遗事》的作者在编写过程可能并未参照《高僧传》等中国史料及《凤岩寺智证大师寄照塔碑》所记载的内容。至于《高僧传》所记载的与东晋僧人支道林（314～366）书信来往的"高丽道人"虽然在《海东高僧传》也有相关记载，但是我们无法证明这位"高丽道人"就是当时高句丽地区的佛教徒。此外，唐代道宣（596～667）所撰《续高僧传》卷二十五《僧意传》："释僧意，……元魏中，住泰山朗公谷山寺。聚众教授，迄于暮齿，精诚不倦。寺有高丽像、相国像、胡国像、女国像、吴国像、昆仑像、岱京像，如此七像，并是金铜，俱陈寺堂。"部分学者认为此处所述高丽像即高句丽佛像，此佛像为前秦时期（351～394）高句丽赠送给竺僧朗。[①] 也有学者认为此处所述高丽像、相国像均为高句丽佛像，其中相国像可能是好太王时期（391～412）高句丽"相国"赠送给竺僧朗的。[②] 但是从目前朝鲜半岛特别是高句丽地区发现的

---

① 李裕群：《高句丽佛教造像考——兼论北朝佛教造像样式对高句丽的影响》，载《4—6世纪的北中国与欧亚大陆》，第233页。

② 温玉成：《高句丽"相之国"》，《北方文物》2004年第3期。

佛像资料来看，除首尔纛岛发现的一尊鎏金佛像时代较早外①，高句丽地区其他佛像资料的时代大体不早于5世纪初。虽然也有学者认为纛岛鎏金佛像属于高句丽佛像，可能是5世纪初制造于中国北方地区②，但是纛岛佛像周围均为百济墓葬和遗址，没有发现与高句丽相关的遗迹和遗物，因此这件佛像是否属于高句丽佛像还有待进一步研究。

二 冬寿墓的莲花纹

冬寿墓又名安岳3号墓，是目前已知年代最早的高句丽壁画墓。由于冬寿墓发现了多种形制的莲花纹，对于冬寿墓莲花纹的理解也成为研究佛教传入高句丽时间的重要问题之一。冬寿墓封土为覆斗形，其中南北长33米，东西宽30米，高6米。墓葬结构是用石板砌筑的多室墓，南北向，包括墓道、甬道、前室、后室、前室两侧的东侧室和西侧室，后室北侧的北回廊和东侧的东回廊，前、后墓室顶部均为叠涩形成的天井。西侧室入口南侧侍从上部发现7行68字的墨书题记（原题记为竖排）：

永和十三年十月戊子朔廿六日
□丑使持节都督诸军事
平东将军护抚夷校尉乐浪
相昌黎玄菟带方太守都
乡侯幽州辽东平郭
都乡乡敬上里冬寿字
□安年六十九薨官

冬寿墓前室和后室之间有三根八角形石柱和一根四角形石柱（四角形石柱位于三根八角柱东侧），后室及北面的回廊之间有三根八角形石柱和两根四角形石柱（四角形石柱位于三根八角柱两侧）。除前室和后室之间东侧四角柱、后室与北回廊之间东侧的四角石柱上有一斗二升外，其他石柱上均直接承接栌斗。栌斗正面均绘有兽面纹，前室和后室之间立柱栌斗的东西两侧绘有莲花纹。墓室天井部均为三角叠涩2层加大型盖顶石结构。

冬寿墓莲花纹位于前室西侧室西壁冬寿坐帐两角及顶部（图二：1）、南壁冬寿夫人坐帐两角及顶部（图二：2）、前室与后室之间四个立柱栌斗的东西侧面及后室天井顶部。除后室天井部莲花纹为俯视莲花纹外（图二：3），其余莲花纹均为侧视的莲蕾或莲花。莲

① 金元龙：《纛岛出土金铜佛坐像》（韩文），《历史教育》1961年第5期。

② 李裕群：《高句丽佛教造像考——兼论北朝佛教造像样式对高句丽的影响》，载《4—6世纪的北中国与欧亚大陆》，第235页。

图二　冬寿墓莲花纹及兽面纹

1. 前室西侧室西壁冬寿坐像；2. 前室西侧室南壁冬寿夫人坐像；3. 后室天井顶部莲花纹；4. 冬寿坐帐两角的莲花纹；5. 冬寿夫人坐帐两角的莲花纹；6. 冬寿坐帐顶部莲花纹；7. 冬寿夫人坐帐顶部莲花纹；8. 前室和后室之间西起第一柱东侧莲花纹；9. 前室和后室之间西起第二柱东侧莲花纹；10. 前室和后室之间西起第一柱正面兽面纹

蕾见于冬寿坐帐两角（图二：4）。侧视的莲花纹莲瓣数量有三瓣、五瓣和七瓣三种，其中三瓣莲花纹见于冬寿夫人坐帐两角（图二：5），五瓣莲花纹见于冬寿坐帐顶部（图二：6），七瓣莲花纹见于冬寿夫人坐帐顶部（图二：7）、前室和后室之间立柱栌斗的东西两侧（图二：8、9）。栌斗正面的兽面（图二：10）形制略有差异，其中西起第二立柱和西起第四立柱栌斗上的兽面纹的下端部分绘制于栌斗下立柱的上部。

三 冬寿墓莲花纹的研究

在研究冬寿墓莲花纹之前，我们首先对冬寿的经历作一简单介绍。根据墨书墓志记载，357 年十月 69 岁的冬寿去世。依此推算，冬寿当生于 288 年或 289 年①，冬寿在逃往高句丽之前，曾经是前燕的司马。东晋咸和八年（333）五月被东晋朝廷封为辽东郡公的慕容廆去世，六月慕容廆第三子慕容皝嗣辽东郡公，由于即位之初用法严苛等，引起了慕容皝的弟弟慕容仁等人的不满。当年十月，慕容仁引兵征讨慕容皝。慕容皝随即以高诩、慕容幼、慕容稚、慕容军、慕容汗、司马冬寿等率军讨伐慕容仁。后慕容皝兵大败，慕容幼、慕容稚、慕容军被慕容仁俘获。由于冬寿曾为慕容仁司马，遂降于慕容仁。咸和九年（334）十月至十一月，慕容皝征讨辽东，并多次击败慕容仁。咸康二年（336）正月，慕容皝亲率大军踏冰越海击败慕容仁，并将其赐死。冬寿与郭充等逃往高句丽。咸康八年（342）十一月，慕容皝大举进攻高句丽，攻破丸都山城，俘虏高句丽故国原王王后、王太后等，发故国原王之父美川王之墓，并载其尸体而还。永和十三年（应为升平元年，357）十月，冬寿去世。通过以上梳理，我们可以知道 333 年十月之前，冬寿曾经做过慕容仁的司马，当年十月作为慕容皝的司马讨伐慕容仁，兵败后降于慕容仁，336 年正月慕容皝击败慕容仁后冬寿逃往高句丽。冬寿到高句丽以后的活动，由于各种文献并无相关记载，其具体经历不详。但是，从 342 年丸都之战高句丽经历的惨败来看，冬寿可能并未经历这场战争，而是在其逃到高句丽以后被派往朝鲜半岛北部的高句丽地区。而且从其墓葬规模和内容等来看，冬寿应当受到了高句丽王室的重用。

在研究冬寿墓的莲花纹时，弄清冬寿墓莲花纹的含义和渊源是非常必要的。十六国北朝时期曾经流行以莲花或流苏等装饰坐帐。《邺中记》：“石虎御床，辟方三丈。冬月施熟锦流苏斗帐，四角安纯金龙，头衔五色流苏……帐顶上安金莲花，花中悬金箔，织成统囊。”与此类似的帐在北朝时期也曾作为北魏太极殿的装饰。《南齐书》卷五十七

① 现在人们计算死者年龄时以虚岁计算，这样的结果往往是比实际年龄多出一岁。对于生活在冬寿时代的高句丽人，在计算死者年龄时，是以虚岁计算，还是以实际年龄计算，我们并不知道。因此，如果当时以实际年龄来计算冬寿的年龄，则冬寿生于 288 年；如果当时以虚岁计算冬寿的年龄，则冬寿生于 289 年。

《魏虏列传》："正殿施流苏帐，金博山，龙凤朱漆画屏风，织成幌。"冬寿墓的坐帐、帐顶及帐角装饰莲花和流苏（图三：1）不但与上述文献记载有一定相似之处，而且和辽阳上王家村晋墓壁画中男主人的坐帐[①]（图三：2）也十分相似。郑岩先生认为，魏晋南北朝时期的墓葬壁画在一定时间或空间范围内存在着粉本，而粉本存在着被多次借用、复制、选择、组合、改造的情况。[②] 田立坤先生通过对朝阳袁台子壁画墓、冬寿墓和德兴里壁画墓墓主人形象的对比，认为魏晋十六国时期辽西和朝鲜半岛墓葬壁画可能流行一种相同的粉本。[③] 与辽阳上王家村晋墓墓主人位于坐帐内的形象相比，我们发现冬寿坐帐帐顶出现了侧视莲花装饰，帐角出现了莲蕾形莲花，另有璜、珠子和流苏装饰，冬寿夫人坐帐帐顶及两角的装饰与冬寿的坐帐装饰大体相同；而上王家村晋墓墓主人坐帐帐顶虽然装饰有莲花，但是帐角没有莲花，仅有龙衔流苏的装饰。这些变化可能暗示了这两座墓葬墓主人身份的差异。根据上王家村晋墓使用了龙衔流苏的装饰，再结合墓葬结构及当时的历史情况等，郭大顺先生认为，其墓主人是与中原地区诸侯王级别相当的辽东的公孙氏。[④] 由于冬寿墓墓主人位于坐帐内的形象与辽西魏晋十六国时期的墓葬壁画具有很大的相似性，我们认为，冬寿墓墓主人位于坐帐内的形象实际上是利用、复制后者壁画中的某些片段为粉本，同时还存在着根据墓主人身份等对粉本进行选择、组合和改造的情况。因此对于冬寿墓的莲花纹及墓主人位于坐帐内的形象在当时的高句丽地区只能视为一种装饰纹样，并不代表佛教已经传入高句丽地区。[⑤]

由于冬寿是由前燕逃亡到高句丽的将军，而且当时前燕与高句丽领土接壤，因此我们首先来了解一下前燕或三燕时期的莲花纹。三燕时期的壁画墓由于发现数量不多和保存情况不好等原因，目前还没有发现与冬寿墓莲花纹相同的图案，但是在朝阳地区出土的一些三燕遗物上发现了与冬寿墓莲花纹类似的纹样。冬寿墓的俯视莲花纹（图三：3）与朝阳袁台子壁画墓（354 或 366 年）出土的小铜铃[⑥]（图三：4）和朝阳老城出土的前燕时期莲花纹瓦当[⑦]（图三：5）上的图案比较相似。喇嘛洞三燕墓地采集的鎏金铜箭箙上发现了与冬寿墓侧视三瓣莲花纹相似的纹样[⑧]（图三：6、7），由于箭箙为采集品，准确断代有一定的困难，但是可以确定是三燕时期的遗物。虽然冬寿墓莲蕾形莲花纹在目前三燕地

---

① 李庆发：《辽阳上王家晋代壁画墓清理简报》，《文物》1959 年第 7 期。

② 郑岩：《魏晋南北朝壁画墓研究》，文物出版社，2001，第 267 页。

③ 田立坤：《袁台子壁画墓的再认识》，《文物》2002 年第 9 期。

④ 郭大顺：《〈辽阳壁画墓群〉学习笔记》，载《东北亚考古学论丛》，科学出版社，2010，第 20 ~ 34 页。

⑤ 王飞峰、夏增威：《高句丽丸都山城瓦当研究》，《东北史地》2008 年第 2 期。

⑥ 辽宁省博物馆文物队等：《朝阳袁台子东晋壁画墓》，《文物》1984 年第 6 期，图三三：1（略有改动）。田立坤先生通过对墓中题记和壁画等的研究认为，袁台子壁画墓的年代为 354 年或 366 年，见田立坤《袁台子壁画墓的再认识》，《文物》2002 年第 9 期。

⑦ 万雄飞、白宝玉：《朝阳老城北大街出土的 3—6 世纪莲花纹瓦当初探》，载《东北亚考古学论丛》，科学出版社，2010。笔者认为该瓦当可能为前燕时期，见王飞峰《三燕瓦当研究》，《边疆考古研究》第 12 辑，科学出版社，2012，第 295 ~ 313 页。

⑧ 辛占山：《从三座壁画墓的发现看辽东、三燕、高句丽壁画墓之间的关系》，载《东北亚考古学论丛》，科学出版社，2010，第 43 页。

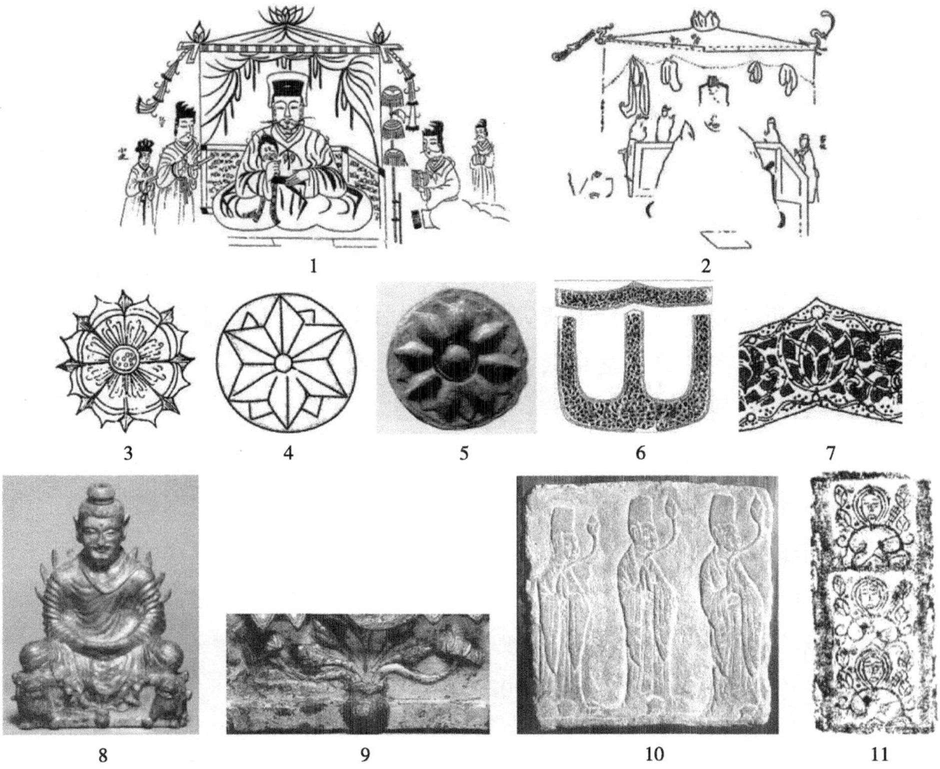

图三　冬寿墓壁画、辽阳上王家村晋墓壁画及相关莲花纹

1. 冬寿墓墓主人像；2. 辽阳上王家村晋墓墓主人像；3. 冬寿墓后室天井莲花纹；
4. 朝阳袁台子壁画墓出土铜铃纹样；5. 朝阳老城出土莲花纹瓦当；6、7. 喇嘛洞采集鎏金铜箭箙及其莲花纹；
8、9. 十六国时期鎏金铜佛及台座宝瓶中的莲蕾形莲花；10. 天龙山石窟北朝礼佛图；11. 西晋太康九年花纹砖纹样

区并未发现相似的图案，但是莲蕾形莲花纹在五胡十六国时期的鎏金铜佛上已经发现。传河北省石家庄出土，现藏美国哈佛大学福格美术馆的鎏金铜佛像是十六国早期典型的佛教造像[①]（图三：8），其年代大体在4世纪初，也有学者认为年代在4世纪前半叶[②]。佛像结跏趺坐，位于狮子形方形台座上，台座中间有一圆形宝瓶，宝瓶的插花中即有莲蕾形莲花（图三：9）。莲蕾形莲花纹在随后北朝时期的佛教石窟中[③]（图三：10）也非常流行。与北方相比，南方的莲蕾形莲花纹可能出现更早，盱眙县发现的与佛教有关的西晋太康九年（288）花纹砖上已经存在此类纹样[④]（图三：11）。因此，我们相信随着今后三燕考古工作的逐步深入，与冬寿墓相似的莲蕾形莲花纹应该可以在三燕地区发现。

① 曾布川宽、冈田健编《世界美术大全集·東洋篇第3卷·三國南北朝》，小学馆，2000，第330页。

② 玛丽琳·M. 丽爱著，台建群译《5世纪中国佛像和北印度、巴基斯坦、阿富汗及中亚塑像的关系》，《敦煌研究》1992年第1期。

③ 孙迪：《天龙山石窟——流失海外石刻造像研究》，外文出版社，2004，第171页。

④ 秦士芝：《盱眙县发现一批西晋墓砖》，《文物资料丛刊》第8辑，文物出版社，1983，第126页。

四　结语

通过对中国古代及朝鲜半岛相关史料的梳理，再结合高句丽地区佛像的发现情况等，我们认为东晋太元之末（约 390 ~ 396）后秦关中僧人昙始将佛教传入高句丽。这可能是当时官方认可的关于佛教传入高句丽的记录，至于佛教是否在这之前已经通过民间交往的方式传入高句丽，还需要做进一步的研究。考虑到后秦、后燕和高句丽的相对位置，当时昙始可能从关中出发，由陆路到达辽西，经辽东进入高句丽。

佛教的传入是高句丽莲花纹瓦当产生的重要因素。冬寿墓出现的莲花纹及坐帐形象，应是直接源于辽西地区魏晋十六国的壁画墓，而且是利用后者壁画中某些片段为粉本，根据墓主人的身份进行了选择和改造。冬寿墓的莲花纹在当时的高句丽地区仅仅作为一种与坐帐共存的粉本中的装饰纹样，并不代表佛教已经传入高句丽地区。

附记：本文系国家社科基金 2017 年度研究项目“高句丽、渤海相关考古资料的普查、汇集和整理工作”（项目批准号：17VGB002）、国家社科基金 2018 年度研究项目“高句丽考古学科体系构建与综合研究”（项目批准号：18VGB004）阶段性成果。

（编辑：王志高）

大阪历史博物馆藏熊岳《唐人物图》题材浅论

刘可维

（南京师范大学文博系）

[摘要] 大阪历史博物馆藏有日本江户时代大阪著名文人画画家熊岳所绘《唐人物图》一幅。画面中主要绘有一背负旌节状物的人物，与一身着裘皮装饰的人物。从人物的服饰与风格来看，可以认定其描绘的是中国的历史故事。不过，由于具体题材不明，因此该绘画被命名为《唐人物图》。由于绘画中所题皆川愿作七言诗涉及绘画的题材，本文依据该题诗与画面表现的故事情节，并参照中国中古时期的文学作品，考证这幅作品描绘的是汉代苏武由匈奴返回汉朝之际，李陵为其送行的典故。与此同时，本文简要梳理了中国近世绘画中《苏李别意》《苏李泣别图》《河梁泣别图》等多种相关题材的画作，认为可据此修改熊岳《唐人物图》的名称。

[关键词] 熊岳《唐人物图》；李陵；苏武；节

大阪历史博物馆藏有一幅德川幕府时代著名画家熊岳于宽政年间（1789～1800）所绘的《唐人物图》（图一），该画作曾被作为大阪历史博物馆常设展中的展品。从画中人物的衣着、风格判断，《唐人物图》表现的应是某一中国历史题材的故事。由于具体的故事情节不明，因此与日本类似画作的题名方式相仿，被命名为“唐人物图”[①]。

本画的作者熊岳（1762～1834），是大阪著名的文人画画家，原名冈熊岳，名文晖，又名嬰，字世昌，又字少年，号熊岳，在其后期的作品中又常将“岳”改为“嶽”[②]。此外，其还曾采用“胜之助”这一名称。熊岳曾跟随著名画家池大雅的弟子福原五岳学习画法，十分擅长人物画[③]。熊岳很早就步入了画坛，据《蒹葭堂日记》记载，天明三年

---

① 笔者于2011年参观该博物馆之际，所见该画题材说明中也明确指出其“典故不明，是冈熊岳仿照林阆苑的一幅基于中国故事的作品”。

② 岩佐伸一：《大阪の唐画師・林閬苑——文献資料の整理と紹介》，《共同研究成果報告書》1，2007。

③ 白井华阳：《画乘要略》卷四“冈熊岳”条，ぺりかん社，1998，第75页。

(1783) 就出现了熊岳的作品[①]。熊岳与同为福原五岳学生的林阆苑关系密切，如道明天满宫和关西大学所藏两幅熊岳的《伏见桃畑图》被认为是模仿林阆苑《伏见桃山真景图》所绘[②]。除此之外，两人都曾以“饮中八仙”为题材各自绘制作品[③]，因此熊岳被认为在一定程度上受到了林阆苑画法的影响。大阪历史博物馆藏熊岳《唐人物图》的右侧上部题有“丁巳之春，熊岳冈文晖拟阆苑林又新画”的题字，从题字旁“冈文晖印”和“冈氏世昌”的熊岳阴文方印可以看出，该画是熊岳仿照林阆苑的作品所绘。

《唐人物图》中并未明确指出题材，不过在画面左上部保留有一首七言诗，与画面本身所表现出的故事情节相对，可为探讨本画的内容提供一定依据。本文希望基于以上两个方面，对此幅《唐人物图》的题材展开考察。

图一　熊岳《唐人物图》

一　熊岳《唐人物图》中皆川愿题诗的题材

熊岳《唐人物图》画面左上方题有七言诗一首，该题诗之后有“皆川愿题”的款记，题诗下钤有“皆川愿印”“伯恭氏”的阴文方印，题诗右侧加盖“淇园”的阴文椭圆形印章，据此可知该七言诗为皆川愿所题。

皆川愿（1735～1807）是江户时代中期京都的学者，通称文藏，字伯恭，号淇园、节斋、有斐斋。皆川愿幼时便开始学习儒学，特别对易学有独到的见解，提倡研究《易经》语言的所谓“开物学”。晚年于京都开设了作为儒学学校的弘道馆。在绘画方面，其先后学习望月玉蟾与圆山应举的画法，擅长源自中国南宗画的日本南画，特别是山水、花鸟、

① 木村蒹葭堂：《蒹葭堂日記》卷二，蒹葭堂日記刊行会，1972，第105页。

② 堺市博物館：《近世の大阪画人》，堺市博物館，1992，第12～13页。

③ 关于熊岳“饮中八仙”题材的作品，参照柴田就平《岡熊嶽筆人物画二点——〈飲中八仙図〉および〈鍾馗図〉》，《関西大学博物館紀要》一四号，2008。关于林阆苑的《花鸟饮中八仙图》，参照大坂历史博物馆《木村蒹葭堂》，大阪历史博物馆，2006，第59页。

人物等题材。皆川愿在江户时代中期的京都、大阪画坛上曾有相当大的影响力。由于皆川愿所题七言诗可为探讨熊岳《唐人物图》的题材提供关键性依据，以下首先对该诗作的题材展开探讨。画中七言诗的录文如下：

当年二子别河梁，云日含愁惨大荒。
何识上林传雁帛，一凫荣古独南翔。

上述题诗，特别是其中“当年二子别河梁”“何识上林传雁帛”两句实际已明确提示了有关绘画题材的信息。众所周知，武帝天汉元年（前100），匈奴为缓和与汉朝间的关系，释放了此前囚禁的汉朝使节，汉朝也因此决定释放匈奴使节。以此为契机，武帝派遣苏武护送匈奴使节回国。正当汉朝使团即将结束出访任务之际，匈奴贵族集团发动政变，而汉朝使团中的副中郎将张胜被牵涉其中，由此累及苏武，以致其被匈奴扣押，并失去了与汉朝中央政府的联系。由于苏武始终未向匈奴屈服，最后被放逐到北海。直到十九年后，《汉书》卷五十四《苏建附苏武传》记载：

后汉使复至匈奴，常惠请其守者与俱，得夜见汉使，具自陈道。教使者谓单于，言天子射上林中，得雁，足有系帛书，言武等在某泽中。[①]

此后，来到匈奴的汉朝使者得知苏武依然健在的情况后，编造了皇帝在上林苑射落大雁，并从雁足上获得苏武来信的故事，由此要求匈奴归还苏武。这一典故在后代也传入了日本，如《万叶集》卷八所收“远江守樱井王奉天皇歌一首”中“九月之 其始鴈乃 使尔毛 念心者 可聞来奴鴨（日语训读：九月しその初雁の使にも念ふ心は聞かも来ぬかも；汉译：九月初雁使；奉知思慕心，是否达闻[②]）”。由此在日语中还流传有“雁の使い”（雁使）、“雁の便り”（雁书）等用语。皆川愿题诗中“何识上林传雁帛”一句采用的正是这一著名典故。

此后，匈奴单于迫于汉朝的压力，最终同意放还苏武。在苏武流放期间，曾与因战败投降匈奴的汉将李陵交往密切。当苏武离开匈奴之际，李陵又为其设宴送别。有关当时的情景，《汉书》卷五十四《苏建附苏武传》记载：

于是李陵置酒贺武曰：“今足下还归，扬名于匈奴，功显于汉室，虽古竹帛所载，丹青所画，何以过子卿！……收族陵家，为世大戮，陵尚复何顾乎？已矣！令子卿知吾心耳。异域之人，一别长绝！”……陵泣下数行，因与武决。[③]

天汉二年（前99）李陵投降匈奴后，武帝在盛怒之下族诛了其在汉朝的母弟妻子等人，由此断绝了李陵归汉的可能。上述史料正表现了与苏武离别之际李陵的复杂心情。至后代，命

---

① 《汉书》卷五十四《苏建附苏武传》，中华书局，1962，第2466页。
② 〔日〕佚名著《万叶集》，赵乐甡译，译林出版社，2002，第348页。
③ 《汉书》卷五十四《苏建附苏武传》，第2466页。

运迥别的苏武、李陵分别的场面逐渐演变为一种固定的文学意象。《文选》卷二十九《杂诗上》收录有题李少卿（即李陵）作《与苏武（诗）》三首，以下节选其中的部分诗句。

其一：

仰视浮云驰，奄忽互相踰；
风波一失所，各在天一隅。

其二：

嘉会难再遇，三载为千秋；
临河濯长缨，念子怅悠悠。
远望悲风至，对酒不能酬；
行人怀往路，何以慰我愁。

其三：

携手上河梁，游子暮何之；
徘徊蹊路侧，悢悢不得辞。①

三首诗作表现出李陵深怀不舍之情，送苏武至“河梁”分别的情景，与皆川愿题诗中“当年二子别河梁，云日含愁惨大荒”一句所表现出的意境相符。这一点可以从“河梁”“云日”与“浮云”“临河”“河梁”等意象的对应中获得印证。《与苏武（诗）》所构建的苏武、李陵河梁分别的场面为此后的文学所继承，成为离别诗中的经典典故。如《庾子山集注》卷三《诗·拟咏怀二十七首》所收第十首中可见：

遥看塞北云，悬想关山雪。
游子河梁上，应将苏武别。②

清人倪璠在本句的注中直接指明其出典于《与苏武（诗）》“携手上河梁，游子暮何之”一句。此外，《李太白全集》卷十九《怀古·苏武》中有：

东还砂塞远，北怆河梁别。
泣把李陵衣，相看泪成血。③

甚至中国近世的画家还以河梁为背景描绘李陵送别苏武的情节，如现存元代赵雍所绘设色

① 《文选》卷二十九《杂诗上》，中华书局，1977，第412～413页。
② 庾信撰，倪璠注，徐逸民校点《庾子山集注》卷三《诗》，中华书局，1980，第236页。
③ 李白撰，郁贤皓校注《李太白全集校注》卷十九《怀古·苏武》，凤凰出版社，2015，第2795页。

绢本《河梁泣别图》正是以此为题。

以《汉书·苏武传》《与苏武（诗）》构建的文学意境为基础，后代的俗文学中还创作出李陵送别苏武的具体情节。敦煌文献中保存的变文《苏武李陵执别词》（P3595）记载：

> 于是泣涕相送，渐过峻溪（浚稽）。见峻岭千重，洪崖万刃（仞）。……野树枯生，寒草乱坠，白云散漫，黄叶飞微。……或悲或恨，再笑再吟。知千万之珍重，况恋河而阻隔，是罚（时）三人相对下泣。酌别酒与路傍，按离琴而（于）膝上。①

这里通过描绘凄然的自然景观，表现出李陵送别苏武过浚稽山之际的悲怆心情。这一戏剧化的情节无疑与皆川愿题诗中所营造的凄凉场景源自共同的文学意象。

通过以上的简要分析，熊岳《唐人物图》上所见皆川愿的题诗表现的正是文学化后李陵送别苏武的典故。

二 熊岳《唐人物图》画面所展现的题材

熊岳《唐人物图》为绢本着色的卷轴画，画面上部以群山、云气构成远景，下部描绘有高大的松柏，以及树下的五个人物。位于画面中心位置的两个人物中，穿着白色衣服的人物头戴幅巾，身后背有一旌节状物。与其相对，另一人物身着褐色衣服，肃然而立，拱手行礼。其余三人均为童子形象，头部周围髡发而中央留有辫发，其衣着均以鹿皮装饰。其中一人背负行李，另一人手持放有酒器的托盘。

如前所述，当苏武被匈奴扣押后，未向匈奴屈服，这也构成了其被视作忠臣典范的关键性因素。而苏武的忠贞精神集中体现在其始终秉持着作为汉使象征的“汉节”上。即使在长期的流放生活中，他一直“杖汉节牧羊，卧起操持”，以致“节旄尽落”②。由此，“节”也成为苏武形象的重要象征物。从形象上来看，《唐人物图》中正是利用旌节状物来表现白衣男子为苏武。与背节人物相对，画面中特意突出了另一人物衣着、帽子缘部装饰有毛皮的特征，即表现该人物身着胡服。这一细节正与李陵在长期的塞外生活中逐渐“胡化”有关。

> 昭帝立，大将军霍光、左将军上官桀辅政，素与（李）陵善，遣陵故人陇西任立政等三人俱至匈奴招陵。立政等至，单于置酒赐汉使者，李陵、卫律皆侍坐。……后

① 王重民等编《敦煌变文集》，人民文学出版社，1957，第848页。

② 《汉书》卷五十四《苏建附苏武传》，第2463页。

> 陵、律持牛酒劳汉使，博饮，两人皆胡服椎结。……陵墨不应，孰视而自循其发，答曰："吾已胡服矣。"①

以这一记载为基础，后代的文学作品在刻画李陵这一人物时，非常重视其身着胡服的特征。例如，前揭敦煌变文《苏武李陵执别词》（P3595）中记载：

> 言由（犹）未了，回看李陵。且见李陵，身卦（挂）胡裘，顶带胡帽，脚趾赤荆。②

从上述《唐人物图》两位中心人物的特征分析，与皆川愿题诗相映，其表现的正是李陵送别苏武的画面。画面中胡人童子表现的无疑是侍从的形象，其中一位手持酒具托盘，暗示出饯行之际两人饮酒作别。

除人物形象外，《唐人物图》在环境的描绘上也力图展现《与苏武（诗）》以降文学作品中塑造的李陵送别苏武的场面。例如作为远景中的山峦、云气，以及近景中萧瑟的野外景观。在自然环境的画面中，自人物右侧延伸而上的一株巨大松柏尤其引人注目，甚至构成了整幅画作的中心。实际上，这一松柏的形象同样源自文学作品中对于苏武忠贞气节的表现。法藏敦煌文献中收录有三件《李陵苏武书》（P2498、P2847、P3692），记录了李陵与苏武间的往来信件，三件文书内容相仿，可以复原全书的内容。不过，其行文结构与《文选》《艺文类聚》等文献中收录的《与苏武书》《苏武报李陵书》《李陵重报苏武书》有别，因此被考证为中晚唐时期文人创作的作品。③在《李陵苏武书》的后半部分中作为苏武回信的《穷囚苏子卿谨献书于右效王阁下》中记载：

> 仆且松柏为心，桑田变海，万物亏盈，仆终不改。④

可见在中古时代的文学中，苏武的形象已经被比喻为松柏，而熊岳《唐人物图》中着重描绘的高大松柏无疑应源自中国方面流传的文学作品。通过以上的分析，《唐人物图》的画面与皆川愿题诗对应，表现了李陵送别苏武的画面。

图二　周文矩《苏李别意》（局部）

实际上，受到文学中创造的李陵送别苏武的情节，特别是历史命运迥异的两人在分离之际凄怆场面描绘的影响，自唐代以降，中国的画家就已开始以这一题材进行创作。

---

① 《汉书》卷五十四《李广附李陵传》，第 2458 页。

② 王重民等编《敦煌变文集》，人民文学出版社，1957，第 848 页。

③ 王重民原稿、黄永武新编《敦煌古籍叙录新编》集部第 16 册，新文丰出版公司，1986，第1～2 页。另参照邵文实《敦煌李陵、苏武故事流变发微》，载《敦煌吐鲁番研究》第 2 卷，北京大学出版社，1997。

④ 上海古籍出版社、法国国家图书馆编《法国国家图书馆藏法藏敦煌西域文献》第 14 册，上海古籍出版社，2001，第 335 页。

《图画见闻志》卷二《纪艺上》记载：

> 周行通，成都人。工画鬼神、人马、鹰犬、婴孩，得其精要。有《李陵送苏武》《支遁》《三隽夺马》等图传于世。[①]

这里记载五代时周行通曾绘有《李陵送苏武》一图，并在当时具有一定影响。此外，台北故宫博物院藏有周文矩所绘的《苏李别意》。周文矩为五代南唐画家，后主李煜时官至翰林待诏，善于人物画。[②]《苏李别意》中苏武和李陵位于画面中部，相拥而泣（图二），画面一侧绘有两名侍从牵马站立，其中一名侍从手持旌旗状物，应代表着苏武的“汉节”。画面的另一端绘有羊群，表现出苏武流放期间牧羊的生活。全画的背景烘托出寒冷、凄凉的气氛。苏李送别的题材在此后广为流传，宋代黄宗道《苏武还汉图》[③]、元代赵孟頫《苏武李陵作别》[④]、赵雍《河梁泣别图》[⑤] 均是同一题材的画作。甚至明末陈洪绶还曾前后两度作《苏李泣别图》。其中前一幅《苏李泣别图》（1635 年）着重刻画人物，仅绘有苏、李与两位侍从，并未详细展现背景（图三）。而后一幅则与周文矩所绘的《苏李别意》相仿，通过背景中的枯草、羊群等表现出荒凉的景色。尽管这些作品的审美取向不尽相同，但均取材于文学创作中苏李分别的画面。

图三　陈洪绶《苏李泣别图》

三　熊岳《唐人物图》中的节

中国古代的节是使者国家代表的象征，《左传》卷十九上文公八年“司马握节以死”条杜预注：“节，国之符信也。”[⑥]有关节的具体形制，《后汉书》卷一上《光武帝纪上》

① 郭若虚：《图画见闻志》卷二《纪艺上》，人民美术出版社，2016，第 51 页。

② 参照郭若虚《图画见闻志》卷三《纪艺中》“周文矩”条，人民美术出版社，2016，第 73 页。

③ 庄肃《画继补遗》卷下记载：“黄宗道，工画番骑，……平常多作李陵陷蕃，苏武还汉等图，传于世。”人民美术出版社，2016，第 16 页。

④ 参照吴其贞《书画记》卷六“赵松雪（孟頫号松雪道人）《苏李泣别图》绢画横披一幅”条，人民美术出版社，1963，第 660 页。

⑤ 现存手卷设色绢本。

⑥ 《十三经注疏》整理委员会整理《春秋左传注疏》卷十九上，北京大学出版社，1999，第 524 页。

更始元年“十月，持节北度河”条李贤注：

> 节，所以为信也，以竹为之，柄长八尺，以旄牛尾为其眊三重。①

有关汉代节的形象，可以参照洛阳西汉卜千秋墓壁画中的形象。卜千秋墓主室顶部壁画中绘有一人物持有节状物（图四），尽管关于这一人物的性质存在不同观点，但对于其所持之物为节这一点已获得普遍认同。②西汉之际，苏武所持的节应是卜千秋墓中所见的样式。然而，熊岳《唐人物图》中的节与此存在一定差异，其“眊三重”并未装饰于节的顶部，而是装在系于节顶部垂下的绳索上。其形象与《三才图会》《和汉三才图会》等文献中描绘的旌十分相似（图五）③，这种旌的样式应是后代依据古代典籍考证而成的形象。古代的旌与节在功能上存在明显的区别。《周礼》卷二十七《春官·司常》记载：

> 司常掌九旗之物名，各有属，以待国事。日月为常，交龙为旂，通帛为旜，杂帛为物，熊虎为旗，鸟隼为旟，龟蛇为旐，全羽为旞，析羽为旌。（郑玄注：全羽、析羽，皆五采，系之于旐旌之上，所谓注旄于干首也。）……道车载旞，斿车载旌。（郑玄注：斿车，木路也。王以田以鄙。）④

旌本为天子九旗之一，安装在用于田猎、巡行县鄙的木路之上。与此相对，节原本是古代的卿大夫朝聘天子、诸侯，或吏民通行于他国时所持的信物，《周礼》卷三十七《秋官·小行人》根据使用范围将节分为六种：

> 达天下之六节：山国用虎节，土国用人节，泽国用龙节，皆以金为之。道路用旌节，门关用符节，都鄙用管节，皆以竹为之。⑤

至后代，“六节”中的旌节逐渐成为使者接受君命的象征。《周礼》卷十五《地官·掌节》“道路用旌节”条郑玄注：“旌节，今使者所拥节是也。”⑥苏武所持的节正是由“旌节”发展而来的。《三才图会》中也保留有旌节的图像，与卜千秋墓壁画中的节非常相似。

---

① 《后汉书》卷一上《光武帝纪上》，中华书局，1965，第10页。

② 孙作云氏认为其为持节的方士，参照氏《洛阳西汉卜千秋墓壁画考释》，《文物》1977年第6期；曾布川宽氏考证其为引导升仙的羽人，参照氏《崑崙山と昇仙圖》，《東方學報》1979年第57卷；贺西林氏也持类似观点，参照氏《洛阳卜千秋墓墓室壁画的再探讨》，《故宫博物院院刊》2000年第6期。

③ 《三才图会》中还可见到作为舞器的旌与节，由于与本文所探讨的旌、节性质不同，这里不再赘述。参照王圻、王思义编《三才图会·器用》，上海古籍出版社，1998，第1138页。

④ 《十三经注疏》整理委员会整理《周礼注疏》卷二十七《春官·司常》，北京大学出版社，1999，第731~733页。

⑤ 《周礼注疏》卷二十七《春官·司常》，第1012页。

⑥ 《周礼注疏》卷十五《地官·掌节》，第388页。

图四　卜千秋墓壁画中节的形象

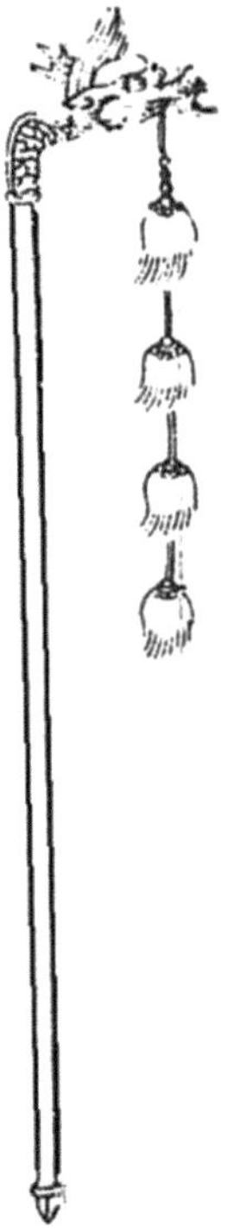

图五　《三才图会》中的旌节

然而，自汉代以降，“六节”中的旌节与“九旗”中的旌逐渐被混淆，并且这种混淆还表现在有关苏武形象的绘画之中。《广博物志》卷九记载：

> 《周官》：“全羽为旞，析羽为旌。”道路用旌节，即此旌也。顾恺之画苏武所执之旌，上圆如幢，下复数层，红羽骖骖然如夜合花，此析羽也。……然苏武汉节，则旌节之制。至于龙节、虎节、玉节之类，则今虎符之类，但可合符，不必尽为旌耳。[①]

这里记载宋人将《周礼》中的“析羽为旌”（即旌）等同于“道路用旌节”的节了，这一点还表现在后文完全没有区分旌、节两种概念这一点上。与此同时，其中将顾恺之所绘苏武题材图画中的节亦视为旌。由此可见，至宋代时，旌与节的差异已经开始模糊。近世的画家也将旌的样式作为汉代节的形象。尽管这种旌的形象不同于古代实物，但在近世绘画中颇为流行。明代陈子和、清代黄慎等人所绘的《苏武牧羊图》中，均可见到类似样式的旌。[②]

---

① 《续博物志》卷九，载上海师范大学古籍整理研究所编《全宋笔记》第4编，大象出版社，2008，第213页。

② 陈子和《苏武牧羊图》今藏嵊州市文物管理处，黄慎《苏武牧羊图》今藏山西博物院。

四 结语

本文结合大阪历史博物馆藏熊岳《唐人物图》中皆川愿的题诗与图像探讨了该幅绘画的题材，认为画中表现的是李陵送别苏武的场面。本文的主要依据如下。

1. 题诗中“当年二子别河梁，云日含愁惨大荒”中揭示了苏武、李陵两位主人公，其中“河梁”“云日”“大荒”等用语源于中国中古时期有关这一典故的文学化描写。

2. 题诗中“何识上林传雁帛，一凫荣古独南翔”采用了著名的雁足传书的典故。

3. 图像中通过“节”表现苏武，通过裘装表现李陵，以侍者手持的酒具代表饯别的场面。

4. 图像主体的松柏源自中国中古文学中对苏武忠贞的比喻。

以李陵送别苏武为题材的绘画广泛流行于唐代以降，其题名可见《苏李别意》《苏李泣别图》《苏武李陵作别》《河梁泣别图》等多种，因此熊岳《唐人物图》的定名可据此修正。

本文初稿由日语撰写，承蒙南京师范大学文物与博物馆学系硕士研究生何华社同学翻译，在此由衷感谢！

（编辑：王志高）

开展巴基斯坦考古学研究的重要性及广泛影响

S. Umer A. Rauf A. Mansoor

（巴基斯坦拉合尔女子大学艺术与设计学院）

李倩　汤惠生　翻译

（河北师范大学历史文化学院）

[摘要] 巴基斯坦拥有丰富的文化遗产，同时也拥有一些世界上最古老的遗址，遗址年代涵盖旧石器时代到莫卧儿时期。随着遗址的不断发现，巴基斯坦的历史也被多次改写，玛哈嘎遗址的发现就曾改写南亚次大陆的历史年表。印巴分治以前，著名外国考古学家莫蒂默·惠勒、约翰·马歇尔和欧内斯特·麦凯，都曾在巴基斯坦从事考古工作。两国分治后，国内外考古学家布里奇特·奥尔钦、马克·凯诺耶、哈桑·达尼、拉菲克·莫卧尔和 F. A. 汗等人均得到了政府应有的重视，但考古学者人数仍远不能与巴基斯坦丰富的遗产资源相适应。巴印两国遗址的数量几乎相同，而印度考古工作者的数量却远超巴基斯坦，原因就在于巴基斯坦缺少可供考古学科教学的高校为考古研究提供源源不断的专业人才。本文旨在强调考古学的重要性，并建议巴基斯坦政府尽快在现有高校中大力发展考古学，以填补学科空白。我们还期望中国政府能够充分利用中巴经济走廊（CPEC）加强与巴基斯坦在考古学领域的联系，这样既有利于两国长期保持友好关系，又能促进考古研究合作，共同追溯古代历史。目前，旁遮普省已积极签订了与考古相关的国际合作协议，希望其他省份也能跟进此类合作。

[关键词] 文化遗产；教育；中巴合作考古

一　巴基斯坦考古学发展简史

考古学为我们提供了与过去的物理联系以及实物证据。它是一门以遗迹遗物为载体，对考古发现和过去的人类行为进行系统研究的学科，既可以是微观的，也可以是宏观的。

考古学家通过对遗址进行考古调查以获取信息，进而研究古代遗存。这些遗址往往能够提供人类活动的实物证据，如文物、地貌、建筑、人骨。在遗址工作和在实验室工作一样，考古学家先收集材料、记录实况和数据后再进一步做分析研究。考古学的主要目的是探讨人类活动的由来和过程，人类活动是否随着时间的推移而发生变化，以及人类是如何通过各种活动创造美好未来的。综上所述，考古学家在试图从古代角度理解遗物价值方面起着关键作用。

为了下一代的教育，让他们能够做好准备迎接未来的挑战，我们应当合理调查、适当发掘，保护好我们的文化资源和历史遗址①。过去两个世纪里，考古学已发展为一门科学，它以研究人类历史为工作范畴，是一门致力于重建人类历史的学科②。

16~17 世纪以及 18 世纪上半叶，大量欧洲人以游客和水手的身份来到南亚次大陆，并发现这里具有重要的历史价值。他们大多集中于海陆交通方便的西部和南部。其中最著名的是 16 世纪末到达的约翰·辉根·凡·林斯戈登（John Huighen Van Linschoten）以及 17 世纪初的皮尔特·戴拉·凡尔（Pietro Della Valle）。自 18 世纪中叶起，人们就对此地区的历史地理充满了学术兴趣③。

早在印巴分治前，很多考古学家就在这里开展考古工作，这里当时设有很多考古研究所、博物馆等组织。1784 年 1 月 15 日，英国印度学家威廉·琼斯（William Jones）成立了亚洲文化协会（Asiatic Society），该协会组织了南亚次大陆史上第一次系统的文化研究。

亚洲文化协会成立于加尔各答，它推动了梵语和波斯语古籍的研究，并出版了首份年刊《亚洲研究》（*Asiatic Researches*）。协会的另一大成就是薄伽梵歌的英文版翻译，1785 年，查尔斯·威尔金斯（Charles Wilkins）（该协会著名成员之一）在印度总督的帮助下出版了英文版的薄伽梵歌。1837 年，詹姆斯·普林赛普（James prinsep）破译了婆罗门文字，这次成功破译打开了印度古文字学研究的大门④。

亚洲文化协会也是成立于 1861 年的印度考古局（ASI）的前身。印度考古局是印度文化部附属单位，第一任局长为亚历山大·坎宁安（Alexander Cunningham）。考古局的工作职能是“探索、发掘、保存、保护国家及国际级遗迹与遗址”⑤，此外也负责调查发现新遗址⑥。当时考古局管理着 3675 个遗迹以及 44 个遗址博物馆，这些博物馆一度遍布全国

---

① Sutton, M. Q. *Archaeology: The Science of the Human Past*, Pearson Education, 2012.

② Pu. edu. pk. (2017). University of the Punjab – Arts and Humanities. [online] Available at: http://pu. edu. pk/home/department/68/Department – of – Archaeology.

③ Chakrabarti, D. K. The Development of Archaeology in the Indian Subcontinent. *World Archaeology*, 1982 (13), 326 – 344.

④ Prakash, R. The Journey of Indian Archaeology: From Antiquarianism to Archaeology under British Rule. *SAJTH*, 2013 (6), p137 – 144.

⑤ Gktoday. in. (2017). Archaeological Survey of India – General Knowledge Today. [online] Available at: https://www. gktoday. in/archaeological – survey – of – india/ [Accessed 13 Aug. 2017].

⑥ Asiagracircle. in. (2017). About us | Archaeological Survey of India, Agra Circle, Agra. [online] Available at: http://www. asiagracircle. in/about – us. html.

各地①。

南亚次大陆的考古工作正式开始于科尔松勋爵（Lord Curzon）担任次大陆总督时。科尔松到任后很快就意识到仅凭中央政府之力并不能完成所有的考古工作，同时也不能完全依赖地方政府来保护这大量的遗产。为发展考古学，他制定了一系列更为灵活有效的措施，例如1904年他颁布了《古代遗迹保护法案》。

1901～1928年，约翰·休伯特·马歇尔（John Hubert Marshall）被任命为印度考古局局长。这一时期的印度考古学正处于萌芽阶段，情况复杂，但马歇尔坚定地执行着科尔松的方针："坚持发现和发掘，坚持分类、重现和描述，坚持复制、辨析、保护和保存。"②

随着发掘经费的增加，ASI得以扩招，工作人员的薪资和眼界也有所提高，同时考古局还为当地学生提供奖学金。1902年ASI发表了《印度年度考古调查报告》③。

马歇尔因组织在哈拉帕（Harappa）和摩亨佐—达罗（Mohenjo－Daro）遗址的发掘而备受赞誉，这两个遗址是印度河流域文明的主要城址。他邀请当地人参与考古发掘工作，以激发他们对本国文化遗产的热爱。1913年他在塔克西拉（Taxila）开展发掘工作，1918年，他为塔克西拉博物馆奠定了建馆基础，该博物馆现藏有许多重要文物。之后马歇尔又前往其他遗址开展工作，还合并了桑吉（Sanchi）和萨纳特（Sarnath）两大佛教中心。此外，他还领导了俾路支省纳尔（Nal）附近的史前遗址索尔丹巴冢（Sohr Damb mound）的发掘工作④。

与此同时，欧内斯特·约翰·麦凯（Ernest John Mackay）也来到印度，他曾参与发掘摩亨佐—达罗遗址。他的其他研究也均围绕印度河流域文明遗址。1926～1931年，他一直负责发掘这些遗址，1942年他发表了详细的发掘报告。1935～1936年他还参与了昌胡达罗遗址（Chanhudaro）的发掘工作⑤。

第一、二次世界大战波及了南亚次大陆许多地区。1930年，英国政府对印度考古局实行大幅度的财政削减，且马歇尔之后，考古局连续几任局长都对考古学没有兴趣，考古局陷入了低迷期。直到1944年莫蒂默·惠勒（Mortimer Wheeler）上任⑥，他使ASI成为世界上最大的考古组织。但考古学具有技术性，对不熟悉它的人来说比较困难，印度考古学的发展也因此多次陷入停滞状态⑦。

---

① Archaeological Survey of India. Circle reports [1881－1921]. India.

② Dar, S. *Archaeology and Museums in Pakistan by Saifur Rahman Dar*, Lahore Museum, 1975.

③ Dar, S. *Archaeology and Museums in Pakistan by Saifur Rahman Dar*, Lahore Museum, 1975.

④ British Museum. Collection search: Sir John Hubert Marshall. [online] Available at: http://www.britishmuseum.org/research/collection_ online/search.aspx? search Text = Sir + John + Hubert + Marshall&people = 138912&peoA = 138912－3－13 | 138912－3－9 | 138912－3－17 [Accessed 10 Aug. 2017].

⑤ Possehl, G. L. Ernest JH Mackay and the Penn Museum. *Expedition*, 2010 (52), p40－43.

⑥ Chakrabarti, D. K. The Development of Archaeology in the Indian Subcontinent. *World Archaeology*, 1982 (13), p326－344.

⑦ Sankalia, H. D. OBITUARY. *American Anthropologist*, 1977 (79), p894－895.

惠勒领导时期，南亚次大陆地区的考古学迎来了全新的局面。惠勒引进了新的发掘方法：注重分清地层的探方发掘法。在他的推动下，印度考古学摒弃旧法，迎来了全新的时代。此外，惠勒还致力于将考古学引入教育领域，他给各高校写信，邀请学生们到塔克西拉、阿里卡马杜（Arikamadu）和布拉马吉里（Brahmagiri）的遗址实习。他还给其他研究机构提供发掘机会，为本土学者提供专业培训。即使在不适宜发掘的季节，他依然带领工人坚持工作，打破了马歇尔时期的传统。

这一时期，考古学家的主要任务包括：发掘、对遗物进行分类以及运用类型学对文化进行分期[①]。惠勒精通考古学研究，且对考古学有独特的理解方式。在南亚次大陆的考古学影廊里，他留下了许多发掘影像。1944 年，他首次用摄影形式记录了塔克西拉色卡普（Sirkap）的一个陶器作坊（图一、图二）[②]。

图一　惠勒的探方发掘法

惠勒认为科学发掘非常重要，其主要目的是为发掘工作确定目标。他还强调发掘结果应及时公布，故有了《古代印度》（*Ancient India*）。该期刊每年出版两次，第 1 期于 1946 年 1 月出版[③]。

1945 年“二战”的结束对英属印度政府影响很大。1947 年，统治了印度一个多世纪

---

① Khatry, P. K. *Archaeology in the Indian Subcontinent: An Approach to Methodology &Direction.* p7 - 15.

② Guha, S. Mortimer wheeler's archaeology in South Asia and its photographic presentation. *South Asian Studies*, 2003 (19), 43 - 55.

③ Sankalia, H. D. OBITUARY. *American Anthropologist*, 1977 (79), p894 - 895.

图二　莫蒂默·惠勒及其学生

的英国人被迫撤离，他们将印度分裂为两个独立国家：巴基斯坦和印度。

随着两国独立，印度考古局也被自动被划分为两个组织。两国各自重新开始考古发掘与研究，且时刻关注着两国遗址的范围问题。印巴分治引起了包括惠勒在内的一些英国学者和考古学家的关注，他们在此工作时一直都将两地视为一体。惠勒难过于他最优秀的学生们从此变成了巴基斯坦公民，许多重要遗址也不再是印度的一部分①。

为了让惠勒对这个新国家的考古遗址仍有兴趣，巴基斯坦教育部部长法兹卢尔·拉赫曼（Fazlur Rehman）邀请惠勒访问巴基斯坦。惠勒欣然同意并帮助巴基斯坦在卡拉奇（Karachi）建立了巴基斯坦国家博物馆，该馆于1950年4月开馆，惠勒成为巴基斯坦博物馆协会第一任主席②。

与此同时，巴基斯坦也建立了自己的考古部门和其他博物馆，一些高校开始在部分遗址开展考古工作。原印度考古局在伊斯兰堡重组为巴基斯坦考古与博物馆局（DOAM）。其职能是保护国家文化遗产，包括不可移动遗址、历史遗迹、可移动文物以及相关艺术品。DOAM有多个分支机构：勘探和发掘部（通过系统详细的调查计划野外发掘）、文物贸易管理部、古建保护部、古迹保护部、建设展览部和博物馆部（通过合理的展陈方式保护文化遗产）。在巴基斯坦独立后的30年里，这些部门中的一部分因为缺乏训练有素的工作人员已经停止运作③。

① Chakrabarti, D. K. The Development of Archaeology in the Indian Subcontinent. *World Archaeology*, 1982 (13), p326 - 344.

② Hawkes, J. *Mortimer Wheeler: Adventurer in Archaeology*, Weidenfeld and Nicolson London, 1982.

③ Paagh. com. (2017) . Department of Archaeology and Museums, Islamabad | PAAGH. [online] Available at: http: //paagh. com/pagh/department - of - archaeology - and - museums - islamabad/ [Accessed 29 Aug. 2017].

随着时间的推移，DOAM 逐渐认识到他们无法顾及巴基斯坦所有地区，于是鼓励各省积极参与考古工作。随后各省纷纷响应并设立了考古部门，如：

1. 旁遮普省考古总局（Directorate General of Archaeology, The Government of Punjab）

2. 开伯尔·普赫图赫瓦省考古和博物馆局（Directorate of Archaeology and Museums, Khyber Pakhtunkhwa）

3. 信德省文物部（Department of Antiquities, Government of Sindh）

4. 俾路支省考古局（Directorate of Archaeology, Government of Baluchistan）

详细情况如下。

旁遮普省考古总局。1987 年 12 月 1 日，旁遮普省政府首先成立了考古总局。在此之前的 1971 年，旁遮普省政府曾在旁遮普奥卡夫与宗教事务部（Department of Auqaf and Religious affairs）中设立遗产保护组。2011 年 10 月，考古总局增设了青年事务部、考古学部、体育和旅游部等部门。以上部门职能如下。

- 通过倡导体育运动，帮助建设健康和谐的社会。
- 保护旁遮普省文化遗产，推动巴基斯坦和旁遮普省经济增长。
- 大力发展巴基斯坦旅游业，吸引游客参观历史文化遗产；为人民提供娱乐场所，传播旅游的益处，以创造更多就业机会助力脱贫，促进巴基斯坦经济发展。

2004 年 8 月，联邦政府将一些世界文化遗产如沙丽玛花园（Shalimar Gardens）和拉合尔堡（Lahore fort）移交给旁遮普省考古总局管理。其辖下还有省内各大美术馆和博物馆，如拉合尔堡美术馆（约翰·马歇尔馆、军事馆和锡克教馆）、卡苏尔博物馆（Kasur Museum）、古吉拉特博物馆（Gujrat Museum）、哈拉帕博物馆（Harappa Museum）、塔克西拉博物馆（Taxila Museum）、卡勒卡哈尔博物馆（KallarKahar Museum）、卡塔斯拉吉博物馆（Katas Raj Museum）和罗塔斯堡博物馆（Rohtas Fort Museum）[①]。

《1985 年旁遮普省特别保护预法》中批准，考古总局可向政府申请专项资金，用以保护省内遗址。旁遮普省受此条例保护的历史遗迹共有 256 处。

2011 年 4 月，第 18 次宪法修正案之后，联邦政府根据 1975 年的《古物法》，又将 149 处遗址遗迹移交给旁遮普省考古总局。其中包括塔克西拉博物馆及文物、罗塔斯堡、贾汉吉尔陵、哈拉帕博物馆及馆藏文物等。目前，旁遮普省考古总局管理的遗址中包含 300 个伊斯兰教遗址、14 个印度教遗址、9 个佛教遗址、4 个锡克教遗址和 2 个基督教遗址[②]。

除了保护遗址外，旁遮普省考古总局还设有巴基斯坦考古培训与研究所（PIATR）。1988 年，PIATR 由巴基斯坦考古和博物馆局组建，成立于拉合尔堡西南部。起初几年该机

---

① Dgarch. kpk. pk.（2017）, Directorate of Archaeology - Directorate General of Archaeology, Government of the kpk. [online] http://www. kparchaeology. com/front_ cms/about_ us [Accessed 5 Aug. 2017].

② Dgarch. kpk. pk.（2017）, Directorate of Archaeology - Directorate General of Archaeology, Government of the kpk. [online] http://www. kparchaeology. com/front_ cms/about_ us [Accessed 5 Aug. 2017].

构积极开展培训工作，从国外邀请老师为巴基斯坦的考古工作者提供专业训练。之后由于缺乏资金和专业的工作人员，该所未能继续运作，随后由旁遮普省考古总局接管。考古总局局长曾在报告中向联合国教科文组织许诺将重振 PIATR，该报告由考古总局建设计划顾问撰写。该报告还提及了一些今后的课程培训内容，如针对持有 DGA（考古文凭）的人开设核心培训班、短期培训班、专业研讨班、系列讲座，为技工及其他工作人员提供传统建筑工艺培训以及设备培训①。考古总局在 2017～2018 年的旅游和考古预算中抽出了 3000 万卢比用于重振 PIATR②。

PIATR 最初开办的课程如下：

- 博物馆学
- 考古学与博物馆学培训
- 文化遗产保护培训
- 青年导游培训
- 伊斯兰经文学培训
- 田野考古学
- 保护措施加强课
- 博物馆学基础讲习班

开伯尔－普赫图赫瓦省考古与博物馆局。1992 年 7 月 1 日，开伯尔－普赫图赫瓦省考古与博物馆局成立，主要负责保护该省文化遗产。2011 年 6 月 30 日，巴基斯坦考古和博物馆局开始下放职权，有 91 个考古遗址及工作人员被调给开伯尔－普赫图赫瓦省。与其他省考古局一样，开伯尔－普赫图赫瓦省考古与博物馆局致力于勘探、发掘遗址，建立新博物馆，维护现有博物馆以及保护历史遗迹。该局辖下的遗址和博物馆包括：白沙瓦博物馆（Peshawar Museum）、迪尔博物馆（Dir Museum，Chakdara）、斯瓦特博物馆（Swat Museum，SaiduSharifiv）、马尔丹博物馆（Mardan Museum）、马尔丹市立博物馆（Mardan City Museum）、果库特里遗址公园（GorKhuttree）、吉德拉尔博物馆（Chitral Museum，Chitral）、普什卡拉威提博物馆（Pushkalavati Museum，Charsadda）、洪德博物馆（Hund Museum，Swabi）、班努博物馆班纳赛斯宅（Bannu Museum BannuxSethi House，Peshawar）和班布瑞特博物馆（Bumburate Museum，Chitral）③。

信德省文物部。信德省文物部旨在保护该省文化遗产，主要分为三个部门：遗产部、保护部和考古部。总部位于卡拉奇（Karachi），分部设于特达、希卡布尔、贾姆肖罗、海

① Dgarch. kpk. pk. (2017), Directorate of Archaeology – Directorate General of Archaeology, Government of the kpk. [online] http://www.kparchaeology.com/front_cms/about_us [Accessed 5 Aug. 2017].

② The Express Tribune. (2017). Tourism and archaeology budget cut by 52% – The Express Tribune. [online] Available at: https://tribune.com.pk/story/1427462/tourism-archeology-budget-cut-52/ [Accessed 5 Jun. 2017].

③ Dgarch. kpk. pk. (2017). Directorate of Archaeology – Directorate General of Archaeology, Government of the kpk. [online] http://www.kparchaeology.com/front_cms/about_us [Accessed 5 Aug. 2017].

德拉巴和苏库尔县。信德省文物部正在进行的项目如下①。

- 开发并保护博迪赛贾恩寺。
- 对信德省考古学文化和历史相关遗址进行测绘与记录，同时推动信德省旅游业发展。
- 建立实体遗产保护机构。
- 修复、保护马克利宫（Makli House）并建立马克利博物馆。
- 在苏库尔建立考古博物馆。
- 保护和改善共济会免费房屋，在卡拉奇建立野生动物博物馆。

俾路支省考古总局。2012 年，根据《俾路支省古物法》，俾路支省考古总局确定其宗旨为：履行考古勘探、发掘的职责，保护历史文化、人类学、考古学和宗教学，保护自然遗址、古代遗迹遗址和其他文物②。

随着这些考古部门的成立，许多国内考古学家也为考古学做出了重要贡献。艾哈迈德·哈桑·达尼博士（Dr. Ahmad Hasan Dani），是国内外著名的考古学家，也是历史学家和语言学家。1944 年他获得硕士学位，次年受教于莫蒂默·惠勒。惠勒将达尼和其他一些学生组成一个小组，该小组日后重组了印度考古局。1947 年，达尼作为印度考古局的官员被派往巴基斯坦东部。1950 年，他进入达卡大学（Dhaka University）任助理教授，1955 年他获得了伦敦大学考古研究所的博士学位。

达尼是《人类历史》（*History of Humanity*）的编辑之一，1992 年，他出版了《中亚文明史》（*History of Civilizations of Central Asia*）前六卷，1996 年又负责出版了公元前 3000 年到公元前 7 世纪的历史。因此，他被认为是研究中亚及南亚历史与考古学的权威学者之一。

达尼的职业生涯始于达卡，之后他在伊斯兰堡完成了其学术思想的系统化。他是促使考古学科被纳入巴基斯坦与孟加拉国高等教育领域的先驱之一。1962 年，达尼受到白沙瓦大学的邀请，帮助白沙瓦大学创立了考古学系，并使该校考古系迅速成为优秀的考古学研究机构。

达尼还曾负责在伊斯兰堡创立塔克西拉亚洲文明研究所（TIAC）。在他的努力下，1967 年，真纳大学也由教育部授权成立了中亚文明研究中心。1994 年，由于其卓越的贡献，意大利政府授予他“骑士指挥官”头衔③。

他还曾在巴基斯坦北部印度河谷的瑞曼谢里遗址进行（Rehman Dheri）长期发掘。此外，还因在白沙瓦和斯瓦特山谷发现许多犍陀罗遗址以及在迪尔的印度 - 希腊遗址的工作

---

① Sindh. gov. pk. （2017）. Department of Antiquities, Government of Sindh. [online] Available at: http://www. sindh. gov. pk/dpt/antiquities/index. htm [Accessed 29 Aug. 2017].

② Naseer, J. （2017）. Functions - Government of Baluchistan. [online] Balochistan. gov. pk. Available at: http://www. balochistan. gov. pk/index. php? option = com_ content&view = article&id = 1225&It emid = 100195 [Accessed 29 Aug. 2017].

③ Olivieri, L. M. Ahmed Hassan Dani: （1920 - 2009）. *East and West*, 2009 （59）, p379 - 384.

而备受赞誉。

从1980年开始，他一直忙于研究巴基斯坦北部新石器时代到佛教时期的古代岩画。1990～1991年，他带领联合国教科文组织国际科学小组在中国进行丝绸之路沙漠之旅考察。

基于对社会文化的长期研究，他认为印度恒河平原在印度河流域文明的发展过程中并没有发挥过关键作用，并以此否认了印度对印度河流域文明的所有影响。他认为，巴基斯坦的文明史与中亚关系更密切①。

阿什法克·纳克维（Ashfaq Naqvi）也是一位享誉国际的考古学家和博物馆学家。1946年，他进入印度考古局，并参加了很多由惠勒组织的考古学培训。印巴分治后，纳克维决定在巴基斯坦工作。

1950～1952年，他一直留在伦敦，并获得了诺菲尔德基金会研究奖学金。回国后，纳克维担任巴基斯坦国家博物馆馆长。任职期间，他把国家博物馆改为国家文化遗产展览中心。还引入了“博物馆教育服务”概念，使国家博物馆同时成为视觉教育中心。他设计制定了五年发展计划：即在班霍、阿美科特、赛杜沙里夫和锡亚尔科特建立一系列新博物馆，同时在摩亨佐—达罗和哈拉帕现有博物馆中建造新展馆。纳克维无疑是巴基斯坦博物馆学的领军人物，他还曾多次在国外举办展览宣传和弘扬巴基斯坦文化，“巴基斯坦5000年”展就是由纳克维构想、规划并在世界各国组织展陈的②。

1965年，他被巴基斯坦政府授予“Tamghai Pakistan”勋章。除巴基斯坦以外，他还曾在世界其他185个地区发起过众多项目，领导过80多个人类文化遗产保护项目。其中包括修复阿布辛拜尔神庙以及埃及和苏丹努比亚的古迹；保护印度尼西亚婆罗浮屠以及意大利威尼斯、巴基斯坦摩亨佐—达罗、突尼斯迦太基、希腊雅典、摩洛哥菲斯、塞内加尔戈尔、秘鲁利马等地的古迹。1973年他在摩亨佐—达罗组织了一场国际会议，会上纳克维介绍了经联合国教科文组织批准的摩亨佐—达罗遗址保护计划③。

在任考古与博物馆局长期间，纳克维组织了拉合尔堡和沙利玛花园的保护工作。1984年，纳克维退休，联合国教科文组织执行局称其为“遗产保护计划的核心人物”④。

F. A. 汉博士（Dr. F. A. Khan）是考古局极具贡献的局长之一，推动了考古局的发展。汉时期是巴基斯坦博物馆的建设期。他负责建立了六个新博物馆，有的位于今孟加拉国。他还成立了独立出版部门负责出版官方期刊《巴基斯坦考古学》（*Pakistan Archaeology*）。

赛弗·拉赫曼·达尔博士（Dr. Saifur Rahman Dar）曾言，汉之后，考古局的发展将再

① Harappa. com. （2017）. An Interview with Agha Hasan Dani. [online] Available at: https: //www. harappa. com/script/danitext. html [Accessed 6 Jan. 1998].

② Hasan, S. K. Syed Ashfaq Naqvi: 1922－2006. *East and West*, 2006 (56), p463－464.

③ Hasan, S. K. Syed Ashfaq Naqvi: 1922－2006. *East and West*, 2006 (56), p463－464.

④ Hasan, S. K. Syed Ashfaq Naqvi: 1922－2006. *East and West*, 2006 (56), p463－464.

次陷入低谷期，他说：“如今的问题不是缺资金，而是缺少有知识、有经验和有远见的人。考古学需要加强专业化，需要人尽其才，物尽其用。”①

汉发掘过许多遗址，包括果德迪吉（KotDiji）、萨拉克拉（Sarai Khola）、尼格兰（Nimgram）、马尼卡亚拉（Manikyala）、皮尔丘（Bhir Mound）、图拉姆巴（Tulamba）、班赫尔（Bhanbhore）、婆罗门阿巴德（Brahmanabad）和曼苏拉（Mansura）遗址等。他的另一贡献是首次将工作重点放在穆斯林遗址上。

拉菲克·莫卧尔博士（Dr. Rafique Mughal）也是著名考古学家之一。他曾致力于巴基斯坦北部吉德拉尔的民族考古学研究。在他的监督和指导下，超过30个遗址被修复。他还曾负责修复在旁遮普省、开伯尔－普赫图赫瓦省和吉尔吉特－巴尔蒂斯坦发掘的伊斯兰教、佛教和史前时期的遗物。他也为巴基斯坦博物馆的建设与发展做出了很多贡献②。

除巴基斯坦考古学家外，著名国外考古学家如布丽奇特·奥尔钦（Bridget Allchin）、乔纳森·马克·凯诺耶（Jonathan Mark Kenoyer）等都曾为这片土地的考古学发展做出贡献。

二　讨论

在过去的150年里，考古学的发展丰富了南亚次大陆的历史及文化，考古学界也始终铭记着这些伟人的名字与贡献。考古学家按史前到穆斯林占领印度的时间顺序排列了这些资料③。在众多考古发现中最重要的当数印度河流域文明的发现，它是这片土地文明的开端。

印度河流域文明的发现始于19世纪。1862年，英国陆军逃兵查尔斯·马森（Charles Masson），真名詹姆斯·刘易斯（James Lewis），在穿越今巴基斯坦旁遮普省的一片沼泽林地时，发现了哈拉帕遗址。他在一篇报道中写道，这是一座“严重损毁的砖墙城堡”，“墙体高度不一，留有一些建筑残骸和东方风格的壁龛。城墙和塔楼非常高，由于长时间的废弃，流露出了沧桑感和衰败感”④。1831年A. 伯恩斯前去探查，发现“城镇河岸边有一个被毁的城堡”。1873年冬天，印度考古局时任局长亚历山大·坎宁安重新调查了这个遗址。20年前他看了马森的描述后就调查过这个遗址，当时遗址的情况与马森的描述几乎一致，但到1873年他再次前来时竟找不到任何城堡的踪迹。因为负责建造拉合尔－木

① Dar, S. *Archaeology and Museums in Pakistan by Saifur Rahman Dar*, Lahore Museum, 1975.

② Bu. edu. (2017). Rafique Mughal | Archaeology. [online] Available at: http://www.bu.edu/archaeology/profile/mughal/ [Accessed 9 Sep. 2017].

③ Pu. edu. pk. (2017). University of the Punjab – Arts and Humanities. [online] Available at: http://pu.edu.pk/home/department/68/Department-of-Archaeology.

④ Papanek, J. L. *Ancient India*, *Land of Mystery*. Alexandria, VA: Time-Life Books, 1994.

尔坦铁轨的工人掘取了哈拉帕遗址先民精心打造的砖石用作铁轨的压载砖，坎宁安检查铁路时清楚地看到铁轨所用砖块均来自哈拉帕遗址。为了保护该遗址，坎宁安组织了抢救性发掘。此次发掘仅出土一枚正方形印章，上刻有一头公牛，也可能是瘤牛，被六个符号包围，具体含义不明（图三）。该印章上的牛外表似外星生物，文字也不同于当时流行的印度梵文，因此坎宁安认为这枚印章是外来物品。坎宁安的努力并没有给他带来更多发现，于是他很快停止了该遗址的发掘工作。1885 年，坎宁安退休①。他在文章中写道："哈拉帕遗址是拉维河岸所有遗址中分布最广的遗址。"除遗址发掘计划外，他还公布了遗址规模。他的计划与后来 S. M. 维特斯（S. M. Vats）提出的计划有很大不同，并且坎宁安认为是外来品的印章也被证明并非如此。

图三　哈拉帕遗址印章

由亚历山大·坎宁安爵士发现，后捐赠给大英博物馆。印章由质地光滑未禁打磨的黑色石头制成。

1912 年，J. F. 福利特又公开了两枚印章②。1914 年，著名学者、考古学家约翰·马歇尔下令正式调查哈拉帕遗址。后由于"一战"的爆发，该遗址的调查工作直到 1920 年才得以重新开始。和之前一样，此次发掘收获甚少，只有拉伊·巴哈德·达亚·拉玛·萨尼（Rai Bahadur Daya Ram Sahni）（第一位被任命为印度考古局局长的印度人）季末时发现了两枚印章。如果不是 1919 年 R. D. 巴内吉（R. D. Banerji）偶然发现了摩亨佐—达罗遗址，马歇尔对哈拉帕遗址的兴趣可能会就此结束。巴内吉在印度河南部探险时，偶然发现了一座古佛塔，这座佛塔周围砖块群集，他推测这个遗址应曾是一个繁荣的城市③。

通过试掘，工作人员发现该佛塔下有四个文化层。上层出土有钱币，年代为公元 2 世纪。巴内吉在其余层中发现了几枚有刻划纹的铜币以及三枚烧制的皂石印章，这三枚印章

① Papanek, J. L. *Ancient India*, *Land of Mystery*. Alexandria, VA: Time - Life Books, 1994.

② Chatterjee, L. *Heritage of Harappa*, Global Vision Pub House, 2005.

③ UMER, S. *Review of The Indus Valley Religious Beliefs - Through Analytical Study of Seals&Artifacts and Comparative Study of Contemporary Religions PhD.* LCW, University, 2016.

均刻有奇怪的象形文字，其中一枚还刻有独角兽。马歇尔将这些印章与哈拉帕发现的印章做了比较，撰文写道："这两处遗址属于同一文化阶段，应为同一时代"，"它们与我们以往在印度所知的东西全然不同"。为了解开这一时代的神秘面纱，马歇尔把这些文物的照片交给了当时英国考古学家公布成果的主要杂志——《伦敦新闻画刊》（*Illustrated London News*）。马歇尔认为这是一项非常重要的发现，他在随附报告中写道：

很少有人会把这些东西交给考古学家，就像交给曾发现梯林斯和迈锡尼的施利曼那样，用来照亮一个被遗忘已久的文明遗迹。此刻我们也许正处在印度河平原重大发现的门槛上。以往的发现无法让我们认识公元前第3个千年甚至更早的印度。但现在，我们偶然拥有了全新的与以往截然不同的发现。

马歇尔对这一发现重要性的认识是正确的，在之后一期的《伦敦新闻画刊》中，牛津大学亚述学家A. H. 塞斯（A. H. Sayce）写了一篇文章，论述了印度河流域出土印章与伊拉克古代美索不达米亚遗址印章之间的密切关联。美索不达米亚基什王国美国探险队队长欧内斯特·麦凯给出了更明确的信息，他透露，他们在一座祭祀战神伊利巴巴的庙宇下发现了与摩亨佐—达罗和哈拉帕遗址风格相同的印章，其年代约为公元前2300年。因此摩亨佐—达罗和哈拉帕遗址的年代被认为是公元前第3个千年中期左右，显然当时这些遗址之间已经有了贸易联系。

马歇尔兴奋不已，1925年，他组织了大规模的发掘活动，以求获取更多信息。相比于保存较好的摩亨佐—达罗遗址，哈拉帕遗址遭到了铁路承包商的严重破坏，因此该地点的发掘工作相对较少。此次发掘持续了6年，马歇尔等6名印度考古局官员以及800名工人和一些技术助理参与其中。此次详细的发掘很快就弄清了城址的基本布局，此前南亚次大陆从未发现过公元前第3个千年中期的城市遗迹。这两座城址出土的建筑和艺术品显示出它们之间联系密切。但马歇尔没有找到任何关于上层阶级的直接证据，因为出土建筑并不能确定为宫殿、寺庙或官用建筑等。

从马歇尔时代起，印度河流域文明的起源问题就困扰着人们。它从哪里来，衰落之后又消失于何处？学者们提出了各种各样的假设。马歇尔认为它与苏美尔文明有"密切的文化联系"，后来他认为印度河流域文明是印度次大陆独有的文化①。1920～1921年马歇尔在哈拉帕发掘，1922年至1927年，他发掘了莫亨佐—达罗遗址，1933～1934年他再次发掘了哈拉帕遗址，结合多次发掘结果他认为印度河流域文明是一个独立的文化实体②。他在发掘报告中写道：

迄今为止，人们普遍认为前雅利安人的文明程度比征服他们的雅利安人低；后者

① Papanek, J. L. *Ancient India, Land of Mystery*. Alexandria, VA: Time - Life Books, 1994.

② Vats, M. S. *Excavations at Harappa*. Vol. 2. Government of India Press, 1940.

对比前者就像斯巴达人对希洛特人，或者拜占庭领主对斯拉夫人—— 一个卑微且落后的种族，常被称为达萨斯或斯拉夫人。从里格韦达的圣歌中收集到的图片显示前雅利安人是黑色皮肤、扁平鼻子的野蛮人，一如与雅利安人在身体方面的差异一样，他们的语言和宗教也完全不同于雅利安人，但很明显他们也拥有富足的牛群、优秀的战士，以及许多堡垒来抵御外来入侵者①

不同于1920年首次发现时大家的认识，印度河流域文明其实是拥有坚实、深厚的原生根基的文明。奥雷尔·斯坦爵士（Sir Aurel Stein)、约翰·马歇尔爵士、N. G. 马库达尔（N. G. Majumdar)、E. J. 麦凯、莫蒂默·惠勒爵士、斯图亚特·皮格特（Stuart Piggot)、M. S. 瓦茨（M. S. Vats）和A. 戈什（A. Ghosh）等人都曾为印度河流域文明研究做出了开拓性的努力。关于印度河流域文明起源的问题，这些学者普遍认为是生活在西方美索不达米亚的伊拉克和伊朗人把更高的文化元素带到了这里。诸如此类的猜测有很多，但鲜少有证据②。20世纪30年代至40年代末，皮格特、惠勒、麦考恩、戈登、罗斯沙·费尔维利斯为印度河流域文明交流与传播范围的研究奠定了基础，他们认为这些问题只有依靠未来更多的考古发现才能解决③。

过去50年的工作极大地改变了这种缺少实证的情况。考古学家在巴基斯坦、印度和阿富汗发现了1000多个遗址，出土建筑和遗物证实了它们都属于印度河流域文明。印度河流域文明的分布范围达到30万平方英里，是苏美尔和埃及的两倍，比西欧还要大④。

年代最早的印度河流域文明遗址位于俾路支省。考古学证据显示，该遗址植物和动物的驯化开始于公元前7000～公元前6000年。先民在玛哈嘎遗址（Mehrgrah）定居，之后周围逐渐发展出许多聚落，他们由此开启了一种全新的生活方式。玛哈嘎的发掘将印度河流域文明的年代从公元前4500年提前到公元前7000年，它的陶器风格与中亚地区土库曼斯坦南部相似，但玛哈嘎的年代更早。它不仅年代早于中亚聚落，还创新性地展现出了延续性和扩张性⑤。J. F. 雅里热（J. F. Jarrige）认为中亚文化与玛哈嘎有相似之处，但这是互动而非扩张的结果⑥。雅里热和理查德·麦都（Richard Meadow）都认为玛哈嘎是印度河流域文明的先祖，印度河平原先民绝不仅仅是西方文明的接受者⑦。结合其他几个遗址

---

① Marshall, J. *Mohenjo - Daro and the Indus Civilization.* 1931, p5 - 6.

② Subbarao, B. *The personality of India: pre - and proto - historic foundation of India and Pakistan*, Faculty of Arts, Maharaja Sayajirao University of Baroda, 1958.

③ UMER, S. *Review of The Indus Valley Religious Beliefs - Through Analytical Study of Seals & Artifacts and Comparative Study of Contemporary Religions PhD.* LCW, University, 2016.

④ Papanek, J. L. *Ancient India, Land of Mystery.* Alexandria, VA: Time - Life Books; Saeed, S. 2009. Hermann Kulke and Dietmar Rothermund, A History of India. *South Asia Research*, 1994 (29), p191.

⑤ Wright, R. P. *The ancient Indus: urbanism, economy, and society*, Cambridge University Press, 2010.

⑥ Jarrige, C. *Mehrgarh: Field reports 1974 - 1985, from Neolithic times to the Indus Civilization*, Dept. of Culture and Tourism, Govt. of Sindh; in collaboration with the French Ministry of Foreign Affairs, 1995.

⑦ Price, T. and Feinman, G. *Images of the past.* Mountain view (Calif.): Mayfield Publ, 1997.

获得的考古学证据，我们足以得出结论：自公元前第 4 个千年中期以来，随着文化进程的发展，玛哈嘎已进入全面城市化进程[①]。

印巴分治前后的研究不仅促进了俾路支省考古学的发展，还为俾路支省在南亚人类文明发展中起到的基础性作用提供了新证据。在提早印度河流域文明年代的同时，也充分肯定了国内外考古学家的贡献。

巴基斯坦拥有着丰富的历史文化遗产，幸运的是许多世界著名考古学家都参与了各个遗址的研究工作。现在我们面临的问题是政府没有给予考古学充分的重视，也未能培养出足够的专家学者带领学科繁荣发展，为保护巴基斯坦的文化遗产做出更大的贡献。目前巴基斯坦考古学境况惨淡，历数考古学相关部门，不难发现各机构几乎没有受过专业训练的人才。这些部门每天都在退步，造成的损失难以估量。由于巴基斯坦和印度的考古学起步时间相同，下文将概述两国的考古学相关院校和机构，通过对比展现两国之间的差异。

三　巴基斯坦和印度设有考古学的教育机构

巴基斯坦各机构每年考古专业人员的产出数量（即每年考古专业毕业生人数）与印度差距很大。虽然两国遗址的数量几乎相同，但巴基斯坦每年培养的考古学家数量是远远少于印度的。

考古人员产出数量低是因为印度能提供本科到博士学位研究与教育的机构更多，而巴基斯坦空有学位，却没有足够的教授考古学的机构或院校。此外，印度许多高等院校都设有考古学相关课程，而巴基斯坦的院校却少有。两国之间的差异究其根本在于巴基斯坦政府对考古学科缺少合理的规划。英国殖民结束后，印度人除了专注于开展田野调查和发掘，还开办了多所大学及机构教授考古学[②]，而巴基斯坦政府迄今为止所做甚少。巴基斯坦文化遗产丰富，其中包括宝贵的印度河流域文明，但人们并不了解考古学的重要性和价值，也不了解它在改善社会和国家方面的作用。考古学一向是个冷门专业，因为人们通常只会注意工程师或医生之类的实用主义学科。本文的主要目的不仅在于强调考古学的重要性，还在于通过对比印度认识到过去 70 年巴基斯坦考古学发展的不足，作为世界上文化遗产最为丰富的地区之一，巴基斯坦并未做到保护好这些遗产。下文将简要介绍两国设有考古学科的院校及机构。

巴基斯坦

旁遮普大学（University of Punjab，Lahore）。旁遮普大学位于拉合尔，始建于 1882

---

① UMER，S. *Review of The Indus Valley Religious Beliefs - Through Analytical Study of Seals & Artifacts and Comparative Study of Contemporary Religions PhD.* LCW，University，2016.

② Sankalia，H. Archaeology in Post - Independence India. *India International Centre Quarterly*，1974（1），p18 - 30.

年，是第一所建立在穆斯林聚集区的大学。其考古学系作为历史学科的一部分成立于 20 世纪 50 年代末，但直到 2001 年才做出完善的学科规划。目前，该系设有考古学硕士（M. A）和研究型硕士（MPhil）学位，并计划在 2017 年秋季设立博士学位①。以上信息对比旁遮普省考古总局管理的遗址数量，不难理解为什么巴基斯坦考古学缺少专业人才。

白沙瓦大学（University of Peshawar）。白沙瓦大学是一所公立研究型大学，位于巴基斯坦开伯尔－普赫图赫瓦省白沙瓦市。它成立于 1950 年，是巴基斯坦历史最悠久、成就最高的大学之一。

该校考古系成立于 1962 年，设有考古学学士至博士学位。白沙瓦大学考古系积极参与开伯尔－普赫图赫瓦省的田野考古实践活动。该校设有考古博物馆，馆内藏有大量学生及老师发掘所得文物。它还出版有以研究性文章和发掘报告为内容的研究简报《古代巴基斯坦》（*Ancient Pakistan*）②。

真纳大学，巴基斯坦伊斯兰堡（Quaid－e－Azam University，Islamabad，Pakistan）。1967 年 7 月，根据《国民议会法》，真纳大学于成立伊斯兰堡。它提供硕士到博士学位的研究项目。与联合国教科文组织、西班牙国际合作署以及西班牙国际专利与创新协会等世界组织开展有国际合作研究。真纳大学内有一所塔克西拉亚洲文明研究所（TIAC），该研究所设有考古学理学硕士（MSc）、研究型硕士和博士学位。研究所内建有艾哈迈德·哈桑·达尼纪念图书馆以及考古学与民族学博物馆。图书馆内藏有 2000 多册关于文明、考古学、宗教以及古代语言的书籍、期刊、论文和报纸等，其中包括已故教授达尼和法塔赫·M. 马利克（Fateh M. Malik）捐赠的上百本书籍。他们都曾担任过该研究所的所长，并为其发展做出了重要贡献③。

沙阿·阿卜杜勒·拉蒂夫大学（Shah Abdul Latif University）。沙阿·阿卜杜勒·拉蒂夫大学是一所位于巴基斯坦信德省海尔布尔市的公立研究型大学。它成立于 1976 年，以神秘派诗人和唯心主义者沙阿·阿卜杜勒·拉蒂夫·比泰的名字命名。考古系也于同年成立，现今设有考古学学士至博士学位。该考古系有自己的研究期刊——《古代信德》（*Ancient Sindh*），该期刊从 1994 年开始出版，内容涵盖了信德省从史前到穆斯林时期的相关考古学研究④。

哈扎拉大学（Hazara University）。哈扎拉大学成立于 2001 年，是一所公立大学，位于

---

① Pu. edu. pk.（2017）. University of the Punjab－Arts and Humanities. [online] Available at：http：//pu. edu. pk/home/department/68/Department－of－Archaeology.

② UoP，C.（2017）. University of Peshawar. [online] University of Peshawar. Available at：http：//www. uop. edu. pk/ [Accessed 29 Aug. 2017].

③ Tiac. qau. edu. pk.（2017）. Taxila Institute of Asian Civilizations，Quaid－i－Azam University，Islamabad. [online] Available at：http：//tiac. qau. edu. pk/ [Accessed 29 Aug. 2017].

④ Salu. edu. pk.（2017）. Shah Abdul Latif University Khairpur. [online] Available at：http：//www. salu. edu. pk/ [Accessed 29 Aug. 2017].

开伯尔－普赫图赫瓦省曼塞赫拉（Mansehra）的郊区，处于犍陀罗文明与丝绸之路的交界处。犍陀罗文明是南亚次大陆、中国和中亚之间的古老纽带。

该校考古系成立于2008年，隶属于文化遗产和创新技术学院。考古系提供硕士到博士的课程，旨在探索巴基斯坦富饶的文化遗产。考古系以开伯尔－普赫图赫瓦省遗址为主，通过与国外其他大学合作推进各遗址的学术研究。

此外，哈扎拉大学还有一个保护研究系，内设独立实验室，即考古教学保护与研究实验室。保护研究系提供学士至博士学位，专业方向主要包括：建筑、纺织材料、摄影材料、骨骼与象牙制品、纸制品、金属、木材、森林、野生动物、食品的保护以及古植物学、动物考古学、环境考古学、文化遗产管理、收藏风险管理、博物馆学、博物馆与考古遗址管理等。

该校考古系建有两个博物馆：阿博特博物馆（Abbott Museum）和阿伯塔巴德与哈扎拉大学博物馆（Abbottabad and Hazara University Museum），此外还有年刊《巴基斯坦遗产》（*Pakistan Heritage*）①。

除上述大学之外，巴基斯坦其他一些大学也设有考古学或人类学学士、硕士学位，例如：巴哈瓦浦耳伊斯兰教大学（Islamia University of Bahawalpur）、信德大学（University of Sindh）、斯瓦特大学（University of Swat）、木尔坦BZU（BZU Multan）、拉合尔UMT（UMT Lahore）、法蒂玛真纳女子大学（Fatima Jinnah Women University）、白沙瓦沙希德·贝娜齐尔·布托女子大学（Shaheed Benazir Bhutto Women University peshawar）、伊斯兰堡国际伊斯兰大学（International Islamic University Islamabad）。

印度

德干学院研究生院与研究所，浦那市雅凡达（Deccan College of Post Graduate and Research Institute, Yervada Pune）。德干学院是印度第三古老的大学，成立于1821年10月6日。考古系由已故教授H. D. 桑卡利亚（H. D. Sankalia）于1939年创立，被认为是世界遗产研究的权威机构之一，与国际上许多研究机构和高校开展合作。

该校设有学士到博士学位。其博士课程十分完善，内容涵盖了古印度历史及考古学的各个领域。学院还设有一些提供结业证书的其他课程，如佛教考古、水下考古、遗址管理和科学保护。

德干学院作为印度著名学府，在考古学领域拥有高质量的研究与教学理念。系内设有多个科技考古实验室，可同时进行多项研究，包括：化学、孢粉学、动物考古学、植物考古学、生物人类学、地质学、沉积学、古生物学、物理化学、X射线衍射和计算机学等。学院图书馆内藏有丰富的考古学、人类学、语言学、梵语、宗教学、哲学等专业书籍，是少数图书馆对外开放的印度大学之一。学院拥有独立的考古学博物馆，内供研

① Hu. edu. pk. （2017）. Hazara University. [online] Available at: http://www. hu. edu. pk/oldwebsitehu/webtest/huweb. html [Accessed 29 Aug. 2017].

究所需材料及期刊。

自 1996 年以来，德干学院每年 7 月都会举办为期一天的讲习班，将考古学引入各大城市以及农村学校。这一举措引起了印度民众对考古学的关注，帮助他们了解了印度的文化历史①。

加尔各答大学（University of Calcutta）。1857 年 1 月 24 日，东印度公司向印度政府提交申请成立了加尔各答大学。1860 年考古系成立，20 世纪初在阿苏托什 · 莫克吉（Asutosh Mookerjee）的见证下首次得到承认，阿苏托什强调系统地研究印度历史和文化成分十分重要。该校博物馆成立于 1937 年，是印度第一个大学博物馆，后被重命名为阿苏托什印度艺术博物馆（Asutosh Museum of Indian Art）。1938 年，该博物馆组织发掘了班加尔遗址（Bangarh），成为第一个组织考古发掘的印度博物馆。加尔各答大学考古系设有古代印度历史、文化和考古学硕士至博士学位②。

巴罗达大学（The Maharja Sayajirao – University of Baroda）。巴罗达大学 1881 年成立之初为学院，1949 年变更为大学。1950 年考古系成立，1953 年与历史系、古史系一起获得了独立地位。考古系建有博物馆，馆内藏有著名佛像，此外还有一个考古图书馆和最新的科技考古实验室③。

考古学研究与培训中心，印度东部（Centre For Archaeological Studies & Training，Eastern India）。除部分院校设有考古系外，印度还有一些考古学研究中心。印度东部的考古学研究与培训中心就是其中之一，该中心提供钱币学研究课程。具体内容包括：印度钱币起源，印度最早的钱币介绍，印度东部穿孔钱币，后孔雀王朝货币以及货币制度，印度东部本土钱币，外国钱币，贵霜钱币及其对货币传统的影响，贵霜货币仿制学及其类型学进展，贵霜宫制钱币，印度东部笈多钱币，泛印度背景下的后笈多钱币，印度东部后笈多钱币，中世纪早期阿洪王国、中世纪时期库齐贝哈和卡恰尔印度传统货币的技术改进，中世纪孟加拉货币，江布尔货币，中世纪比哈尔货币，印度东部莫卧儿钱币以及东印度公司钱币。

该中心还设有陶瓷学课程，内容包括以下几个方面。古印度陶瓷研究；各时代陶器：印度北部新石器时代、哈拉帕文化早中晚各期，中部及西部印度铜石并用时代、德干铜石并用时代、铁器时代早期、印度东部的新石器时代和铜石并用时代、印度南部新石器时代和铁器时代早期、印度南部历史时期早期、印度北部历史时期早期；陶器制作技术：印度东部历史时期早期以及西部与德干历史时期早期的陶瓷器特征。

---

① Dcpune. ac. in. （2017）. Deccan College Post Graduate and Research Institute（Deemed University）. [online] Available at：http：//www. dcpune. ac. in/ [Accessed 29 Aug. 2017].

② Caluniv. ac. in. （2017）. University of Calcutta. [online] Available at：http：//www. caluniv. ac. in/ [Accessed 29 Aug. 2017].

③ Msubaroda. ac. in. （2017）. The Maharaja Sayajirao University of Baroda，a renowned University. [online] Available at：http：//www. msubaroda. ac. in/ [Accessed 29 Aug. 2017].

该中心还有一些史前史课程：史前史概论、史前史编、印度史前史编年；非洲、欧洲史前史；印度旧石器时代早、中、晚期文化；印度中石器、新石器时代文化；地理信息系统学、石器记录与技术分析、印度史前地形学、石器打制与技术[①]。

以上是巴基斯坦和印度考古学教育情况的对比，显然印度高校的考古学教育更为成熟和发达。换言之，巴基斯坦的考古学教育无论是在师资力量，还是实验室，抑或学科的多样性方面都存在很大的缺失。

我们专门对比了两国的两个机构以验证这个结论：巴基斯坦真纳大学塔克西拉亚洲文明研究所和印度德干大学 A. I. H. C 与考古学系。专业方面，德干大学的课程更多，包括南亚考古学、计算机考古学、化学考古学、环境考古学、金石学和钱币学、地质学、古代印度历史与文化、动物考古学、民族考古学、行为考古学、考古测年、史前史学、生物人类学等。而真纳大学只专注于犍陀罗文明研究、历史学、艺术和考古学研究。师资和研究力量方面，德干大学有 50 名教职员，均为印度各大学的硕士和博士。而塔克西拉亚洲文明研究所虽然有近 50 年历史，是巴基斯坦最优秀的考古研究机构之一，但却只有 4 名固定教授。

结　语

综上所述，我们认为巴基斯坦急需投入更多力量保护文化遗产。我们选择印度作为对比分析对象并非有意否认巴基斯坦政府和考古学家的努力，而是出于以下几个明确的理由：两国同时独立；考古学同时起步；遗址数量相近；拥有着同一段历史、同一种文化，以及相似的气候条件和土地资源。

本文建议巴基斯坦政府尽快在各大学内开设考古学科课程，建设相关实验室、图书馆和博物馆。优秀先例如旁遮普省前省长哈立德·马哈茂德，他对艺术与设计很感兴趣，便在短时间内推动设立了许多相关机构；又如惠勒，曾将考古学引入南亚次大陆的教育界。

巴基斯坦与中国均历史悠久且友谊深厚，我们认为巴基斯坦政府应当充分利用中巴经济走廊加强考古学的建设。2018 年 11 月，巴基斯坦总理伊姆兰·汉（Imran Khan）在访问中国期间与中国总理李克强签订了一份联合声明，其中专门提到要加强两国博物馆和考古学之间的合作。

目前开伯尔 - 普赫图赫瓦省正在积极推动相关合作[②]。开伯尔 - 普赫图赫瓦省考古博物馆部和山西省文化局签署了一份协议，协议提议在开伯尔 - 普赫图赫瓦省建立四个国

---

① Castei. org. in. （2017）. Centre For Archaeological Studies & Training, Eastern India | An Autonomous Institution of the Govt. of West Bengal. [online] Available at: http: //www. castei. org. in/ [Accessed 29 Aug. 2017].

② Abrar, M. （2017）. Dovetailing Pakistan through CPEC. [online] Pakistantoday. com. pk. Availableat: https: // www. pakistantoday. com. pk/2017/04/30/dovetailing – pakistan – through – cpec/ [Accessed 30 Apr. 2017].

际标准级博物馆，同时配备图书馆与其他现代设施，用以保存、保护该省遗址。此外，协议还决定在白沙瓦大学设立汉语及中国文化学院①。

河北师范大学、南京大学以及湖北考古研究所已经获得由旁遮普省考古总局颁发的考古发掘执照，目前正在伊斯兰堡的贾汉巴哈塔（Jhang Barhatar）遗址发掘哈拉帕至吠陀时期的考古学文化遗存，并表示希望与拉合尔女子大学在考古学领域签署相关协议，开展相关合作。这一切似乎预示着一个巴基斯坦考古新纪元的到来，我们等待着，我们期盼着。

（编辑：徐峰）

① Anon，(2017)．[online] Available at：Pakistantoday. com. pk.（2017）．China to establish 4 new museums in KP. [online] Availableat：https：//www. pakistantoday. com. pk/2017/02/15/china - to - establish - 4 - new - museums - in - kp/ [Accessed 15 Feb. 2017]. [Accessed 15 April. 2017].

博物馆与文化遗产保护

“南海 I 号”沉船发掘前传撮要

李　岩

（广东省文物考古研究所）

［摘要］本文对“南海 I 号”发现后进行整体打捞前的背景做了介绍，并根据作者亲历将整体打捞，以及保护、发掘、展示三位一体工作思路的形成过程，进行简要叙述。

［关键词］“南海 I 号”；整体打捞；聚落

“南海 I 号”沉船发现于 1987 年，2007 年以沉箱穿底梁的方式进行了整体打捞，并安置于广东海上丝绸之路博物馆。沉船进馆后，考古人员对其进行了两次小规模的试掘。2014 年启动了系统性的保护发掘工作。至 2019 年，沉船中出土文物 18 万余件，船载货物清理取得阶段性成果。随后，即将开始沉船的整体保护工作。笔者有幸参与了整体打捞前的一系列工作，应王志高先生之邀，草就此文，就“南海 I 号”沉船发掘所涉的前期探索与思考简述如下。

一　整体打捞的背景

实际上，“南海 I 号”发现之后，就引起了我国水下考古创始人、著名考古学家俞伟超先生的密切关注。1989 年，他带队与日本水中考古学研究所、朝日新闻等机构合作，对“南海 I 号”进行了第一次真正意义的水下考古调查。那次探摸，被誉为中国水下考古的起步之作。此后的 10 年之内，该沉船基本未进行水下考古活动，主要原因是其沉没水域的能见度很差，开展工作非常困难。田边昭三甚至在 1989 年的调查之后提出是否使用围堰的方式，将沉船水域一定范围筑起围堰，使用化学药剂改善水体能见度，或将围堰内海水排除，进行水下考古工作。这些提议之所以未被付诸实施，是因为当时对这艘沉船的保存状况不了解。同时，中国的水下考古队伍刚刚组建，坦率地说，他们非常需要积累相关的工作经验。于是，就有了辽宁绥中三道岗沉船的水下考古工作。三道岗的工作环境相对好些，也便于积累一些水下考古的相关经验。

时间来到1999年，应香港特别行政区政府古物古迹办事处之邀，原中国历史博物馆水下考古研究中心组织全国各地水下力量，赴香港竹篙湾填海区域（香港迪士尼乐园）进行水下考古调查。其间，我们结识了香港的陈来发先生。水下考古队员在与陈先生的交往中，多次谈到“南海Ⅰ号”沉船。陈先生是一位潜水教练并经营一间潜水器材店，非常热心内地的文物保护事业，于是发起成立相关民间组织，并向原中国历史博物馆水下考古研究中心捐赠100万港元，用于对“南海Ⅰ号”的水下调查工作。虽然当时我国的水下考古队伍已经具备在较为复杂环境中开展工作的基本能力与经验，但由于“南海Ⅰ号”的基本情况，例如沉没状态和保存情况等均不甚明了。因此，2001年决定由张威先生为领队开展对沉船状况的调查工作。2001年度的调查工作主要收获是再次探摸到“南海Ⅰ号”，并对其进行了精确定位，且由崔勇先生拍摄到了“南海Ⅰ号”在水下的影像，这是第一次拍摄到“南海Ⅰ号”在水下的图像。2002年3月至7月，又对沉船进行了调查，目的是了解其沉态和保存状况。船体是否解体、完整状态如何等问题对日后的保护等工作来说，都是至关重要的。

2002年共进行了两次水下试掘，第一次是布设探方的水下发掘，第二次则是以物探和抽泥方式进行的，两次各有明确的目的。

2002年的第一次发掘以水下布设探方的方式进行，也应了那句话，水下考古是田野考古向水下的延伸。此次探方面积仅为16平方米，位置选在了崔勇拍摄照片的位置附近，恰好在货舱的位置。在这样狭小的空间内，经过月余的抽泥发掘，出水各类质地文物多达6000余件，有瓷器、金属器、漆器等。瓷器少量胶结在一起，并有铁器的存在。其中瓷器种类有碗、碟、盘、壶盒等，这些瓷器与1987年出水的第一批瓷器无论是胎釉、质色以及器形都基本一致，不同的是这次出水的瓷器是经过水下考古发掘所获得，其埋藏状态明确，瓷器在船舱里成摞码放，有些瓷壶中还放满了小盒或壶的盖子。这些都有了科学的记录。除此之外，新的发现是一定数量的瓷器，特别是碗，底部有墨书，可以辨认的有李大用、林六哥等字。与大量无墨迹的瓷器比较得知，李大用、林六哥之碗应当是个人物品。

出水的金属类器物有镀金铜环、银锭，其中银锭应为货币，镀金铜环则属当时个人物品。在过滤抽出淤泥的过程中，还发现有漆器的残片，漆器在出水文物中所占比例很小，当时推断这应当也是个人用品。

非常重要的是，试掘时还出水了“南海Ⅰ号”的船板一块。洗净这块船板之后，可见有生物附着，木质板材保存相当好，具有一定的强度，推测应当是1987年英国工作船下水下抓斗时将部分船体破坏所导致。

本次水下试掘布设探方以钢管来代替田野考古使用的线绳，并固定在海床上。说到水下绘图和记录使用的工具，十分有趣。绘图笔的选择当时是一个令人头痛的问题，经过实践比对，中华铅笔最终承担了这个重任。

2002年的第二次试掘在第一次的基础上进行，重要的目标是了解船体的沉态和尺寸。

沉态是指船只沉没后在海床停滞的状态，通俗地说，“南海Ⅰ号”沉没并触到海床表面之后的状态，是翻转、侧卧还是像在水面上航行那样的正沉态？为了更好地达到这次试掘的目的，队员们走访了1987年在水下接触过“南海Ⅰ号”的广州救捞局潜水员，从他们的回忆中得知关于沉态的一个重要细节：“南海Ⅰ号”最初发现是曾经有一高出海床两米左右的桅杆，周围挂着许多渔网。至2002年试掘时，桅杆没有了，渔网仍然很多。从桅杆的情况分析，“南海Ⅰ号”是正沉态的可能性极大，即沉船抵达海床之后，基本保持像在水面上航行那样状态。这一信息非常重要，直接涉及抽泥工作的方案与实施。由于对沉态有了初步的了解，抽泥时，即先抽开一个横向的沟，使船舷两侧暴露出来，然后沿着船舷进行抽泥工作。由于水下能见度低，测量工作使用了结绳的方式，测得抽泥处现存船体宽度约7米，船舷长20米。出于对潜水员的安全和对沉船保护的综合考虑，这次试掘并没有将沉船的底部全部抽出，船只的型深是根据浅地层上的影像估算出来的，沉船现存的高度4米左右。

抽泥还抽出了一块较大且平坦的凝结物，下面是一块巨大的平面木板，推测是船的平面甲板。取出部分凝结块分析后可以看出，该平面是二次凝结造成的，凝结块中的瓷片非常碎，而且各种不同窑口、不同器形的瓷片混杂在一起，推断这种情况应该是1987年发现“南海Ⅰ号”时，部分被抓斗抓坏的瓷器碎片重新倾倒入海后形成的二次堆积凝结而成。由于堆积的位置正好位于主甲板上，因此形成了平面凝结块。凝结块下的木板很平，用手伸到了甲板内，发现里面有很大的空间，可见是一个较为完整的船舱。这些情况表明，1987年所下的抓斗对“南海Ⅰ号”造成了一定程度的破坏，但具体位置尚不清楚。

2002年的两次试掘结果可总结如下。

1. “南海Ⅰ号”船体在首层甲板之下，基本保持完整，局部受到1987年抓斗的破坏。

2. “南海Ⅰ号”保持了与航行姿态近似的沉态。

3. 对船的尺寸有了基本了解。

4. 船舱的试掘显示有货舱的存在，很大可能是满载了中国瓷器。这是一艘从中国出发的海贸船只，瓷器数量巨大。

5. 有一定的个人物品。那条著名的金链表明，乘员中有一些富有的人士，但首层甲板以上的上层建筑均无存，所以，较高等级人员的住所和物品散落或无法寻获。

在“南海Ⅰ号”发掘前，截至当时，国内发现或经过考古工作的沉船也已经积累一些案例，除绥中三道岗元代沉船外，按照发现的时间顺序，还有以下几例。

1956年，山东梁山县宋金河明代沉船，船体残甚。

1960年，江苏省扬州施桥的唐宋码头遗址中发现两艘沉船。两艘沉船一大一小，大船用楠木制造，残长约18.4米，复原长度24米，中部宽约4.3米，分隔成5个大的舱位。小船是用楠木刳制的独木舟，长13.65米，年代为唐宋时期。

1972年，在广东珠海市三灶草堂湾东面海域约2米深的水下，发现了一处古代沉船，船长20多米，为晚清沉船；1976年，在珠海平沙前锋村发现三艘古代沉船，其中一艘全长20多米，柚木质外壳板外裹一层铜皮，年代为晚清。

1973年，福建省和厦门大学历史系的考古人员在泉州后渚港的海滩上发现一艘宋元沉船。残存长度24.20米，残宽9.15米，复原长34米，宽11米左右。形态呈舷航尖梢的椭圆形，横剖面呈两侧船腹下鼓的尖底，共13个舱，保存两个用樟木做成的大型桅座。沉船中还有丰富的船货、货签和船员用品，其中还有一页纸质印刷品，为南宋沉船。

1975年，河北省磁县文化馆在本县南开河发现6艘元代沉船。其造型为典型的北方平底沙船。

1975年，山东省平度县泽河东岸的海滩空地上因洪水冲出一艘古代沉船。次年，山东省博物馆进行了发掘，为双体船，左右两侧分别是由三段粗大树干刳成的独木舟纵向连接而成的加长式独木舟。沉船所在地层里发现了10余件陶瓷器物和五铢钱，显示为隋代船只。

1978年，天津市文物管理处在静海县元蒙口地下的古河道中发掘清理了一艘古代沉船，为平底船只，共存瓷器显示为宋代。

1978年，上海市文物保管委员会在嘉定县封滨杨湾5米深处的淤积层中发现一艘沉船残骸。沉船残骸为船体前部，尚残存7列隔舱板和7个舱位。米黄釉瓷碗则为宋代江西吉州窑产，推测该残骸的年代为宋代。

1978年，浙江省宁波市文物考古人员在该市东门口宋元码头遗址发现了一艘木结构沉船的残段，形态为尖舷圆底的龙骨船。沉船内发现少量开元通宝、乾德元宝、元丰通宝等铜钱和零星的船上生活用品，为宋代沉船。

1984年，在山东省蓬莱县登州港的清淤工程中先后发现了3艘古代木质沉船。考古工作者对其中一艘进行了清理发掘，并确定为元代战舰。这艘战舰残长28.6米，残宽5.6米，船型瘦长，复原长度35米，船底采用圆弧形态。

在东南亚各地，至20世纪80年代中期都发现有中国的，或装载有大量中国瓷器的沉船。

综观国内当时经过发掘的宋代海船，仅有泉州一艘沉船的船体保存相对完好，“南海Ⅰ号”的船体不仅基本完好，而且满载的海贸货物，应当说是空前的发现。所有这些，都构成了整体打捞方案形成的基本业务层面背景。怎么保护好沉船等一系列问题也就被摆上了议事日程。

二　借鉴与思考

在了解“南海Ⅰ号”的现状后，随之而来的是新的难题。由于“南海Ⅰ号”沉没地点距岸较远，且为渔民捕捞作业的场所，如何保护、沉船要不要发掘以及如何发掘和展示，都成为亟须解决的问题。

无论未来计划对“南海Ⅰ号”进行怎样的工作，保护是第一位的。自从2002年相关发掘工作展开后，很现实的问题摆在了文物考古人面前：这处可能保存着沉船全部信息的遗址，该如何保护？无论是国家文物局、广东省政府、阳江市政府，还是有关专业单位，在保护“南海Ⅰ号”的基本方式上都有一个共识：必须对它进行抢救性发掘！如果将它保留在原沉没地点，由于距离海岸多达十几海里，就要长期面临被盗和监控的矛盾纠结之中；更何况大、小帆石附近还是渔船的主要作业区域，拖网对沉船也会造成伤害，1987年、1989年探摸时表面的渔网已经充分证明了这一点。然而水下发掘如果在能见度很差的水域进行，将面临非常困难的局面。首先，在2002年的水下试掘中，由于能见度差，水下摄影和画图的工作只能趁平潮早晨的短暂时间进行。潮水一来，或水下考古队员稍微不注意，都可能将海底的沉积物质搅动起来，悬浮在水中央，即使使用很大功率的水下照明设备也很难观察到水下的具体情况。在这种几乎什么也看不到的条件下发掘，船货中的瓷器还基本可以被打捞出水，而属于船员的个人遗物，特别是那些小件的遗物则难免遗漏。其次，根据湖南、广东、浙江等高湿环境下考古发掘的经验，距今数千年前的一些绳子、树叶、纺织品、竹木制品都可能被保存下来。如果人眼观察不到，发掘和提取这些文物标本就困难重重，如果损坏，则丧失了许多不可再生的历史信息和资源。最后，如果像泉州后渚沉船那样出现纸质文物，后果将十分严重。就“南海Ⅰ号”而言，从船只保存状况来看，船体除上层建筑外，基本保存完好。由于船只沉没是在很短的时间内发生的事情，因此，船员和乘客在弃船逃生或遇难时，所居住的船舱内应当有随身的物品遗留下来。这些遗留物可以告诉我们主人的身份等情况，同时也能说明这些船员或乘客居住的船舱与水密舱、货舱等的不同，使我们真正了解并复原船只在航海过程中的面貌。而这一切，都需要好的能见度，水下队员们才能眼到手到地进行发掘清理。否则，一切都只能碰运气。也就是说，想要发掘、记录这些珍贵的信息，首要条件就是得能看见有什么，并且知道其具体位置。

水下发掘的另一个重要因素是海况和天气条件。南海海面由于夏秋季有台风，冬季水温过低，所以一年之内能够开展水下考古工作的时间很短。这样，势必造成工期长、开支巨大。同时，工期拉长，由于海面情况变化多端，面临的安全隐患也就随之增加。

关于沉船水下考古工期之长，让我们通过下面两个例子了解一下。

辽宁绥中三道岗元代沉船的发掘，从1991年开始算起，历经近7个年度的水下考古工作，于1997年最终完成了发掘。需要特别说明的是，辽宁绥中三道岗元代沉船的发掘由于保存状况的原因，并没有打捞起船体，意味着工作量相对小了很多。英国的玛丽·罗斯号（Mary Rose）和瑞典的瓦萨号（VASA）两艘古代沉船之水下考古工作则更为艰巨，两艘船的船体保存较好，并都被打捞出水。英国人在发掘玛丽·罗斯号（Mary Rose）时，所用时间和人力是相当巨大的：仅仅在1979年至1982年的潜水季中，所有潜水员的潜水时间长达22000小时。瓦萨号（VASA）的打捞从1959年8月进行第一次的起吊作业，至1961年4月出水，前后耗时近3年。

根据2002年的试掘经验来看，仅仅在16平方米的发掘范围内，出水瓷器的数量就达到了4000余件。可想而知，30米长的大船，仅瓷器一项数量就应数以万计。而船体本身对于博物馆来说，也是“巨无霸”级别的大块头藏品。如此巨量、如此巨大体积的文物如果出水，将怎样保护？特别是船体本身，它原本是基本完整的，如果在水下发掘时拆散，则对文物原貌有较大损害。但如果船体完整出水，工程方案暂且不说，未来的保护代价是有前车之鉴的。

仍然以瓦萨号（VASA）、玛丽·罗斯号（Mary Rose）为例子。瓦萨号1961年4月被打捞出水。1987年，瓦萨号被安放在斯德哥尔摩的瓦萨号沉船博物馆展出。根据联合国教科文组织的统计，它每年吸引的游客数量达75万人之多。

在没有任何可以参考之经验的条件下，瑞典的科学家们用水和聚乙烯乙二醇的混合液体对瓦萨号船体进行了喷洒或浸泡，以达到渗透木材置换水分，使船体固化、防腐的目的。自1962年开始，这项工作持续了长达17年。之后，又用了9年的时间，使其慢慢干燥。终于，1991年瓦萨号与游人见面了。2000年秋天，人们发现在船体表面可以看到明显的硫酸盐结晶。这些结晶是从哪里来的呢？

后来的研究表明，这与沉船所在环境有关。

建造瓦萨号的年代，瑞典人为了防止俄国入侵，封锁了斯德哥尔摩湾的两个入水口，湾中的海水缺乏交换，再加之污水的排入，使得斯德哥尔摩湾的硫元素变得特别丰富。瓦萨号沉没于波罗的海海底长达333年，缺氧的环境保护了它。缺氧使有害生物船蛆很难大量繁殖，所以不会显著破坏木质船体。同时，这又是有利于厌氧细菌生存的环境，厌氧细菌有把较复杂的有机物分解为简单化合物的能力，硫化氢就是有机物分解后的一种产物。硫化氢就这样慢慢地渗入瓦萨号的橡木横梁中。这是一个日积月累的过程，然而硫化氢并不稳定，在木头里面它会逐渐地分解掉，只留下硫元素。瓦萨号就带着这些硫元素再次浮上水面。环境改变了，随之而来的是船体中的硫化物与空气中的氧气发生了化学反应，其与水结合，最终形成了硫酸。这个过程本来比较缓慢，然而，瓦萨号拥有的9000个铁质螺栓分解出的三价铁离子却成为“帮凶”，它恰恰能充当合成硫酸的催化剂。据专家研究和预测，如果瓦萨号上的硫元素完全被氧化，那么将产生多达5吨的硫酸。由硫酸生成的硫酸盐会藏身于木材之中，其结果就是使木材膨胀变形乃至崩裂，最终造成船只完全解体。2002年科学家的一项研究表明，瓦萨号船体的硫酸总量估计超过2吨，并且还在逐年增加，大概以每年100千克的速度增加，不用多久，就可以完全摧毁瓦萨号。面对严峻的形势，瓦萨号博物馆和瑞典皇家工学院、得克萨斯A&M大学以及世界其他机构的专家合作，尝试使用不同的方法来减缓毁坏。目前可以肯定的是，保护瓦萨号船体将是一项很难画上句号的艰巨任务。

是不是所有海底木质沉船都面临着同样的威胁？答案是肯定的，但是瓦萨号是当中的重症患者。与瓦萨号相比，英国的玛丽·罗斯号显得幸运些。玛丽·罗斯号军舰是都铎王朝时期亨利八世国王下令建造的，1545年7月19日沉没，1982年被打捞出水。玛丽·罗斯号也使用聚乙烯乙二醇不断喷淋，以防止船体损毁。2002 年，玛丽·罗斯号的保护项目得到来自英国文化遗产彩票基金捐赠的 480 万英镑。经过近 10 年的小规模试验，科学家们给船体制订了分成三个阶段的保护计划：第一阶段，从 1994 年至 2003 年，以喷淋方式以低分子量聚乙烯乙二醇，取代木材细胞中的水；第二阶段，从 2003 年至 2010 年，以较高分子量的聚乙烯乙二醇来加强船体外表面层的机械性能；第三阶段，从 2010 年以后，用 3~5 年的时间，控制空气的干湿度，令玛丽·罗斯号干燥，完成整个保护计划。在保护计划进行的同时，英国人投资 3.5 亿英镑兴建新的沉船博物馆，于 2013 年建成开放。根据联合国教科文组织的统计，每年有 400 万人参观这艘古老的战舰。

这些例子都关乎我们如何对待自己的"南海Ⅰ号"之保护。从瑞典、英国同行的做法中，我们获得一些木质船体保护的经验与教训。但另外一个方面的问题摆在中国水下考古人面前，即前述两艘沉船几乎都有航海记录甚至建造时间的文献，对船的结构以及各种相关遗物均有事前的了解，而"南海Ⅰ号"不具备这些文献记录，这就要求发掘过程必须精细。尽管有很多想法和问题，但首要任务是先采取行动保护"南海Ⅰ号"，使其不被盗捞。

媒体报道"南海Ⅰ号"发现的消息之后，时任广东省副省长的李兰芳同志即亲往阳江召开有关会议，并部署相关的安全保卫工作。根据不完全统计，阳江边防支队为护卫"南海Ⅰ号"，累计出动警力 2600 余人次，船艇 260 多艘次，往返航程 9800 余海里，劝阻、带离进入警戒海域的可疑船只 85 艘。

三　三位一体方案的形成

在强有力的保护之下，借鉴国外同行的工作经验，我们形成了保护、发掘、展示一体化的工作思路。同时也考虑到在发掘过程中开支巨大，发掘团队在各种工作方案中尽可能选择节约费用的方案。

在武警边防落实海域管控的同时，我们围绕保护、发掘、展示一体化的思路开展了讨论与研究，主要体现在如下方面。

参照英国、瑞典同行的做法，有一定强度的木质船体是可以整体打捞的，这个成功的案例是玛丽·罗斯号，而其他解体船只的方式显然不能满足精细发掘的要求。从瓦萨号与玛丽·罗斯号的保护过程来看，对船只沉没后的埋藏环境的认识显得非常重要。而且，该阶段的保护费用开支巨大。这两点是需要重点考虑的。经各方综合考虑后，最后形成的方案是将"南海Ⅰ号"整体进行打捞搬迁，移动至一座人工兴建的博物馆中之后，边保护，边发掘，边展示。这样做，大大缩短了"南海Ⅰ号"在开放水域滞留的时间，降低和解除了被盗捞的风险。保存"南海Ⅰ号"船体及货物的专有空间场所，不仅要满足精细发掘、展示的需求，还需同时具有保护船体的功能。

2002 年在对"南海Ⅰ号"进行试掘的过程中，我与张威先生就船体的保护曾经发表了

《文物保护环境论纲》[①] 一文，从如下几个例子中，就“南海 I 号”木质船体如何在出水后的发掘过程中进行有效保护，提出了自己思路。

先看几组与水下文物发掘有关的例子。

1996 年，湖南省长沙市文物工作队在长沙市中心五一广场东侧的平和堂商业大厦工地作抢救发掘，共发掘自战国至明清的古井 61 口，其中编号 J22 的井中发现了大量三国孙吴纪年简牍和少量东汉简牍。现存深度 5.6 米，简牍表层距现存井口 1.5 米，其中有一层纯净的褐色泥土覆盖，厚 20～50 厘米。发掘时，可以说简牍基本是浸泡在水中的。然而，经过 1000 多年的时间，简牍上的墨书汉字以及竹木完好如新。笔者 1998 年曾经前往长沙市文物工作队访问。其间，观摩了存放简牍的仓库。盘布列于架子上，内装满了蒸馏水，简牍都被浸泡在其中，简牍与墨书相当完好。后请教相关专业人员，得知蒸馏水需要更换，保持其洁净，并在房间安装了温控计，空调是必需的，以保持较低的温度。这些条件，基本可以保证在下一步保护处理前简牍的不变形，不褪色。

图一　“南海 I 号”发掘阶段首层甲板下的情况

与木质船体更为接近的是广东珠江三角洲地区对龙舟的保存。村民以浸水埋泥的方法保存龙舟，这是因为龙舟大多以松木制作，松木的弹性和透气性好。但是，如若将其直接暴露在阳光和空气中时，木材中的水分会蒸发，从而引发龙舟变形。因此，端午扒龙舟结束后，就要将它沉到水底并涂上淤泥。龙舟浸泡在水里不仅不会损坏，反而会越来越结实。等来年端午节前，再把龙舟从河里起出来，老话说：“四月八，龙船鼓打哧。”即每年

① 东方言：《文物保护环境论纲》，《中国文物报》2002 年 6 月 7 日。

农历四月初八前，要将龙舟从水塘底中捞上来，用草擦干净，放置在木架上阴干。赛前三四天，刷一次桐油，就可下水了。

龙舟所用木材与"南海Ⅰ号"的杉木的船板，材质十分接近，具有相当重要的借鉴意义。

2002年"南海Ⅰ号"水下考古试掘结束后，笔者曾经到湛江徐闻县二桥汉代遗址考察。遗址所在地位于徐闻县西南，濒临琼州海峡，看到沿途淤塞的港汊中有些废弃的木船，并有一个很引人注意的现象：木船浸在泥水中的部分保存得很好，但暴露在水面上的部分明显腐朽。如果说长沙吴简、广东龙舟基本是在淡水环境而被保存下来的话，二桥遗址的木船则是直接浸泡于海水中。重复出现的现象通常来说都隐藏着某些规律性的东西，在某种意义上说，也可以成为经验的科学，虽然不能完全从理论的角度解释其原理，但是可以利用和模仿的。于是整体打捞"南海Ⅰ号"沉船的思路明朗化，就是在打捞之前，将沉船所在海域的海水、生物、淤泥等情况进行系统采样与研究，利用这些研究的成果和数据，来维护"南海Ⅰ号"被整体打捞搬迁至新场所的环境，做到以人工模拟的埋藏环境来保护其木质船体，延续其800多年的环境状况。相对于长期使用化学药剂的做法，这也将节省大笔保护费用。

图二　"南海Ⅰ号"发掘阶段部分船舱清理情况

接下来要面对的问题是，如何让"南海Ⅰ号"整体从海床浮起，并运送至新的停泊场所。

非常巧合，此时笔者与崔勇先生几乎同时想到以田野考古套箱的方式，将沉船和淤泥装入其中，吊离海床。我们两人将这个思路与广州救捞局刘胜根先生商谈，将委托救捞局制定的最初以钢制沉箱穿底梁为主要内容的整体打捞方案，请华南理工大学的老师进行相关实验，以验证方案的可靠性。2003 年之后的水下调查工作也增加了埋藏环境调查的内容，为未来停泊“南海Ⅰ号”的专门场所提供有力的基础信息支撑。为了降低整体打捞的风险，另一套备用方案为原地、分多年度发掘。后经专家反复论证，最终选用了整体打捞方案。

相关方案在制定完善的同时，广东海上丝绸之路博物馆的规划概念亦形成，即于阳江海陵岛的十里银滩，为“南海Ⅰ号”沉船建设一座专门的博物馆——广东海上丝绸之路博物馆，内设专门场所，用于存放整体打捞的“南海Ⅰ号”，并同步进行保护、发掘、展示。

为了解决整体打捞后在室内如何发掘“南海Ⅰ号”的问题，笔者根据田野考古的经验和相关规程，也提出了自己的建议①。

水下考古，原则上是田野考古向水下的延伸，如何看待“南海Ⅰ号”未来的发掘？笔者以为，当时的海贸船只，就是一个浮动的小社会。宋、元市舶的有关文献以及宋以后其他文献，对航行的船只都有各种描述。那么，发掘“南海Ⅰ号”的过程应当按照田野考古的复杂遗迹进行，并且贯彻聚落考古研究的观念，这是基本原则。举例来说，每个舱位都可以如同对待一座多室的大型墓葬那样，既有整体，又有组成部分，并尽可能详细记录每件文物埋藏状态的空间位置；对于易损坏的文物进行及时的现场处理和保护，以期获得更多信息。后来进行的发掘工作，基本上也是如此进行的。特别是近些年发掘所获的瓷器等文物中，不仅有类似“李保长”墨书等反映乘员等级的内容，还有些有纪年内容的珍贵文物，这对于最终确定“南海Ⅰ号”的年代具有无可替代的重要价值。而且，由于此类文物极度稀少，如果不是整体打捞和精细发掘，几乎是不可能寻获的。

“南海Ⅰ号”从发现至今，过去了 30 多年。整体打捞也过了 10 余年，发掘工作暂告一段落，船体的保护将成为近期开始的工作重点，这也同样还在检验着当时的想法，让我们都拭目以待吧。

（编辑：黄洋）

---

① 李岩：《水下考古的信息指标略说（一）》，《南方文物》2005 年第 3 期；《水下考古的信息指标略说（二）》，《南方文物》2006 年第 1 期。

当代美国博物馆的中国文化：外国东方学对其臆想及其现状

胡双子

（美国费城艺术大学）

[摘要] 如何定义“东方”这个概念，在东西方各个学科领域一直有着不同的见解与阐述。“东方”是一个由西方世界发明的词汇，普遍的含义为中东地区、南亚地区以及远东地区，这篇论文里“东方”专指远东地区，尤其是中国。为了更好地让读者理解西方眼中一直变迁的“东方”概念，这篇论文会数次提到“东方”这个概念，将这个概念具象化，解读其在西方文明进化史中的概念更替与进化。理解这一文化更替的重要概念就是卡尔·马克思的“商品拜物教”概念，它阐述了艺术在当代商品经济主导下的社会关系。

[关键词] 东方学；东方；商品；“镜花水月”

2016 年 2 月，波士顿美术馆就 2015 年 7 月的一个“周三和服之夜”活动引起的关于“帝国种族主义”的争议开展了一场“公共讨论活动”。这场“公共讨论活动”主要针对对“周三和服之夜”提出异议的美籍亚裔华人观众，因为这个群体的部分观众感受到了些许针对与歧视。或许你会好奇为什么由美术馆举办的一个关于和服的活动会引起文化争议，甚至上升到了种族歧视，而这也是波士顿美术馆事先没有预料到的。关于此争议，可以用“文化忽略”一词来解释。怎么理解真正的亚洲文化，在西方国家是一个长久存在的问题。波士顿美术馆藏有一幅 19 世纪印象派法国画家克劳德·莫奈的名画《穿日本和服的卡美伊》，画作的内容是莫奈的妻子身穿传统东方符号之一的和服，而“和服”这个文化符号引起了亚裔观众对于西方人眼中亚洲文化的热议：如何正确地理解和借用具有代表性的亚洲文化，并正确有效地向公众传播。在西方文化眼里（莫奈眼里），和服或许也可以仅仅是代表东方特色异域风情的一种服装。在波士顿美术馆的这个活动中，每个参与者都可以将和服作为一种类似万圣节服装的东西来尝试，而非作为真正了解东方文化的一种途径。所以，一些较敏感的亚裔观众才会产生某种程度上的负面感受，从而产生关于对东方文化理解的公共争议，进而迎合了当下西方社会的文化话题之一：如何正确地诠释和理解西方观众眼里神秘的东方文化。

本文将以美国纽约大都会艺术博物馆的“镜花水月”展览为例，从西方对东方文化的敏感度以及理解的程度两个角度出发，结合相关理论，诠释当代东方文化在西方所产生的矛盾以及文化争议。

一 美国纽约大都会艺术博物馆2015年的“中国：镜花水月”展览

2015年5月7日到9月7日，纽约大都会艺术博物馆向观众呈现了一场名为“中国：镜花水月”的展览（图一），它体现东方美学文化与西方时尚美学发展的碰撞与摩擦，展现出一幅东方文化给西方时尚带来灵感的视觉文化画卷[①]。展览名为“中国：镜花水月”（China：Through the Looking Glass），这个名字可能会让中国观众联想到清代著名作家曹雪芹的《红楼梦》。

图一 “中国：镜花水月”展览官方海报

成长在一个清代贵族家庭，曹雪芹经历了家族的繁荣鼎盛以及没落。《红楼梦》的主角贾宝玉，就是作者曹雪芹的自我映射。通过《红楼梦》中四大家族的兴衰，阐释了与“真”与“假”相对应的“理想”与“现实”。《红楼梦》第五回中的诗作《枉凝

① Exhibition Review, The Metropolitan Museum of Art, last modified March 28, 2016, from http://www.metmuseum.org/exhibitions/listings/2015/china-through-the-looking-glass.

眉》中有一句“一个是水中月，一个是镜中花”①。通过小说中人物的命运，曹雪芹揭示了这一真理：繁华的一切皆为虚幻，触不可及，所有的快乐都未曾真实地存在过。

两个世纪后，英国作家路易斯·卡罗尔使用了相似的主题，出版了他的两部主要作品《爱丽丝漫游奇境》和续集《镜花水月》。卡罗尔笔下的爱丽丝经历了一场如梦似幻的梦中冒险。美国诗人和文学家曾对爱丽丝与宝玉相类似的经历进行了阐述：宝玉是在发掘自我的“内在”与“外在”中不停地游走与奔波，他似乎一直在用一面镜子反复地折射自己、发现自我。与爱丽丝不同的是，在现实与虚幻中，宝玉一直处于一种无限且没有终点的梦中，而爱丽丝的梦境仅存在于虚幻中②。卡罗尔和曹雪芹都为笔下的主角创造了一个触不可及但却简单而真实的梦。

大都会艺术博物馆的“镜花水月”展览是由馆内的时装研究部和亚洲艺术部合作策划的，同时集结了中国文化专家和著名中国导演王家卫。通过多媒体技术的加持，展览将中国时尚文化在西方世界中的发展呈现给了观众。法国和意大利作为欧洲时尚的发源地，这里的设计师们将流行的东方元素融入灵感迸发的欧洲时尚中，在这次展览中也可以观赏到。理解展览的核心元素是“镜花水月”：将西方时尚文化比喻成那面虚幻的文化映射的镜子，观众透过它会看到怎样的东方文化。大都会艺术博物馆将本次展览定义为：自丝绸之路打通了亚洲和欧洲的罗马帝国之间的贸易通道之后的“一场东西方时尚文化的历史性对话”③。展览的展品大部分来自大都会艺术博物馆的馆藏，被展出的物件都具有以下特点。

展览展出了超过140件和中国艺术有关的高级时装和前卫艺术的高级成衣。同时将电影作为一种重要的沟通媒介，所使用的电影式放映技术可以让观众进一步了解深厚的中国文化，感受到流行文化与传统的结合。

由亚洲艺术部策展人安德鲁·波顿策展，“镜花水月”展览全方位展示了传统中国文化与当代时尚的融合与碰撞。无论你是哪个种族，拥有什么样的文化背景，你都能享受到这场全方位、多元文化聚集的东方时尚盛宴④。

当然，对于本次展览，负面评价和正面评价是共存的，这些评论大多来自国际媒体和学者。核心问题在于展览对传统东方文化的“恋物主义”（fetishism），以及展览所呈现出的西方对于东方文化的“文化支配”（hegemony）倾向。诠释展览所产生的这一文化现象的关键概念之一就是美国文学理论家、批评家爱德华·沃第尔·萨义德所提出的“东方

---

① Moon in the Water. The Metropolitan Museum of Art, last modified March 28, 2016, http: //www. metmuseum. org/exhibitions/listings/2015/china - through - the - looking - glass/exhibition - galleries/217.

② John T. Irwin, *The Mystery to a Solution: Poe, Borges, and the Analytic Detective Story*, New York: Johns Hopkins University Press, 1996, p90.

③ Andrew Bolton et al., *China Through the Looking Glass: Fashion, Film, Art*, New York: The Metropolitan Museum of Art, 2015, 13.

④ Moon in the Water. The Metropolitan Museum of Art, last modified March 28, 2016, http: //www. metmuseum. org/exhibitions/listings/2015/china - through - the - looking - glass/exhibition - galleries/217.

学”理论。

二 关于“东方学”

文学批评家爱德华·沃第尔·萨义德的代表著作《东方学》是一部关于西方世界对中东世界文化进行发现与探索的论著。萨义德将“东方学”定义为西方文化（泛指欧洲与美国）对东方的不同理解途径，包括想象、夸大、突出以及对文化事实的曲解。作为一个美国公民以及在耶路撒冷长大的巴勒斯坦人，萨义德在耶路撒冷时期就开始发展自己的学术兴趣与研究方向：被殖民主义笼罩的中东地区文化。《东方学》是他在美国哥伦比亚大学任教时期出版的第一部学术著作，萨义德笔下的“东方”包括所有伊斯兰国家、北非和沙特阿拉伯地区。在《东方学》这部著作中，萨义德并没有将“东方”这一概念延伸到东亚地区。但是，随着时间的推移，欧洲人眼中的“远东地区（东方）”概念在改变，逐渐扩大到了靠近中东地区的亚洲区域。

西方和中国第一次带有“东方学”的碰撞可以追溯到清乾隆（1711～1799，1735～1796年在位）时期。1792年，英国使臣乔治·马嘎尔尼作为第一个来到清朝的欧洲使者[①]，与乾隆皇帝商讨贸易条款。当时清朝正处于鼎盛时期，乾隆皇帝觉得与英国的贸易合作是可有可无的，所以马嘎尔尼此次访华并没有签订任何额外的贸易协定，这也是西方第一次真正意义来到了中国，一个比中东“更远的远东地区”（Far From Far East）。康乾之治后，清朝逐渐走向衰败之路，自第一次鸦片战争之后，中国开始经历社会制度的变更，由封建社会转变为半殖民半封建社会，这也意味着西方各国通过侵略这种方式，逐渐开始接触并了解中国这个“更远的远东地区”。在这过去的几百年历史长河中，在西方各国与中国的文化碰撞中，中国这个“更远的远东地区”的文化开始循序渐进地对西方文化、历史和美学有了深远的影响，大都会艺术博物馆的“镜花水月”展览就是一次映射西方与中国百年文化碰撞的视觉呈现。

三 镜花水月：被商品化的“东方学”

“中国：镜花水月”这个展览名称给大部分观众留下的第一印象有着双重含义：第一重含义是中国作为一个国家，第二重含义是中国文化。但是“镜花水月”这个名称代表着一种对东方文化颇为主观的见解，我们都是以一个局外人的身份来看“镜”中这个想象中

① Macartney and the Emperor. Asia for Educators, last modified March 28, 2016, http://afe.easia.columbia.edu/special/china_1750_macartney.htm.

的中国文化，而“镜”中意象可以是虚无缥缈的。展览策展人安德鲁·波顿曾解释过展览名称的含义：这不是一场关于中国的展览，而是一个以“中国”为主题的集结性展览①。通过电影和时装的展现方式，呈现了“中国”这个主题在西方文化中的变迁。

但是，这个来自官方的解释并没有给公众一个满意的答复，尤其是亚裔观众。观众们认为这是一种对中国文化的利用：只是利用“中国文化”这个符号，却用西方文化的思维与形式呈现给大众，尤其是对于大都会艺术博物馆这样的权威艺术文化机构来说，这是否算是错误的文化传播方式？“中国：镜花水月”这个展览名称让观众想到了中国神话中的一种动物“四不像”，一种有着马头、驴尾巴、骆驼脖子和鹿角的生物。单从展览的名称上看，观众无法从中知晓展览的精髓，只能感觉到展览中的主要文化元素。展览名称体现了当代东方学的一个特点：为了适应当代博物馆的全球化发展，博物馆往往将一种文化的多种形式归纳为一体（heteropolitan）呈现给观众，这种集结文化普遍存在于西方美术馆和博物馆。

柏林旧国家画廊馆长哈利·亚历山大·麦克布莱德曾提出当代博物馆的现代化发展趋势：在这个平等的社会，博物馆正在从一个传统的房屋到一个带有当代传播媒体功能的社会机构。文化一体（heteropolitan）被定义为一个能将不同种族、文化以及社会层级的观众集结起来的场所，让所有人都享受到同样的待遇和空间②。通过强调“平等”，文化一体这个概念深刻影响了当代博物馆的发展趋势，尤其是大都会艺术博物馆——这个每年需要接待超过六百万观众的大型文化艺术机构。

大都会艺术博物馆的“中国：镜花水月”可以被定义为一个带有“文化一体”性质的展览。展览的初衷之一就是通过“中国”和“时尚”这两个熟悉的主题来吸引更多来自各个国家和各种文化背景的游客。大都会艺术博物馆是一个聚集世界艺术的殿堂，博物馆每隔几个月就会更换不同文化主题的展览，迎合各种观众的观展需求。纽约，有着大量的亚裔群体，大都会艺术博物馆是很多国际游客在纽约的必到之处。“中国：镜花水月”展览大约吸引了来自美国本土以及其他国家的815992名观众③。人气之旺让“中国：镜花水月”展览成为大都会艺术博物馆历史上参观人数最多的展览之一。

“中国：镜花水月”这个带有浓厚东方文化的展览也为大都会艺术博物馆带来了相当可观的经济效益和社会影响力。从展览本身的视觉设计和展陈可以看出，大都会艺术博物馆付出了相当的成本与人力。虽然这次展览大都会也得到了不少合作资源与媒体支持，但仅凭博物馆的门票收入，要想在短短三个月的时间内达到收支平衡的目标是有点不太现实

① Met's China：Through the Looking Glass show presents a fantasy of the far east. Amanda Holpuch，last modified April 15，2016，http：//www. theguardian. com/fashion/2015/may/04/met – china – fashion – art – exhibit – gala.

② Andreas Huyssen，“Introduction：Modernism after Postmodernity，” *New German Critique* 99，No. 5（2006），p5.

③ Chinese exhibition at New York's Metropolitan Museum attracts record 815，992 visitors. Agence France Presse，last modified April 15，2016，http：//www. scmp. com/news/china/society/article/1856642/chinese – exhibition – new – yorks – metropolitan – museum – attracts – record.

的。展览的时间是从2015年5月7日到9月7日，与展览相得益彰的重大活动之一就是一年一度的大都会慈善舞会，这是大都会艺术博物馆最有影响力的年度活动之一。“名人效应”是大都会慈善舞会主要元素，单靠东方元素或许可以吸引到绝大多数的观众，但不得不承认的是明星会给大都会艺术博物馆这个展览带来更多的人流量和关注度。当然，这也给大都会带来了争议，是否名人就可以恰当地阐述展览所呈现的文化主题？答案极具社会争议。因为大都会慈善舞会的主要目的不是通过明星向公众诠释东方文化，而是明星们和大都会艺术博物馆借助东方元素来提升各自的社会影响力，这是否可以理解为是对东方（中国）文化的一种滥用？美国 *Vogue* 杂志主编安娜·温图尔明确地点明了慈善舞会的核心就是名人，她曾在大都会艺术博物馆的慈善舞会预告片中说道：“蕾哈娜，我们不能失去她。我们当然知道她的价值。”① 温图尔丝毫没有提到展览本身的文化价值，展览所拥有的东方文化此时已经沦为慈善舞会的附属品。

蕾哈娜的舞会裙子在2015年的大都会慈善舞会上备受瞩目（图二），当然也在社交媒体以及学术平台上受到了很多负面评价。她的穿着只能让人感受到一种对东方文化的随意拼接，这种不恰当的拼接方式让人们无法理解这代表的到底是东方元素还是西方元素。

图二　蕾哈娜参加大都会慈善晚会

美国布林莫尔学院艺术史教授金教授对蕾哈娜的穿着进行评价：“我觉得蕾哈娜成了一个公众的笑话。她选择了一个中国设计师郭培设计的作品。她所穿着的裙子颜色是清朝

① Fabiola Beracasa Beckman, Sylvana Ward Durrett, and Dawn Ostroff, “The First Monday in May Trailer,” The Metropolitan Museum of Art, April 25, 2016, https://www.youtube.com/watch?v=MRFCVG85X_s.

皇室所用的明黄色。当然，我不否认，蕾哈娜本人带有女王般的气场。但是她所呈现出的是一种虚假的皇族气质，这个年代，我们不需要那么多的皇族，也不需要人来表演皇族成员的形象。”①

就像公众对于蕾哈娜的负面评价一样，大都会艺术博物馆也被观众质疑在这个慈善舞会中，将“东方文化”直接地商品化了。金教授作为展览的主要参与人之一，却没有参与这个慈善舞会，她提道：“慈善舞会是大都会艺术博物馆重要的收入来源之一，最少的捐赠金额为25000美元。我并没有被邀请，但我也不在意这个事情。我认为大多数人是希望了解真正的中国文化，而不是通过这个慈善舞会来了解建立在捐赠基础之上被曲解的‘中国’。我希望参与者可以选择真正可以设计出中国文化的设计师，而不是以炫耀自己为主要目的。在这个慈善舞会中，观众们无法看到真正的东方元素。”

所以，为了迎合国际文化市场的趋势，以及完成大都会的年度受捐赠总额目标，大都会艺术博物馆将“中国文化”商品化，创造了带有自身博物馆特色的“商品化东方学”。

四 结语

2015年的“中国：镜花水月”展览是一个明显的当代“东方学”案例。从这个案例中可以看出，在当代文化界，尤其是博物馆和艺术馆，决定当代“东方”文化呈现方式的主要元素是市场需求和经济目标。或许策展人的初衷是希望通过这个东西方文化多元元素结合的展览，让观众们更好地了解当代东西方的文化发展与互相影响。但是，一些外部宣传因素，就像大都会年度慈善舞会本着以盈利和社会影响力为初衷，让展览的文化传播初衷转向了由“名人效应”牵引的流量展览，而“东方文化”也被转化为一种被经济利益所牵制的文化商品。

（编辑：黄洋）

① China Through The Looking Glass: Academic Who Inspired Exhibit Talks About Rihanna's Gown, Orientalism, And Not Going To The Met Gala. Barbara Herman, last modified April 15, 2016, http: //www. ibtimes. com/china - through - looking - glass - academic - who - inspired - exhibit - talks - about - rihannas - gown - 1914705.

考古遗址博物馆的类型划分

黄　洋

（南京师范大学文博系）

［摘要］考古遗址博物馆的类型划分有利于对其更具体地认识，继而统筹发展，促进各类型考古遗址博物馆间的交流。从归属上说，其应属于历史博物馆。在遵循科学性和实用性的原则下，从主管部门和领导系统来划分，可将其分为文物系统的、行业系统的和民办的考古遗址博物馆；从考古遗址与博物馆的关系来划分，可将其分为在考古发掘原址之上建立的、在发掘回填的遗址之上建立的和在没有发掘的遗址之上建立的考古遗址博物馆。

［关键词］考古遗址博物馆；归属；类型；展示利用

考古遗址博物馆是指依托考古遗址建立的向公众开放的非营利性常设机构，为教育、研究、欣赏的目的收集、保护、研究、传播并展出遗址本体、遗址出土物及它们的历史文化内涵，其中的考古遗址包括了古遗址和古墓葬，其年代自人类诞生以来直到明朝灭亡。中国考古遗址博物馆的数量已经有一百余座，目前所见的关于遗址博物馆的叫法很多，综合起来有以下几种：遗址性博物馆、史前遗址性博物馆、考古遗迹博物馆、考古遗址类博物馆，但是大多数叫法还是遗址博物馆。而叫法多样的原因是考古遗址博物馆的类型划分不明确。因此，根据某些相同或相似的特征对考古遗址博物馆进行类型划分至关重要。

一　考古遗址博物馆类型划分意义

考古遗址博物馆作为博物馆体系中的一个分支，与博物馆本来就是种属关系，似乎没有单独进行类型划分的必要，其实不然。随着考古遗址博物馆数量的逐步增多，复杂性也随之增加。研究考古遗址博物馆类型的目的，正是为了促进考古遗址博物馆更好地发展。具体地说，考古遗址博物馆类型划分以下几点意义。

（一）有利于我们更深入、具体地认识考古遗址博物馆。古代人类在历史发展过程中通过各种活动留下了各种各样的遗址。不同考古遗址博物馆的遗址本体和遗址出土物都有所不同，各有特色，因而遗址的内涵也各有差异。同时又存在着某些相同或相似之处。不同遗址的独特内涵需要通过遗址的保护与阐释来传播给观众。研究探讨考古遗址博物馆类型的划分，有助于把握不同类型考古遗址博物馆的不同特点，以便能够从遗址保护、遗址展示与利用、考古遗址博物馆的公众教育等方面科学地制定考古遗址博物馆的发展策略，充分发挥考古遗址博物馆的作用。

（二）有利于我们从整体到局部对考古遗址博物馆的发展做好全面规划和统筹安排。保护各种类型的考古遗址，从时空范围上构建考古遗址博物馆网是我们努力的方向——在时间上，从旧石器时代到明代；在空间上，从东南沿海到西北边陲。理论上说，每个省都应该有考古遗址博物馆，每一个考古学文化、历史朝代中较有代表性的遗址都应该建立考古遗址博物馆，科学有效地保护展示考古遗址，构筑一个古代文明系统网，让人们全面了解古代文明。要努力做到考古遗址博物馆类型多样、布局合理，就必须深入研究考古遗址博物馆的不同类型和特点。研究探讨考古遗址博物馆类型的划分，我们就可以找出考古遗址博物馆发展的薄弱环节，及时弥补，保证考古遗址博物馆的健康发展。

（三）有利于各类型考古遗址博物馆间的交流。加强交流是促进发展的必要途径。各类型考古遗址博物馆间的交流有助于考古遗址博物馆的深入发展。正是为了加强全国史前遗址博物馆之间的交流，1998 年，11 个史前遗址相关单位领导倡议成立史前遗址博物馆的专门组织。1999 年 10 月，中国博物馆学会史前遗址博物馆专业委员会在浙江余姚成立①。这个平台有利于国内史前遗址博物馆间的馆际交流和相互学习，提高各馆的业务水平，同时也有助于开展国际史前遗址博物馆的学术交流，增进同国外史前遗址博物馆的工作联系。考古遗址博物馆类型的划分将会促进同种类型考古遗址博物馆的馆际交流。

二　考古遗址博物馆类型划分原则

划分考古遗址博物馆的类型，除了依据一定的标准，还应遵循以下两大原则。

（一）科学性原则。

1. 保证划分后的各子类型的外延之和与考古遗址博物馆相重合。划分的目的在于明确考古遗址博物馆的外延，如果考古遗址博物馆的外延不等于各子类型的外延总和，则有两种情况：一种是考古遗址博物馆的外延大于子类型的外延总和，这样就是“划分过窄”；

① 胡大鹏：《甑皮岩遗址博物馆十年工作回顾（1990—2000 年）》，《史前明珠甑皮岩——纪念桂林甑皮岩遗址博物馆建馆三十周年》，广西科学技术出版社，2008，第 136 ~ 146 页。

另一种情况是考古遗址博物馆的外延小于子类型的外延总和，这样就是“划分过宽”。而无论前者还是后者，都没有明确考古遗址博物馆的外延。

2. 保证每次划分按照同一标准进行。考古遗址博物馆的内涵具有多样性，因此，在不同标准下可以将考古遗址博物馆划分为不同的子类型。如果在一次划分中未按同一标准进行，而是同时运用了多重标准，那就会出现有些考古遗址博物馆同时属于几个不同的子类型的情况，使划分的结果混乱不清。

3. 保证划分后的子类型互相排斥。如果划分后一部分考古遗址博物馆既属于这一子类型，同时又可以属于另一子类型，这样的划分会引起人们对考古遗址博物馆外延把握的困难，也就失去了划分的意义。

（二）实用性原则。对考古遗址博物馆进行类型划分，是要了解目前考古遗址博物馆的现状，为以后的工作打下基础。因此，所做的划分工作要么有助于对考古遗址博物馆内涵的阐释，要么有利于考古遗址博物馆实际业务工作的开展，要么有益于考古遗址博物馆的管理。只有划分的类型实用，所做的划分工作才有意义。

三　考古遗址博物馆的归属

要想弄清楚考古遗址博物馆的类型，首先就要对考古遗址博物馆有一个清晰的认识，要明晰考古遗址博物馆与其他类型博物馆在藏品、功能等方面的异同，理顺考古遗址博物馆的隶属关系，以便接下来更准确地对考古遗址博物馆进行分类。具体来说，就是要弄清楚考古遗址博物馆在遗址博物馆体系中处于什么地位，在整个博物馆体系中，考古遗址博物馆属于什么性质的博物馆。

（一）考古遗址博物馆在遗址博物馆中的归属

“遗址博物馆”是一个较为宽泛的概念，而考古遗址博物馆只是遗址博物馆的其中一部分。关于遗址博物馆的分类，很多学者进行过讨论。张文立最早将遗址博物馆分为遗址性历史博物馆和遗址性自然博物馆[①]。王兆麟将遗址博物馆分为四类：一是古代历史文化遗址博物馆；二是古代陵寝墓葬博物馆；三是在革命旧址，历史人物活动过的地方，以及重大事件发生地建立的博物馆、纪念馆；四是自然科学遗址博物馆[②]。白岩将其分类为历史类遗址博物馆和自然类遗址博物馆两大类，其中历史类遗址博物馆又分为历史遗址博物馆、考古遗址博物馆、石窟遗址博物馆、生产遗址博物馆和近现代旧址博物馆[③]。张文生

① 张文立：《遗址博物馆科学研究的探讨》，《文博》1985 年第 5 期。

② 王兆麟：《发挥遗址博物馆的综合功能》，《瞭望》（海外版）1988 年第 48 期。

③ 白岩：《论我国遗址博物馆的存在价值及发展》，载《北京博物馆学会第三届学术会议文集》，北京燕山出版社，2001，第 146～152 页。

将遗址博物馆做了纪念遗址类、建筑遗址类、考古遗址类等不同的区别①。李秀珍则简单地将遗址博物馆分为了建立在地面保存下来的建筑上的遗址博物馆和建立在考古发掘基础上的遗址博物馆②。

可见，对于遗址博物馆的分类是仁者见仁，智者见智。遗址博物馆类型的划分标准不同，划分出的遗址博物馆类型也不同。因划分遗址博物馆类型时所使用的标准不一致，而导致划分出的遗址博物馆类型差别很大，这会给遗址博物馆的发展等带来很多不便和困难。因此，划分遗址博物馆类型的标准要统一。鉴于此，笔者根据遗址的性质，将遗址博物馆分为了七大类（见表一），这样分类后的结果基本没有重复，并且引起的歧义较小。表一中的古文化遗址博物馆和古墓葬博物馆合在一起就是考古遗址博物馆。

（二）考古遗址博物馆在博物馆体系中的归属

国际上博物馆分类一般按博物馆的陈列内容将博物馆划分为艺术博物馆、历史博物馆、科学博物馆和特殊博物馆四类。如果按照这个分类方法，考古遗址博物馆就完全属于历史博物馆。

表一　以遗址性质为依据的遗址博物馆分类

遗址博物馆	古文化遗址博物馆	西安半坡博物馆 余姚河姆渡遗址博物馆……
	古墓葬博物馆	北京大葆台西汉墓博物馆 汉阳陵博物馆……
	石窟遗址博物馆	敦煌莫高窟 龙门石窟……
	石刻遗址博物馆	白鹤梁水下博物馆 大足石刻艺术博物馆……
	古建筑遗址博物馆	故宫博物院 沈阳故宫博物院……
	近现代革命遗址博物馆	南京中国近现代史遗址博物馆 重庆抗战遗址博物馆……
	化石遗址博物馆	自贡恐龙博物馆……

我国根据自己的实际情况，依据不同的标准，也有自己的分类，目前常见的主要有以下几种。

从管理惯例来划分，有综合性、纪念性和专门性（也称专题性）三类，这是中华人民

① 张文生：《遗址博物馆的建设与发展》，载《北京博物馆学会第二届学术会议论文集》，经济日报出版社，1998，第 84～93 页。

② 李秀珍：《关于遗址性博物馆的几个问题》，载《博物馆学研究论文选》，西北大学出版社，1994，第 125～132 页。

共和国成立以来，国家统计机关一直使用的分类方法，国家文物局对全国博物馆基本情况的统计也按这种方法进行[①]。那么，考古遗址博物馆应该属于专题性的博物馆，因为每个考古遗址博物馆都是依托于某个特定的考古遗址而建设的，其展览内容也与这个考古遗址相关，可以说是一个断代史的专题性展览。

从博物馆的性质和基本陈列内容（藏品）来划分，我国博物馆一般分为历史类、艺术类、自然科学类、综合类四大类。20 世纪 90 年代，有的学者认为应当将遗址类博物馆从历史类博物馆中分离出来，自成一个类型。张学海认为“综合性与专题性遗址博物馆已构成我国历史类博物馆的一个重要类型或分支”[②]，作者在文中所理解的遗址博物馆多指史前遗址博物馆，就考古遗址本身的性质来说，其应该与历史密不可分，因此，考古遗址博物馆应该属于历史类博物馆。

从不同的隶属关系来划分，可以分为部属博物馆、省属综合类博物馆、省属博物馆、地市属及以下博物馆和中央地方共建及培育对象博物馆（即 8 + 3 博物馆）五类。考古遗址博物馆应该都是省属博物馆和地市属及以下博物馆，没有部属博物馆，也没有省属综合类博物馆，因为考古遗址博物馆都是专题类的。

四　考古遗址博物馆的分类

考古遗址博物馆类型的划分标准，就是对其进行分类时所依据的某种属性或特征。考古遗址博物馆虽然数量上不是特别多，但是较为复杂，各个馆情形并不一致。有的馆址建在已发掘的遗址上或紧临遗址，和遗址融为一体；有的则和遗址脱离。有的展览内容考古景观与陈列结合；有的则只有陈列而无考古遗迹，或者相反。有的遗址只发掘了小部分，大部分或基本上未发掘；有的则已基本发掘，或因搞建设，遗址已经消失。有的在发掘之前对遗址总体面貌并不了解，事先无建馆计划，遗址博物馆的建立是在发掘中或发掘后确定的；有的则是建馆前已掌握遗址的总体状况，并有建馆方案，考古工作予以配合[③]。因此，很有必要对考古遗址博物馆加以分类。

关于考古遗址博物馆的分类，已经有学者进行过讨论。单霁翔按照博物馆建筑选址位置和建设方式，将其分为四种基本模式[④]。依据不同的标准，我们还可以对考古遗址博物馆进行更加细致的类型划分。

---

① 王宏钧：《中国博物馆学基础》，上海古籍出版社，2001，第 54 页。

② 张学海：《遗址博物馆建设刍议》，载《史前研究：西安半坡博物馆成立四十周年纪念文集（1958—1998）》，三秦出版社，1998，第 403 ~ 408 页。

③ 张学海：《遗址博物馆建设刍议》，载《史前研究：西安半坡博物馆成立四十周年纪念文集（1958—1998）》，三秦出版社，1998，第 403 ~ 408 页。

④ 单霁翔：《从“馆舍天地”走向“大千世界”——关于广义博物馆的思考》，天津大学出版社，2011，第 236 页。

（一）从主管部门和领导系统来划分，可以分为文物系统考古遗址博物馆、行业系统考古遗址博物馆和民办考古遗址博物馆。文物系统考古遗址博物馆是指由文物主管部门管理的博物馆。行业系统考古遗址博物馆是指由文物主管部门以外的其他政府部门、事业单位、国有企业、科研院所、大专院校等部门管理的考古遗址博物馆，这类考古遗址博物馆广泛分布于旅游、园林、教育、新闻、体育、科技、公安等系统中。民办考古遗址博物馆是指不属于文物系统和国家体系，不是由国家出资而是由个人、民营企业等建立并管理的考古遗址博物馆。后两种分类见表二。总体来说，绝大多数考古遗址博物馆都是文物系统考古遗址博物馆，行业系统考古遗址博物馆和民办考古遗址博物馆所占比例相对较小。

表二　部分行业及民办考古遗址博物馆一览

博物馆性质	博物馆名称	主管部门
行业系统考古遗址博物馆	鸿山遗址博物馆	无锡市人民政府新区管理委员会
	明孝陵博物馆	中山陵园管理局
	常州市圩墩遗址博物馆	常州市园林绿化管理局
	李白墓园纪念馆	马鞍山市旅游局
	西安唐皇城墙含光门遗址博物馆	西安城墙景区管理委员会
	大明宫遗址博物馆	西安曲江大明宫国家遗址公园管理有限公司
	秦二世陵遗址博物馆	曲江新区旅游局
民办考古遗址博物馆	会泽县汉墓博物馆	不详
	大唐西市博物馆	陕西佳鑫实业集团有限公司
	敦煌阳关博物馆	纪永元创办

行业系统考古遗址博物馆大部分都属于旅游或园林部门管理，或者是由国有企业运营管理，其隶属部门见表二。

民办考古遗址博物馆最为特殊。《文物保护法》明确规定古文化遗址、古墓葬、石窟寺属于国家所有，那为什么有的考古遗址由个人或者民营企业创办了考古遗址博物馆呢？大唐西市是反映盛唐商业文化和市井文化的遗址，见证了大唐帝国繁荣昌盛的历史。出于保护历史文化遗址和促进现代商业开发的双重需要，2001 年，西安市委市政府在充分研究、论证的基础上，决定利用社会资本进行大唐西市遗址的保护和利用。经过反复考察和甄选，最终确定由陕西佳鑫实业集团有限公司独立开发建设“西市遗址恢复改造工程”项目。陕西佳鑫实业集团有限公司主动出资，邀请考古工作人员对西市遗址 300 亩用地进行了全面的考古发掘。这是我国民营企业主动出资进行遗址考古勘探与发掘的首例，也是民营企业主动出资保护历史文化遗址的首例。随后，公司及时调整了开发设计方案，不惜损失利润、削减商业面积，制定了西市遗址保护方案，建设了兼具遗址保护与展示功能的大唐西市博物馆。按照“原地保护、原样保存、原物展示”的方针，把这一灿烂的历史文化瑰宝原汁原味地展现给了观众①。民营企业主动进行考古勘探和发掘，并花费巨资建设考古遗址博物馆，积极保护国家文化遗产，这是值得提倡和鼓励的。还有的考古遗址博物馆虽然由文物部门主管，并非民办考古遗址博物馆，但是有效地引入了民营资本运营。2001年3月，原宝鸡县陵原乡陵原村以土地入股的形式与西安锦辉公司联合开发大唐秦王陵。建成开馆后，锦辉公司又于2005年12月将博物馆转让给宝鸡秦源油业公司经营。我们应该认识到民营企业的介入，有效地保护了遗址的安全，也对博物馆进行了基础设施建设。但应当看到，他们可能在运营管理上有一套，在遗址保护与管理上却是“门外汉”，我们应该积极引导，促进遗址保护与利用健康有序发展。只要不改变遗址的所有权，引入民间资本保护开发利用遗址应该是件好事，也有利于遗址的有效保护与可持续发展。

但是由于管理单位的变化等原因，有些考古遗址博物馆的性质并不是一成不变的，从表三中可以看出个别考古遗址博物馆性质的变化。其中“宝鸡先秦陵园博物馆”的变化情况较为特殊。秦公陵园位于秦都雍城以南，是秦公帝王诸陵园中维持时间最长、陵墓数量最多、规模最大的一处。秦公一号大墓是雍城陵园区中首先被发现、唯一被发掘的一座大墓，故被命名为秦公一号大墓。但因种种原因，秦公一号大墓自发掘后，一直没有得到充分的保护利用，沉寂了十多年。1998年，秦公一号大墓遗址所在地的凤翔县南指挥村党支部书记赵生祥，带领村民集资兴建遗址博物馆，历时三年，建成了全国首家由农民创建的遗址博物馆，于2000年8月正式对外开放。但是由于经营不善等原因，博物馆难以维持生存，2007年9月经改制成为国有博物馆，更名为“宝鸡先秦陵园博物馆”，现隶属于宝鸡市文物事业管理局。这是一个民办考古遗址博物馆被国家“招安”的典型案例，虽然这种模式没有很好地运营下去，但是却让我们知道民营资本介入文化遗产保护具有一定的困难，要积极探索更为有效的保护利用方式。

表三　考古遗址博物馆性质变化列举

	2008年	2009年	2010年	2011年
钓鱼城古战场遗址博物馆	行业	行业	文物	文物
会泽县汉墓博物馆	文物	无	民办	民办
西安唐皇城墙含光门遗址博物馆	文物	文物	文物	行业
大明宫遗址博物馆	文物	文物	行业	行业

（二）从考古遗址与博物馆的关系来划分，可以分为在考古发掘原址之上建立的考古遗址博物馆、在发掘回填的遗址之上建立的考古遗址博物馆、在没有发掘的遗址之上建立的考古遗址博物馆。在考古发掘原址之上建立的考古遗址博物馆是指进行过考古发掘，并且保留原有发掘遗址现场，拥有遗址原址展示的考古遗址博物馆。这类考古遗址博物馆相

① 吕建中：《建立民间博物馆，保护历史遗存——聚焦丝绸之路起点，再现大唐西市辉煌》，http：//www. dtxs. cn/article. asp? sortid = 30&id = 2290。

对较多，并且具有典型性，古文化遗址博物馆和古墓葬遗址博物馆皆有。在发掘回填的遗址之上建立的考古遗址博物馆，是指进行过考古发掘，但是发掘之后对遗址进行了回填，然后在遗址之上建立的博物馆。这类博物馆没有遗址发掘现场的展示，大多为古文化遗址博物馆。在没有发掘的遗址之上建立的考古遗址博物馆，是指没有进行过考古发掘，依托考古遗址而建立的考古遗址博物馆，大多为古墓葬遗址博物馆。简单地说，三者的区别联系见表四。

表四　以考古遗址与博物馆关系为依据的考古遗址博物馆分类

	在考古发掘原址之上建立的考古遗址博物馆	在发掘回填的遗址之上建立的考古遗址博物馆	在没有发掘的遗址之上建立的考古遗址博物馆
是否进行过考古发掘	是	是	否
是否回填	否	是	否
是否有发掘现场展示	是	否	否
是否依托考古遗址	是	是	是

（三）其他分类。在实际工作中，考古遗址博物馆工作者往往会有大型、中型、小型考古遗址博物馆的说法。汉阳陵博物馆是中国占地面积最大的博物馆，是大型文化旅游景区、大型遗址博物馆。秦始皇陵兵马俑在发掘时，引起了国家文物局和中央领导的高度重视，决定建设一座大型遗址博物馆①。确实如此，如今秦始皇帝陵博物院是集秦始皇兵马俑博物馆、秦始皇陵遗址公园为一体的大型遗址类博物馆②。南越国宫署在发掘时，广州市人民政府就发布通告，公布 4.8 万平方米的文物区，分期分批发掘，逐步建设南越王宫大型遗址博物馆③。在 2009 年，山西的大型遗址博物馆——曲沃晋国博物馆也动工兴建④。有的学者感叹由于宣传不到位，中小型遗址博物馆参观人数不景气⑤。那么何为大型、中型、小型遗址博物馆呢？梁子指出大型遗址博物馆是由既有的出土文物和现存的众多遗址构成的⑥，乾陵应该算是大型遗址博物馆。张仲立曾认为秦始皇兵马俑博物馆和西安半坡博物馆为大型遗址博物馆，而徐州汉兵马俑博物馆为中型遗址博物馆⑦。李勤对小型遗址博物馆的理解为体量较小，并且遗址性质多为宫城建筑遗址、墓葬遗址、手工业作

① 袁仲一：《秦兵马俑坑》，文物出版社，2003，第 9 页。

② 秦始皇帝陵博物院：《世界文化遗产 秦代永恒记忆——秦始皇帝陵博物院》，http：//www. xazz. cn/Article_Show. asp？ArticleID = 11381。

③ 南越王宫博物馆筹建处：《迎难而上，保护“广州历史文化名城的精华”——南越国宫署遗址发掘、保护工作的初步总结》，《广东文物 · 千年特刊》，广东省文物管理委员会，2006，第 96 ~ 101 页。

④ 许高哲：《山西省文物事业 60 年》，《中国文物事业 60 年》，文物出版社，2009，第 165 ~ 180 页。

⑤ 张行：《遗址博物馆的发展与保护问题的探讨》，《中国博物馆》1990 年第 1 期。

⑥ 梁子：《博物馆与市场经济》，载《乾陵文化研究（二）》，三秦出版社，2006，第 298 ~ 304 页。

⑦ 张仲立：《试论遗址博物馆业务工作的特点》，载《博物馆学研究论文选》，西北大学出版社，1994，第 109 ~ 117 页。

坊遗址等，如汉长安城长乐宫遗址博物馆、西周丰镐车马坑遗址陈列馆、唐大明宫含元殿窑址陈列馆、西安唐皇城墙含光门遗址博物馆等①。

关于大、中、小型博物馆，《博物馆建筑设计规范》规定，依据建筑规模划分，大于10000 平方米的为大型博物馆，4000～10000 平方米的为中型博物馆，小于4000 平方米的为小型博物馆②。就考古遗址博物馆来说，如果依据这个标准，很难判断一个考古遗址博物馆属于大型、中型还是小型，因为考古遗址博物馆的整个占地都是具有价值的遗址，因此不能同其他类型的博物馆一样，仅从馆舍面积来判断大小。况且这个标准制定于 1991 年，20 多年来没有进行过修订，显然已经不能适应博物馆发展的需要。判断博物馆规模的大小，不能单单从其面积考虑，而与其藏品数量、经费多少、员工人数、展览个数、观众数量等都有密切的关系，应该综合来判定。这是一件非常困难的事情，对于考古遗址博物馆则更是一件难事，所以我们在实际工作中可以有大、中、小型考古遗址博物馆的叫法，但是从理论上，很难依据某一个标准对其进行准确划分。

五　结语

随着考古工作的不断深入和文化遗产保护理念与技术的日益发展，考古遗址博物馆也会出现新的类型。我们要紧跟变化，及时调整对考古遗址博物馆的认识，在此基础上充分发挥考古遗址博物馆的功能，让考古遗址博物馆成为切实保护考古遗址、充分展示遗址内涵、向公众传播考古信息的有效阵地。

（编辑：徐峰）

① 李勤：《小型遗址博物馆宣教工作刍议》，《丝绸之路》2011 年第 10 期。

② 《博物馆建筑设计规范》，载《中国文化遗产事业法规文件汇编：1949—2009》，文物出版社，2009，第 273～282 页。

新时代下“博物馆＋高校”人才培养模式探析

赵　星

（贵阳市文物局）

［**摘要**］高校是培养人才的正式教育机构，而博物馆作为非正式教育机构，在公众终身教育方面起着重要作用。博物馆的“由物到人”，高校通识教育的“人本教育”，在教育人的目标上不谋而合。“博物馆＋高校”的结合，定能让大学生在博物馆这所“大学校”里逐步地认知自我、实现自我、升华自我。博物馆与高校之间的合作，可以通过建立以“理论＋实践＋应用”为宗旨的教学实践基地，以“奉献＋服务＋升华”为目标的社会服务基地，以“观看＋碰撞＋激发”为导向的研学拓展基地完成。

［**关键词**］通识教育；以人为本；非正式教育；博物馆

人才是我国博物馆事业发展和兴旺的基本保障和强大支撑，是博物馆事业发展和进步的重要推动力量。然而，人才问题一直是中国博物馆的“老大难”问题。随着我国博物馆建设的快速发展，人才队伍越来越成为制约我国博物馆事业发展的瓶颈。为了适应我国博物馆事业快速发展对专业人才的需求，适应现代博物馆功能与角色转变和提升我国博物馆专业化水平对人才素质的要求，亟待加强中国博物馆专业人才培养。

高校是培养人才的正式教育机构，而博物馆作为非正式教育机构，在公众终身教育方面起着重要作用。“博物馆＋高校”的碰撞，构建馆校合作的有效机制，充分发挥博物馆这所“大学校”在通识教育方面的重要作用，定能让大学生逐步地认知自我、实现自我、升华自我。

一　我国博物馆人才现状

（一）整体的学历水平偏低

一般而言，人员学历水平较高的博物馆主要集中于北京和省会城市，且多是国家级、省级大馆，而市级、县级博物馆的工作人员学历水平则比较低。所以从整体来看，博物馆工作人员的整体学历水平偏低。低学历博物馆工作人员知识不完备，科研能力不足，不仅影响博物馆这个“大学校”的教育效果，还会影响博物馆事业的发展。

（二）年龄老化、结构不合理

除了博物馆工作人员学历偏低外，在全国大多数博物馆中工作人员的年龄结构也很不合理。在全国各地的博物馆中，年龄老化已成为突出问题，如果不及时注入新鲜血液，博物馆将会陷入青黄不接、人才断层的窘境中。

（三）文博人员就业市场混乱

虽然社会上对文博人才有较大的需求，但是近年来，大学培养的本科生、研究生仍然面临着就业难的问题。一方面，一些文博专业的毕业生不能落实专业对口的工作单位而被迫改行；另一方面，一些文博单位由于种种原因，无法招录文博人才，导致很多“该进的进不了，不该进的却进了”的情况。这种情况对国家、对个人都是一种损失。

（四）现有人才地区分布不均衡

东南沿海地区人才相对比较集中，而广大中、西部地区则普遍人才匮乏。全国文博系统人员构成情况调查数据显示，在大学本科以上学历人员占比最高的前五个地区中，有三个位于东南沿海。我们在以后的工作中应该积极处理好人才的配置问题，以求人尽其才；并要努力争取创建文物保护和古建筑维修专业，以解燃眉之急；同时注意博物馆人员的多方面素质综合培养，以适应当今时代的需要。

二　博物馆教育与高校通识教育关系辨析

（一）博物馆的非正式教育

随着经济的发展和社会的进步，博物馆逐渐“以人为本”，变成公众接受社会教育的重要场所。并且学习模式的多样化和“终身学习”理念的深入传播更进一步提高了教育在博物馆众多职能中的地位。国际博物馆协会 2007 年定义博物馆是一个为社会及其发展服务的、向公众开放的非营利性常设机构，为教育、研究、欣赏的目的征集、保护、研究、传播并展出人类及人类环境的物质及非物质遗产。此定义中，教育排在博物馆功能的首位。相对于在学校课堂教学的方式而言，博物馆在场所和形式上都更为随意化。因此博物馆的教育是“终身教育”，同时也是“非正式教育（或称非正规教育）”。

（二）高校通识教育再认识

大学的雏形出现于中世纪的欧洲，是保存知识、培训人才和促进社会进步的最高殿堂。大学从出现之日起就开始收藏物品，例如权杖、印章、文件、文物、塑像等。1829年，美国博登学院（Bowdoin College）帕卡德教授提出了通识教育（General Education）的概念。经过近两百年的实践总结与思想沉淀，如今的通识教育旨在通过教授学生基本且全面的社会常识，促使学生自由而全面地发展。1945年，哈佛委员会在著名红皮书《自由社会中的通识教育》（*General Education In A Free Society*）中同样明确地提出，通识教育着眼于学生身体、道德和智力的和谐发展，致力于把学生培养成为知识全面、视野广阔、教养博雅和人格完整的人①。通识教育是素质教育，是人文教育，是全面教育。

（三）博物馆教育与高校通识教育目标相同

1. 博物馆为高校教育服务

南通博物苑是1905年张謇独立创办的中国第一座公共博物馆，开中国博物馆事业先河。从中国博物馆事业发展历程可见，博物馆是高校教育的有益补充。张謇创办南通博物苑的最主要目的是“以师范教授博物之须有所征也”②，因为“授博物课仅恃动植矿之图画，不足以引起兴味，国文、历史课仅恃书籍讲解，不足以征事物图”③，所以他“搜集中外动植矿工之物，乡里金石、先辈文笔，资我学子察识物理”④，也“为学子增广闻见”⑤。南通博物苑创办的首要目的就是为通州师范学校的教学服务，除此之外，还要为其他学校师生服务，为社会服务。张謇认为博物馆可“使莘莘学子，得有所观摩研究以辅益于学校”⑥。除了通州师范、南通各校，凡讲关于动植矿物，常由教师率往参观，因之，人多称其为“南通各校专设之标本室”⑦。1929年底，浙江省立西湖博物馆成立。1932年，为扩大业务范围和西湖博物馆的影响力，国立中央大学代表人张其昀与浙江省立西湖博物馆代表人王念劬签署《国立中央大学地理系组织浙江省地理考察团与浙江省立西湖博物馆合作订约》⑧。1952年，大中学校就经常来浙江省博物馆借用实验标本⑨。中华人民共和国成立以来，中国的高等教育不断发展与完善。博物馆作为高校的“第二课堂”，为学生的全面教育发挥作用。

---

① *General Education In A Free Society*: *Report of The Harvard Committee*, Harvard University Press, 1950.

② 南通博物苑编《南通博物苑文献集（1905—2015）》，译林出版社，2015，第60页。

③ 南通博物苑编《南通博物苑文献集（1905—2015）》，译林出版社，2015，第130页。

④ 南通博物苑编《南通博物苑文献集（1905—2015）》，译林出版社，2015，第63页。

⑤ 南通博物苑编《南通博物苑文献集（1905—2015）》，译林出版社，2015，第124页。

⑥ 南通博物苑编《南通博物苑文献集（1905—2015）》，译林出版社，2015，第44页。

⑦ 南通博物苑编《南通博物苑文献集（1905—2015）》，译林出版社，2015，第134页。

⑧ 蔡琴：《浙江博物馆史研究（1929—1966）》，中国书店，2014，第83页。

⑨ 蔡琴：《浙江博物馆史研究（1929—1966）》，中国书店，2014，第239页。

2. “以人为本”的全面教育共同目标

德国哲学家卡尔·西奥多·雅斯贝尔斯（Karl Theodor Jaspers）在《大学之理念》（*The Idea of the University*）一书中提出，任何一个真正意义上的大学，都要包含三个相互之间密不可分的方面：学问传授、科学与学术研究，还有创造性的文化生活[①]。而博物馆在这三方面都起着重要的作用。博物馆发展的“由物到人”，高校通识教育的“人本教育”，都是为了实现更好地、更全面地服务人、教育人的共同目标。

三 “博物馆+高校”模式探析

（一）“理论+实践+应用”：教学实践基地

实践教学是国家培养创新型、应用型人才的重要途径。而博物馆作为学校教育的重要补充，正如张謇所言“夫近今东西各邦，其所以为政治学术参考之大部以补助于学校者，为图书馆，为博物苑”[②]。英国大学博物馆组织（University Museums Group）和苏格兰大学博物馆组织（University Museums in Scotland）联合发表了《影响及参与：21世纪大学博物馆》（*Impact and Engagement*：*University Museums for the* 21*st Century*）。其中表明，英格兰和苏格兰大学中的商学、法学、医学、室内设计、教育学、语言学和计算机学等多种学科，总计有超过700门课程要求学生从博物馆的藏品中学习相关内容。而伦敦大学学院艺术博物馆的藏品被用作英语、地理学、科学哲学等学科的教学资源。在对伦敦大学学院一系列学科的调查中，67%的学生说基于实物的学习（object－based learning）比听演讲或者听课更有效[③]。北京服装学院的民族服饰博物馆收藏有一万多件各民族服装，服装设计专业同学在老师的指导下临摹纹样，这些藏品成为学生设计的灵感源泉。中国传媒大学传媒博物馆、武汉大学动物标本馆、南京理工大学兵器博物馆、西北农林科技大学农林博物院等都是教师的重要教学资源。西南大学与邓小平故里、重庆市红岩革命历史博物馆等共建校外实践教学基地，运用老一辈革命家事迹和红岩红色文化资源开展丰富多彩的文化浸润活动，形成校内校外融合的育人合力。四川大学也与建川博物馆、朱德故居、邓小平故里等合作，建设大学生红色教育基地。

目前全国有60余所大学开设了文物与博物馆学本科专业，而文博专业本身就具有很强的实践性，学生要通过田野考古发掘、博物馆实际业务工作来消化理论知识。博物馆作为高校文博专业实习基地，双方遵循资源共享、优势互补、共同发展的原则，建立高校、企事业单位联合培养人才的机制，也是高校社会协作发展的重要成果。根据《关于在院校

---

① 〔德〕卡尔·雅斯贝尔斯著，邱立波译《大学之理念》，上海人民出版社，2006，第3页。

② 南通博物苑编《南通博物苑文献集（1905—2015）》，译林出版社，2015，第42页。

③ University Museums Group, University Museums in Scotland. *Impact and Engagement*: *University Museums for the* 21*st Century*, UMG/UMIS, 2013, p5.

实施"学历证书+若干职业技能等级证书"制度试点方案》的通知，为了加强复合型技术技能人才培养，或许未来学生在校期间可以考取"文物保护资格证书"等，为就业添加竞争力。

除了"高校+博物馆"模式，近年来高校积极拓展，融入社区，形成"高校+博物馆+社区"新模式，丰富学生教学实践。2017年，同济大学设计创意学院联合上海杨浦四平街道和上海玻璃博物馆共同建设的文教结合项目——当代首饰与新文化中心开放①。同济大学设计创意学院把一部分教学和科研场所迁移到这里，以当代首饰与时尚设计为主题，从文化、教育和研究三个方面对首饰学科进行扩展。同时，中心还承载同济大学首饰设计及相关学科的硕士研究生课程项目，以培养发展"创新领袖"为使命，成为文化创意产业精英的聚集地。

（二）"奉献+服务+升华"：社会服务基地

博物馆作为公共文化服务机构，需要大量的人力来支撑博物馆的业务工作。志愿者成为博物馆发展的重要依赖之一。历史和现实都告诉我们，青年一代有理想、有担当，国家就有前途，民族就有希望，实现中华民族伟大复兴就有源源不断的强大力量。2016年，教育部等七部门发布的《关于公共文化设施开展学雷锋志愿服务的实施意见》就指出要以公共图书馆、博物馆、文化馆、美术馆、科技馆和革命纪念馆为平台，稳步推进公共文化设施志愿服务站点建设，广泛吸引志愿者参与文化志愿服务，发展壮大学雷锋志愿服务队伍。

大学生进行博物馆志愿服务是实现自我的重要途径。高校发挥多学科优势，开展专业化志愿服务，如浙江大学工科院系学生走进博物馆、科技馆做志愿讲解。2016年，长沙博物馆每周从社会招募一位"值班馆长"，通过自己的专业知识从不同角度深入了解博物馆，为博物馆的发展建言献策。第一批值班馆长就是湖南大学新闻传播与影视艺术学院的学生，他们从宣传营销的角度提出让博物馆对长沙市民更有吸引力的办法，这对于学生和博物馆而言是双赢的结果。南京师范大学春晖志愿者协会长年坚持对口服务博物馆，博物馆志愿服务可以锤炼学生奉献社会和服务人民的良好品格，学生在志愿服务过程中感知历史、感受文化，同时也增强了民族自豪感和文化自信。

大学生进行博物馆志愿服务是升华自我的重要推手。南京农业大学与中山陵园孙中山纪念馆、南京大屠杀遇难同胞纪念馆、南京博物院、南京太平天国历史博物馆等单位共建爱国主义教育基地和文化素质教育基地60余个，为青年学生走出校园开展社会实践、志愿服务和素质教育提供了全面平台。西安工业大学发挥高校资源优势，紧密结合学科专业、社会需求，不断加强对外合作发展。在陕西历史博物馆、秦始皇陵博物院、八路军办

① 《"高校+社区+博物馆"新模式落地，或成文、教与社区合作新范式》，https://www.sohu.com/a/149568646_689721。

事处等60余个企事业单位、社区建立了志愿服务基地，每年开展义务讲解、环保宣传、社区服务、阳光助残等志愿活动近3万小时，使大学生在志愿服务中更好地了解社会、提高能力。2017年，北京科技大学开展为期两个月的传统文化节，其中的“逐梦——争做中华优秀传统文化引领者”志愿服务行动，与博物馆、文化馆、纪念馆等公共文化机构建立长期志愿服务项目，让青年学生在志愿服务中感受优秀传统文化的魅力。

（三）“观看+碰撞+激发”：研学拓展基地

研学继承和发展了我国“读万卷书，行万里路”的传统教育理念和人文精神。博物馆研学这种研究性学习或者探究式学习，通常是在教师帮助指导下，选择主题合适的博物馆，在参观考察、动手做、做中学的过程中，主动获取知识、应用知识、解决问题的集体学习活动。2019年初，四川宋瓷博物馆、四川职业技术学院文旅学院联合主办了以“问瓷遂宁·我为城市代言”为主题的传统文化传承传播系列活动①。学生在参观结束后，开展以“爱创意，爱生活”为主题的宋瓷文化交流分享活动，最后学生结合文创产品的设计开发进行了思考。这种“观看+碰撞+激发”的模式扩展了学生的视野，学习由校园课堂走向大千世界，从书本文字转向形象实物。

四　余论

通识教育的开展，学生综合素质的提高，并非一蹴而就。通识教育成为中国高校必须补上的一门课，发展通识教育，已经成为中国高校发展的大势所趋。而且通识教育要广而博，全面塑造人。博物馆教育未来的关键在于要有好的课程内容与设计。所以，博物馆与高校人才培养的结合会愈加密切，日益发挥其作为“大学校”的重要作用。

（编辑：黄洋）

---

① 《校地合作遂宁模式：大学生在博物馆里论“创意”》，https：//sichuan. scol. com. cn/xnxw/201904/56845185. html。

田野考古报道

重庆万州瓦屋墓群2005年度发掘简报

徐　峰　朱苏倩

（南京师范大学文博系）

［**摘要**］2004年至2005年，南京师范大学与重庆万州区文管所在重庆市万州区武陵镇瓦屋村进行了两次考古发掘工作。共发掘墓葬50座，其中2005年度第二次发掘，共清理墓葬22座，年代为战国至东汉时期，出土器物包括铜器、陶器、玉器、石器等，为研究三峡地区巴楚文化、汉文化提供了新的考古材料。

［**关键词**］万州瓦屋；墓葬；战国；汉代

瓦屋墓群位于重庆市万州区武陵镇西侧长江左岸的二级台地上，隶属于万州区武陵镇瓦屋村。台地南临长江，东与吊嘴墓群相望，整个台地呈山脊地形，中间高，两面为缓坡状（图一），地理坐标为北纬30°30′，东经108°15′。1997年厦门大学曾在此墓群做过试掘。2002年湖南岳阳考古队在对吊嘴墓群进行发掘时，也曾对瓦屋墓群进行过钻探。2004～2005年，南京师范大学文博系联合重庆市万州区文管所对瓦屋墓群进行了两次发掘，发掘面积共计4175平方米，揭露墓葬50座，墓葬时代从战国晚期一直延续至东汉时期，出土铜器、陶器、铁器、玉器等各类器物近700件。

现将2005年的发掘收获首先进行介绍，发掘面积为2000平方米，共清理墓葬22座，墓葬编号2005WWWM29～M50，出土各类遗物500余件。

一　基本概况和地层堆积

（一）探方分布

先后布方26个，其中10米×10米探方15个，5米×5米探方2个，5米×10米探方

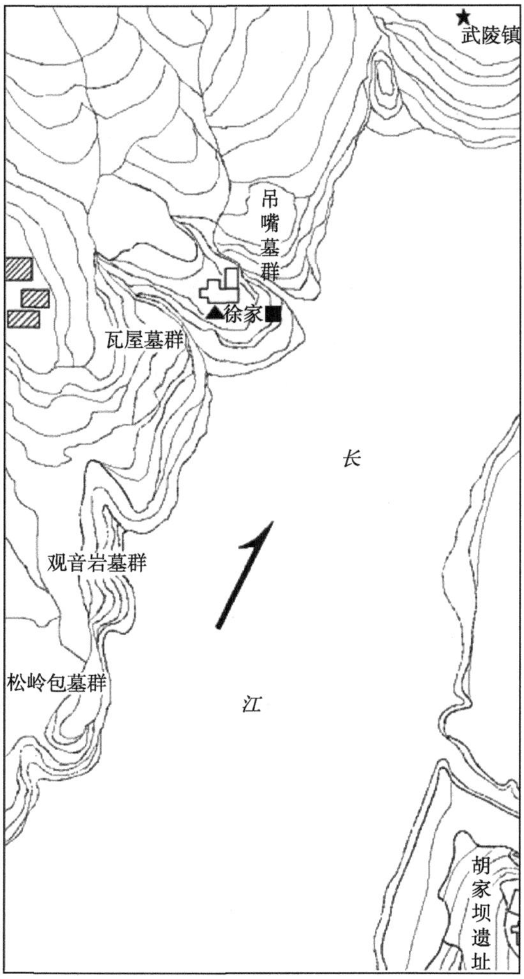

图一　瓦屋墓群地理位置图

9个。共清理墓葬22座，其中砖室墓7座，土坑墓15座，时代从战国晚期延续至东汉时期（图二）。

从发掘情况来看，土坑墓保存状况较好，分布比较密集，其中有7组打破关系，即M40→M41；M40→M42；M35→M36；M34→M36；M38→M39；M32→M33；M49→M46。

（二）地层堆积

瓦屋墓地地层堆积较为简单，耕土下即为生土，墓葬均开口在耕土层下，打破生土，其原始开口层位已被历年农事活动所破坏。不过从有些墓葬填土中发现的新石器时代打制的石片石器以及一些陶片、瓷片来看，该地点原来的原始地层应该包含不同时代的文化层。

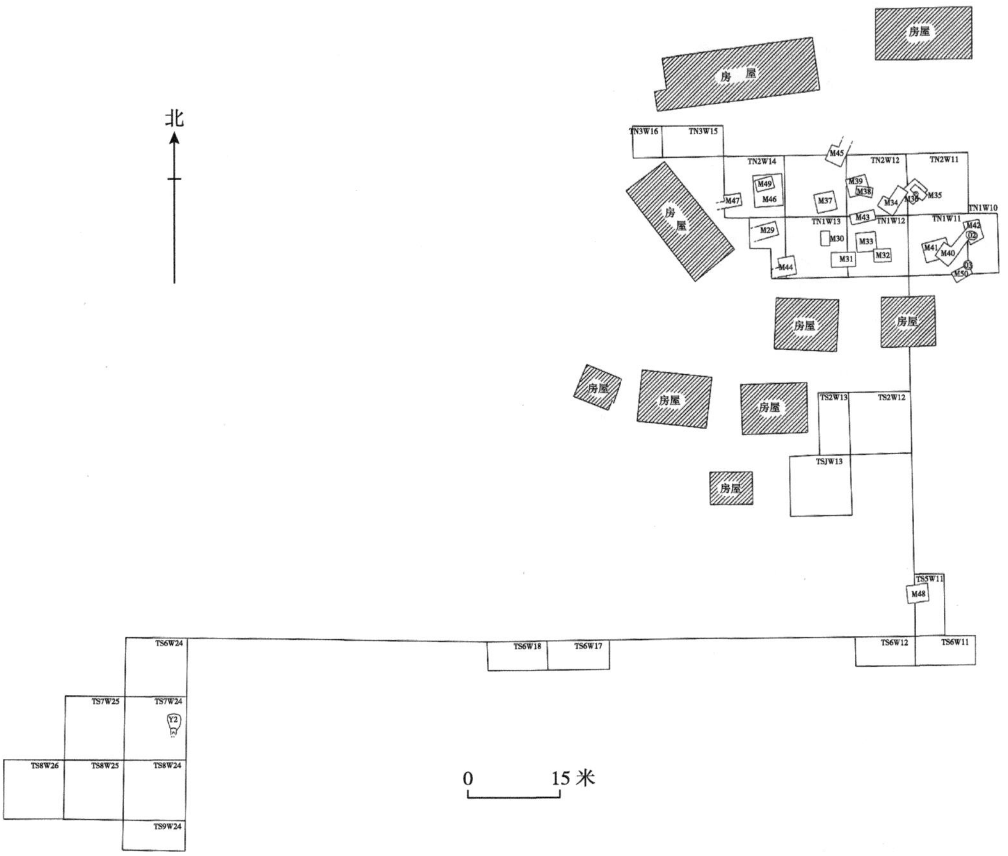

图二　2005年度瓦屋墓群墓葬位置示意图

二　墓葬形制

墓葬共发掘22座，按其构造方式分为土坑竖穴墓、砖室墓；平面形状可分为长方形、梯形、刀把形。墓葬年代从战国一直延续至东汉时期。砖室墓破坏较为严重，土坑墓保存状况相对较好，但也有个别遭到盗掘。墓葬分布较为密集。

（一）竖穴土坑墓

竖穴土坑墓共15座，即M30、M31、M33、M35、M36、M37、M38、M39、M41、M42、M43、M46、M48、M49、M50。其中M31、M33、M36、M37、M39、M41、M46有二层台。以M46、M42为例介绍。

M46为长方形竖穴土坑墓，口大底小，留有熟土二层台。墓口深0.3米、长0.52米、宽0.47米，墓底深0.44米、长0.43米、宽0.36米。随葬品以陶器为主，器型为鼎、豆、壶等，另有铁制带钩1件，器身错金。玉璧1件，玉环2件及铜制匕1件（图三）。

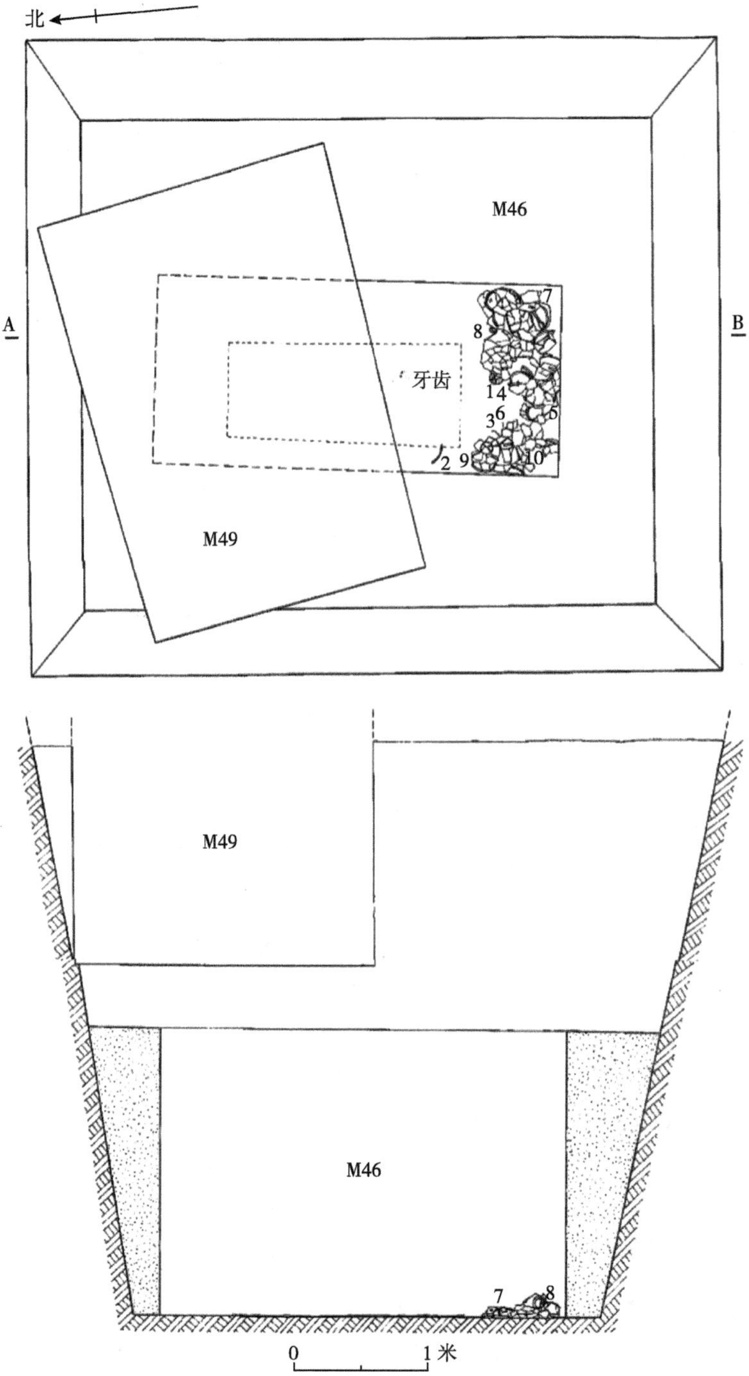

图三　M46 平、剖面图

1. 玉璧；2. 铁带钩；3. 玉环；4. 铜铲 5. 铜匕；6. 玉环；7～8. 陶鼎；9～10. 陶壶

M42 为梯形竖穴土坑墓，口大底小，开口于耕土层下，墓室东南部有一盗洞，墓内随葬品被盗，仅在墓室北部发现两件陶豆（图四）。

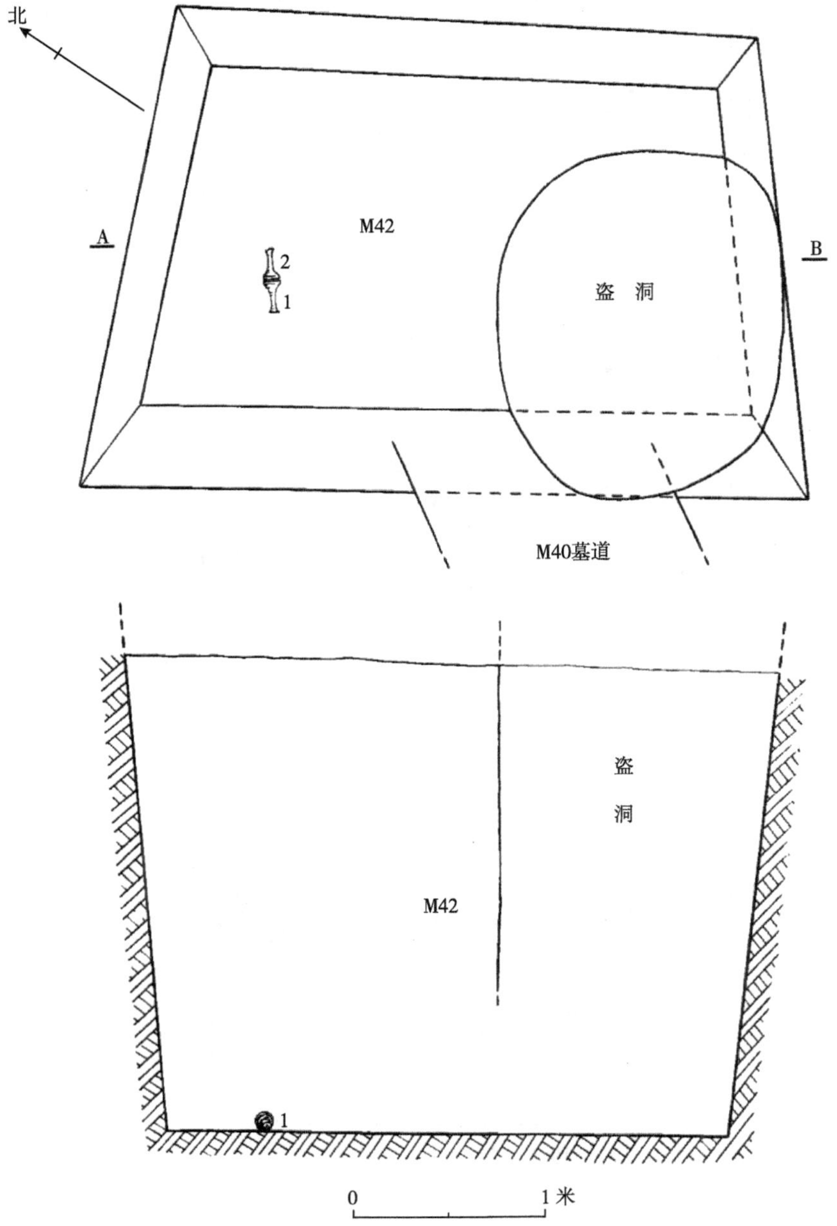

图四　M42平、剖面图

1. 陶豆；2. 陶豆

（二）长方形砖室墓

长方形砖室墓共2座，即M29、M32。M32为长方形竖穴土坑砖室墓，墓口深0.3米、长2.75米、宽2.05~2.20米，墓底深0.95米、长2.6米、宽2~2.1米。无铺底砖，墙砖错缝平铺，砖正反无规则砌，且局部墙砖纹饰不一，墓砖均为菱形花格纹，粗菱格纹，中有一乳钉纹（图五）。

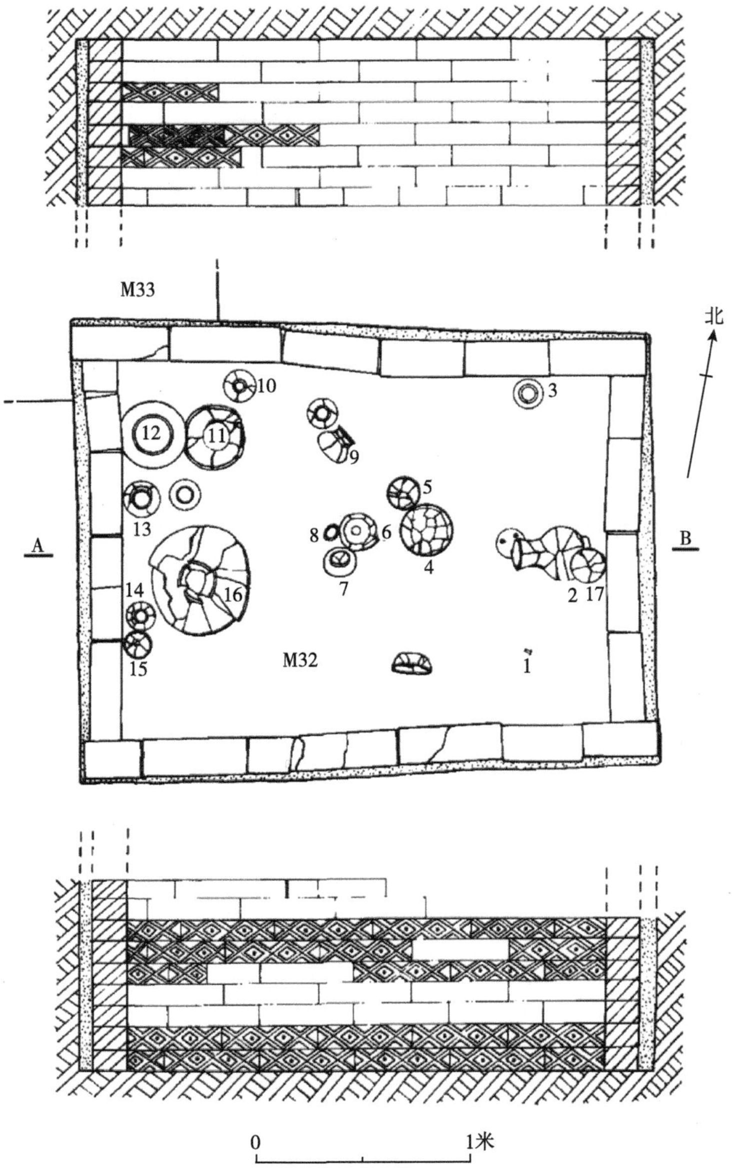

图五　M32 平、剖面图

1. 耳珰；2. 壶；3. 陶罐；4. 陶盆；5. 陶钵；6. 陶盘；7. 熏炉；8. 陶豆；9. 陶罐；10. 陶钵；11. 陶盆；12. 陶甑；13. 陶囷；14. 陶罐；15. 陶钵；16. 陶罐；17. 陶钵

（三）刀把状砖室墓

刀把状砖室墓共 5 座，即 M34、M40、M44、M45、M47。M40 为刀把状砖室墓，上端口长 1.08 米、宽 1.4 米、深 0.66 米，下端口长 0.38 米、宽 1.40 米、深 0.66 米。由墓道、甬道、墓室三部分组成，甬道朝北，墓室偏南，墓室东西二墙遭外部压迫，严重内倾，墓室及甬道由菱形花纹砖横铺错缝铺砌而成，底铺素面地砖，墓室填土中发现有菱形纹榫卯砖，为坍塌券顶用砖，封门砖纹饰有 4 种：菱形纹，钱币纹、规矩纹和模有“富贵”字样的纹饰（图六）。

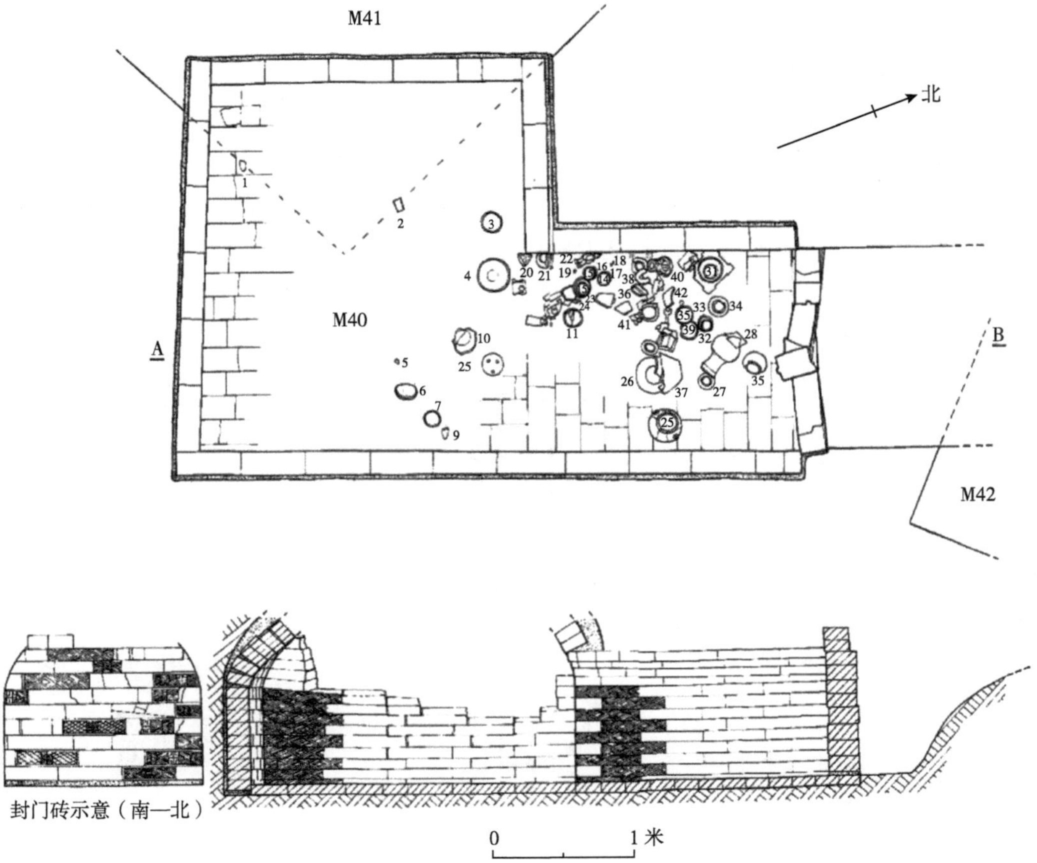

图六 M40平、剖面图

1. 石片石器；2. 研板；3～4. 陶钵；5. 石斧；6. 陶钵；7. 陶灯；8. 陶钵；9. 石片石器；10. 陶罐；11. 器盖；12～17. 陶钵；18. 坠饰；19. 串珠；20. 熏炉；21. 陶杯；22. 陶俑；23. 陶罐；24. 耳珰；25. 带盖陶壶；26. 陶罐；27. 陶囷；28. 陶壶；29. 陶钵；30. 陶匜；31. 陶井；32～33. 陶钵；34～36. 陶罐；37. 陶盆；38. 陶猪；39. 陶勺；40. 陶盂；41. 陶罐；42. 陶囷

三 随葬器物

随葬器物500余件，有陶器、铜器、铁器、石器等。可分为生活实用器和随葬的模型器。

（一）陶器

出土陶器的数量和种类都较多，共293件，可分为实用器和模型陶器。其中以实用器为主，有钵、盆、鼎、罐、囷、甑、壶、豆、纺轮、敦、杯等。模型陶器有俑、猪、井、塘等。陶色灰、红。质地多为夹砂，有少量泥质，以夹砂灰陶最多，泥质红陶和釉陶数量较少。陶器以素面为主，有弦纹、绳纹、网格纹、瓦棱纹、垂幛纹等。

钵　122 件，其形态可以分为两型。

A 型　78 件。弧腹。分三式。

Ⅰ式　65 件。敞口，弧腹，平底。M35:2，夹砂灰陶，腹饰瓦棱纹。口径 22.1 厘米、底径 9.9 厘米、通高 9.7 厘米（图七：1）。

Ⅱ式　12 件。敞口，弧腹，底心上凹。M50:5，夹砂灰陶，敞口，圆唇，斜弧腹。口径 12.9 厘米、底径 5.1 厘米、通高 3.9 ~4.8 厘米（图七：3）。

Ⅲ式　1 件。敛口，弧腹，平底。M45:12，夹砂红陶，尖唇。口径 12.4 厘米、腹径 12.8 厘米、底径 5.2 厘米、通高 4.1 厘米（图七：4）。

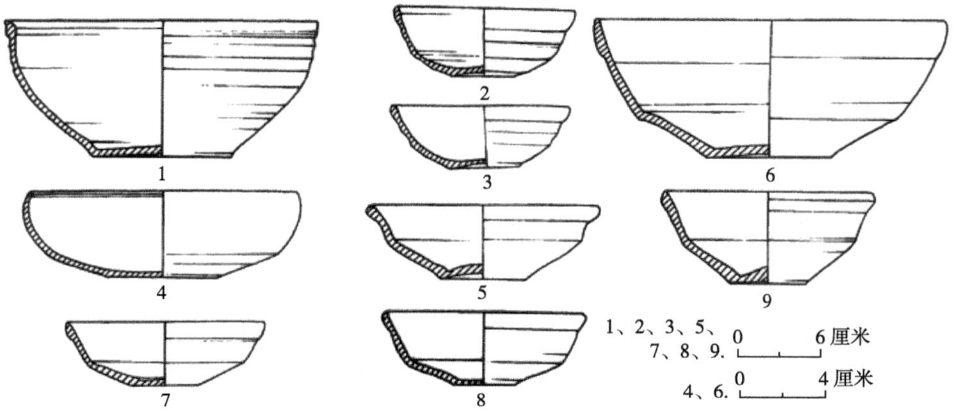

图七　陶钵

1. A 型Ⅰ式钵（M35:2）；2、3. A 型Ⅱ式钵（M48:57、M50:5）；
4. A 型Ⅲ式钵（M45:12）；5、6. B型Ⅰ式钵（M38:2、M45:3）；
7. B 型Ⅱ式钵（M48:34）；8. B 型Ⅲ式钵（M48:13）；9. B 型Ⅳ式钵（M50:12）

B 型　44 件。折腹。分四式。

Ⅰ式　6 件。敞口，折腹，上腹斜直，下腹内曲，底心上凹。M38:2，夹砂灰陶，厚圆唇。口径 16.8 厘米、底径 6.3 厘米、通高 5.4 厘米（图七：5）。

Ⅱ式　16 件。微侈口，折腹，上腹斜直，下腹斜收，平底。M48:34，夹砂灰陶，尖唇。口径 14.1 厘米、底径 4.8 厘米、通高 4.7 厘米（图七：7）。

Ⅲ式　17 件。敞口，折腹，上腹斜直，下腹内曲，平底。M48:13，泥质黑陶，圆唇。口径 17.7 厘米、底径 6 厘米、通高 6.9 厘米（图七：8）。

Ⅳ式　5 件。敞口，折腹，上腹斜直，下腹斜收，底心上凹。M50:12，口径 15.3 厘米、底径 5.7 厘米、通高 6.6 厘米（图七：9）。

罐　84 件，分两型。

A 型　59 件。平底罐。分六式。

Ⅰa 式　3 件。溜肩，敞口高颈，平底，垂腹或弧腹。M37:1，圆唇，高束颈，腹饰三周瓦棱纹。口径 11.1 厘米、腹径 16.5 厘米、底径 10.5 厘米、通高 15.9 厘米（图八：1）。

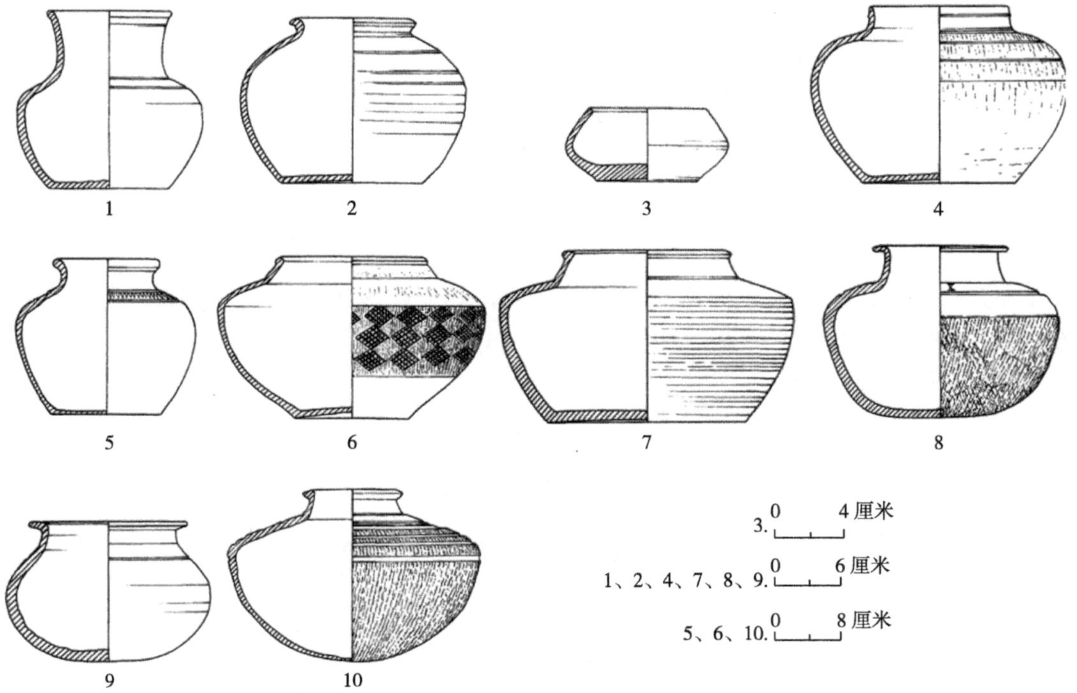

图八　陶罐

1. A型Ⅰa式罐（M37∶1）；2. A型Ⅰb式罐（M35∶7）；3. A型Ⅱ式罐（M44∶16）；
4. A型Ⅲ式罐（M35∶5）；5. A型Ⅳ式罐（M49∶24）；6. A型Ⅴ式罐（M48∶25）；
7. A型Ⅵ式罐（M29∶18）；8. B型Ⅰ式罐（M31∶2）；9. B型Ⅱ式罐（M38∶5）；10. B型Ⅲ式罐（M49∶29）

Ⅰb式　37件。溜肩，敞口矮颈，斜弧腹或鼓腹。M35∶7，夹砂灰陶，圆唇微卷，矮束颈，斜弧腹，肩饰一周凹弦纹，腹饰瓦棱纹。口径11.4厘米、腹径20.3厘米、底径12.6厘米、通高15厘米（图八：2）。

Ⅱ式　1件。溜肩，敛口，M44∶16，夹砂红陶，敛口，圆唇，鼓腹，器型较小。口径7厘米、腹径9.8厘米、底径6厘米、通高4.4厘米（图八：3）。

Ⅲ式　4件。溜肩，直口矮颈，尖唇或方唇，鼓腹，最大腹径多偏上。M35∶5，夹砂灰陶，口部饰凸弦纹一周，肩部及上腹部饰弦断绳纹。口径12.3厘米、腹径22.8厘米、底径13.8厘米、通高15.8厘米（图八：4）。

Ⅳ式　3件。鼓肩，敞口。M49∶24，夹砂灰陶，肩部饰一周锯齿纹和一周凹弦纹。口径12.8厘米、底径13.2厘米、通高16.8厘米（图八：5）。

Ⅴ式　9件。折肩，敞口。M48∶25，夹砂灰陶，腹部先饰绳纹，再拍印由网格纹组成的菱形纹。口径18厘米、腹径32厘米、底径13.6厘米、通高19.4厘米（图八：6）。

Ⅵ式　2件。折肩，敛口。M29∶18，泥质褐陶，口微敛，圆唇微卷，束颈，颈略外撇，斜折肩，弧腹，大平底，素面。口径15厘米、腹径26.1厘米、底径17.7厘米、通高15.6厘米（图八：7）。

B型　25件。圜底罐。平沿，束颈，圜底。分三式。

Ⅰ式　3件。鼓肩，敞口，束颈，斜弧腹。M31∶2，夹砂灰陶，肩部两周凹弦纹，腹上部一周弦纹，腹下满饰绳纹。口径12厘米、通高15.3厘米（图八：8）。

Ⅱ式　6件。溜肩，敞口，束颈，垂腹，圜底近平。M38∶5，肩饰凹弦纹一周及细绳纹。口径14.1厘米、腹径18厘米、通高12.5厘米（图八：9）。

Ⅲ式　16件。折肩，扁腹，敞口，平沿，颈微束，凸圜底。M49∶29，肩部饰两周凹弦纹，其下为断绳纹。口径12厘米、腹径30厘米、通高20.4厘米（图八：10）。M29∶14，肩部饰弦断绳纹，腹部最大处饰弦断绳纹一周，其下两饰粗绳纹及底。口径11.6厘米、腹径32厘米、通高21.2厘米。

囷　16件，分三型。

A型　8件。敞口，肩径大，底径小，弧腹。M48∶7，夹砂灰陶，微束颈，平折肩，腹部有轮制痕迹。口径14.8厘米、腹径19.2厘米、底径13.6厘米、通高18厘米（图九：1）。

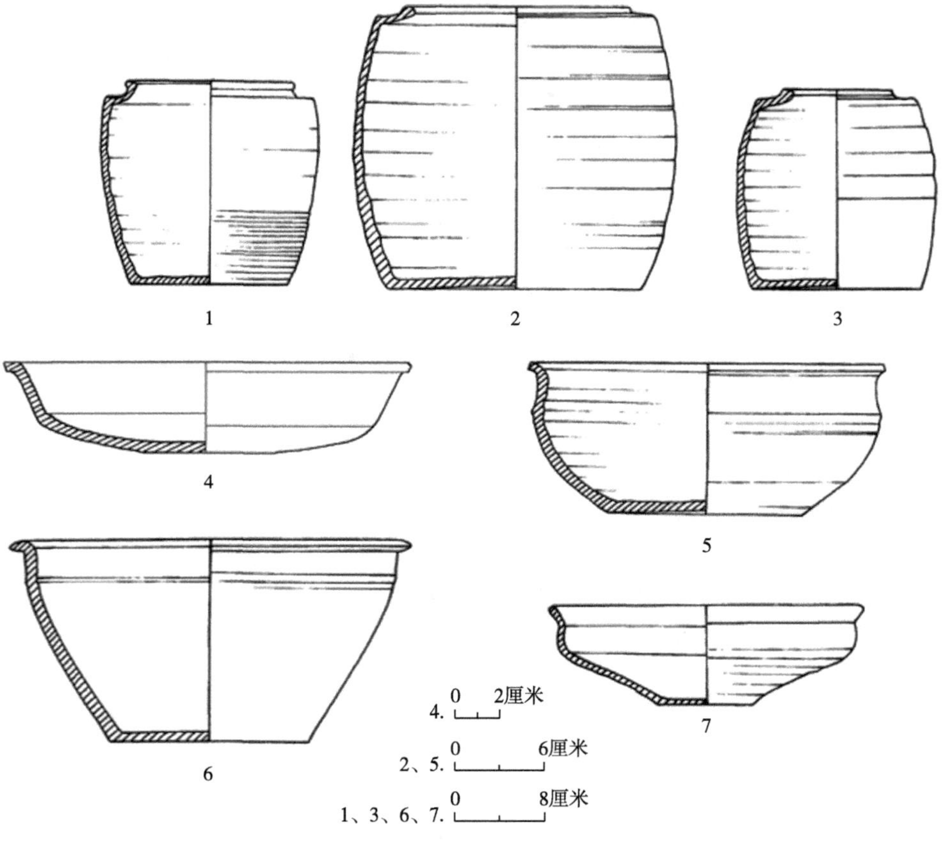

图九　陶囷、陶盆

1. A型囷（M48∶7）；2. B型囷（M29∶15）；3. C型囷（M48∶84）；4. A型盆（M36∶2）；5. B型盆（M49∶23）；6. C型盆（M48∶36）；7. D型盆（M29∶3）

B型　7件。敞口，肩径与底径近似，筒形腹。M29∶15，夹砂灰陶，腹饰瓦棱纹。口径15厘米、腹径21.3厘米、底径16.8厘米、通高18.6厘米（图九：2）。

C型　1件。敞口，肩径小，底径大，弧腹。M48∶84，夹砂灰陶，腹饰凹弦纹两周。口径9.6厘米、腹径17.6厘米、底径15.2厘米、通高17.4厘米（图九：3）。

盆　10件，敞口，平底。分三型。

A型　2件。盘形腹较浅，敞口，折腹，平底。M36∶2，泥质褐陶，窄平沿，素面。口径18厘米、通高4厘米（图九：4）。

B型　2件。侈口，鼓腹，平底。M49∶23，平底红胎，表施酱黄色釉，弧腹较浅，敞口，斜方唇，腹部饰弦纹，口径35.1厘米、腹径33.8厘米、底径19.5厘米、通高11.7厘米（图九：5）。

C型　4件。深腹盆，敞口，上腹微弧，下腹斜直，平底。M48∶36，夹砂灰陶，敞口，斜折沿微外卷，上腹有一周凸棱纹。口径35.6厘米、腹径32.8厘米、底径17.6厘米、通高17.6厘米（图九：6）。

D型　2件。侈口，束颈，斜弧腹，上腹微鼓，平底。M29∶3，夹砂灰陶，腹部有轮制痕迹。口径20.7厘米、腹径19.5厘米、底径6.3厘米、通高6.6厘米（图九：7）。

壶　9件，分两型。

A型　7件。圈足壶。分两式。

Ⅰ式　3件。均为泥质褐陶，钵形盖，盖顶对称分布三实心尖状纽。壶身侈口，方唇，高领，溜肩，鼓腹，矮圈足。M46∶10，领下部及上腹部各饰凹弦纹两周。口径10.4厘米、腹径20厘米、底径12厘米、通高34厘米（图十：1）。M39∶2，领下部及上腹部各饰凹弦纹两周。肩部饰对称圆环纽。口径10.4厘米、腹径20厘米、底径12厘米、通高34.8厘米。

Ⅱ式　4件。均为红胎，细长颈，盘口，高圈足，器表多施酱黄色釉。M32∶2，肩模压对称衔圆环兽面铺首一对，领部饰凸弦纹一周，肩部饰凹弦纹三周。口径15厘米、腹径22厘米、底径14厘米、通高27.4厘米（图十：2）。M34∶6，肩部附两对称铺首衔环凸饰，领下、上腹部各有两周凹弦纹。口径15厘米、腹径20.4厘米、底径17.6厘米、通高27厘米。

B型　2件。平底壶。均为夹砂灰陶，盖顶端平，覆钵形，与壶口子母相扣，壶口敞，方唇，高弧颈，溜肩，鼓腹，下腹斜收。M41∶1，颈部和腹部各有四道粗凹弦纹。口径11.6厘米、腹径16.8厘米、底径9.6厘米、通高24.8厘米（图十：3）。

杯　6件，分四型。

A型　3件。均为夹砂红陶，侈口，窄平折沿，弧腹，平底。M44∶22，口径11.4厘米、腹径10.4厘米、底径6.4厘米、通高5厘米（图十：4）。

B型　1件。M44∶11，夹砂红陶，敞口，方唇，斜直腹，平底。口径6.8厘米、底径4.2厘米、通高5.2～5.4厘米（图十：5）。

C型　1件。M40∶21，红胎，表施酱黄色釉，敛口，圆唇，弧腹，微鼓，平底，口下有一周凹弦纹。口径9.9厘米、腹径10.5厘米、底径7.8厘米、通高8.1厘米（图十：6）。

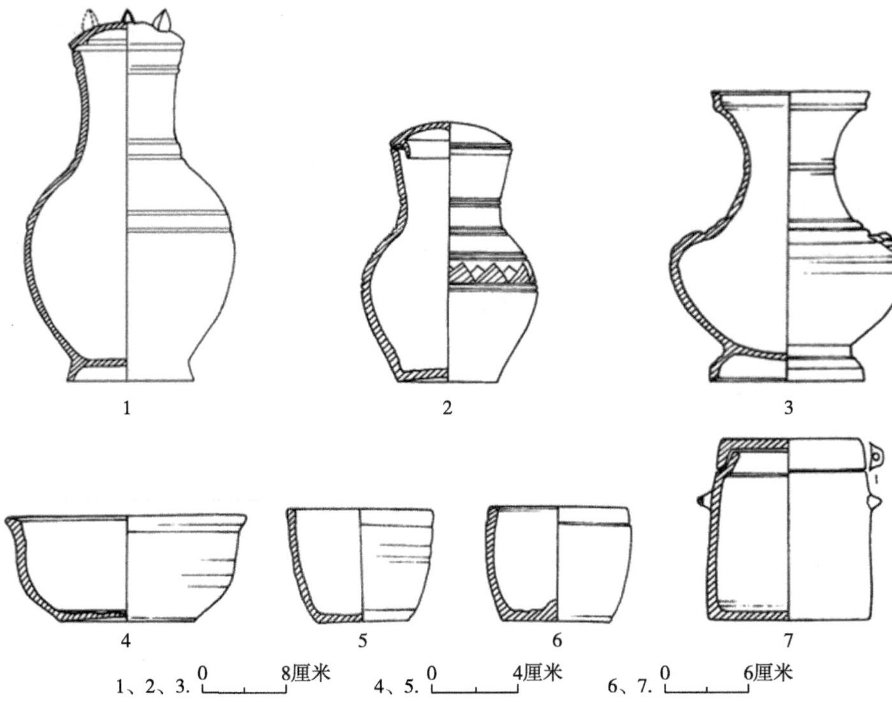

图十　陶壶、陶杯

1. A型Ⅰ式壶（M46:10）；2. A型Ⅱ式壶（M32:2）；3. B型壶（M41:1）；
4. A型杯（M44:22）；5. B型杯（M44:11）；6. C型杯（M40:21）；7. D型杯（M43:5）

D型　1件。M43:5，夹砂灰陶，有盖，盖边垂直，盖与器身子母口扣合，整体似圆柱形，敛口，圆唇，折肩，直腹，下腹渐宽，平底，肩以下附两对称系耳。口径8.7厘米、腹径10.8~11.7厘米、底径11.7厘米、通高12.9厘米（图十：7）。

甑　5件，分三型。

A型　1件。M31:9，腹较浅，夹砂灰陶，敞口，平沿，尖唇，斜弧腹，底部内凹。口径24厘米、底径9.6厘米、通高10厘米（图十一：1）。

B型　2件。腹较深，均为夹砂灰陶，敞口，斜折沿外卷，斜弧腹，平底。M48:40，底上有13个箅孔，孔径1.6厘米，上腹饰粗绳纹两周。口径36厘米、腹径33.6厘米、底径16.4厘米、通高21.2厘米（图十一：2）。

C型　2件。腹较深，均为夹砂灰陶，敞口、斜弧腹、凹底。M44:1，凹底之上箅孔比较密集，孔径0.4厘米，上腹饰凹弦纹三周。口径33.2厘米、腹径30.4厘米、底径15.6厘米、通高18.8厘米（图十一：3）。

豆　5件，分三型。

A型　3件。口微敞，浅盘，竹节形柄，喇叭形圈足。M42:1，夹砂灰陶。盘径14.4厘米、座径8.4厘米、通高15.9厘米（图十一：4）。

B型　1件。M43:3，夹砂灰陶。口微敛，圆唇，沿内卷，弧腹，矮柄，柄内束，喇叭形圈足。口径18.4厘米、腹径18.8厘米、底径8.4厘米、座高3.2厘米（图十一：5）。

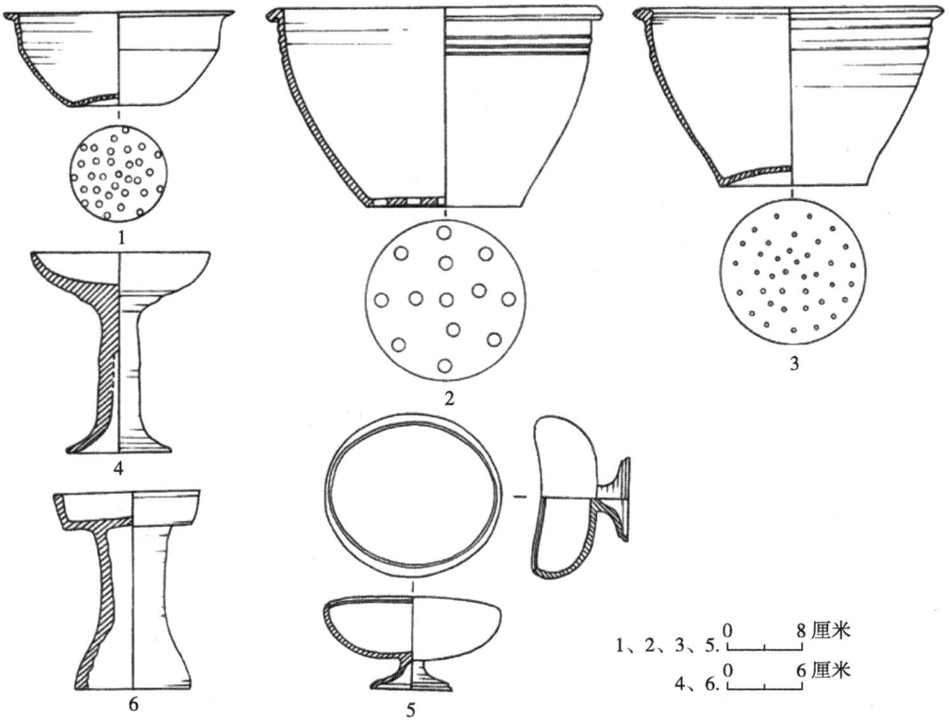

图十一　陶甑、陶豆

1. A型甑（M31∶9）；2. B型甑（M48∶40）；3. C型甑（M44∶1）；
4. A型豆（M42∶1）；5. B型豆（M43∶3）；6. C型豆（M49∶9）

C型　1件。M49∶9，红胎，表施酱黄色釉，豆盘弧壁，空心柄，喇叭形座（图十一：6）。

鼎　4件，均为泥质褐陶。鼎身扁圆，子母口，圜底，双附耳，三高蹄足。上腹施一周凸弦纹，蹄足雕成兽面状。M36∶3、M36∶4有盖，M46∶7、M46∶8无盖。M36∶3，口径18厘米、宽24厘米、通高25.4厘米（图十二：1）。

釜　3件，分两型。

A型　2件。均为夹砂灰陶，敞口外侈，束颈，垂腹，圜底近平。M48∶85，腹饰乱绳纹及底。口径26厘米、腹径26厘米、通高15.6厘米（图十二：2）。

B型　1件。M44∶9，夹砂红陶，侈口，腹微鼓，弧收至底，平底，素面，器型较小，口沿处有两个对称半圆形系耳，一耳已残。耳宽3.3厘米、高1.2厘米。口径10.8厘米、腹径10.2厘米、通高6.4厘米（图十二：3）。

匜　3件，分三型。

A型　1件。M49∶43，红胎，表施酱黄色釉，口微敛，方唇，斜弧腹，平底，腹部附有一柄。柄长6.6厘米、宽2.1厘米。口径19.5厘米、底径9厘米、通高7.8厘米（图十二：4）。

B型　1件。M40∶30，红胎，表施酱黄色釉，短柄，直口，方唇，直腹，下腹斜收及

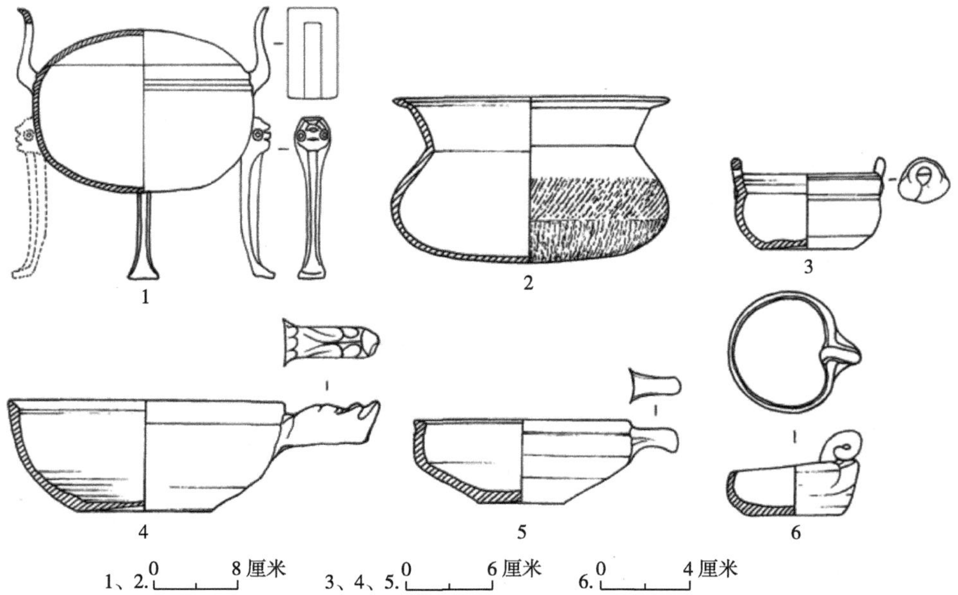

图十二 陶鼎、陶釜、陶匜

1. 鼎（M36:3）；2. A型釜（M48:85）；3. B型釜（M44:9）；
4. A型匜（M49:43）；5. B型匜（M40:30）；6. C型匜（M45:9）

底，平底。柄长3.3厘米。口径15.3厘米、底径6.3厘米、通高5.8厘米（图十二：5）。

C型 1件。M45:9，夹砂红陶，带流碗形，敞口，尖唇，弧腹，平底，俯视流部呈尖喙形，圆圈尾。口径5~5.6厘米、腹径6.2厘米、底径4.6厘米（图十二：6）。

盂 3件。皆为红胎，表施酱黄色釉，敞口，垂腹，平底。M49:14，腹部有两周凹弦纹及对称凸纽。口径14.7厘米、腹径15.3厘米、底径9厘米、通高10.5厘米（图十三：1）。

器盖 3件。M49:52，覆钵形，盖壁饰三周凹弦纹，盖的中部模印一十字凸纹。口径14.2厘米、通高3厘米（图十三：2）。M40:11，红胎，器表施酱黄色釉，顶平，中部捏制一环纽，弧壁，壁上均匀分布三对称乳钉。M44:8，夹砂红陶胎，器表施酱黄色釉，弧壁覆锅形盖，盖下沿平直，器盖顶部微平，正中捏制一提纽，三个孔突小纽均分等距，分布其周围，盖身轮制痕迹明显。口径15.3厘米、通高6厘米

纺轮 2件，M31:8，夹砂褐陶，截面鼓形，正中穿孔，最大径在中部（图十三：3）。M47:1，陶质，算珠形，边缘有刻划痕迹，正中已穿孔。外径3.4厘米、孔径0.5厘米。

熏炉 2件，M49:6，博山盖，敛口，方唇，垂腹，空心柄，喇叭形座（图十三：4）。M40:20，红胎，带盖熏炉，器盖表施酱黄色釉，头盔形，顶有一乳突，底为侈口，方唇，模印略凸的山状堆纹，器面有四个长方形小孔。器身子母口，浅盘，柄部内曲，盘状座。口径12厘米、底径9.3厘米、通高15.6厘米。

敦 1件，M39:3，泥质褐陶。由上下对称的两部分扣合而成，整体呈略长的球形，球面上下各有三个呈“S”形的兽形实心纽。素面。口径18.4厘米、通高23.2厘米

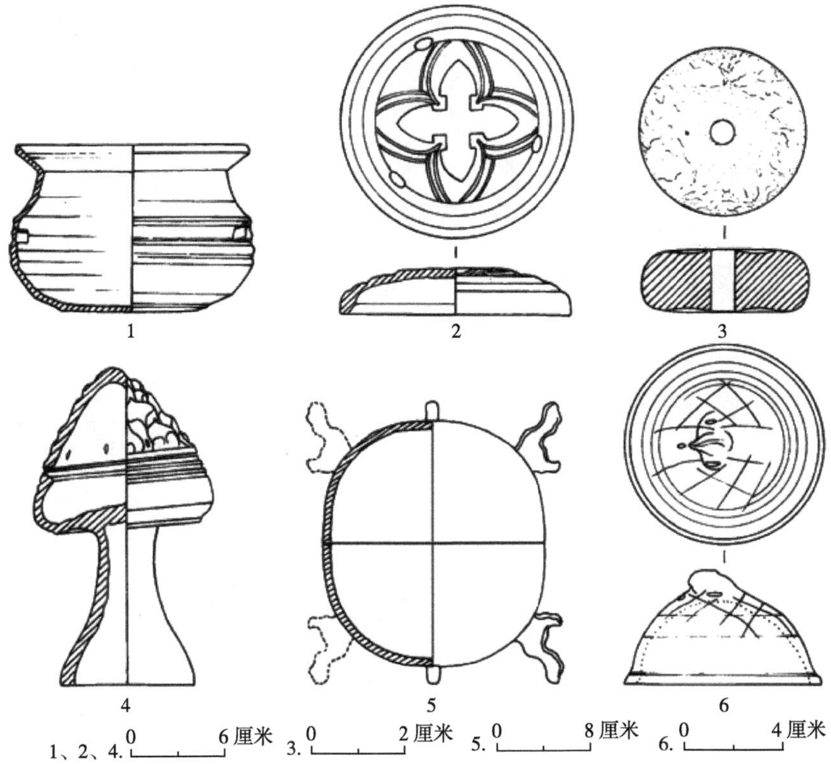

图十三 陶器

1. 盂（M49∶14）；2. 器盖（M49∶52）；3. 纺轮（M31∶8）；
4. 熏炉（M49∶6）；5. 敦（M39∶3）；6. 熏炉盖（M45∶14）

（图十三：5）。

熏炉盖 1件，M45∶14，夹砂红陶，施酱黄色釉，多已脱落，盔帽形，弧壁，顶部捏制一乳突小纽，盖下沿圆唇，顶部有刻划纹，器型较小。口径8.3厘米、通高4.8厘米（图十三：6）。

灯 7件，分四型。

A型 2件。全器呈豆形，直子口略敛，弧腹，瘦实心柄，覆碗式高粗圈座。M32∶7，口径5.7厘米、底径11.1厘米、通高9.3厘米（图十四：1）。

B型 3件。全器豆形，敞口，小浅盘，覆碗式圈座。M45∶8，口径8.6厘米、底径10厘米、通高8.5厘米（图十四：2）。

C型 1件。M32∶3，夹砂红陶，器表及灯盘内饰酱黄色釉，器底未施釉，带流碗形，圆唇，直口，弧腹，平底微凹，尾端残断。柄残长1.8厘米。口径7.2厘米、底径4.5厘米、残高4.8厘米（图十四：3）。

D型 1件。M40∶7，红胎，器表施酱黄色釉，直口，浅盘，斜腹，直柄，盘状座，基座饰有一周粗凹弦纹。口径11.7厘米、底径11.7厘米、通高10.5～11.1厘米（图十四：4）。

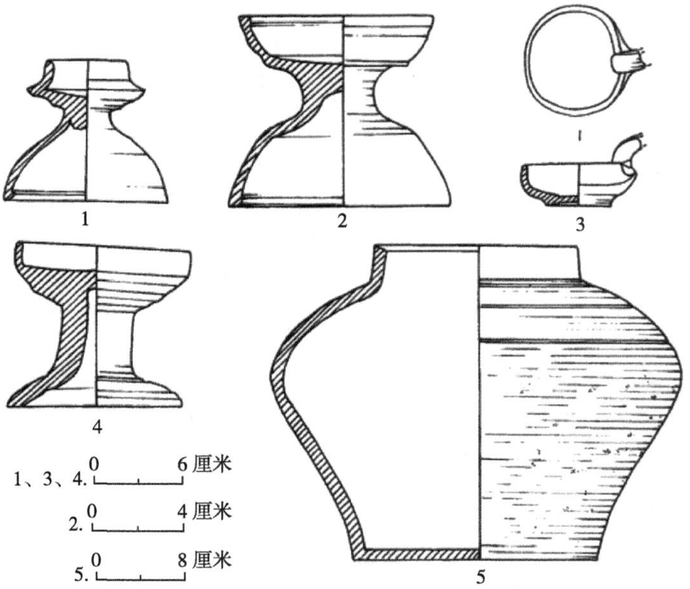

图十四 陶器

1. A型灯（M32:7）；2. B型灯（M45:8）；3. C型灯（M32:3）；4. D型灯（M40:7）；5. 瓮（M48:53）

瓮 1件，M48:53，泥质黄褐陶，直口，方唇，广圆肩，鼓腹急收，平底，器身轮制刮痕明显。口径18.4厘米、腹径36.8厘米、底径21.6厘米、通高28厘米（图十四：5）。

俑 1件，M40:22，夹砂灰陶，头戴圆形平顶帽，面目漫漶不清，身着对襟长袍，双手拢于腹前，双脚微张站立。通高22.5厘米（图十五：1）。

井 1件，M40:31，夹砂灰陶，整体呈“井”字形，方唇，中央有一圆孔，表面印有网纹和鱼纹，模制。长22.8厘米、宽22.8厘米、井孔6.9厘米、通高7.5厘米（图十五：2）。

猪 1件，M40:38，红胎，猪身肥壮，头下垂，张嘴目前视，鼻尖略上翘，大耳下垂，四腿粗壮站立。长21厘米、通高12厘米（图十五：3）。

勺 2件，M49:15，泥质红陶，表施酱黄色釉，长柄，椭圆状勺心。总长14.4厘米、宽5.4厘米、柄宽2.4厘米、通高6.9厘米（图十五：4）。M40:39，红胎，表施酱黄色釉，勺柄残断，勺心圆状。长13.5厘米、宽6.6厘米、通高6.4厘米。

塘 1件，M44:2，夹砂灰陶，整体呈长方形，平折沿，平底塘内泥塑鳖，水禽，荷叶。长44厘米、宽32厘米、通高6.8厘米（图十五：5）。

（二）铜器

出土铜器共191件，其中包括铜钱174枚，其他器型有剑、铺首、铜饰、匕、钺、戈、镦、镈等，以兵器为主。

半两 共27枚。M43出土23枚，大小不一，最大者2枚，“半两”二字凸出，次者

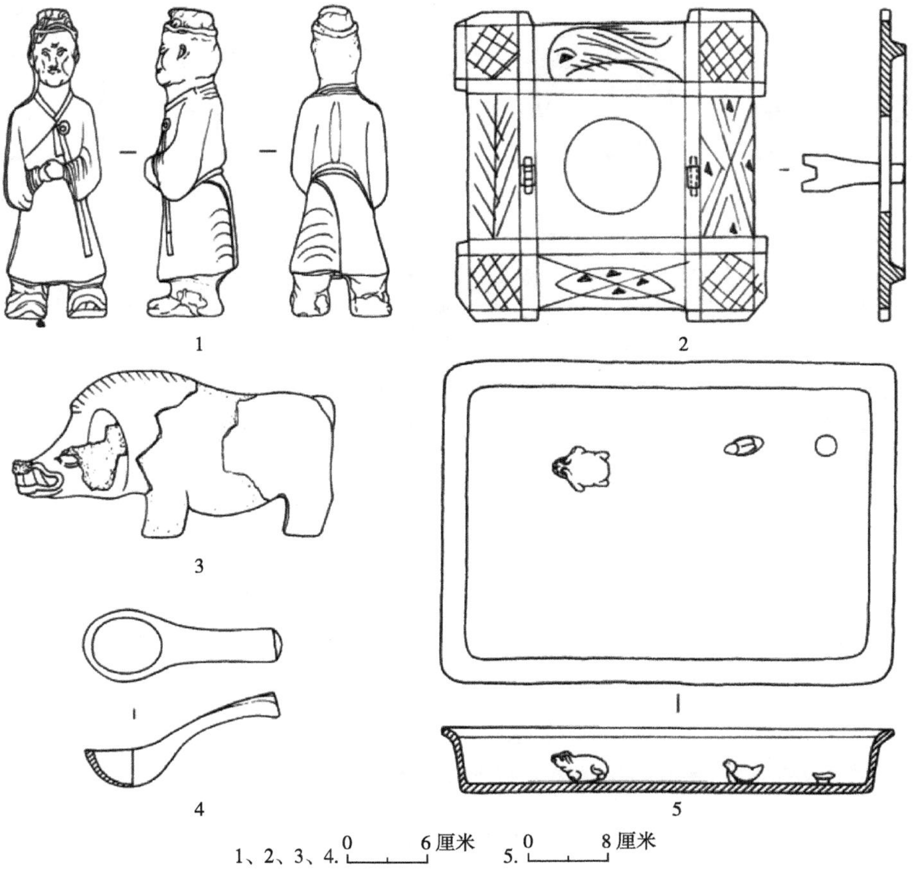

图十五 陶器

1. 俑（M40∶22）；2. 井（M40∶31）；3. 猪（M40∶38）；4. 勺（M49∶15）；5. 塘（M44∶2）

直径2.7厘米、孔径0.9厘米，最小者直径2.3厘米、孔径0.7厘米，钱文较为规整（图十六：1）。M31∶1出土4枚，圆形方孔钱，无郭，钱文纤细，通体较薄。直径2.1～2.3厘米、孔径0.7～0.9厘米。

五铢 共125枚。圆形方孔钱。M35出土7枚，边郭整齐，字迹较清晰，锈蚀，“五”字较宽，圆润。直径2.5厘米、孔径1厘米（图十六：2）。M38出土32枚，边郭整齐，字迹清晰。直径2.5厘米、孔径1厘米。M49出土9枚，边郭整齐，字迹清晰。直径2.6厘米、孔径1厘米。M48出土71枚，边郭整齐，字迹清晰，“五”字有两种，一种较圆润，一种较瘦削。直径2.5～2.6厘米、孔径1厘米。M29出土2枚，边郭较为整齐，字迹略有不清，“五”字圆润。直径2.6厘米、孔径1厘米。M34出土3枚，锈蚀较为严重，“五”字圆润。直径2.4厘米、孔径0.9～1.1厘米。M45出土1枚，边郭整齐，字迹清晰，微有锈蚀。直径2.5厘米、孔径1厘米。

大泉五十 共22枚。M48出土20枚，边郭整齐，字迹清晰，字体篆书，大多钱币较

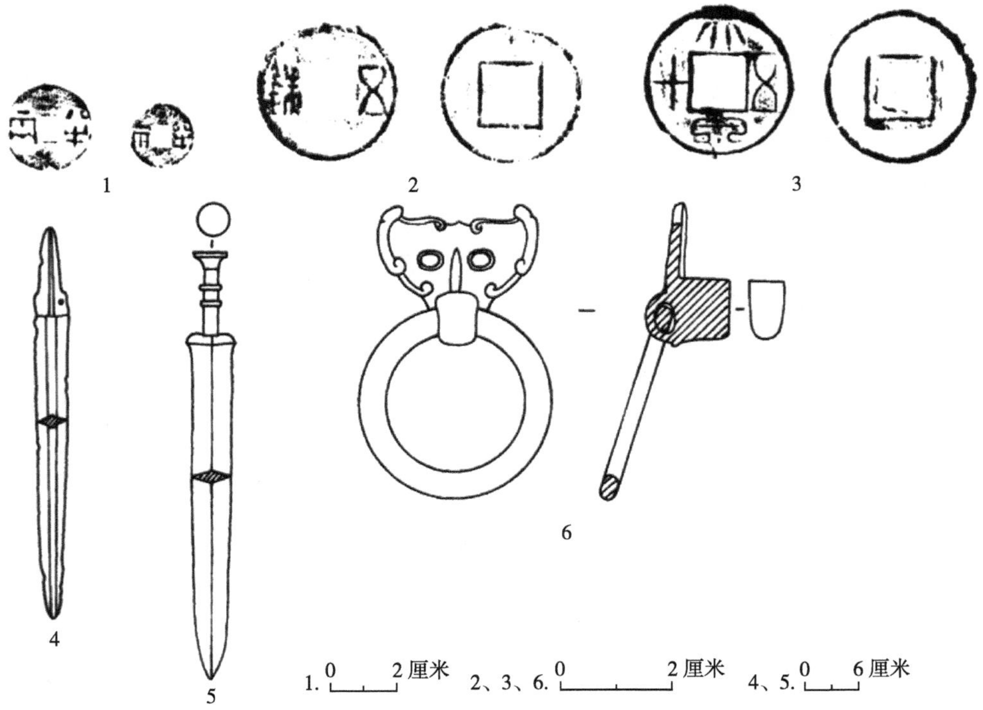

图十六　铜器

1. 半两（M43）；2. 五铢（M35）；3. 大泉五十（M48）；4. 剑（M33∶1）；5. 剑（M41∶10）；6. 铺首（M41∶4）

为厚重，也有个别较纤细。直径2.6～2.7厘米、孔径1厘米（图十六：3）。M50出土2枚，边郭整齐，字体篆书，锈蚀严重，字迹略有不清。直径2.6厘米、孔径1厘米。

剑　2件。M33∶1，青铜质，表面有锈蚀，剑身中起脊，断面菱形，无格，扁茎上部有圆穿，剑身略窄，刃部残。总长42厘米、柄长9.6厘米、刃最宽3.6厘米（图十六：4）。M41∶10，青铜质，表面有锈蚀，剑身中起脊，断面菱形，有格柱状柄，剑首圆形，柄上有两道突棱。刃最宽、格宽5.1厘米、柄长9厘米、首径3.6厘米（图十六：5）。

铺首　2件。兽形铺首，下衔一环，衔环处背面有一方形纽。M41∶4，铺首宽2.8厘米、环外径3.5厘米、插长0.9厘米（图十六：6）。

漆器铜饰　3件。均为兽面纹，兽蹄足，两眼突出，较为夸张，背侧上部有一凹槽。M41∶6，宽3厘米、通高3.2厘米（图十七：1）。

匕　2件。匕头似铲，柄短粗，中空，横截面呈六边形。M46∶4，总长11.2厘米、宽9.2厘米、柄长6.4厘米、宽1.2～1.6厘米（图十七：2）。

钺　1件。M39∶1，近似梯形，弧刃，长方形銎口。刃宽4.8厘米、銎长2.5～2.9厘米。长6.3厘米、宽0.9厘米（图十七：3）。

戈　1件。M41∶3，青铜质，表面有锈蚀，弧援微上翘，直胡，上有三穿，上面的一个似三角形，下面两个为长方形，长方形内，内平直，内上有一长方形穿。援长13厘米、胡长10.2厘米，长方形穿长1.2厘米、宽0.2厘米，内长7.8厘米、宽3.4厘米（图十七：4）。

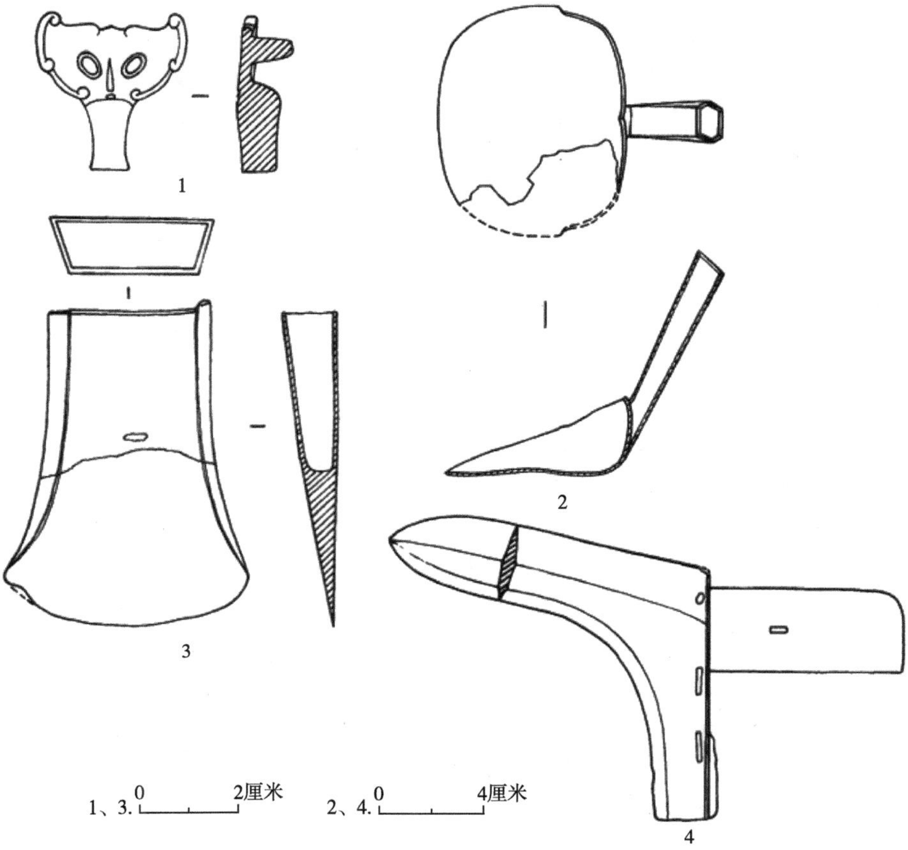

图十七　铜器

1. 漆器铜饰（M41:6）；2. 匕（M46:4）；3. 钺（M39:1）；4. 戈（M41:3）

铺首衔环　1件。M41:9，铜质，正面圆形，正中桥形纽，内套一圆环，环外径3.5厘米、插长1厘米。背部正中有一方形纽。直径5.4厘米、宽1厘米、厚0.8厘米、通高1.9厘米（图十八：1）。

镦　1件。M41:11，圆管状，尾部成三椎足状。长5.7厘米、銎径1.75厘米、深4.5厘米（图十八：2）。

镈　1件。M41:12，近锥状，前粗后细，口部呈水滴形，前部有挡手，末端呈细状，较圆润。长9.5厘米、銎径2.4厘米、宽1.8厘米、深6.6厘米（图十八：3）。

耳杯口沿　1件。M48:1，鎏金，月牙形，残损（图十八，4）。

箍　1件。M49:18，圆形，有槽。可能为漆器口沿。外径24厘米、内径20厘米、通高0.6厘米（图十八：5）。

鍪　1件。M49:36，敞口，斜方唇，垂腹，圜底微平，上腹两侧有对称环耳，一大一小，并饰两周凸棱。环耳外径4.2厘米、宽1.4厘米、内径2厘米。铜鍪口径24厘米、腹径24厘米、通高18厘米（图十八：6）。

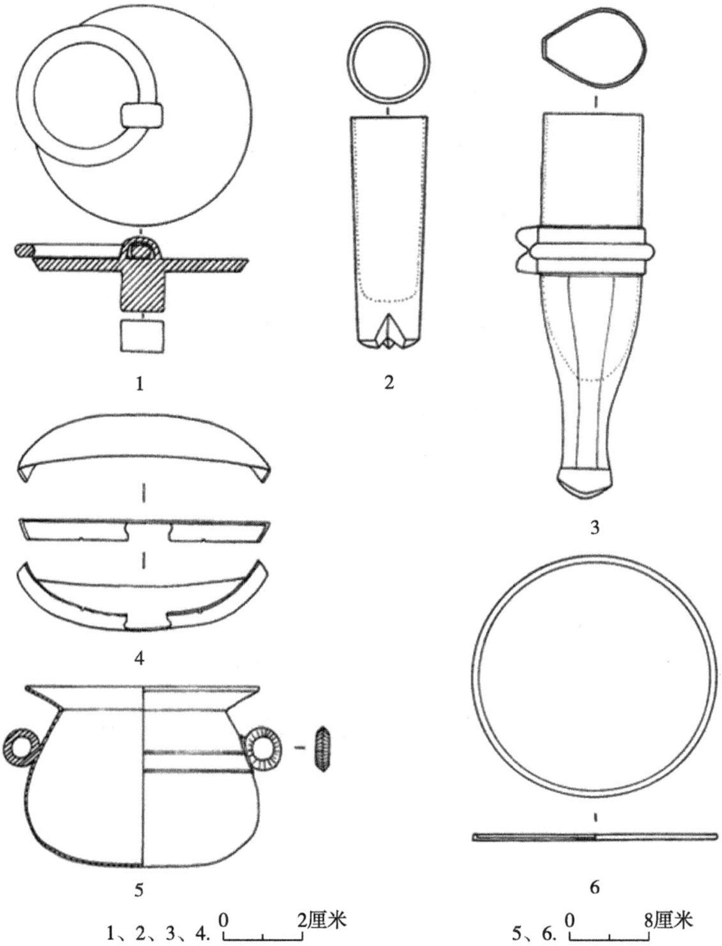

图十八 铜器

1. 铺首衔环（M41:9）；2. 镦（M41:11）；3. 镈（M41:12）；
4. 耳杯口沿（M48:1）；5. 簏（M49:18）；6. 鍪（M49:36）

（三）铁器

铁器共11件，器型有釜、刀、锄、带钩等。

釜　3件。分两型。

A型　2件。敞口、溜肩、鼓腹、圜底。M49:26，锈蚀严重，上腹有弦纹一周。口径27厘米、腹径48厘米、通高33.6厘米（图十九：1）。

B型　1件。敞口，束颈、垂腹，圜底近平。M48:23，肩部两侧各有圆形中空耳。耳外径5.6厘米、内径3.2厘米。口径32.8厘米、腹径34.8厘米、通高22.4厘米（图十九：2）。

刀　4件。M43:2，环首柄，刀身细长。残长11.6厘米、短径2.6厘米（图十九：3）。M49:16，满布铁锈，刀身前窄后宽，近长条形。残长32厘米、刃宽3.2～3.6厘米、背厚

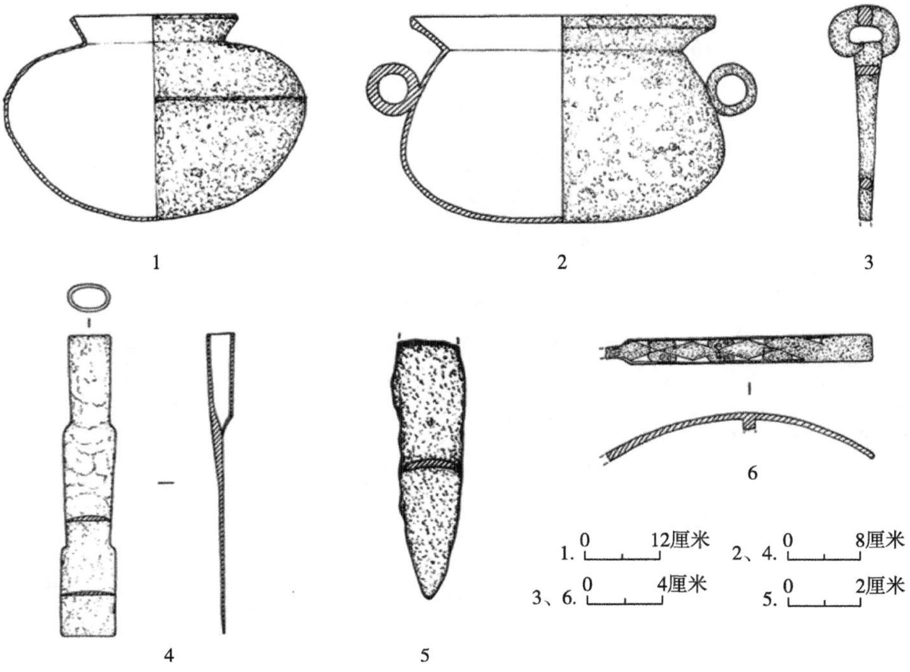

图十九　铁器

1. A型釜（M49∶26）；2. B型釜（M48∶23）；3. 刀（M43∶2）；
4. 锄（M48∶26）；5. 铁器（M43∶6）；6. 带钩（M46∶2）

0.2～0.6厘米。M50∶14，满布铁锈，刀身略弧，刀尖部微上翘。残长32.8厘米、宽2.4厘米、厚0.16～0.5厘米。

锄　2件。M48∶26，满布铁锈，管銎状。总长32.6厘米、刃宽4.6～6厘米、銎长径3.6厘米、短径3.6厘米、柄长9.6厘米（图十九：4）。M50∶2，满布铁锈，管銎状，整体呈长方形。总长34.8厘米、刃最宽5.6厘米、銎长径3.6厘米、短径2厘米、柄长10厘米。

铁器　1件。M43∶6，残断，扁平状，背部有凹槽。残长6.3厘米（图十九：5）。

带钩　1件。M46∶2，弓形，一端粗，一端细，中部背侧有一圆形小纽，正面错银，花纹似为圆圈纹。残长14.3厘米、宽1.4厘米、钩首残长1厘米、宽0.6厘米，纽柱残长0.6厘米、直径0.6厘米（图十九：6）。

（四）玉器

玉器　共4件。

玦　1件。M41∶13，圆形，器型较小，残破已无法起取。直径1.8厘米、厚0.15厘米（图二十：1）。

璧　1件。M46∶1，双面饰圆形涡纹，由圆心向外四列分布。外径12.6厘米、内径4.8厘米、厚0.5～0.7厘米（图二十：2）。

佩饰　2件。均为圆形，晶莹剔透。M46∶3，外径4.2厘米、内径2.6厘米、最厚0.8厘米（图二十：3）。M46∶6，外径3.6厘米、内径2.2厘米、最厚0.8厘米。

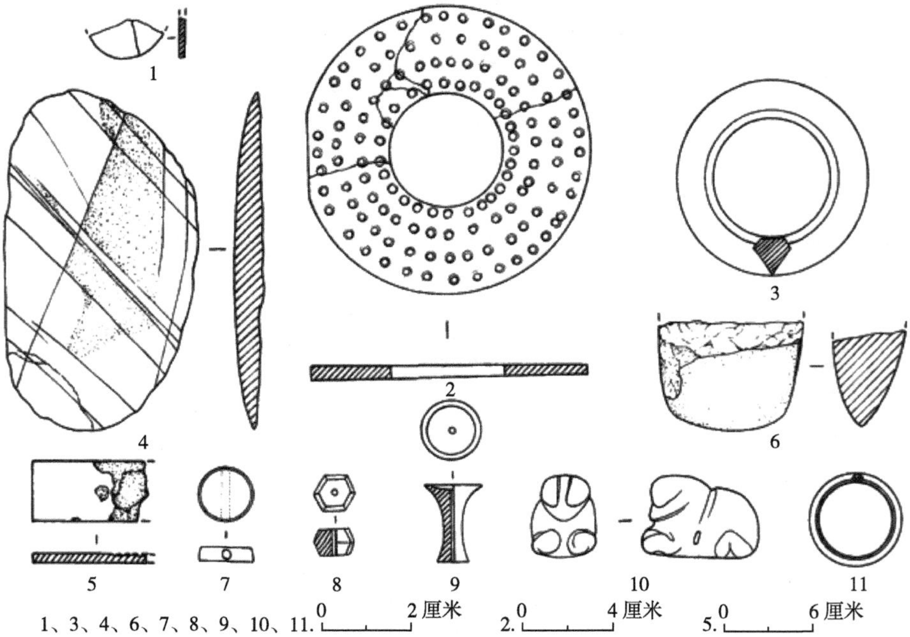

图二十　玉器、石器及其他

1. 玦（M41∶13）；2. 璧（M46∶1）；3. 佩饰（M46∶3）；4. 石器（M40∶1）；5. 研板（M40∶2）；6. 锛（M40∶5）；7. 坠饰（M40∶18）；8. 串珠（M40∶19）；9. 耳珰（M32∶1）；10. 兽型佩饰（M34∶4）；11. 银质指环（M45∶1）

（五）石器

石器　共7件。

石器　2件。M40∶1，黄色砂岩，体薄，两侧刃缘有加工痕迹。长7.5厘米、宽4.3厘米、厚0.6厘米（图二十：4）。M40∶9，黄色，硅质岩，整平呈椭圆形，上端残断，劈裂面有打击疤痕和磨制痕迹。长8.2厘米、宽5.1厘米、最厚1.8厘米。

研板　1件。M40∶2，长方形，砂岩，表面有研磨痕迹。残长7.5厘米、宽4.05厘米、厚0.6厘米（图二十：5）。

锛　1件。M40∶5，黄色，硅质岩，上部残断，磨光。残长2.3厘米、宽3.1厘米、最厚1.6厘米（图二十：6）。

坠饰　2件。M40∶18，2件，料石制，圆柱形，纵向穿孔。直径1.1~1.2厘米、孔径0.2厘米、厚0.35厘米（图二十：7）。

串珠　1件。M40∶19，料石制，六棱形，中有穿孔。直径0.9厘米、孔径0.12厘米、通高0.6厘米（图二十：8）。

（六）其他

耳珰　5件。琉璃质地。M32∶1，深蓝色，亚腰弧形，纵穿孔，较纤细。长1.7厘米、端径0.7~1.3厘米、孔径0.1厘米（图二十：9）。M40∶24，2件，一件残破，浅蓝色，亚腰较粗，纵穿孔；一件完整，深蓝色，亚腰较细，觚形，纵穿孔，器型纤细。长1.8厘米、直径0.8~1.5厘米、孔径0.12厘米。M34∶5，2件，浅蓝色，腰形，较矮粗，纵穿孔。长1.6厘米、端径1.1~1.45厘米、孔径0.1厘米。

兽型佩饰　1件。M34∶4，骨制，整体呈卧狮状，狮腹中部有一穿孔，刀法简练，形象生动。长2.6厘米、宽1.5厘米、通高1.8厘米。穿孔长0.3厘米、宽0.1厘米（图二十：10）。

银质指环　2件。M45∶1，银质，圆形，已锈蚀。外径2厘米、内径1.6厘米、宽0.2厘米（图二十：11）。

四　结语

在此次清理的墓葬中有7组打破关系，即M40→M41；M40→M42；M35→M36；M34→M36；M38→M39；M32→M33；M49→M46。通过地层关系和出土器物特征，以及与周边地区发掘墓葬的对比研究，可将本次发掘的墓葬分为五个时间段。

战国时期：M33、M36、M37、M39、M41、M42、M46；

西汉早期：M43；

西汉中期：M31、M35、M38、M49；

新莽时期：M48、M50；

东汉时期：M29、M32、M34、M40、M44、M45、M47。

出土器物方面，战国墓M41出土的圆茎柳叶剑具有楚式风格，同出的铜器足、铜器盖及铺首弦环当是一件漆樽上的铜制配件。漆樽的主体部分早已腐朽，但从这些铜制配件的出土位置及外形来看，它们与江陵雨台山楚墓①及云阳故陵楚墓②出土的漆樽铜部件基本相同，亦为楚式风格。而战国墓M33出土的一件扁茎柳叶剑又与云阳李家坝巴人墓地③出土的BⅠ式铜剑相似，具有巴式风格。

战国初期，“七国称王，巴亦称王”。《华阳国志·巴志》载：“其地东至鱼复（今重

① 湖北省荆州地区博物馆编《江陵雨台山楚墓》，文物出版社，1984。

② 中国历史博物馆故陵考古队：《云阳故陵楚墓发掘报告》，载重庆市文物局、重庆市移民局编《重庆库区考古报告集（1998卷）》，科学出版社，2003。

③ 四川大学历史文化学院考古系：《云阳李家坝巴人墓地发掘报告》，载重庆市文物局、重庆市移民局编《重庆库区考古报告集（1998卷）》，科学出版社，2003。

庆奉节），西至僰道，北接汉中，南及黔涪。”又云：“巴子时虽都江州，或治垫江，或治平都，后治阆中，其先王陵墓多在枳，其畜牧在沮，今东突峡下畜沮是也。又立市于龟亭北岸，今新市里是也。其郡东枳，有明月峡，广穗屿，故巴亦有三峡。”其最东的平都，即今丰都县；枳，为今涪陵区；江州今为重庆市；垫江为今合川区；阆中今仍名阆中。随着楚国版图的向西推进，巴国的疆域不断缩小。战国中晚期，楚国先后在攻占的巴地置有巫邑、鱼复、朐忍、枳邑等。

在楚国的不断逼近下，巴中心不断西移，晚期至涪陵。但是，战国晚期的巴文化更具特色，陶釜、圜底罐、豆仍是早期巴文化的代表性器组，铜器则成为巴文化的新特色，特别是以釜、鍪、甑为组合的铜容器和柳叶形剑、“烟荷包式”钺等兵器成为巴文化的典型特征。

随着楚国疆域向三峡地区的不断延伸，其文化对渝东地区的巴文化显然也产生了一定的影响。战国时期不但巴人墓中的楚文化因素越来越浓，而且楚墓也在忠县以东地区普遍发现，特别是从战国中期开始，如巫山瓦岗槽墓地的 M11①，奉节上关墓地 M27、M32②，忠县㽏井沟崖脚墓（半边街）发掘了一批战国中期楚墓③，另外，在云阳李家坝、故陵楚墓、万州武陵大丘坪、新田曾家溪等地也出土一批典型楚墓。瓦屋墓地发掘的战国墓也反映出这种情况，既有巴文化墓葬，也有包含楚文化因素的巴人墓葬，时代为战国中晚期。

瓦屋墓地两汉墓葬出土器物较为丰富，时代从西汉早中期延续至东汉时期，序列清晰。出土器物与巫山双堰塘及麦沱墓地、丰都汇南墓群等有很大的相似性，说明全国大一统的秦汉文化因素已渐渐占主导地位。

附记：本次考古发掘领队为汤惠生，参加发掘的人员有李一全、徐峰、宋清、吕宏乐、李全保、薛琳，文物修复吕宏乐、宋清，摄影李一全，绘图雷立智。

（编辑：黄洋）

① 南京博物院考古研究所：《巫山瓦岗槽墓地发掘报告》，载重庆市文物局、重庆市移民局编《重庆库区考古报告集（1998卷）》，科学出版社，2003。

② 重庆市文物考古所：《奉节上关遗址发掘简报》，载重庆市文物局、重庆市移民局编《重庆库区考古报告集（1998卷）》，科学出版社，2003。

③ 北京大学考古文博学院三峡考古队：《忠县㽏井沟遗址群崖脚墓地发掘报告》，载重庆市文物局、重庆市移民局编《重庆库区考古报告集（2000卷下）》，科学出版社，2007。

南京大报恩寺遗址区域汉唐墓葬发掘的主要收获

苏　舒

（南京市考古研究院）

祁海宁

（南京师范大学文博系）

[摘要] 2007 年 2 月至 2018 年 6 月，文物部门在南京市秦淮区大报恩寺遗址先后清理 45 座汉六朝至唐五代时期墓葬，出土陶瓷、铜铁器、金银器等一批丰富遗物，是近年南京主城区墓葬考古的一次重要发现，为南京地区汉唐时期丧葬礼俗的研究提供了新资料。同时，这批墓葬的发现对于大报恩寺遗址所在地历史变迁的考察提供新线索。

[关键词] 南京；大报恩寺遗址；墓葬；汉六朝；唐五代

一　遗址概况

大报恩寺遗址位于今南京市中华门外秦淮河南岸，南至雨花台，东至南京晨光集团厂区，西至雨花路，占地面积约 25 万平方米。报恩寺遗址的历史最早追溯至孙吴时期比丘尼建造的小精舍，东晋时期建成长干寺。之后在一千多年的历史长河中，该寺院经历了数次兴废。明初永乐年间，明成祖朱棣为纪念明太祖朱元璋和马皇后，建成了历史上著名的大报恩寺。寺内的琉璃宝塔是报恩寺中最著名的单体建筑，高达 70 余米，设计精巧，被列入“中世纪世界七大奇迹”。清咸丰年间，大报恩寺不幸毁于战火。

大报恩寺遗址分为南、北两区。2007 年 2 月至 2010 年底，为配合大报恩寺遗址公园的建设，经国家文物局批准，南京市博物馆考古部对遗址北区进行了考古发掘。此次发掘发现了报恩寺的前身——北宋长干寺地宫、佛寺建筑基址等遗迹，出土了大批保存完好的佛教类遗物，是我国佛教考古的一次重大发现，获评“2010 年度全国十大考古新发现”。本次发掘过程中，于遗址区东南角清理了一批墓葬。2016 年 3 月至 2018 年 6 月，南京市考古研究院经国家文物局批准，对遗址南区又进行了考古发掘，发现了房屋基址、道路、水井、排水设施等遗迹，此次发掘于遗址区东部发现少量墓葬。

两次共发掘墓葬45座①（表一），其中42座分布于遗址北区（图一），3座分布于遗址南区。墓葬年代跨度从汉六朝延续至唐五代时期，出土一批陶瓷器、铜铁器、金银器等遗物，是近年来南京主城区墓葬考古一次比较重要的发现。

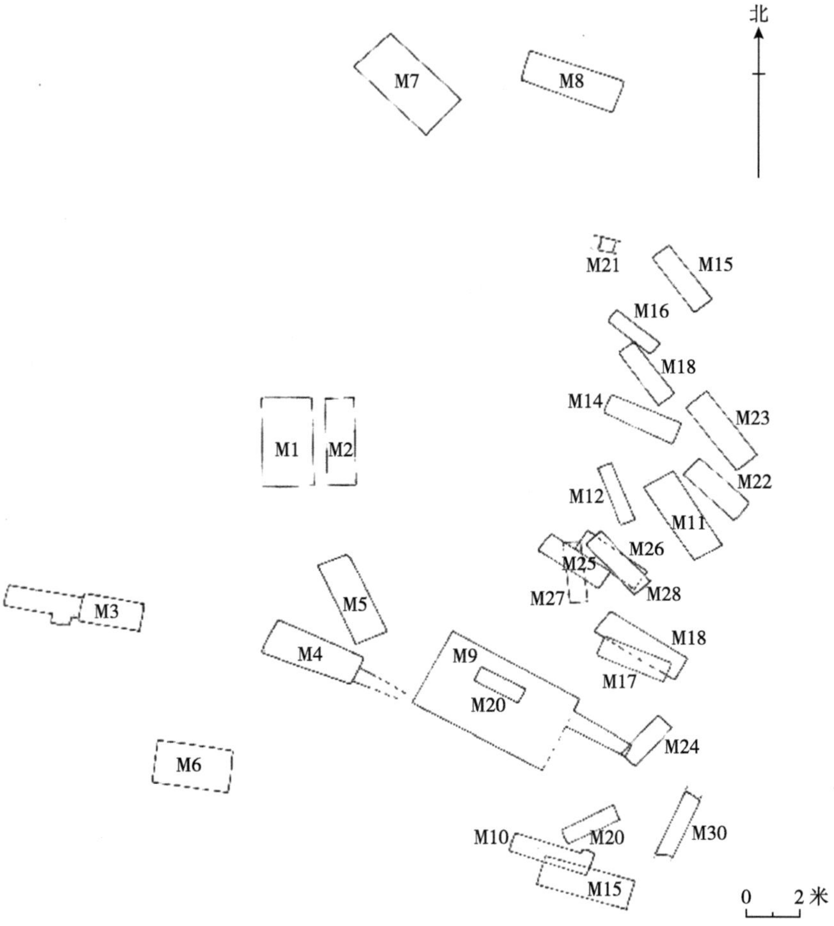

图一 遗址北区墓葬平面示意图

表一 大报恩寺遗址区域发掘墓葬情况一览

序号	墓葬编号	墓葬形制	墓室尺寸	随葬品	年代
1	M1	单室砖墓	长3.58米、宽1.73~2米	铜钱	东汉末年
2	M2	单室砖墓	长3.7米、宽1.3米	青瓷罐、灯、钵、陶五联罐、灶、铜镜、漆木器、金环、金戒指、琥珀珠、金叶片、银钗、铜钱、买地券	东汉末年

① 其中三座墓资料已整理刊布，其中M1、M2为合葬墓，刊南京市博物馆《南京市东汉建安二十四年龙桃杖墓》，《考古》2009年第1期；另一座墓葬编号M6，刊南京市博物馆《南京秦淮区宝塔顶10号院战国墓发掘简报》，《东南文化》2009年第4期。

续表

序号	墓葬编号	墓葬形制	墓室尺寸	随葬品	年代
3	M3	土洞墓	长 2.58 米、宽 0.7 米	银钗、银手镯、金环、金顶针、铜碗、铜镜、陶罐、铜钱	东汉末年
4	M4	单室砖墓	长 2.8 ~ 3.22 米、宽 0.75 ~ 0.86 米	盘口壶、黛板	孙吴
5	M5	单室砖墓	长 3.4 米、宽 0.75 ~ 0.86 米	盏、盘口壶、器盖、陶管状器、铜钱	孙吴
6	M6	竖穴土坑墓	长 2.68 米、宽 1.76 米	陶鼎、陶豆、陶壶、陶簋、陶罐、漆盘、漆木器、骨器、铜器	战国至西汉
7	M7	单室砖墓	残长 3.8 米、宽 1.5 米	无	六朝
8	M8	单室砖墓	残长 3.8 米、宽 1.3 米	无	六朝
9	M9	双室砖墓	墓圹长 4.5 米、宽 3.05 米，南室长 3.96 米、宽 1.6 米，北室长 3.38 米、宽 0.65 米	陶耳杯、陶砚、陶盘、陶槅、陶俑、陶灶、陶凭几、陶三足器、瓷水盂、瓷罐、瓷盏、瓷鸡首壶、棺钉	东晋
10	M10	竖穴土坑墓	长 3.05 米、宽 0.6 米	瓷壶、盖罐、铜带扣、铜钱	唐代
11	M11	单室砖墓	长 2.95 米、宽 0.9 米	无	六朝
12	M12	竖穴土坑墓	长 2.6 米、宽 0.7 米	无	不详
13	M13	竖穴土坑墓	长 2.55 米、宽 0.75	瓷罐、铜钱	唐代
14	M14	竖穴土坑墓	长 2.8 米、宽 0.7 ~ 0.8 米	铜镜、铜钱	唐代
15	M15	单室砖墓	残长 3.75 米、宽 1.4 米	瓷盏、四系罐、双系罐、双复系盘口壶、铁棺钉、铜镜、铜钱	晋代
16	M16	竖穴土坑墓	长 2.85 米、宽 0.65 ~ 0.7 米	盘口壶	唐代
17	M17	竖穴土坑墓	长 2.3 米、宽 0.8 米	铜钱	唐代
18	M18	单室砖墓	长 2.9 米、宽 0.74 米	罐、钵、铜镜、铁剪、铜簪	东汉末至孙吴
19	M19	竖穴土坑墓	长 2.75 米、宽 0.9 米	黑釉四系罐	唐、五代
20	M20	竖穴土坑墓	残长 2 米、宽 0.6 米	瓷杯、碗	唐、五代
21	M21	竖穴土坑墓	残长 0.75 米、宽 0.6 米	瓷碗、壶	六朝
22	M22	单室砖墓	残长 2.88 米、宽 1.1 米	无	六朝
23	M23	单室砖墓	长 2.9 米、宽 0.8 米	盘口壶、铜钱	南朝
24	M24	竖穴土坑墓	长 2.8 米、宽 0.65 米	六系罐、碗	南朝
25	M25	竖穴土坑墓	长 2.8 米、宽 0.7 ~ 0.8 米	陶壶、铜镜、铜钱	唐代
26	M26	单室砖墓	长 2.8 米、宽 0.8 米	碗、盘口壶、唾壶、杯、玉饰件、铜簪、铜镜、铜钱	东晋至南朝
27	M27	竖穴土坑墓	长 2.9 米、宽 0.85	瓷碗、瓷长颈壶、盖罐、铜镜、铜钱	唐代
28	M28	单室砖墓	长 2.6 米、宽 0.55 米	无	六朝

续表

序号	墓葬编号	墓葬形制	墓室尺寸	随葬品	年代
29	M29	竖穴土坑墓	长 2.35 米、宽 0.6 米	瓷碗、瓷罐、铜钱	唐代
30	M30	竖穴土坑墓	残长 2.45 米、宽 0.7 米	四系罐、铜器、铜钱	孙吴
31	M31	竖穴土坑墓	残长 1.6 米、残宽 0.94 ~ 1 米	无	不详
32	M32	单室砖墓	残长 3.2 米、宽 0.82 ~ 0.94 米	无	不详
33	M33	单室砖墓	残长 0.9 ~ 1 米、宽 0.84 米	钵、盏、棺钉	西晋
34	M34	单室砖墓	破坏严重	无	不详
35	M35	竖穴土坑墓	残长 3.1 ~ 3.2 米、残宽 1.1 ~ 1.46 米	无	不详
36	M36	单室砖墓	残长 2.8 米、宽 0.74 米	盘口壶、罐、碗、铜镜	西晋
37	M37	单室砖墓	长 3.8 米、宽 1 米	陶罐、盘口壶、双唇罐、四系罐、钵、盏、碗、罐、铜碗、铜钱	孙吴西晋
38	M38	竖穴土坑墓	长 1.7 米、宽 0.5 ~ 0.6 米	瓷罐	唐、五代
39	M39	单室砖墓	残长 2.1 米、宽 0.7 米	无	六朝
40	M40	单室砖墓	残长 1.4 米、宽 0.84 米	无	六朝
41	M41	单室砖墓	残长 2.4 米、宽 0.52 米	盘口壶、罐、铜镜、盏	孙吴西晋
42	M42	竖穴土坑墓	长 2.4 米、宽 0.75 米	酱釉罐	唐、五代
43	M43	单室砖墓	残长 3.5 米、宽 0.75 米	无	孙吴西晋
44	M44	单室砖墓	残长 3.22 米、宽 1 米	无	不详
45	M45	单室砖墓	残长 1.28 米、宽 0.96 米	盏、钵、铜钱	六朝

二　墓葬发掘的主要收获

根据墓葬形制及出土遗物判断，大报恩寺遗址区域发掘的墓葬的年代主要分为汉六朝、唐五代两个时期。下面分阶段对各时期墓葬做一介绍。

（一）汉六朝时期

汉六朝时期墓葬在此次发掘中数量占据大半，共计 27 座，主要分布于报恩寺遗址北区的东南角，少数分布于报恩寺遗址南区的东部，部分墓葬之间，或与其他遗迹存在相互叠压、打破关系。

1. 墓葬形制

根据构筑方法、材料的不同，发现的汉六朝墓葬形制分为砖室墓、土坑墓、土洞墓三类。其中砖室墓数量最多，土坑墓、土洞墓数量较少。

a. 砖室墓

根据墓室的数量，分为单室墓和双室墓两类。

双室墓，仅发现一座，编号 M9，墓圹长 4.5 米、宽 3.05 米、深 1.96 米。由墓道、排水沟及南北两墓室组成。南北两墓室近底部共用一丁砖相连。南墓室规模较大，平面呈“刀”字形，砖室长 3.96 米、宽 1.6 米、残高 1.8 米。甬道位于墓室东侧，甬道口有一长方形祭台，随葬品散落于祭台及周围。后壁中央设一“凸”形小龛。北墓室规模较小，平面为长方形，长 3.38 米、宽 0.65 米、残高 1.1 米。后壁中央设一长方形小龛。

单室墓，在所统计的 22 座砖室墓葬中，单室墓有 21 座。墓室长 2.6 ~ 3.8 米，宽 0.7 ~ 1.5 米。从墓葬平面形状看均为长方形墓，无甬道。形制简单，先开挖长方形竖穴土坑，后砖砌墓室而成。保存状况一般，大部分单室墓均遭到不同程度的破坏，部分墓葬仅剩墓底铺地砖，结构保存较好者很少。除 M4 随葬品摆放在祭台周围，其余墓葬随葬品散落于墓内四处。墓例有 M37，由墓道和砖室两部分组成。墓道为斜坡墓道，发掘长度 1.20 米。砖室部分，墓门因破坏严重，其宽度和高度不详。封门砖仅存底部一层丁砖。砖室长 3.80 米、宽 1 米、残高 1.40 米。墓壁砌砖残高 0.8 米，砌法为先砌两组三顺一丁砖，再顺向平砌五层。而后开始起券，左右起券残存九层。墓底砌铺地砖两层，最下层为“人”字形，上层为顺砖错缝平砌一层。砌砖缝间均用灰褐色粘泥粘连（图二）。

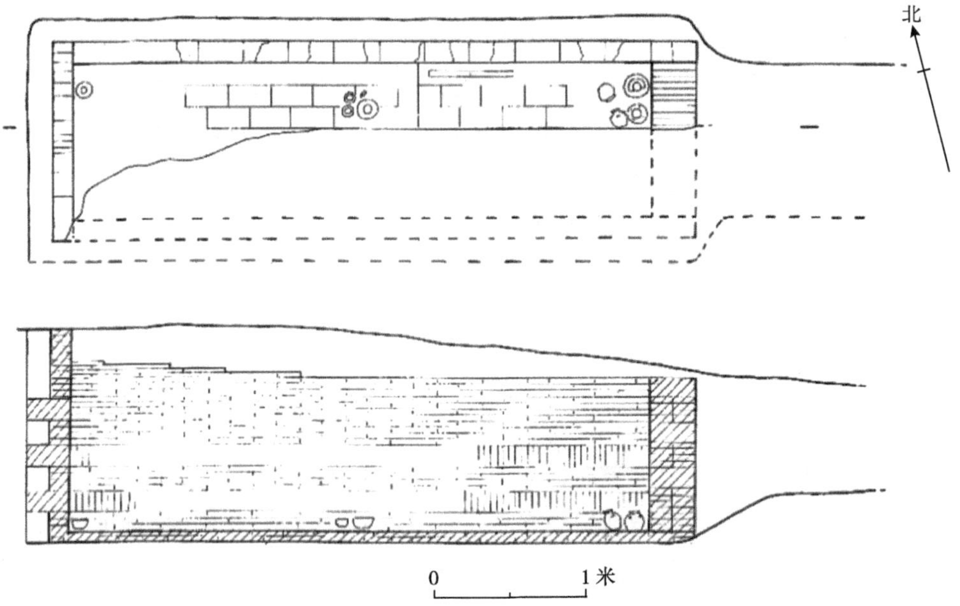

图二　M37 平、剖面图

b. 竖穴土坑墓

竖穴土坑墓发现 4 座，编号 M6、M21、M24、M30。以 M6 保存最为完好，棺木痕显示墓坑内为一棺一椁，棺底放有两根长方形木棺枕。墓坑北部出土一批随葬品。棺内及墓坑填土内均发现有红漆和朱砂痕迹。该墓葬资料已整理刊布，参见 M6 发掘简报①。

其余 3 座墓葬保存状况较差，墓室部分遭到损毁，不见棺木，随葬品较少。墓例 M24，墓坑长 2.8 米、宽 0.65 米、深 0.7 米。棺木已朽，人骨保存情况较差，仅剩零星碎骨（图三）。

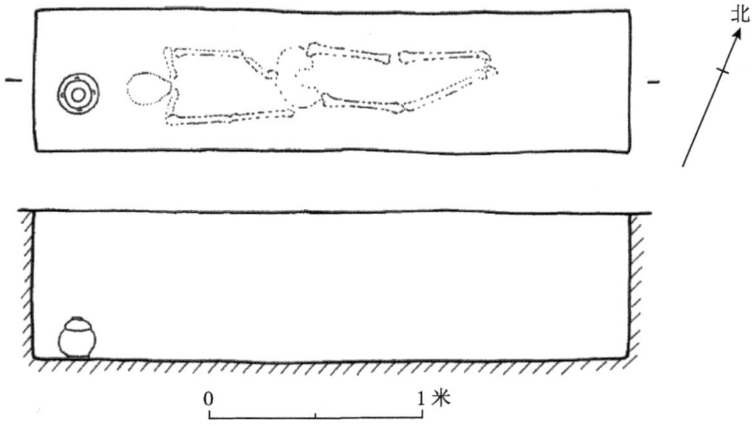

图三　M24 平、剖面图

c. 土洞墓

发现 1 座，编号 M3。上部被一晚期灰坑打破，保存较差。砌筑方式为先向下开挖一竖穴式墓道，然后在墓道底部一侧开挖横穴式洞室。墓道位于墓室东侧，长 2.68 米。洞室高 0.75 米、长 2.58 米、宽 0.7 米。洞室口并排放着三块断砖，疑为封门墙。墓室南端靠墓道处，距墓底 0.15 米处设有一壁龛。墓内可见朽烂的木棺痕及零星碎骨。随葬品的一部分摆放在壁龛内，其余散落于墓内人骨处。

2. 出土器物

汉六朝墓葬出土的随葬品，从材质上来看，以陶、瓷器最多，此外还有金属器（铜、铁、金银器等）、玉石器等。随葬品分布于墓室前部祭台及其周边，或散布于墓室四处。下面分材质对随葬品略做介绍。

a. 瓷器

瓷器是汉六朝墓葬的主要随葬品，27 座墓葬中（8 座墓葬未见随葬品）有 16 座墓葬出土瓷器。依据器型、釉色及烧造工艺来看，主要为浙江越窑产品，少量可能来自湖南湘阴窑等长江中游地区窑口。釉色以青灰、青绿色为主。从用途来看主要为生活用器，器型有碗、盏、罐、钵、盘口壶、唾壶等。另有少量文房用品，如水盂等。下面就不同器类选取典型器物做一介绍。

① 南京市博物馆：《南京秦淮区宝塔顶 10 号院战国墓发掘简报》，《东南文化》2009 年第 4 期。

盏　圆唇敞口，斜直腹，腹部较浅，平底。典型器型有 M37 出土青瓷盏，尖圆唇，直口，上腹竖直，下腹斜直，平底。黄灰胎，胎质细腻坚致。青釉，釉面较光亮，内壁满釉，外壁施釉至近足端。内底刻画一圈凹槽，外壁口沿下饰网格纹。口径 8 厘米、底径 4.4 厘米、高 2.8 厘米（图四）。

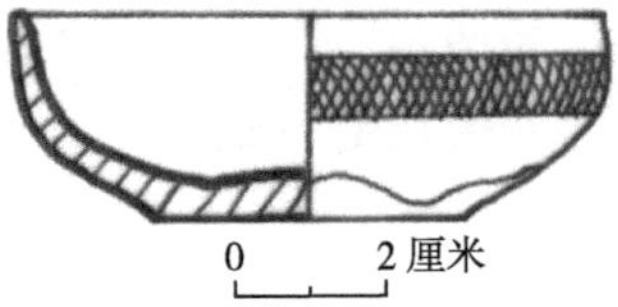

图四　M37 出土青瓷盏

罐　根据口沿的不同，可分为双口罐、直领罐两种。

双口罐　又称“双唇罐”。典型器物有 M37 出土双唇罐，圆唇，敞口，内口略高于外口，溜肩，肩部对称置四横系，圆鼓腹，平底。灰胎，胎质致密。青釉，釉面较光亮，釉层剥落严重，外壁施釉至近足端。肩部饰凹弦纹两周。内口径 9.2 厘米、外口径 16 厘米、底径 11 厘米、高 16.6 厘米（图五：1）。

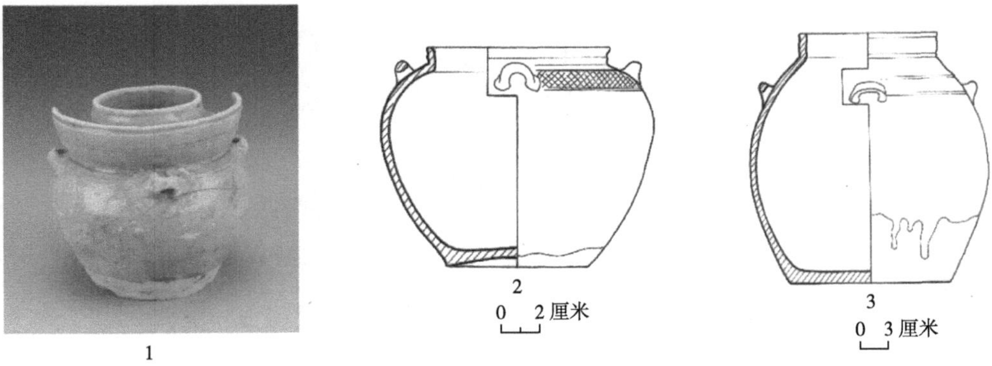

图五　青瓷罐

1. M37 出土；2. M15 出土；3. M30 出土

直领罐　矮直口，圆鼓腹，平底，肩部对称置双系或四系。典型器物有 M15 出土四系罐，圆唇侈口，矮直颈，溜肩，鼓腹，最大径位于上腹部，平底。肩部对称置四横系。黄褐色胎，胎质致密。青黄釉，釉层薄，剥落严重。内壁无釉，外壁施釉至近足端。肩部四系间饰两周凹弦纹，其间填饰网格纹。口径 9.6 厘米、底径 7.6 厘米、高 11.6 厘米（图五：2）。另有 M30 出土四系罐，器身较高。圆唇直口，溜肩，鼓腹，最大径在腹中部，平底。肩部对称置四横系。黄褐色胎，胎质致密。青釉，烧造质量差，流釉剥釉现象严重。肩部四系上方饰两周凹弦纹。口径 10.4 厘米、底径 12.4 厘米、高 18.8 厘米（图五：3）。

钵　根据器物造型及尺寸，分为敞口大钵、直口小钵两类。

敞口大钵　器型较大，腹部较深。典型器物有 M33 出土大钵，方唇平沿，敞口，斜曲腹，假圈足内凹。内底心凸起，形成周围一圈凹槽。外底中央刻画一圈凹槽。黄褐色胎，胎质致密坚致。青釉，内壁满釉，外壁施釉至足端。内壁口沿下饰凹弦纹数道，外壁口沿下饰两周凹弦纹，其间填饰网格纹。口沿上可见均匀分布的数个泥点状支烧痕。口径 27.2 厘米、底径 14.8 厘米、高 10.4 厘米（图六：1）。

直口小钵　器型较小，腹部较浅。典型器物有 M37 出土小钵，尖圆唇，直口，上腹竖直，下腹斜直，平底，内底刻画一圈凹槽。灰胎，胎质细腻坚致。青釉，流釉现象严重，外底无釉，内底可见七枚支烧痕。外壁口沿下饰凹弦纹数道。口径 16 厘米、底径 8.8 厘米、高 5.8 厘米（图六：2）。

1

2

图六　青瓷钵

1. M33 出土；2. M37 出土

盘口壶　盘口，束颈，溜肩或丰肩，圆鼓腹，平底，肩部对称置系。以大中型居多，器型因时代早晚有一定的变化，如器身逐步增高。典型器物有 M41 出土青瓷盘口壶，口稍残，尖唇，浅盘口，矮束颈，溜肩，圆鼓腹，最大径在腹中部，平底。肩部饰双弦纹两周，其间对称置两横系。黄灰胎，胎质细腻坚致。青灰釉，外壁施釉至下腹部，釉面光亮，器身遍布细碎开片。口径 10 厘米、底径 10 厘米、高 18 厘米（图七：

1

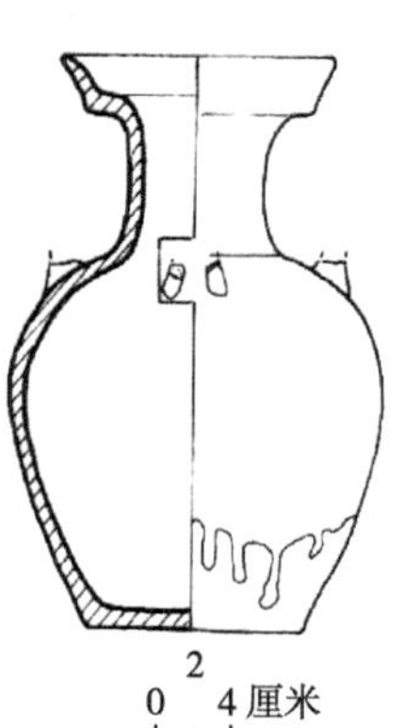

2

图七　青瓷盘口壶

1. M41 出土；2. M26 出土

1）。另有 M26 出土青瓷盘口壶，稍残。圆唇，大盘口外撇，口沿内侧下陷呈一圈凹槽，高束颈，溜肩，圆鼓腹，最大径在腹中部，平底，肩部对称置四横系。黄灰胎，胎质致密。青釉，釉面玻璃质感强，可见细碎开片。内壁施釉至口沿下，盘口内积釉呈青绿色。外壁施釉至下腹部。釉层薄，外壁流釉现象严重。口径 14.8 厘米、底径 11.6 厘米、高 30 厘米（图七：2）。

唾壶　出土数量少，仅见于 M26 中出土。尖唇直口，束颈，溜肩，扁垂腹，饼足。灰胎，胎质细密坚致。青釉，积釉处呈青绿色。釉面光亮，器身遍布细碎开片，玻璃质感强。外壁施釉至下腹部。口径 9.4 厘米、底径 12.8 厘米、高 15.6 厘米（图八）。

水盂　出土数量少，仅见于 M9 中出土。圆唇，矮直口，扁鼓腹，饼足。灰胎，胎质细密坚致。青灰釉，内施满釉，外壁施釉至下腹部，施釉不均，外壁剥釉严重。外壁口沿下饰凹弦纹一周。口径 14 厘米、底径 8.8 厘米、高 5.6 厘米（图九）。

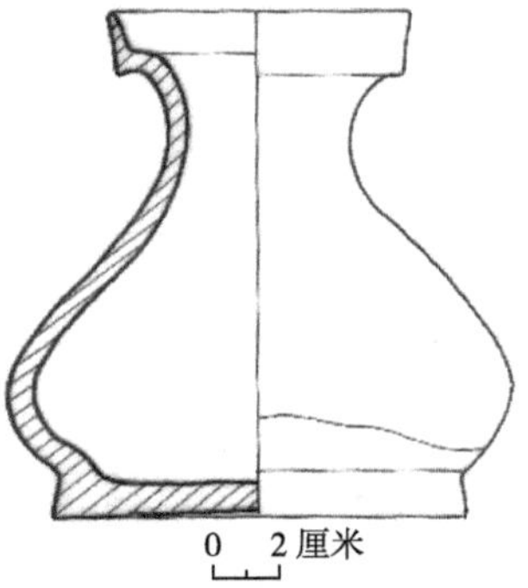

图八　青瓷唾壶

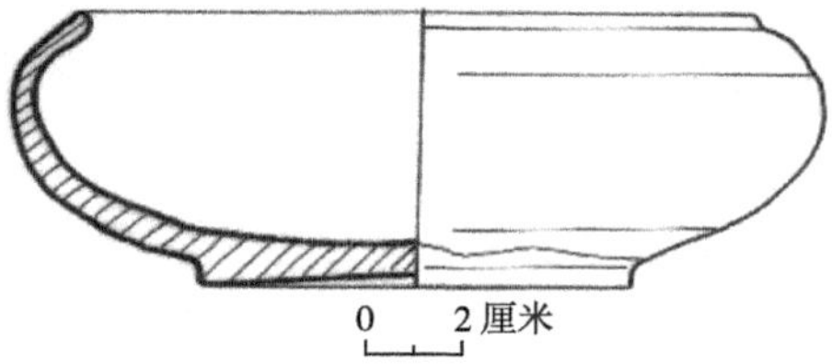

图九　青瓷水盂

b. 陶器

陶器发现数量不多，仅见于 6 座墓葬，其中以 M6、M9 出土数量最多。M6 时代早至战国时期，出土陶器以仿铜礼器鼎、豆、壶等为主，详情参见 M6 发掘简报①。此外，M9 出土陶器数量较多，且器类丰富，以生活用具为主，如耳杯、砚、盘（图十：1）、槅（图十：2）等，此外还有凭几、俑等。从出土陶器来看，该墓墓主应具有一定的身份和地位。此外，M2、M3、M5、M37 也出土少量陶器，如陶管状器、陶罐等，保存状况差。

陶管状器　M5 出土。残。上部呈蒜头状，六瓣形，下部呈实心管状。用途不明。直径 3.6 厘米、残高 2.6 厘米（图十：3）。

陶四系罐　M37 出土。残。尖圆唇，溜肩，扁鼓腹，平底。口径 11.6 厘米、底径 10.4 厘米、高 12.6 厘米（图十：4）。

c. 金属器

比起陶瓷器，金属器发现数量较少②。根据质地分为铜、铁、金银器三类，主要为

① 南京市博物馆：《南京秦淮区宝塔顶 10 号院战国墓发掘简报》，《东南文化》2009 年第 4 期。

② 金属器发现数量较少，一方面由于墓葬历史上遭到破坏，另一方面也和南方地下水位浅，铜铁器易腐蚀有关。

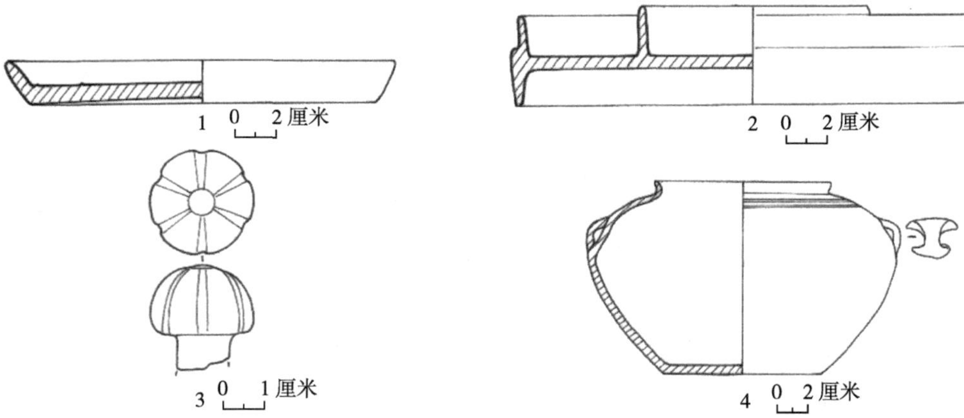

图十　陶器

1. M9 出土盘；2. M9 出土槅；3. M5 出土管状器；4. M37 出土罐

实用器。

铜、铁器出土数量最多，27 座墓葬中（8 座墓葬未见随葬品）有 10 座墓葬出土铜铁器，有铜碗（图十一）、铜镜、铜簪、铁剪（图十二）等。以铜镜出土数量最多，有 5 座墓葬出土了铜镜，保存状况一般。典型器物有 M18 出土变异龙纹铜镜，圆形，半球形圆钮。主纹为浮雕变异双龙纹，其间饰有铭文"丙午""三午""中午"。主纹外为一周铭文"自产（?）贺二家人平安白　吉羊（祥）"，再外依次饰辐线纹及锯齿纹饰带各一周，镜缘饰月牙形纹饰带，其间填饰圆圈连纹。镜面直径 11.8 厘米、边厚 0.3 厘米（图十三：1）。另有 M26 出土铜镜，圆形，连珠纹钮座。座外饰内向八连弧纹，向外饰两圈辐线纹，其间铭文带模糊不清，每铭间一"而"字。直径 13 厘米、边厚 0.5 厘米（图十三：2）。

图十一　铜碗

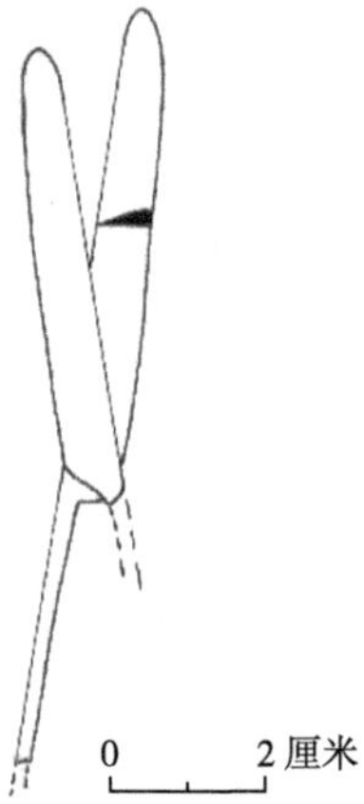

图十二　铁剪

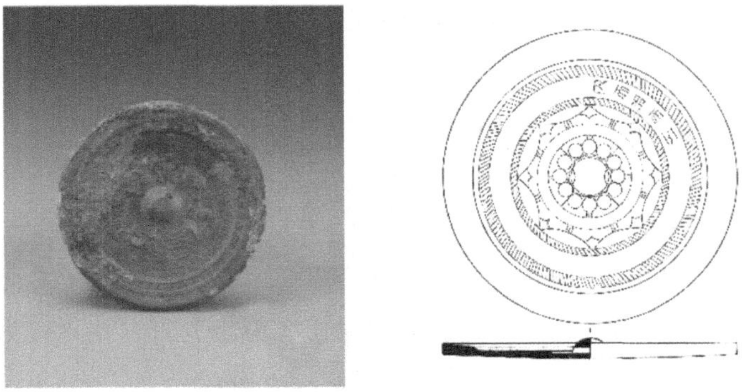

1　　　　5

图十三　铜镜

1. M18 出土；2. M26 出土

金银器集中于 M2、M3 中出土，有金环、金戒指、金叶片、银钗等，分别摆放于人骨的双手、头部及手腕处。

d. 其他

其他随葬品包括琥珀、漆木器、骨器、玉石器、铜钱等。琥珀仅见于 M2，为 5 件深红色琥珀珠。漆木器见于 M2、M6，朽烂严重，无法分辨器型。骨器仅见于 M6，乳钉纹装饰，残损严重。详情参见 M2①、M6② 发掘简报。

玉制品出土极少，仅见于 M26，长条锥状，一面圆弧，一面平坦。长 6.9 厘米、宽 1 厘米、厚 0.3 厘米，用途不明（图十四）。石制品有黛板，见于 M4，黑色，长方形，残长 18 厘米、宽 9 厘米、厚 0.3 厘米（图十五）。

图十四　M26 出土玉制品

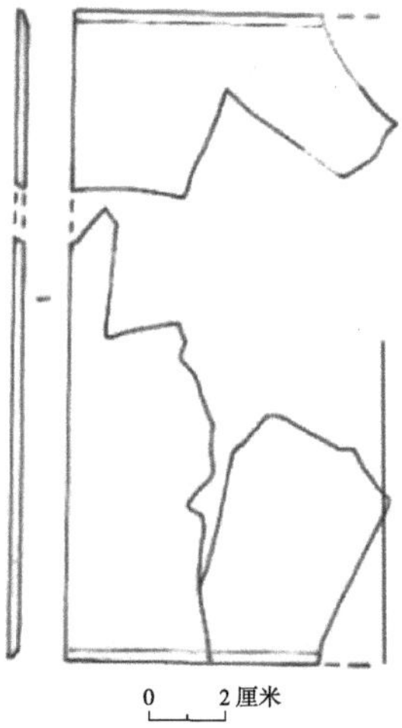

图十五　M4 出土黛板

① 南京市博物馆：《南京市东汉建安二十四年龙桃杖墓》，《考古》2009 年第 1 期。

② 南京市博物馆：《南京秦淮区宝塔顶 10 号院战国墓发掘简报》，《东南文化》2009 年第 4 期。

铜钱　有“五铢”“大泉五十”“半两”“货泉”、磨郭“五铢”、綖环钱、“常平五铢”多种。以“五铢”最为常见，圆形方孔，钱径2.3～2.6厘米、厚0.1厘米。“大泉五十”“半两”出土较少，见于M2、M30，钱径2.6～2.8厘米，厚0.15～0.3厘米。“货泉”、磨郭“五铢”、綖环钱仅见于M2①。“常平五铢”（图十六）仅见于M23，为北朝北齐文宣帝天保四年（553）铸造的铜钱，在历年考古发掘中较为罕见。

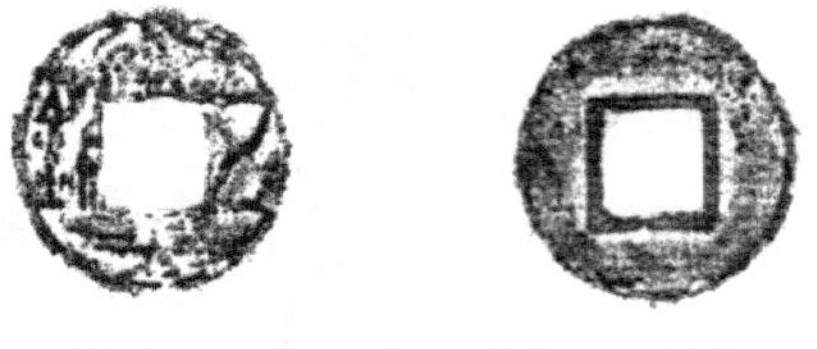

图十六　M23出土“常平五铢”

（二）唐五代时期

除汉六朝时期墓葬以外，本次还发掘了唐五代墓葬12座，分布于大报恩寺遗址北区的东南角。

1. **墓葬形制**

12座墓葬均为长方形竖穴土坑墓。墓坑长度为1.7～3.05米，宽度为0.5～0.9米。大部分墓葬保存状况较差，墓内棺木及人骨已朽。少数墓葬设有壁龛。墓例M19，墓口长2.75米、宽0.9米、深0.43米。墓内填土为红褐色土，墓内木棺腐朽严重，仅剩棺痕，棺板长1.76米、宽0.5米。墓主人骨保存极差，仅剩头骨和少量下肢骨（图十七）。

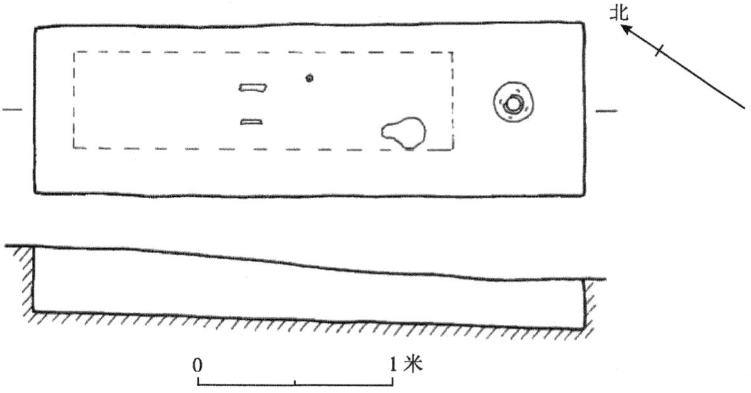

图十七　M19平、剖面图

2. **出土器物**

唐五代墓葬出土的随葬品，从材质上来看，分陶器、瓷器、铜器几类。少数墓葬设有壁龛，用于放置随葬品。其余墓葬随葬品散落于墓室内。下面分材质对随葬品略做介绍。

a. 陶器

陶器出土数量少，仅M25出土一件陶壶，泥质黑陶。侈口卷沿，高束颈，溜肩，圆鼓腹，平底。口径8.8厘米、底径9.2厘米、高21.2厘米（图十八）。

---

① 南京市博物馆：《南京市东汉建安二十四年龙桃杖墓》，《考古》2009年第1期。

b. 瓷器

瓷器出土数量较多，有9座墓葬出土有瓷器。釉色以黄褐釉、酱釉为主，有少量青釉瓷器。烧造质量不高，推测为周边地区窑口产品。器型有碗、罐、壶等。

碗 出土较少，典型器物有M27出土青釉碗，斜直壁，饼足。黄褐色胎，胎质致密。青灰釉，内壁满釉，外壁施釉至腹部以下。釉层不均，局部可见流釉现象。内底有两处点状釉层剥落，疑为支烧痕。口径17.2厘米、底径8厘米、高5.8厘米（图十九）。

图十八 M25出土陶壶

图十九 M27出土青瓷碗

罐 出土数量较多，分为盖罐、矮领小罐、深腹罐等。

盖罐 见于M10、M27两座墓葬中，出土时5件一组。典型器物有M10出土黄褐色盖罐，共有5件，形制一致，由盖、罐两部分组成。盖为小盏扣于罐上，圆唇敞口或微敛，斜直腹，平底。罐身圆唇侈口，矮束颈，溜肩鼓腹，最大径偏于上腹部，平底。肩部置两横系。黄褐色胎，胎质致密。酱黄釉，内壁施釉至口沿处，外壁施釉至下腹部（图二十：1）。

矮领小罐 较少，典型器物有M29出土小罐，口沿及系残。矮直颈，溜肩，圆鼓腹，最大径在器身中部，平底。肩部置四系。灰胎，胎质细密坚致。釉色青中泛黄，釉层薄，局部剥釉现象严重，内壁满釉，外壁施釉至足端。外腹部划仰莲瓣纹。口径3.4厘米、底径4.4厘米、高7厘米（图二十：2）。

深腹罐 根据造型的不同分两种。一种腹部圆鼓，典型器物有M13出土酱釉深腹罐，尖唇侈口，矮颈，溜肩鼓腹，最大径位于中部偏上，平底，肩部置四横系。黄褐色胎，胎质致密。内壁施釉至口沿处，外壁施釉至下腹部。口径9.4厘米、底径8厘米、高18.2厘米（图二十：3）。另一种腹部稍瘦长，最大径偏上部。典型器物有M29出土深腹罐，系残。方圆唇，直口，矮直颈，圆溜肩，鼓腹，最大径在上部，上腹斜曲，下腹向内斜曲，平底。肩部置四系。黄灰胎，胎质细密坚致。青灰釉，玻璃质感强，局部有流釉现象，器身遍布细碎开片。口沿及内壁未施釉，外壁施釉至下腹部。口沿下及肩部饰有凹弦纹。口径8.8厘米、底径9.6厘米、高21.2厘米（图二十：4）。

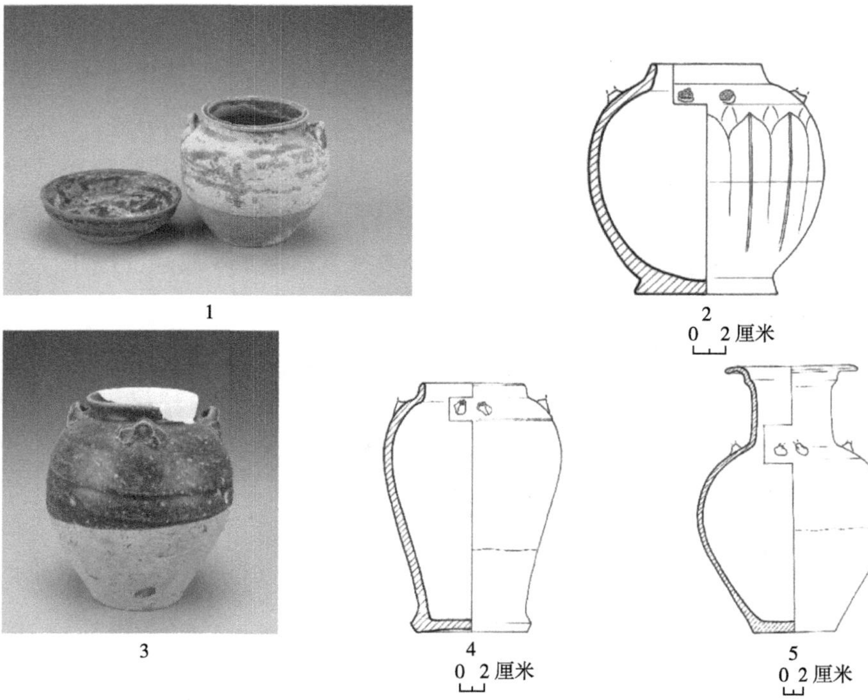

图二十　瓷器

1. M10 出土盖罐；2. M29 出土罐；3. M13 出土罐；4. M29 出土罐；5. M27 出土壶

壶　出土数量少，仅见于 M27，圆唇卷沿，高束颈，溜肩，鼓腹，最大径在腹中部，平底。肩部对称置四横系。黄褐色胎，胎质致密。酱黄釉，釉层剥落严重。内壁无釉，外壁施釉至腹中部。口径 14.4 厘米、底径 8.8 厘米、高 28.2 厘米（图二十：5）。

c. 铜器

出土铜镜三面，有两面纹饰可辨。典型器物有 M25 出土铜镜，镜面锈蚀，纹饰不可辨。隐约可见童子嬉戏，其间有疑似“二女”二字。镜面直径 8.4 厘米、边厚 0.3 厘米（图二十一：1）。另有 M27 出土铜镜，葵花形，半球形钮。镜面饰一盘龙，其外对称饰四如意云纹。直径 16 厘米、厚 0.5 厘米（图二十一：2）。

图二十一　铜镜

1. M25 出土；2. M27 出土

除以上随葬品外，唐五代墓葬中还出土有铜钱，有“开元通宝”“乾元重宝”两种，以“开元通宝”最为常见。

（三）其他

另有年代不详墓葬6座。保存状况极差，仅剩铺地砖几块，未见随葬品。

三 初步认识

大报恩寺遗址出土墓葬的年代集中分布于汉六朝、唐五代两个时期，其中汉六朝墓葬集中于东汉末年至东晋时期，有少量南朝时期的墓葬。未发现宋代以降墓葬。现结合寺院的兴废及该地区的历史变迁，试做一些初步讨论。

大报恩寺的历史，可追溯至六朝时期的长干寺，其寺址在六朝时期属古秦淮南岸长干里的一部分。据学者研究，在孙吴建都以前，这一带位于秦淮河入江口，潮汐危害严重，长干里居民依然稀少，还没有形成像样的大型聚落①。报恩寺遗址发现了一座东汉晚期的墓葬②，出土了建安二十四年（219）纪年的买地券，墓葬年代到了东汉末年。此外，该地区未见大量早期墓葬出土。这与当时潮汐严重，不宜人类居住的地理环境密切相关。

自孙吴时期开始，寺院逐步发展并兴盛起来。最初为孙吴时期比丘尼所建的小精舍，后在两晋时期逐渐兴盛，并建有阿育王塔，因地处长干里，故称“长干寺”。同时，长干里地区也是当时的人烟密集地区。孙吴定都建业后，人口大量涌入都城。长干里东南接山峦起伏的石子岗地区，有学者据文献史料记载，认为石子岗是一处以平民墓葬为主的葬地③。对本次发掘的大量汉六朝墓葬，有学者这样解释：“这批墓葬主要集中于东汉末年至东晋时期，说明长干寺附近的山体缓坡区域在六朝早期是作为葬地使用的。”④

隋末，长干寺毁于战火。隋唐时期，长干寺地宫先后两次被打开，舍利等文物流散一空，长干寺逐渐破败，南唐时废为营房。大报恩寺遗址区域发掘的墓葬中，有一定数量的唐五代墓葬，可证实当时寺址破败、沦为葬地的文献记载。

宋真宗大中祥符年间，僧人可政以长干寺旧址舍利放光、数次表见感应为由，获宋真宗支持，于原址重建长干寺。天禧二年，真宗为长干寺赐额“天禧寺”。元代，天禧寺被敕封为“天禧慈恩旌忠教寺”。明初洪武年间，天禧寺得到大修，永乐六年不幸毁

---

① 张学锋：《吴都建业的都城空间与葬地》，《魏晋南北朝隋唐史资料》第36辑，2017，第1~27页。

② 南京市博物馆：《南京市东汉建安二十四年龙桃杖墓》，《考古》2009年第1期。

③ 张学锋：《吴都建业的都城空间与葬地》，《魏晋南北朝隋唐史资料》第36辑，2017，第1~27页。

④ 许志强：《六朝建康长干里考略》，《魏晋南北朝隋唐史资料》第36辑，2017，第76~87页。

于人为纵火。永乐十年，该寺迎来了历史上最辉煌的时期。为纪念明太祖朱元璋和马皇后，明成祖朱棣下诏于原址重建该寺，赐额“大报恩寺”，将其升为“皇家寺院”。简言之，宋代以后，长干寺虽时有兴废，但整体而言，一直处于不断发展中。尤其到了明代，明成祖重建该寺，规模宏大，可谓江南名刹之首。本次发掘的墓葬时代下限为唐五代时期，未发现有宋代及以后的墓葬，这与该地区在宋代以后寺院大规模发展的史实相吻合。

（本文为国家社科基金重大项目“南京大报恩寺遗址考古发现与研究”的阶段性成果，项目编号：18ZDA221）

（编辑：王志高）

南京西善桥岱山孙吴西晋墓发掘简报

周保华

（南京市考古研究院）

［摘要］ 岱山保障房项目工地位于南京市地下文物重点保护区之一的西善桥古墓葬群区域范围内。2011 年，文物部门在此发掘了六朝至明清时代墓葬 30 座。其中 M4 为前后双室穹窿顶砖墓，时代为孙吴。M5 为单室叠涩顶墓，时代为西晋。出土了陶鸡、陶鸭、陶猪、青瓷水盂、青瓷碗、青瓷钵、铜镜等具有明显时代风格的器物，为南京地区六朝墓葬的研究提供了新的实物资料。

［关键词］ 西善桥；岱山；墓葬；孙吴；西晋

2011 年，为配合南京市保障房的建设，南京市考古研究院（原南京市博物馆考古部）对西善桥岱山保障房工地进行了全面的考古勘探，发现并发掘了一批六朝至明清时期墓葬。其中 M4、M5 时代较为接近（图一），现将这两座墓葬发掘情况报告如下。

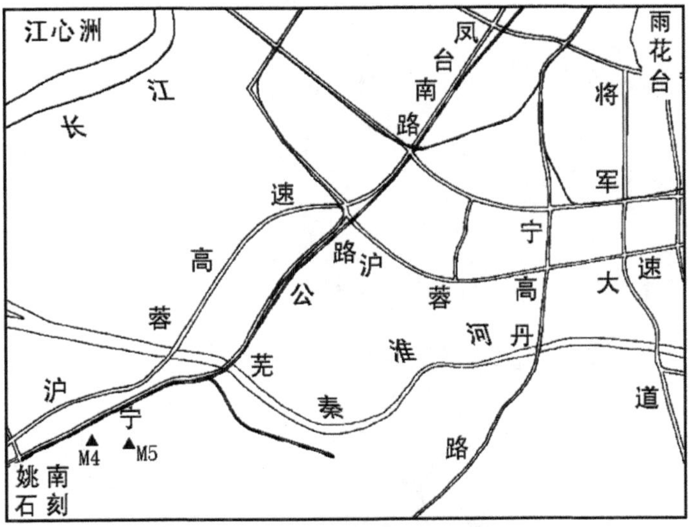

图一　M4、M5 墓葬位置示意图

一　四号墓

M4 为前后室穹窿顶砖室墓，由墓圹、墓道、排水沟、砖室等部分组成。墓葬通长 8 米。墓圹平面略成瓶形，口大底小，圹口宽 3.1～3.3 米、残长 10 米，圹底宽 2.9～3.2 米、残长 10 米。墓道残长 1.6 米、宽 1.5 米，略成缓坡状（图二）。

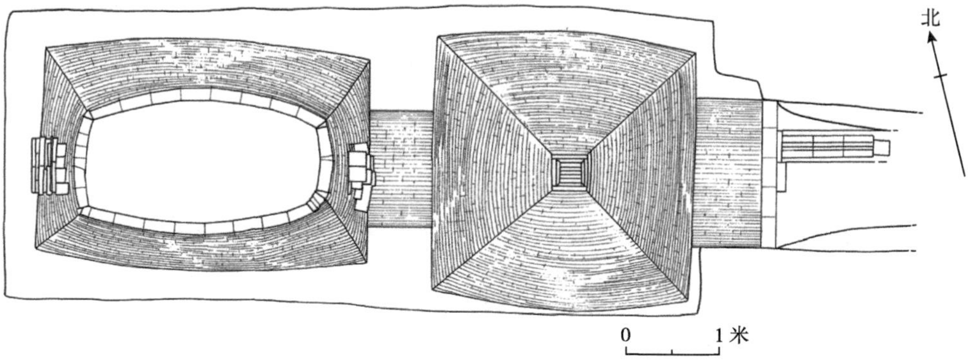

图二　M4 俯视图

砖室由甬道、封门墙、挡土墙、前室、过道和后室等部分组成。甬道为双层拱形券顶，平面呈长方形，内长 1.04 米、内宽 0.94 米、内高 1.02 米，顺砖错缝平砌，0.58 米处起券。封门墙砌筑于甬道口内，顺砖错缝平砌。封门墙上部有青砖横向错缝平砌而成的挡土墙，墙宽 1.3 米、高 1.3 米（图三）。前室近方形，左右两壁外弧，内宽 2.42～2.7 米、内长 2.5 米、内高 2.35 米。四壁券进式穹窿顶，四壁以单砖平铺砌至顶部形成一方形天窗，再以青砖侧立填塞结顶。前、后室之间的过道为拱形券顶，双层单砖错缝平砌至

图三　M4 全景

0.64 米处起券，内长 1 米、内宽 0.92 米、内高 0.98 米。过道后为后室，平面近长方形，两壁外弧，内长 3.22 米、内宽 1.82 ~2.15 米、残高 2 米，单层砖错缝平砌，四壁券进式穹窿顶，距墓底约 0.96 米处起券。在后室的前后两壁，距墓底 1.48 米处，各有一砖侧立平砌，砖周围用青瓷片填缝，长 32 厘米、宽 16 厘米。该平砖对应的外部砖壁用竖砖填塞（图四、图五）。

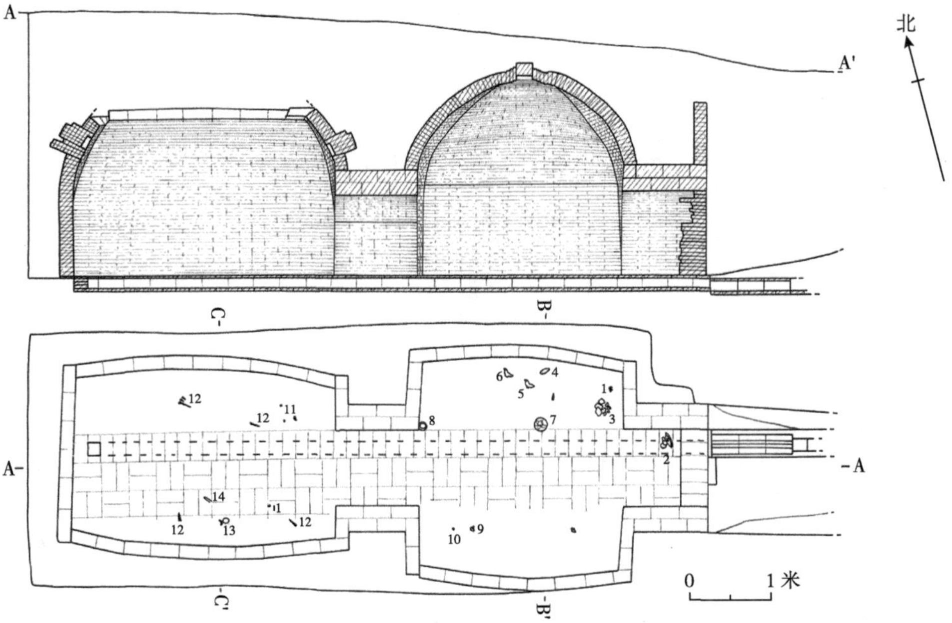

图四　M4 平、剖面图

1. 铜钱；2. 陶盆；3. 陶器片；4. 陶猪；5. 陶鸭；6. 陶鸡；7. 陶钵；8. 陶碗；9. 铜铺首；10. 铜钉帽；11. 铜钱；12. 铁棺钉；13. 银手镯；14. 银钗

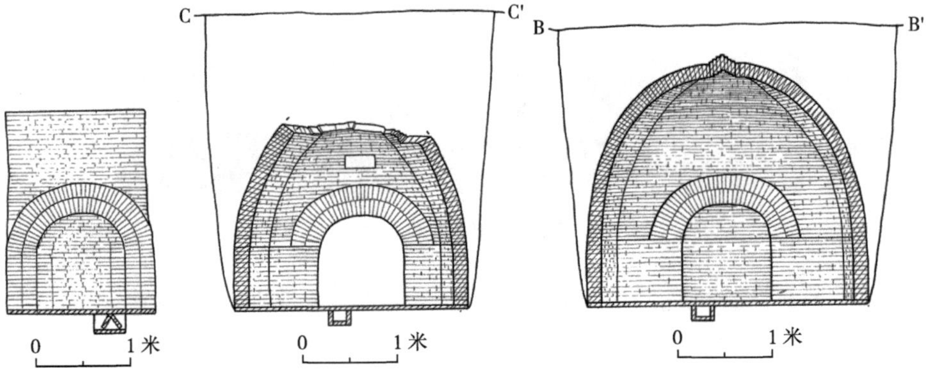

图五　M4 墓门正视、后室剖面、前室剖面图

排水沟位于墓室的左侧，从后室一直通向墓道，窨井置于后室后部。排水沟位于墓室的部分为青砖顺向平铺，两边为顺向侧立砌筑，再上横向平铺封口。排水孔宽 16 厘米、深12厘米。排水沟在封门墙外的部分为一层顺向砖平铺做底，再上为顺向侧立砖斜靠形成三角形排水孔，孔边长约14厘米。

墓葬用砖较为统一，长32厘米、宽16厘米、厚4厘米，多数平面模印放射线纹，少量砖侧面为五铢钱纹、几何纹等（图六：1~12）。

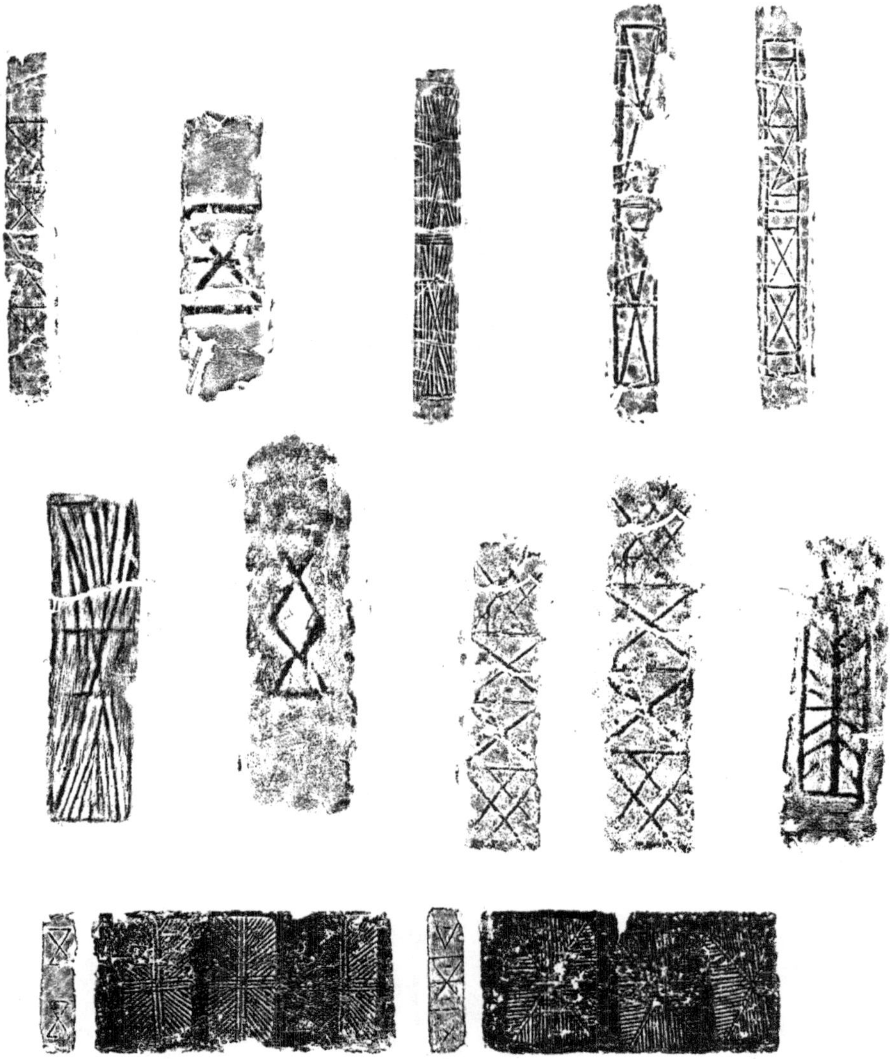

图六　M4砖纹拓片

M4扰乱比较严重，随葬品多已移位。出土器物主要有陶器、铜器和银器。

陶器　8件。均泥质灰陶，有盆、钵、碗、猪、鸭、鸡等。

盆　1件（M4∶2）。圆唇，敞口，宽沿，弧腹，平底。沿下刻画三道凹弦纹。口径34.4厘米、底径23.2厘米、高9.4厘米（图七：1）。

钵　1件（M4∶7）。圆唇，敛口，鼓腹，平底。口径26厘米、底径16.8厘米、高11.6厘米（图七：2）。

碗　1件（M4:8）。圆唇，敞口，斜宽沿，弧腹，平底。胎质粗糙，杂质较多。口径13.2厘米、底径6.8厘米、高5.6厘米（图七：3）。

猪　1件（M4:4）。整体泥塑。鼻尖上翘，背骨高耸，四肢舒展似前行状。长9.6厘米、高5厘米（图七：4）。

鸭　1件（M4:5）。戳印眼睛，刻画翅膀，尾部舒张，后部中空。长11.6厘米、高8.4厘米（图七：5）。

鸡　1件（M4:6）。整体捏塑而成，留有捏塑痕迹。眼部突出，冠部微耸，尾部上翘。长10.6厘米、高4.6厘米（图七：6）。

残器　2件。均残缺，不辨器形。

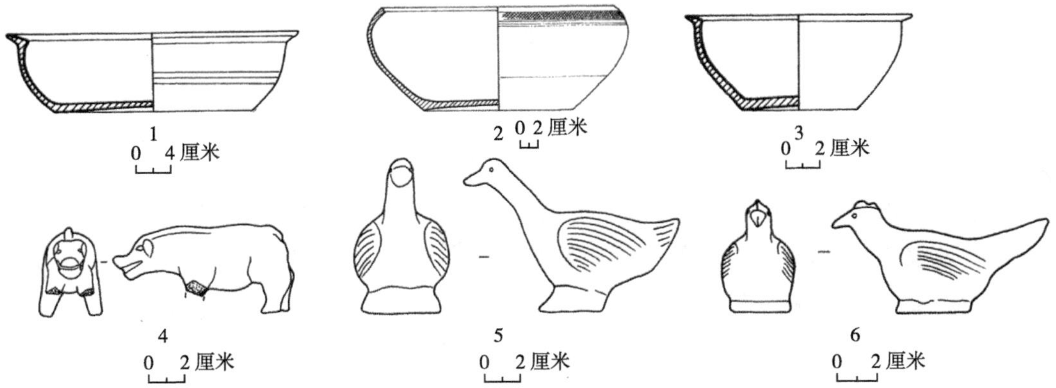

图七　M4出土陶器

1. 陶盆（M4:2）；2. 陶钵（M4:7）；3. 陶碗（M4:8）；4. 陶猪（M4:4）；5. 陶鸭（M4:5）；6. 陶鸡（M4:6）

铜器　除铜钱外，有铺首、钉帽。

铺首　1件（M4:9）。兽头形，兽鼻下有衔环，铺首后有穿以固定。宽5厘米、高4.5厘米、厚0.2厘米（图八：1）。

钉帽　1件（M4:10）。形状如碗，内有柱状突起。直径0.8厘米、高0.7厘米（图八：2）。

铜钱　若干。均锈残，可辨有“五铢”“大泉当千”。

银器　2件。有钗、镯。

钗　1件（M4:14）。双股，两脚略分开，长12厘米、断面直径0.3厘米（图九：1）。

镯　1件（M4:13）。环状，素面。直径6.4厘米、断面直径0.25厘米（图九：2）。

其他

铁棺钉　M4:12，锈蚀。钉帽呈三角形，一角连着钉身。残长17厘米、宽1.4厘米、厚0.6厘米。

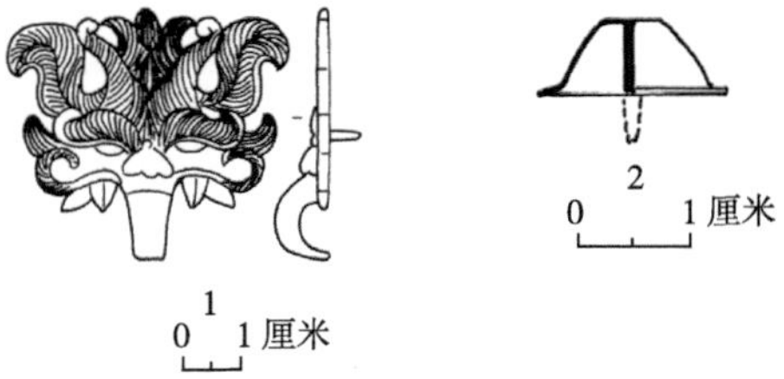

图八　M4 出土铜器

1. 铜铺首（M4:9）；2. 铜钉帽（M4:10）

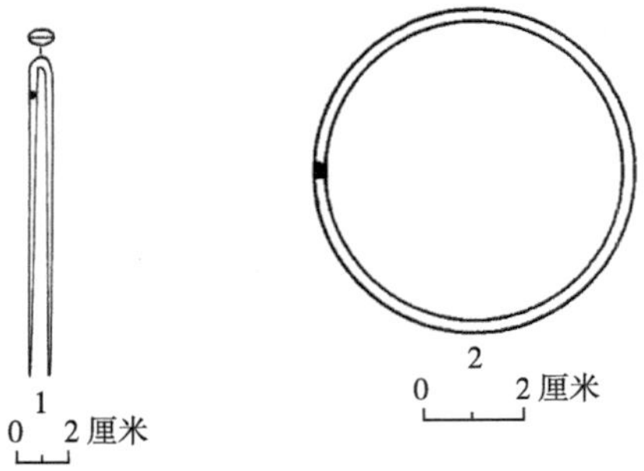

图九　M4 出土银器

1. 银钗（M4:14）；2. 银镯（M4:13）

二　五号墓

M5 为平面呈长方形的叠涩顶砖室墓，方向 271 度。由墓圹、砖室两部分组成。墓圹平面呈不规则长方形，东西长 4 米，南北宽度不一，其中西部宽 1.56 米，东部宽 1.2 米。墓底距今地表 0.46 米。墓圹内填土为黄褐色花土，夹杂少量鹅卵石、浅红色土粒等，土质较硬。砖室部分平面呈长方形，内长 2.94 米、内宽 0.42～0.58 米、深 0.28～0.44 米。砖室的砌法为青砖顺向错缝平砌，层层叠压。砖室底部为斜“人”字形平铺砖（图十、图十一）。

图十　M5 全景

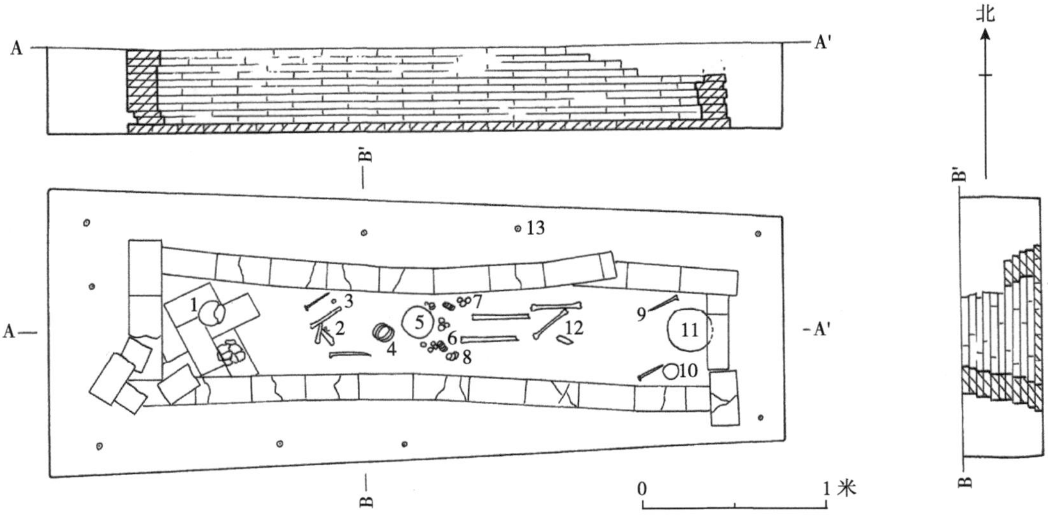

图十一　M5 平、剖面图

墓砖均为青灰色砖，大多正面模印放射线纹，少数侧面模印钱文（图十二：1～4）。尺寸有两种：第一种，长 30 厘米、宽 14 厘米、厚 4 厘米；第二种，长 32 厘米、宽 16 厘米、厚 4 厘米。

图十二　M5 砖纹拓片

墓内葬具无存，仅发现少量人骨遗存。出土器物已经扰乱，大多分布于砖室内，有瓷、陶、金、银、铜、铁等质地者26件。

青瓷碗　1件（M5：1）。圆唇，敛口，鼓腹，底内凹。沿部微内收，口沿有两道弦纹，弦纹间有一圈斜网格纹带。内底有6个支烧痕。青绿釉，施釉不及底，有积釉及流釉。口径16.8厘米、底径9厘米、高6厘米（图十三：1）。

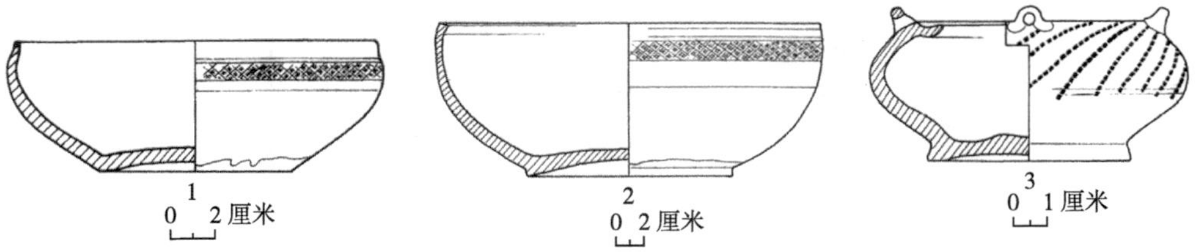

图十三　M5出土青瓷器

1. 青瓷碗（M5：1）；2. 青瓷钵（M5：11）；3. 青瓷水盂（M5：10）

青瓷钵　1件（M5：11）。方唇，敛口，弧腹，实足，底内凹。口沿下有弦纹和一圈斜网格纹带。内外施青绿釉，釉层基本脱落，施釉不及底，有积釉及流釉。口径26厘米、底径14.8厘米、高11厘米（图十三：2）。

青瓷水盂　1件（M5：10）。圆唇，敛口，鼓腹，实足，足壁稍外撇，平底微内凹。口沿处贴塑4个泥条横系，肩部戳印斜线状方格连纹。内外满施青绿釉。口径5.2厘米、底径6.2厘米、高4.2厘米（图十三：3、图十四）。

图十四　M5出土的青瓷水盂

陶罐　2件。均圆唇，敞口，鼓腹，平底微内凹，肩部贴塑对称泥条竖系及弦纹。M5：15，泥质红陶。肩部有两道凹弦纹，酱褐釉，施釉不及底。口径11.2厘米、底径9.6厘米、高11.6厘米（图十五：1）。M5：14，泥质灰陶。肩部有一道凹弦纹，釉层脱落，施釉不及底。口径12.2厘米、底径10.4厘米、高12.6厘米（图十五：2）。

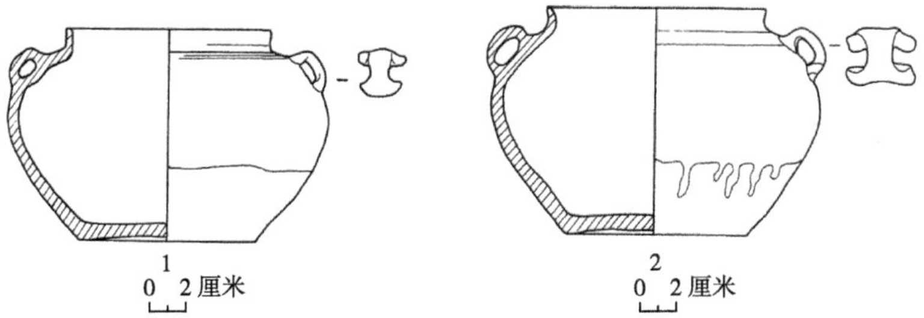

图十五　M5 出土的陶罐

1. M5:15；2. M5:14

金指环　4 件。均环状，素面。M5:7，直径 1.9 厘米、断面径 0.2 厘米（图十六：1）。

银镯　3 件。大小、形制基本相同，截面近圆形，内环面略平。M5:4，直径 6.2 厘米、断面直径 0.25 厘米（图十六：2）。

银指环　6 件。形制基本相同，大小略有区别。断面径均 0.1 厘米，直径 1.6 厘米者 1 件，直径 1.7 厘米者 3 件，直径 1.9 厘米者 2 件（图十六：3）。

银顶针 1 件（M5:3）。环状，素面，宽缘上饰有密集的戳点纹。直径 1.65 厘米、宽 0.6 厘米、厚 0.05 厘米（图十六：4）。

银钗　5 件。其中 3 件两股分开较宽，另两件两股紧靠。长 8 厘米、12.2 厘米、14.4 厘米、17 厘米、17.6 厘米，断面径 0.2～0.3 厘米（图十六：5）。

铜镜　1 件（M5:5）。变形四叶瑞兽对凤镜。圆形，扁圆钮，圆钮座，圆圈带放射出的四桃形叶内各有一瑞兽。四叶间各有两只相对凤鸟，凤鸟振翅翘尾，对喙衔有一物，对凤下有一人形兽。靠近镜缘处有内向十六连弧纹，弧内各有一瑞兽或珍禽。镜缘有一圈十

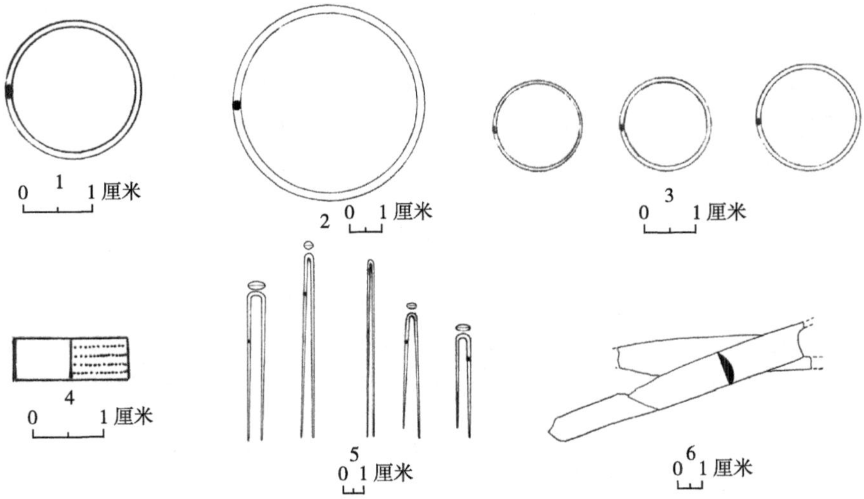

图十六　M5 出土金属器

1. 金指环（M5:7）；2. 银镯（M5:4）；3. 银指环；4. 银顶针（M5:3）；5. 银钗；6. 铁剪（M5:12）

组枝蔓，每组枝蔓围绕一瑞兽。瑞兽或珍禽有凤鸟、龙、虎等（图十七）。

铜钱 若干。均锈残，有剪轮五铢及五铢。剪轮五铢，径2.2厘米、孔方0.9厘米。五铢，径2.6厘米、孔方0.9厘米。

铁剪 1件（M5∶12）。锈残，仅余刃部及交联部分。残长10.8厘米、宽1.4厘米、厚0.3厘米（图十六：6）。

铁棺钉 若干。均严重锈残。

图十七 M5出土铜镜

三 结语

本次发掘的两座墓葬均未出土墓志、砖铭等纪年材料，其确切的年代无法定夺，且两墓均遭晚期盗掘和破坏，墓葬本体和随葬品有所缺失，一定程度上也影响对墓葬年代的判断。但据墓葬形制和出土器物等方面的特点，还是可以对其年代做一些推定。

这种前后双室穹窿顶（M4）和单室叠涩顶（M5）的墓葬结构，都是六朝早期比较常见的墓葬形制。与前者类似的墓例有南京邓府山吴墓和西晋墓、南京五塘村M2、江宁黄家营5号墓、宜兴周墓墩M4、南京将军山西晋墓、金坛方麓孙吴永安三年墓①等。与后者类似的墓例有南京大报恩寺遗址建安二十四年龙桃杖墓、南京卡子门外孙吴西晋墓、江宁

① 南京市博物馆：《江苏南京邓府山吴墓和柳塘村西晋墓》，《考古》1992年第8期；南京市博物馆：《南京北郊五塘村发现六朝早期墓》，《文物资料丛刊》第8辑，文物出版社，1983；江苏省文物管理委员会：《江宁县黄家营第五号六朝墓清理简报》，《文物参考资料》1956年第1期；南京博物院：《江苏宜兴晋墓的第二次发掘》，《考古》1977年第2期；南京市博物馆：《南京将军山西晋墓发掘简报》，《文物》2008年第3期；常州市博物馆：《江苏金坛县方麓东吴墓》，《文物》1989年第8期。其中邓府山吴墓和西晋墓、南京五塘村M2、江宁黄家营5号墓、宜兴周墓墩M4均为前后室四隅券进式穹窿顶，南京将军山西晋墓为前后室四壁券进式穹窿顶。与本次发掘的M4形制最接近的是金坛方麓孙吴永安三年墓，为前后室四壁券进式穹窿顶，且墓室两壁外弧。

咸墅村太康五年墓 M2[①] 等。因此从这两座墓葬的形制结构看，可以判断属于孙吴西晋时期。

从出土的随葬品看，M4 出土的陶鸡、鸭、猪是孙吴西晋时期比较常见的随葬明器，南京幕府山、甘家巷等地均有出土[②]。M5 出土瓷器肩部所饰的网格纹带和戳印斜方格纹也是这一时期典型的装饰，且主要发现于西晋时期，如南京殷巷永兴二年墓出土瓷碗、尹西村出土釉陶小罐[③]等。此外，M5 出土的变形四叶瑞兽对凤镜，是南京、扬州、镇江等地孙吴西晋墓葬比较常见的出土器物[④]。此类铜镜系从汉代夔凤镜演变而来，但镜面内容更加繁杂。

综上所述，岱山保障房工地发现的 M4、M5 时代应为孙吴西晋时期。具体来说，M4 时代略早，推测属孙吴时期，而 M5 则可能晚至西晋时期。

附记：本次发掘领队为岳涌，岳涌、李翔、王海平参加发掘，董补顺、张拴堂绘图，李永忠、雷雨拓片，王泉摄影。

（编辑：王志高）

① 南京市博物馆：《南京市东汉建安二十四年龙桃杖墓》，《考古》2009 年第 1 期；南京市博物馆：《江苏南京卡子门外六朝早期墓》，《考古》1990 年第 11 期；江宁区博物馆：《南京江宁咸墅村两座西晋“太康五年”墓发掘简报》，《东南文化》2019 年第 4 期。

② 南京市博物馆：《南京郊县四座吴墓发掘简报》，《文物资料丛刊》第 8 辑，文物出版社，1983；金琦：《南京甘家巷和童家山六朝墓》，《考古》1963 年第 6 期。

③ 南京市博物馆：《南京殷巷西晋纪年墓》，《文物》2002 年第 7 期；南京市博物馆：《南京市尹西村西晋墓》，《华夏考古》1998 年第 2 期；南波：《江苏句容西晋元康四年墓》，《考古》1976 年第 6 期。

④ 南京市博物馆：《南京江宁上湖孙吴、西晋墓》，《文物》2007 年第 1 期；南京市博物馆：《南京窑岗村 30 号孙吴墓发掘简报》，《东南文化》2009 年第 1 期；南京市博物馆：《江苏南京卡子门外六朝早期墓》，《考古》1990 年第 11 期；胥浦六朝墓发掘队：《扬州胥浦六朝墓》，《考古学报》1988 年第 2 期。镇江博物馆：《镇江东吴西晋墓》，《考古》1984 年第 6 期。

编后记

南京师范大学社会发展学院文物与博物馆学系现拥有考古学学术硕士学位点、文物与博物馆学专业硕士学位点及考古学一级学科博士点和博士后流动站。长期以来，本系致力于考古学、博物馆学、文物学等方向的教学与研究，在长江及淮河下游史前考古、六朝考古、艺术考古、博物馆研究等领域形成了一定的专业特色。为进一步促进国内外学界间的交流，本系曾主编《东亚古物》，并以A、B卷的形式分别于2004年、2007年出版，内容主要涉及考古学理论、东亚地区考古遗迹、出土文物等方向的研究，同时收录有多篇考古调查与发掘简报。两书出版后在东亚学界引起了较好的反响，学术价值也获得了普遍的肯定。不过，遗憾的是此后由于多种原因，《东亚古物》未能持续出版。

近年来，本系拓展研究视野，强化国际交流，与韩国、日本、美国、英国等国的大学、研究所等学术机构建立起密切的合作关系。在此基础上，经本系全体同仁商议，决定出版《东亚文明》。《东亚文明》依然以加强国内学者与东亚学界同仁的交流，促进东亚文博与考古事业不断发展为宗旨，所涉及的领域包括考古学、历史学、文物学、博物馆学、文化遗产保护展示等方向。

《东亚文明》的出版得到了南京师范大学社会发展学院主要领导的大力支持，以及本系诸位同仁的不懈努力。为确保书稿质量，邀请了多位知名学者赐稿。与此同时，本系同仁也提交了个人代表性的研究成果。具体编务工作分工如下：由王志高、徐峰、刘可维、黄洋负责统稿、校勘等工作，郭卉承担目录的英译工作；本系在读研究生左凯文、徐良、王振宇三位同学承担了初稿文本及插图的形式统一工作。此外，在徐峰、刘可维、郭卉、韩茗等老师的指导下，本系在读研究生高凌燕、周靖芬、何华社等还翻译了多篇外文论文。

因编辑时间有限，本书疏漏之处在所难免，敬请国内外同仁不吝赐教！

南京师范大学文物与博物馆系

2019年11月

图书在版编目（CIP）数据

东亚文明 / 南京师范大学文物与博物馆学系主编
. --秦皇岛：燕山大学出版社；北京：社会科学文献
出版社，2019.12
ISBN 978-7-81142-987-9

Ⅰ. ①东… Ⅱ. ①南… Ⅲ. ①文化史-研究-东亚
Ⅳ. ①K310.03

中国版本图书馆 CIP 数据核字（2019）第 282463 号

东亚文明

主　　编 / 南京师范大学文物与博物馆学系

出 版 人 / 陈　玉
责任编辑 / 王　宁　李　淼

出　　版 / 燕山大学出版社
地址：河北省秦皇岛市河北大街西段 438 号
社会科学文献出版社
地址：北京市北三环中路甲 29 号院华龙大厦
经　　销 / 全国新华书店
印　　装 / 北京建宏印刷有限公司

规　　格 / 开本：787mm × 1092mm　1/16
印张：21.375　字数：480 千字
版　　次 / 2019 年 12 月第 1 版　2019 年 12 月第 1 次印刷
书　　号 / ISBN 978-7-81142-987-9
定　　价 / 128.00 元